U1005609

传经
家典

经典回到生活　阅读从心开始

经典传家

『经典传家』丛书遴选了清代《四库全书》的精华，而且每一种书在注释、译文、解读等方面做了大量的、扎实的工作。

——傅璇琮

国学就是中国人的学问。『经典传家』是一套非常适合大众阅读的国学经典丛书。国学的传承和发展迫切需要好的大众读本。

——毛佩琦

《四库全书》浩如烟海，真正的必读经典就这百余部。

——任德山

国学是相互通融的，切忌断章或是割裂。今人只有从《周易》等原始经典入手，才能真正找到进入国学的门径。

——刘君祖

图解曾国藩家书

经典传家系列丛书

曾国藩 著

崇贤书院 释译

黄山书社

《曾国藩家书》阅读指南

精选篇章，浓缩精华

从近一千五百封曾国藩家书中精选近二百封对后世影响最为深远的家书，使读者更深刻地领会到曾国藩家书思想的精髓。

精致手札，经典再现

内附曾国藩经典手札五十余篇，使读者领略到其深厚的书学功底，欣赏到其独特的书法风格。

经典手札

- 五十余篇曾国藩经典手札，再现其深厚的书学功底和独特的书法风格。

精读篇章

- 精选近二百封对后世影响最为深远、最能体现曾国藩思想精髓的家书。
- 所选家书涉及人际琐事、家庭生计、进修德业、定国安邦……使读者从平淡家常中感受其中所蕴含的真知灼见。

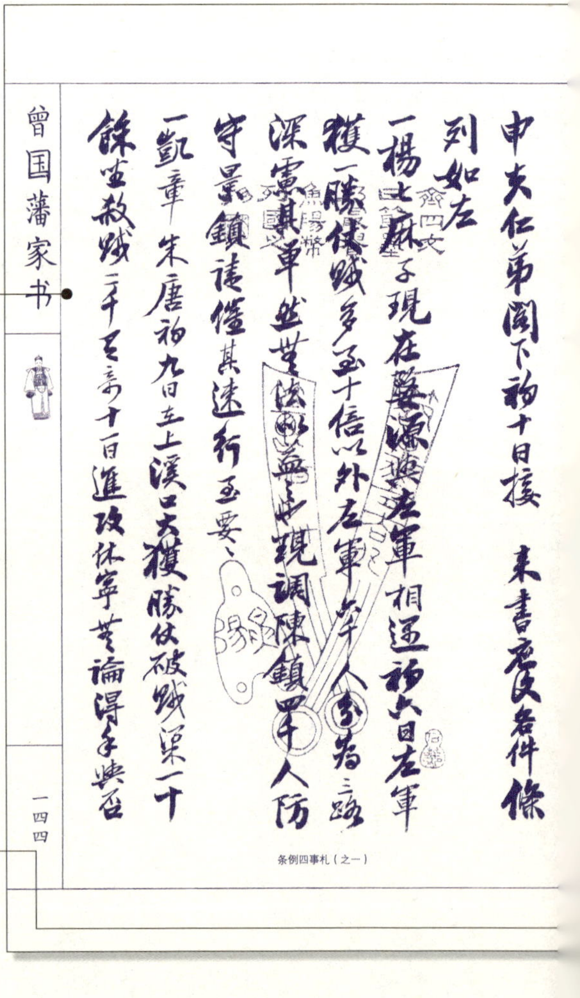

《曾国藩家书》阅读指南

内容全面，引领阅读

原文、注释、译文一应俱全，帮助读者更好地领略曾国藩修身、齐家、治国、平天下的人生智慧。

随文注音，保证阅读

对原文中的生僻字、多音字等随文反复添加注音，为读者顺畅阅读扫清障碍。

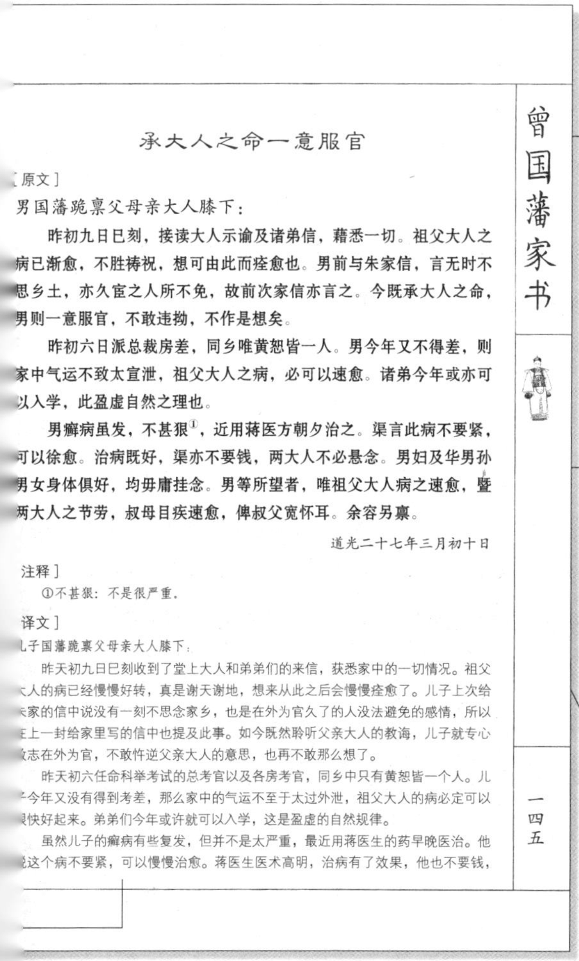

拟定标题

- 将每封家书中的重要文字或名言警句选出作为标题，使读者更好地把握家书精髓。

选字注音

- 将文中的生僻字选出随文反复标注音标。
- 将多音字选出随文反复标注音标。

注释译文

- 对文中的生僻字词详加解释，最大限度地帮助读者顺畅阅读。
- 用通俗易懂的现代话语对原文进行翻译，帮助读者更好地理解原文内涵。

总　序

国学是什么？简单说，就是中国人之所以成为中国人的学问。因此，国学不仅包括数千年积累流传下来的经典，比如“四书五经”、《老子》《庄子》《孙子》《史记》《汉书》、唐诗、宋词，也包含研究中国人思维方式、生活方式、行为方式乃至娱乐方式的各种学问。广言之，国学研究的对象不仅包括文献，也包括实物；不仅包括物质文化遗产，也包括非物质文化遗产，如我国各民族的建筑、服饰、饮食、音乐、绘画、医药、戏曲等等。

国学是不断丰富、不断发展的学问。上面说的从“四书五经”到唐诗、宋词就是一个不断丰富发展的过程。近代以来，国学的研究范围还在不断地扩大，比如敦煌学、甲骨学，是随着有关文物的出土而兴起的；比如红学，是随着文学理论和学术风气的发展变化而兴起和发展的。随着时间的推移和学术的进步，必将有更多的学问被纳入国学研究的范围。

数千年来，中国人做学问形成了自己独特的理论和方法，比如思想理论、史学理论、文学理论，以及训诂学、考据学、音韵学等等。但这些理论和方法并不是一成不变的。比如，在史学研究领域，由于地下文物的出土，王国维等人提出了以地下文物与传世文献相补充互证的“二重证据法”。近代以来，西风劲吹。国人主动借鉴西方学术研究的理论和方法，研究中国学问。王国维借鉴尼采的哲学理论研究中国的文学戏剧，胡适以杜威的实验主义研究中国的“国故”。国学从来没有拒绝外国学问的融合，佛教传入中国后，经过改造，形成了中国独特的佛学、因明学；自明朝末年西学传入中国后，中国的天文学、数学等就已经融入了西学的因素。马克思主义传入中国后，不少人用马克思主义理论研究中国历史文化，它们自然也成为了国学的一部分。因此，国学又是开放的、随时代而进步的。那么，当今我们研究、振兴国学，不允许也不应该倒退，不允许也不应该僵化。

然而，国学又是与西学明显区分的。国学是西学的对应物，是与西学完全不同的学术体系。在近代，西学挟坚船利炮强势进入中国之后，中国人还视自我，对于中国固有之学问的称呼出现了中学、国故学、国粹、国学这样的名称。面对“帝国主义”的强大，中国人自愧不如，一方面拼命地学习、引进西学，另一方面拼命地贬低、抛弃国学。虽然也有一些人，如张之洞为保护中华文化之根本，提出“中学为体，西学为用”，如胡适，提出“整理国故”，以“再造文明”“建立民族自信心”，但其声音终被时代所淹没。国学一再被严重曲解和轻视，造成了中国历史文化的大断裂。也许，这一历史过程是必然的。但回顾过去，中国在走向独立富强的过程中，国学所付出的代价实在太大、太惨重了。

新中国成立后，饱受屈辱的中国人从此站立了起来，民族自信心大大加强，但没有能够及时认识到国学在新时代的重要性，甚至仅存的一点点国学遗产也进一步成为被抛弃的对象。改革开放三十年之后，走向富强的国人终于幡然醒悟，保护和振兴国学逐渐成为全民的共识。一个强大的自立于世界民族之林的国家，必然要有与之相匹配的伟大的民族文化。中国人，从领导者、学术界到普通百姓，都在重新发现国学的现代价值。同时，在走向全球化的进程中，东西方各国也把目光投向了中国。中国学问，中国的一切都在被重新评价。中国不仅为了自身的建设和发展需要从传统文化中汲取智慧，而且也面临着以优秀的中华文化向全人类贡献智慧的责任和挑战。

那么，这套经典传家丛书的编纂就是可喜的，编纂者的初衷和努力就是可敬的。希望这套丛书能发挥点滴作用，如同涓涓细水与千百万有志者的努力一道汇成大潮，去迎接中华民族的伟大复兴！

是为序。

毛佩琦

二〇一五年五月

前言

曾国藩，这位颇为显赫、颇受争议的人物一直是人们关注的焦点。他组建湘军，振兴清廷军政，被尊为“中兴第一名臣”；他屈从外国势力、割地求和，又背上了“大汉奸”、“卖国贼”的骂名；等他逝世后，清政府又赞其“忠诚体国、节劲凌霜”，为“古今完人”……毁誉如此悬殊，他生前却处之泰然。不论曾国藩在历史上的功过是非如何定论，至少有一点是值得肯定的，那就是他对他所处的时代和后世都产生了不可忽视的影响。

曾国藩一生致力于修身、齐家、治国、平天下。他以一介儒生而出将入相，纵横驰骋几十年，实现了自己立功、立言、立德的封建士大夫的最高追求，被后世誉为“为师为将为相一完人”。不仅如此，甚至他的子孙后代中还出现了像曾纪泽、曾广钧、曾约农、曾宝荪、曾宪植这样卓有成就的人物。从这种角度来看曾国藩是成功的，他的成功，不仅引来无数人的倾心，更是引起了后世文人政客的极大兴趣，晚清的李鸿章、梁启超以及后来的毛泽东、蒋介石无不对其推崇备至。李鸿章称赞说：“吾师之书，乃一代巨人心智也。”梁启超也对其进行了高度评价：“如无曾文正毅力，必为失败之人。”不仅如此，青年时代的毛泽东也很服膺他的这位老乡，曾在与友人的长信中写道：“愚于近人，独服曾文正，观其收拾洪杨一役，完满无缺。”蒋介石更是把曾国藩奉为终生学习的楷模，还经常叮嘱自己的儿子要终生学习研究《曾国藩家书》。

至今留存下来的曾国藩作品主要包括家书、奏稿、诗文、日记、案牍、散文、书札等多种文体，共约一千四百万字。面对如此浩繁的作品，为了使有志于解读研究曾国藩的读者能够化繁为简、更快更好地走进曾国藩的精神世界，我们选取了其中流传最广，对后世影响最为深远，并极具教育意义的家书部分。

曾国藩家书近一千五百封，主要记录了曾国藩从清道光三十年（1850）至同治十年（1871）前后二十多年的翰苑和从武生涯。家书中所涉及的内容极为广泛：有家庭琐事，有劝勉学业，有军事指示，有人物评论……它们是曾国藩一生主要活动以及其治家、治国、治学、治政之道的精要总结。家信中有些是写给他的祖父母、父母的，有的是写给他的兄弟、子侄的，我们可以从他的平淡家常中感受其蕴含的真知良言。

为了更好地承接和汲取其中的精华，我们选取了其中近二百封最能体现曾国藩思想精髓的家书，并按照时间顺序进行排列。另外，我们还将每封家书中的重要文字或名言警句选出作为标题，使读者更好地把握家书精髓。

曾国藩的时代已经远离我们近二百年，当年常用的一些名词术语在今人看来已变得艰涩难懂。为了使读者更好地领略这位齐家治世能才的真知良言，在编辑本书过程中，我们为每封家书添加了注释和译文。注释主要是对家书中出现的一些艰涩难懂字词或现在不常用的一些生僻字词详加解释。译文则是用明白易懂的现代话语对原书进行逐句翻译，使读者更加深入地理解原书内涵，汲取智慧。

除此之外，为了重现曾国藩书信的书法神韵，我们为本书精心配制了五十余幅精美的曾国藩手札作为插图。插图字迹清晰，使读者能更直观地欣赏到其深厚的书学功底和独特的书法风格。

最后，我们还考虑到，随着语言文字的发展变化，家书中出现的一些生僻字、多音字等必将给读者的阅读造成障碍，影响读者的欣赏情趣。为了方便读者顺畅阅读，更好地理解家书内涵，我们对家书中出现的这些字词一一随文注音。在注音过程中，我们严格地遵循了同一字在文中重复出现重复标注的原则，使读者能够真正地轻松阅读。

通过以上所做的努力，我们希望奉献给读者的是一本优质精粹的《曾国藩家书》。

抛开在握的机枢权柄，曾国藩在家书中的形象几乎与常人无异。我们看到的是一位贤孝儿孙、温恭兄弟和慈厚长者。如果不是加在他身上的光环太过耀眼，读者几乎会以为自己碰到了一位饱学高邻。他对每一位家人关怀备至，对日常细碎的家事谆谆善诱，字里行间透露着再平常不过的亲情。然而，作为同代人立身处世的楷模，曾国藩所到达的高度又是寻常人难以企及的。他像每一个家中长者一样，不厌其烦地把自己成功的经验传授给晚辈，给予他们毫不吝惜的帮助。百年后的今天，虽然世易时移，但曾国藩的人生智慧却依旧被人们所称道。愿我们循着他在家书中指引的道路，审慎检视自己的人生，以期在熙熙攘攘的现代社会中寻找出如斯成功的立身之道。

崇賢書院

目录

蒙皇上天恩，得会试分差

[原文]

四位老弟足下：

三月初六日，蒙皇上天恩，得会试[1]分差，即于是日始阅卷。十八房每位分卷二百七十余，到二十三日头场即已看毕，二十四看二三场，到四月初四皆看完。各房荐卷，多少不等，多者或百余，少者亦荐六十四卷，而惟余中卷独多，共中十九人，他房皆不能及。十一日发榜，余即于是日出闱(wéi)，在场月余，极清苦。

寓内眷口，大小平安。出闱数日，一切忙迫，人客络绎不绝。朱啸山于十六日出京，余寄有纹银百两、高丽参一斤半、书一包，内《子史精华》六套、《古文辞纂》二套、《绥寇纪略》一套，到家日查收。别有寿屏及笔等项，尚未办齐，待筠仙带归。十四日新进士复试，题曰“君子喻义”，赋得竹箭有筠[2]，得行字。我县谢吉人中进士后，因一切不便，故邀来在余寓住。

十五日接三月初十日家信，内有祖父、父亲、叔父手谕及诸弟诗文并信。其文此次仅半日，忙不及改，准于下次付回。四弟信，所问盖寞牟、寞痒、寞巩兄弟，皆从昌黎游，去年所写牟尼，实误写尼字也。汪双池先生灿系雍正年间人，所著有《理学逢源》等书。郭筠仙、翌臣兄弟及冯树堂俱要出京。寓内要另请先生，现尚未定，草布一二，祈贤弟禀堂上各位大人。今日上半天，已作了一函呈父亲大人，交朱啸山，大约六月可到。

国藩手草

道光二十年四月十五日

[注释]

①会试：中国古代科举制度中的中央考试。明清时乡试入围的考生，第二年要到京城参加会试考试，录取者称为“贡生”，第一名叫“会元”。会试后皇帝亲自决定贡士的取舍、等第，经殿试后被录取的称为“进士”。

②筠：竹子青色的皮。《礼记·礼器》：“其在人也，如竹箭有筠也，如松柏之有心也。”

[译文]

四位老弟足下：

三月初六日，承蒙陛下的恩泽，负责会试分房阅卷的差事，就在这一天开始阅卷。十八位阅卷官每位各分二百七十多份考卷，至二十三日头场就已阅卷完毕，二十四日阅二场、三场，到四月初四结束。各位阅卷官推荐的考卷，数目都不同，多的有一百多卷，少的也推荐了六十四卷，而只有我看的卷子中考中进士的最多，高达十九卷，是其他房所不能比的。十一日发榜，我在那天离开考场，在考场的一个多月时间里，我的生活十分清苦。

家中眷属人丁，一切平安。出场的这几日，客人络绎不绝，忙忙碌碌。朱啸山于四月十六日离开京城，我寄去一百两纹银、一斤半高丽参以及一些书，包括六套《子史精华》、两套《古文辞纂》、一套《绥寇纪略》，到家后注意查收。另外还有寿屏等物品，还没置办齐全，到时让郭筠仙带回去。十四日新进士进行复试，考试题目是"君子喻义"，赋得竹箭有筠，要求行字。我县谢吉人考中进士后，在京生活一切不便，因此邀请他在我家里住。

十五日接到三月初十日的家信，看到祖父、父亲、叔父的手谕以及几位弟弟的诗文和信。其诗文因这次只有半天的时间，没时间修改，准备在下次寄回去。四弟的信，所问大概是窦牟、窦痒、窦巩兄弟，都是从昌黎游学，去年所写的牟尼，实际上是误写尼字。汪双池先生是雍正年间的人，著作有《理学逢源》等书。郭筠仙、翌臣兄弟及冯树堂都要离开京城。家中要另外请先生，人选现在还没有定，草草写了一两句，希望贤弟代为禀告堂上各位大人。今日上午，已写了一封信呈给父亲大人，由朱啸山带回去的，估计六月能到。

国藩手草

道光二十年四月十五日

如能救焚拯溺，何难嘘枯回生

[原文]

祖父大人万福金安：

四月十一日由折差发第六号家信，十六日折弁(biàn)又到，孙男等平安如常，孙妇亦起居维慎，曾孙数日内添吃粥一顿，因母乳日少，饭食难喂，每日两饭一粥。

今年散馆，湖南三人皆留，全单内共留五十二人，仅三人改部属，三人改知县。翰林衙门，现已多至百四五十人，可谓极盛。琦善已于十四日押解到京，奉上谕派亲王三人、郡王一人、军机大臣、大

学士、六部尚书会同审讯，现未定案。

梅霖生同年因去岁咳嗽未愈，日内颇患咯血，同乡各京官宅皆如故。

澄侯弟三月初四在县城发信已经收到，正月二十五信至今未接。兰姊以何时分娩？是男是女？伏望下次示知。

楚善八叔事，不知去冬是何光景？如绝无解危之处，则二伯祖母将穷迫难堪，竟希公之后人将见笑于乡里矣，孙国藩去冬已写信求东阳叔祖兄弟，不知有补益否？此事全求祖父大人做主，如能救焚拯溺，何难嘘枯回生[①]！

伏念祖父平日积德累仁，救难济急，孙所知者，已难指数，如廖(liào)品一之孤、上莲叔之妻、彭定五之子、福益叔祖之母及小罗巷、樟树堂各庵，皆代为筹画，曲加矜(jīn)恤。凡他人所束手无策，计无复之者，得祖父善为调停，旋乾转坤，无不立即解危，而况楚善八叔，同胞之亲，万难之时乎？

孙因念及家事，四千里外，杳无消息，不知同堂诸叔目前光景，又念家中此时，亦甚难窘，辄敢冒昧饶舌，伏求祖父大人宽宥无知之罪。楚善叔事，如有说法之处，望详细寄信来京。

兹逢折便，敬禀一二，即跪叩祖母大人万福金安。

道光二十一年四月十七日

［注释］

①嘘枯回生：比喻濒临死亡的人有望起死回生。

［译文］

祖父大人万福金安：

四月十一日由信差寄出第六封家信，十六日信差又来了，孙儿等都平安，孙媳妇起居也极为谨慎，曾孙这几天内每天添加了一顿粥，因为他母亲的奶水越来越少，喂饭很难，现在每天吃两顿饭一顿粥。

今年在庶常馆学成的人，湖南三个人都留下了，名单上留下供职的总共五十二人，只有三人改到部中任职，三人改任知县。现在翰林院已有一百四五十人之多，可以说是极其兴盛的。琦善已于十四日押送回京城，皇上下旨派三个亲王、一个郡王、军机大臣、大学士以及六部尚书一同会审，现在案子还没有定下来。

梅霖生同年因为去年咳嗽没有痊愈，所以这几日又开始咳血了，同乡的各京官家一切如故。

澄侯弟三月初四日在县城所发的信已经收到了，正月二十五日写的信，现在还没有收到。兰姐什么时候生孩子呢？男孩还是女孩？希望下次来信告诉一声。

八叔楚善的事，不知去年冬天情况如何？如果没有办法解决困难的话，那么二伯祖母也必定会穷困难堪，竟希公的后人将受到乡里人的耻笑了，孙儿国藩去年冬天已给东阳叔祖兄弟写信求助，不知结果如何？这件事还希望祖父大人做主，如能解救他于水深火热之中，何愁他们不度过困境，重获生机。

记得祖父平日里常会积德行善，救难济急，孙儿所知的已难以数清，如廖品一的孤儿、上莲叔的妻子、彭定五的儿子、福益叔祖的母亲以及小罗巷、樟树堂的各庵堂，您都替他们筹划，尽力体恤。凡是别人在束手无策之时，只要祖父出面周旋，定能扭转乾坤，困难没有不立即解决的，更何况八叔楚善还是同胞亲戚，现在又处于万难之中呢？

孙儿因记挂家中的事，远隔四千里而毫无消息，不知同堂各位叔叔目前境况如何，又想家中此时也很艰难窘迫，这样冒昧多嘴，还求祖父大人能原谅我无知的罪过。楚善叔的事如果有什么消息，还望写信告诉详细情形。

趁信使在这里很方便，敬禀告一二，又跪禀祖母大人万福金安。

道光二十一年四月十七日

谨守父亲保身之训

[原文]

男国藩跪禀父母亲大人万福金安：

自闰三月十四日，在都门拜送父亲，嗣后共接家信五封。十五日接四弟在涟滨所发信，系第二号，始知正月信已失矣；二十二日接父亲在二十里铺发信；四月二十八巳刻接在汉口寄曹颖生家信；申刻又接在汴梁寄信；五月十五日接父亲到长沙发信，内有四弟信、六弟文章五首。谨悉祖父母大人康强，家中老幼平安，诸弟读书发奋，并喜父亲出京，一路顺畅，自京至省，仅三十余日，真极神速。

迩际[1]男身体如常，每夜早眠，起亦渐早。惟不耐久思，思多则头昏，故常冥心于无用，优游涵养，以谨守父亲保身之训。九弟功课有常，《礼记》九本已点完，《鉴》已看至三国，《斯文精粹》诗、文，各已读半本，诗略进功，文章未进功。男亦不求速效，观其领悟，已有心得，大约手不从心耳。

甲三于四月下旬能行走，不须扶持，尚未能言，无乳可食，每日一粥两饭。家妇身体亦好，已有梦熊之喜，婢仆皆如故。

今年新进士龙翰臣得状元，系前任湘乡知县田年伯之世兄，同乡六人，得四庶常、两知县。复试单已于闰三月十六日付回，兹又付呈殿试朝考全单。

同乡京官如故。郑莘田给谏服阕来京。梅霖生病势沉重，深为可虑。黎樾(yuè)乔老前辈处，父亲未去辞行，男已道达此意。广东之事，四月十八日得捷音，兹将抄报付回。

男等在京，自知谨慎，堂上各老人，不必挂怀。家中事，兰姊去年生育，是男是女？楚善事如何成就？伏望示知。

即请父母亲大人万福金安。

男谨禀

道光二十一年五月十八日

[注释]

①迩际：如今，现在，近来。

[译文]

儿子国藩跪禀父母亲大人万福金安：

自从闰三月十四日，在京城的城门送别父亲大人，之后总共收到五封家信。十五日接到四弟从涟滨所写的信，是第二封信，才知道正月里寄回去的信已经丢失了；二十二日接到父亲在二十里铺所发出的信；四月二十八日巳刻接到在汉口发出寄到曹颖生家的信；申刻又接到从汴梁寄出的信；五月十五日，接到父亲在长沙所寄出的信，内有四弟的信和六弟的文章五篇。得知祖父母大人身体健康强壮，家中老幼平安，各位弟弟发奋读书，并且高兴地获知父亲离开京城后一路顺畅，自京城至省城，只花费三十多天，真是神速。

如今儿子身体如常，每晚早睡，早上起床也很早。只是不能思虑过多，思虑过多便会头昏，因此经常静心养神，修身养性，敬慎遵守父亲教导儿子关于养身的方法。九弟的功课如常，《礼记》九本都已经点读完了，《资治通鉴》已看到三国时期，《斯文精粹》诗、文各读了一半，作诗稍微进步些，文章还没有多少进步。儿子也不求他快速见效，看他对文章的领会已经很有心得，只是手不由心，还不能表达出来吧。

甲三在四月下旬已经能自己走路，不需要扶着，但还不会说话，没有母乳可吃，每天吃一顿粥两顿饭。儿媳妇身体也很好，已有生男孩的可喜征兆，婢女仆从

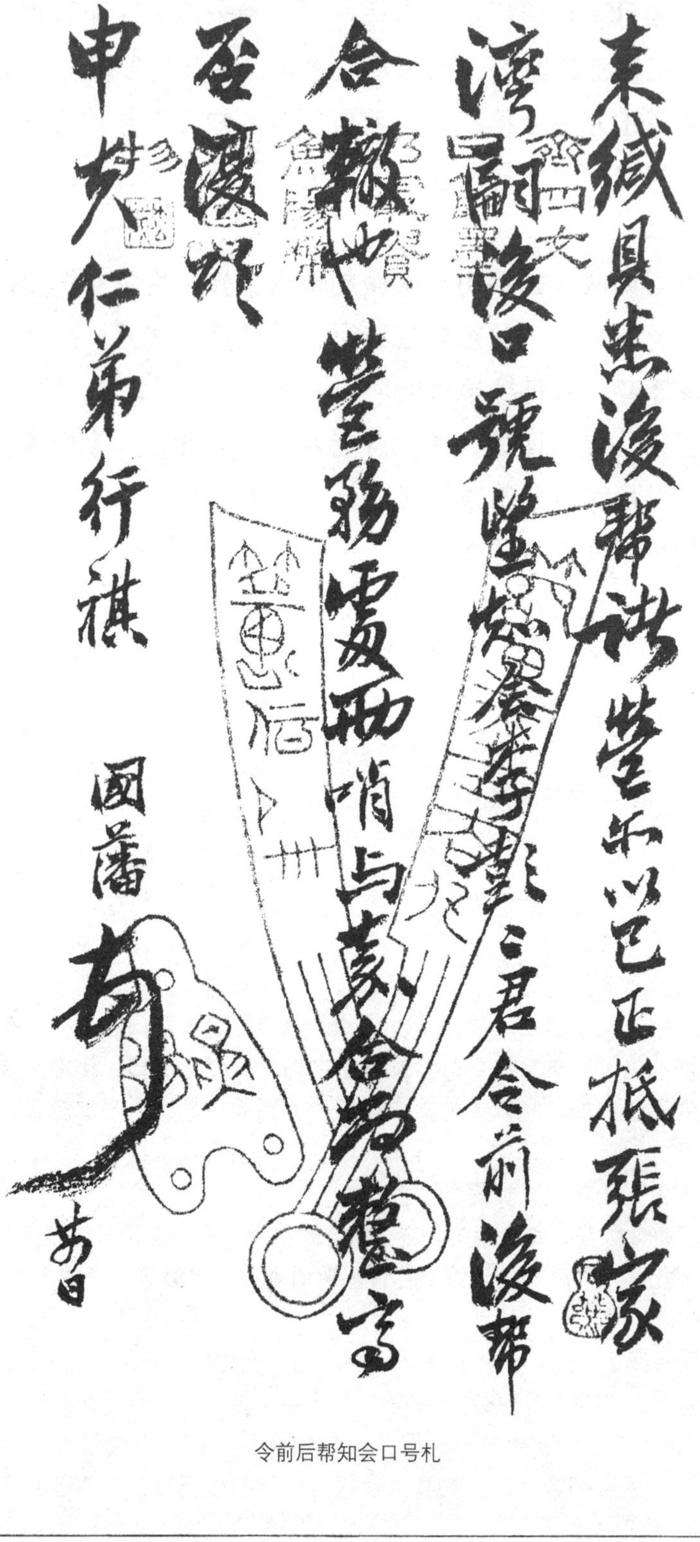
来缄具悉。后帮诸营尔以已正抵张家
湾。副后口号暨[illegible]君令前后帮
合辙也。营务处西哨与蒙合为蓬当
至嘱。
申夫仁弟行祺
国藩 顿首

令前后帮知会口号札

都同以前一样。

今年新进士龙翰臣取得了状元，他是前任湘乡知县田年伯的世兄，同乡六个人中，四人被授予了庶常、二人担任知县。复试的名单已经在闰三月十六日寄回来了，现在将殿试朝考的名册寄回去。

同乡在京城的官员都和以前一样。郑莘田给事中服完丧事后来到京城。梅霖生病情日益沉重，甚感忧虑。黎樾乔老前辈那里，父亲没前去辞行，儿子已替您转达歉意。广东的事，四月十八日收到捷报，现将抄报邮回去。

儿子等在京城自然知道谨慎处事，堂上各位老人不用挂心。家中的事，兰姐去年生小孩，不知道是男是女？楚善的事如何了？儿子希望大人告知。

即请父母亲大人万福金安。

儿子谨禀

道光二十一年五月十八日

孙等在京，别无生计，不能备仰事之资寄回，不胜愧悚

［原文］

孙男国藩跪禀祖父母大人万福金安：

五月十八日孙在京发第八号家信，内有六弟文二篇，广东事抄报一纸，本年殿试朝考单一纸，寄四弟、六弟新旧信二封，绢写格言一幅，孙国荃寄呈文四篇、诗十首、字一纸，呈堂上禀三纸，寄四弟信一封，不审已收到否？六月初五日，接家信一封，系四弟四月初十日在省城发，得悉一切，不胜欣慰！

孙国藩日内身体平安。国荃于二十三日微受暑热，服药一帖，次日即愈，初三日复患腹泻，服药二帖，即愈。曾孙甲三于二十三日腹泻不止，比请郑小珊诊治，次日添请吴竹如，皆云系脾虚而兼受暑气，三日内服药六贴，亦无大效。二十六日添请本京王医，专服凉药，渐次平复，初一、二两日未吃药，刻下病已全好，唯脾元尚亏，体尚未复。孙等自知细心调理，观其行走如常，饮食如常，不吃药即可复体，堂上不必挂念。冢孙妇身体亦好，婢仆如旧。

同乡梅霖生病，于五月中旬，日日加重，十八日上床，二十五日子时仙逝。胡云阁先生亦同日同时同刻仙逝。梅霖生身后一切事宜，

系陈岱云、黎樾乔与孙三人料理。戊戌同年，赙（fù）仪①共五百两，吴甄甫夫子（戊戌总裁）进京，赙赠百两，将来一概，共可张罗千余金。计京中用费，及灵柩回南途费，不过用四百金，其余尚可周恤遗孤。

自五月下旬以至六月初，诸事殷繁，孙荃亦未得读书。六弟前寄文来京，尚有三篇，孙未暇改。广东事已成功，由军功升官及戴花翎蓝翎者，共二百余人。将上谕抄回前半节，其后半载升官人名，未及全抄。昨接家信，始知楚善八叔竹山湾田，已于去冬归祖父大人承买，八叔之家稍安，而我家更窘迫，不知祖父如何调停？去冬今年，如何说法？望于家信内详示。

孙等在京，别无生计，大约冬初即须借账，不能备仰事之资寄回，不胜愧悚②！吴春冈分发浙江，告假由江南回家，七月初起程。

余容续禀，即禀祖父母大人万福金安。

孙跪禀

道光二十一年六月初七日

［注释］

①赙仪：送给有丧事人家的礼物。《元史·乃蛮台传》：“薨于家，帝闻之震悼，命有司厚致赙仪。”

②愧悚：羞愧，惭愧。

［译文］

孙儿国藩跪禀祖父母大人万福金安：

五月十八日孙儿在京城寄出第八封家信，里面有六弟的两篇文章，广东之事的抄报一份，本年殿试朝考名册一份，寄给四弟、六弟新旧共两封信，绢写格言一幅，孙儿国荃寄的呈文四篇、十首诗和一幅字，呈给父亲三纸，寄给四弟的一封信，不知是否收到？六月初五日，接到一封家信，是四弟初十日从省城寄出的，得知一切，深感欣慰！

孙儿国藩近日身体平安。国荃于二十三日稍微受了点儿暑热，服用一剂药，次日就痊愈了，初三日又患了腹泻，服下两剂药，就痊愈了。曾孙甲三于二十三日不停腹泻，即请来郑小珊进行诊治，第二天又请吴竹如诊治，都说是因脾虚，并且受了暑热所致，三天里吃了六剂药，但没见效。二十六日又请京城王医，专门服用凉药，身体渐渐好了，初一、二两天没有吃药，现在病已好了，只是脾元仍亏，体力尚没有恢复。孙儿等知道细心照料，看他行走如常，饮食如常，不用吃药就能恢复身体，堂上大人无须挂念。长孙媳妇身体也好了，婢女仆人仍旧。

同乡梅霖生生病，于五月中旬后一天天加重，十八日不能下床，二十五日子时病逝。胡云阁先生也在同一天同一时刻逝世。梅霖生的丧事，是陈岱云、黎樾乔与孙儿三人共同料理的。戊戌同年，送去奠礼五百两银子，戊戌考进士时的总裁吴甄甫先生抵达京城，奠礼赠了一百两银子，预计将会收到一千多两银子。估计在京城的费用和将灵柩运回湖南的花费不超过四百两银子，剩下的还可以周济抚恤遗孤。

自五月下旬到六月初，所有事务都很繁忙，国荃弟也没有读书的时间。六弟之前寄文章到京城，还有三篇孙儿没有时间改。广东的事已经成功，由军功升官及戴花翎蓝翎的共计两百多人。现抄录了上谕的前半部分寄回，后半部分的升官人名，没来得及全抄。昨天接到家信，才知道楚善八叔的竹山湾田已于去年冬天归祖父大人承受购买，八叔的家里稍微安定，而我家的情况就更加窘迫，不知祖父有什么办法调停？去年冬天过去了，今年又该怎么办？望在家信中详细写明。

孙儿等在京城没有别的生计，大约冬天就要靠借钱度日，目前不能准备出孝敬您的钱寄回，感到无比惭愧！吴春冈分发到浙江就任，告假从江南回家，七月初就出发。

其余以后再行禀告，即请祖父母大人万福金安。

孙跪禀

道光二十一年六月初七日

孙此刻在京，光景渐窘

[原文]

孙男国藩跪禀祖父母大人万福金安：

六月初七日发家信第九号。二十九日早接丹阁十叔信，系正月二十八日发，始知祖父大人于二月间体气违和，三月已痊愈，至今康健如常，家中老幼均吉，不胜欣幸！四弟于五月初九寄信、物于彭山屺(qǐ)处，至今尚未到，大约七月可到。丹阁叔信内言去年楚善叔田业卖于我家承管，其中曲折甚多。添梓坪借钱三百四十千，其实只三百千，外四十千系丹阁叔因我家景况艰窘，勉强代楚善叔解危，将来受累不浅，故所代出之四十千。自去冬至今，不敢向我家明言，不特不敢明告祖父，即父亲叔父之前，渠亦不敢直说。盖事前说出，则事必不成，不成则楚善叔逼迫无路，二伯祖母奉养必阙[1]，而本房日见凋败，终无安静之日矣。事后说出，则我家既受其累，又受其欺，祖父大人必怒，渠更无辞可对，无地自容。故将此事写信告知孙男，

托孙原其不得已之故，转禀告祖父大人现在家中艰难，渠所代出之四十千，想无钱可以付渠。

八月心斋兄南旋，孙在京借银数十两付回家中，归楚此项，大约须腊底可到。因心斋兄走江南回故也。孙此刻在京，光景渐窘。然当京官者，大半皆东扯西支，从无充裕之时，亦从无冻饿之时，家中不必系怀。孙现经管长郡会馆事，公项存件，亦已无几。

孙日内身体如恒，九弟亦好。甲三自五月二十三日起病，至今虽痊愈，然十分之中，尚有一二分未尽复旧，刻下每日吃炒米粥二餐，泡冻米吃二次，乳已全无，而伊亦要吃。据医云此等乳最不养人。因其夜哭甚，不能遽断乳。从前发热烦躁，夜卧不安，食物不化，及一切诸患，此时皆已去尽，日日嬉笑好吃。现在尚服补脾之药，大约再服四五帖，本体全复，即可不药。孙妇亦感冒三天。郑小珊云服凉药后，须略吃安胎药。目下亦健爽如常。

甲三病时，孙妇曾跪许装修家中观世音菩萨金身，伏求家中今年酬愿。又言四冲有寿佛祖像，祖母曾叩许装修，亦系为甲三而许，亦求今年酬谢了愿。

梅霖生身后事，办理颇如意，其子可于七月扶榇回南。同乡各官如常。家中若有信来，望将王率五家光景写明。肃此，谨禀祖父母大人万福金安。

道光二十一年六月二十九日

［注释］

①阙：通“缺”，空缺，缺少。

［译文］

孙儿国藩跪禀祖父母大人万福金安：

六月初七日寄出第九封家信。二十九日早晨收到丹阁十叔于正月二十八日所发的信，才知祖父大人于二月间身体不适，三月已经恢复，现在康健如从前一样，家中老幼都平安，不胜欣喜！四弟在五月初九从彭山屺处寄出的信件和物品，至今都没收到，大约七月份才可能收到。丹阁叔在信中说去年楚善叔的田地卖给我家承管，其中曲折很多。添梓坪借钱三百四十千，其实只借了三百千，此外的四十千是丹阁叔兄弟所出的，丹阁叔见我家艰难窘困，勉强为楚善叔解决困难，怕其将来受累不

浅，因此贷出了四十千。此事自去年冬天到现在还不敢向我家说明，不仅不敢明白地告诉祖父，就是在父亲、叔父的面前也不敢直说。要是之前就说出来，则此事必定不成，不成则楚善叔就走投无路，二伯祖母必缺少奉养，而本房日见衰败，终无安宁之日。事后说出，则我家既受了他的拖累，又受到他的欺瞒，祖父大人一定会大怒，他更无话可说，无地自容。他将此事写信告知孙儿，托孙儿原谅他的不得已的苦衷，转禀祖父大人现在家里境况艰难，他所贷出的四十千想必无钱可以归还。

八月心斋兄回到湖南，孙儿在京筹借了几十两银子，寄回家里，将这笔钱先还上，大约要等到腊月底能到，因为心斋兄走江南回湖南的缘故，孙儿目前在京城生活已经渐渐窘迫。当京官的，大多是东扯西支，没有充足富裕的时候，也没有受冻挨饿的时候，家里不必挂怀。孙儿现在掌管长郡会馆的事务，公项存件，也已经所剩无几了。

孙儿近日身体和以前一样，九弟也很好。甲三自五月二十三得病，到现在虽然好得差不多了，但还有一二分没有复元。如今每天吃炒米粥两餐，泡冻米两次，乳汁已没有了，而他仍要吃。虽然医生说这种乳最不养人，只因他晚上哭得厉害，也不能突然就断乳。他从前的小毛病，如发热烦躁、晚上睡眠不好、消化不良等等，现在都已经好了，天天嬉笑好吃。他现在还服用些补脾的药，大约再吃四五帖，就能身体康复，那时就不用吃药了。孙媳妇也感冒三天。郑小珊说吃过凉药后，还需吃些安胎的药。她现在也健康爽适如平常一样了。

甲三病时，孙媳妇曾跪着许愿重塑菩萨金身，希望家中今年能还愿。此外，四冲有寿佛神像，祖母曾叩头许愿重修，也是为甲三的病许的愿，也要今年还愿。

梅霖生身后之事办得颇为顺利，他的儿子在七月就可以扶着棺材回到湖南。在京城的各位同乡官员如常。家中如果有信来，请将王率五家里的情况写一下。肃穆地禀告祖父母大人万福金安。

道光二十一年六月二十九日

男等在京，身体平安，孙男孙女皆好

[原文]

男国藩跪禀父母亲大人万福金安：

十一月十八，男有信寄呈，写十五日生女事，不知到否？昨十二月十六日奉到手谕，知家中百凡顺遂[1]，不胜欣幸！男等在京，身体平安，孙男孙女皆好，现在共用四人，荆七专抱孙男，以春梅事多，不能兼顾也。孙男每日清晨，与男同起，即送出外，夜始接归上房，孙女满月有客一席。九弟读书，近有李碧峰同居，较有乐趣，男精神

不甚好，不能勤教，亦不督责，每日兄弟笑语欢娱，萧然自乐，而九弟似有进境，兹将昨日课文原稿呈上。

男今年过年，除用去会馆房租六十千外，又借银五十两。前日冀望外间或有炭资之赠，今冬乃绝无此项，闻今年家中可尽完旧债，是男在外有负累，而家无负累，此最可喜之事。岱云则南北负累，时常忧贫，然其人忠信笃敬②，见信于人，亦无窘迫之时。

同乡京官俞岱青先生告假，拟明年春初出京，男有干鹿肉，托渠带回。杜兰溪、周华甫皆拟送家眷出京，岱云约男同送家眷，男不肯送，渠谋亦中止。彭山屺（qǐ）出京，男为代借五十金，昨已如数付来。心斋临行时，约送银二十八两至勤七叔处，转交我家，不知能践言否？嗣后家中信来，四弟、六弟各写数行，能写长信更好。

男谨禀

道光二十一年十二月二十一日

［注释］

①顺遂：进展顺利，获得成功。

②忠信笃敬：指忠诚可信，笃厚可敬。

［译文］

儿子国藩跪禀父母亲大人万福金安：

十一月十八日，儿子寄给父母一封信，写了十五日生女儿的事，不知是否收到了？昨天，即十二月十六日接到手谕，得知家里万事顺利，不胜欣喜！儿子等在京城身体健康，孙儿孙女也都很好，京寓现在请了四个人，荆七专门带孙儿，因春梅事情太多不能兼顾。您的孙儿每天早晨与儿子一同起床，再送他外出，晚上接回上房，孙女满月时办了一桌。九弟读书，最近与李碧峰一同住，相互讨论比较有乐趣，儿子精神不是很好，不能勤加教导，也不能督促责备，每天兄弟笑语欢娱，怡然自得，而九弟似乎进步很大，现将昨天课文的原稿呈上。

儿子今年过年，除了花掉会馆房租六十千外，又借了五十两白银。前段时间还希望外面有人赠送点炭费，不料今年冬天竟没有这项进款，听说今年家里可以还清旧债，这样儿子在外虽有些债务，但家里没有债务的负担拖累，这是最令人高兴的事。然而岱云则南北两面有负债之累，经常为了钱而忧愁。这个人忠诚可信，笃厚可敬，深受大家的信任，因此也不致于穷困潦倒了。

同乡京官俞岱青先生请假，准备明年早春离开京城，儿子托他捎带回一些干鹿肉。杜兰溪、周华甫准备送家眷离京。岱云约儿子一同护送，儿子不肯送，这让他的计划只能取消。彭山屺离开京城时，儿子为他贷借了五十两白银，昨天已经如数奉还。心斋临走时，约他送二十八两银子到勤七叔那，再转交给家里，不知道他能否照办？以后家中来信，四弟、六弟各写几行，能够写长信就更好了。

儿谨禀

道光二十一年十二月二十一日

家中费用窘迫

［原文］

男国藩跪禀父母亲大人万福金安：

去年十二月廿一日，发平安信第十七号，内呈家中信六件，寄外人信九件，不知已收到否？

男与九弟身体清吉，家妇亦平安，孙男甲三体好，每日吃粥两顿，不吃零星饮食，去冬已能讲话，孙女亦体好，乳食最多，合寓顺适。

今年新正[①]，景象阳和，较去年正月，甚为暖烘。兹因俞岱青先生南回，付鹿脯一方，以为堂上大人甘旨之需[②]，鹿肉恐难寄远，故熏腊附回。此间现熏有腊肉、猪舌、猪心、腊鱼之类，与家中无异，如有便附物来京，望附茶叶、大布而已。茶叶须托朱尧阶清明时在永丰买，则其价亦廉，茶叶亦好，家中之布，附至此间，为用甚大，但家中费用窘迫，无钱办此耳。

同县李碧峰，苦不堪言，男代为张罗，已觅得馆，每月学俸银三两。在男处将住三月，所费无几，而彼则感激难名，馆地现尚未定，大约可成。

在京一切自知谨慎，即请父母亲大人万福金安。

道光二十二年正月初七日

［注释］

①新正：指农历新春的正月。

②甘旨之需：指双亲的生活所需。甘旨，原意是可口的食物，后特指奉养父母的食物。唐代白居易《奏陈情状》中有：“臣母多病，臣家素贫，甘旨或亏，无以为养。”

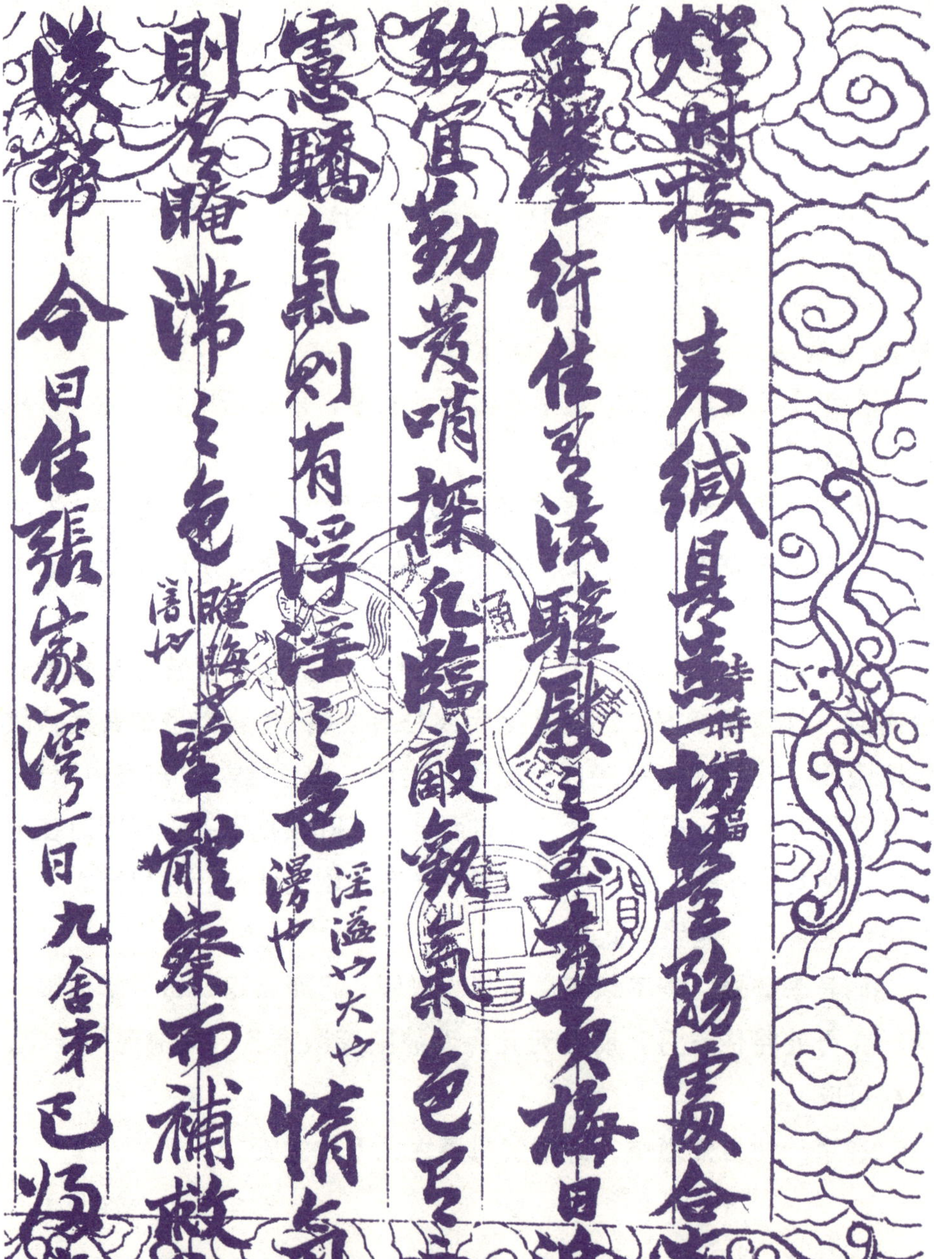

㷔樓
來緘具悉一切。營務處要合素
營壘行住皆法驗嚴，立夷黃梅日進，
務宜勤發哨探。凡臨敵斂氣色尤要，
憲驕氣則有浮淫之色（淫溢也，大也；湯也），惰氣
則有睡滯之色（睡，睡也；清切），望體察而補救之。
澄弟今日往張家灣，一日九舍弟已渦營

勤发哨探，临敌戒骄气、惰气札（之一）

［译文］

儿子国藩跪禀父母亲大人万福金安：

去年十二月二十一日，寄出平安信第十七封，内呈上给家中的信六封，转寄外人的信九封，不知已经收到没?

儿子与九弟身体清平吉祥，长媳妇也平安，孙儿甲三身体好，每天吃两顿粥，不吃零食，去年冬天已经能讲话，孙女身体也很好，吃奶很多，全家顺心适意。

今年正月，景象阳和，比去年正月还要暖和一些。因俞岱青先生南回，捎带回鹿肉干一方以供堂上大人食用，因路程较远鹿肉很难保存，所以熏腊了一下。这里现在熏有腊肉、猪舌、猪心、腊鱼之类，和家里一样，如有人来到京城希望只带来茶叶及大布就可以了。茶叶要托朱尧阶清明时候在永丰买，那里不但价钱便宜，茶叶质量也好，家里的布在这里用处很大，只是担心家中生活窘迫无钱置办。

同县李碧峰，生活苦不堪言，儿子帮他四处张罗，已经找到教书的馆地，每月学钱有三两银子。他在儿子处住了三个月左右，所花费的倒没有多少，但他却感激得难以言表，馆地至今未曾定下来，大约会成功。

儿子在京城知道谨慎，即请父母亲大人万福金安。

道光二十二年正月初七日

念念改过，虽小必惩

［原文］

男国藩跪禀父母亲大人万福金安：

十月二十二，奉到手谕，敬悉一切。郑小珊处，小隙[1]已解。男前于过失，每自忽略，自十月以来，念念改过，虽小必惩，其详具载示弟书中。

耳鸣近日略好，然微劳即鸣。每日除应酬外，不能不略自用功，虽欲节劳，实难再节。手谕示以节劳、节欲、节饮食，谨当时时省记。

萧辛五先生处寄信，不识靠得住否?龙翰臣父子，已于十一月初一日到。布疋、线索，俱已照单收到，唯茶叶尚在黄恕皆处。恕皆有信与男，本月可到也。男妇及孙男女等皆平安，余详于弟书。

谨禀

道光二十二年正月二十六日

[注释]

①隙：嫌隙，感情上的裂痕。

[译文]

儿子国藩跪禀父母亲大人万福金安：

十月二十二日收到手谕，我已经知道一切。儿子和郑小珊之间的小嫌隙已经解开了。儿子以前对于自己的过错，经常自己忽略了，自十月以来，念念不忘改正自己的过错，问题虽小也要惩戒，详细情形都写在给弟弟的信中。

耳鸣近日略微好转了，但稍微累一点便又耳鸣起来。每天除了应酬之外，不能不略略用功求学，虽然想要克制过度劳累，但实在是难以避免了。手谕训示儿子要节劳、节欲、节饮食，我一定会时刻谨记。

萧辛五先生那里寄信，不知靠得住不？龙翰臣父子，已在十一月初一日抵达京城。布疋、线索都已照单子收到了，只是茶叶还在黄恕皆那里。恕皆写信给我，说在本月就可以收到。儿媳妇、孙儿和孙女都平安，其余的详情全写在给弟弟的信中。

谨禀

道光二十二年正月二十六日

男亦常习小楷，以为明年考差之具

[原文]

男国藩跪禀父母亲大人万福金安：

正月十七日发第二号家信，不知已收到否？男身体平安，男妇亦如常。

九弟之病，自正月十六日后，日见强旺，二月一日开荤，现已全复元矣。二月以来，日日习字，时有长进。男亦常习小楷，以为明年考差之具。近来改临智永《千字文》帖，不复临颜、柳二家帖，以不合时宜故也。孙男身体甚好，每日佻达①欢呼，曾无歇息，孙女亦好。

浙江之事，闻于正月底交战，仍尔不胜。去岁所失宁波府城，定海、镇海二县城，尚未收复。英夷滋扰以来，皆汉奸助之为虐，此辈食毛践土②，丧尽天良，不知何日罪恶贯盈，始得聚而歼灭。

湖北崇阳县逆贼钟人杰为乱，攻占崇阳、通城二县。裕制军即日扑灭，将钟人杰及逆党槛送京师正法，余孽俱已搜尽。钟逆倡乱不及一月，党羽姻属，皆伏天诛。黄河去年决口，昨已合拢，大功告成矣。

九弟前病中思归，近因难觅好伴，且闻道上有虞[3]，是以不复作归计。弟自病好后，亦安心不甚思家。李碧峰在寓三月，现已找得馆地，在唐同年李杜家教书，每月俸金二两，月费一千。男于二月初配丸药一料，重三斤，约计费钱六千文。男等在京谨慎，望父母亲大人放心。

男谨禀

道光二十二年二月二十四日

[注释]

①佻达：戏闹。佻，轻浮，轻佻。

②食毛践土：原意是地上所产的食物和居住的土地均是国君所有，旧时常用作感谢君恩的言辞。毛，指地面上生长的谷物。践，踩。《左传·昭公七年》："封略之内，何非君土；食土之毛，谁非君臣？"

③虞：忧虑，忧愁。

[译文]

儿子国藩跪禀父母亲大人万福金安：

正月十七日儿子寄出第二封家信，不知是否已经收到了？儿子身体平安，儿媳妇也如常。

九弟的病自正月十六日后逐渐好转，二月一日起开始吃些荤食，如今已全部复元了。二月以来，他天天学习写字，且进步很大。儿子也经常练习小楷，为明年考差做些准备。近来改临智永的《千字文》帖，不再临写颜、柳两家字帖了，是已经不合时宜的缘故。您的孙儿身体很好，每天戏闹欢呼，一刻也不歇息，孙女也很好。

浙江的事，听说在正月底与英国人打了一仗，但到现在还没有取胜。去年失守的宁波府城以及定海、镇海两座县城还没有收复。从英国人滋事骚扰以来，那帮汉奸助纣为虐，这等人忘记君主的恩德，丧尽天良，不知道哪日恶贯满盈，才能把他们一网打尽。

湖北崇阳县逆贼钟人杰作乱，崇阳、通城两县被攻占了。裕制军当日将他们歼灭，将钟人杰及其党羽用囚车押解到京城正法，余孽已经全被搜捕打尽。钟逆带头作乱不足一月，党羽姻属都被诛杀。黄河去年决口，昨日已经合拢，大功告成。

九弟之前生病时想回到家中，近日因找不到好的同伴，并且听说路上并不太平，因此不准备回家了。弟弟自从病好之后，也变得安心不再想家了。李碧峰在家住了三个月，现在已经找到教书的馆地，在唐同年李杜家教书，每个月俸金二两，月费一千。二月初儿子配了丸药一付，有三斤重，大约花费六千文钱。儿子等在京城谨慎从事，望父母亲大人放心。

儿谨禀

道光二十二年二月二十四日

男在京身体如常，家人皆好

［原文］

男国藩跪禀父母亲大人万福金安：

二月二十三日发家信第三号，不知已收到否？正月所寄鹿脯，想已到。三月初，奉大人正月十二日手谕，俱悉一切。又知附有布疋、腊肉等在黄弗卿处，第不知黄氏兄弟，何日进京，又不知家中系专人送至省城，抑托人顺带也？

男在京身体如常，男妇亦清吉。九弟体已复元，前二月间，因其初愈，每日只令写字养神。三月以来，仍理旧业，依去年功课。未服补剂，男分丸药六两与他吃，因年少不敢峻（jùn）补[1]。孙男女皆好，拟于三月间点牛痘。此间牛痘局，系广东京官请名医设局积德，不索一钱，万无一失。

男近来每日习帖，不多看书。同年邀为试帖诗课，十日内作诗五首，用白折写好公评，以为明年考差之具。又吴子序同年，有两弟在男处附课看文。又金台书院每月月课，男亦代人作文，因久荒制艺[2]，不得不略为温习。

此刻光景已窘，幸每月可收公项房钱十五千，外些微挪借，即可过度，京城银钱，此外间究为活动。家中去年彻底澄清，余债无多，此真可喜！

蕙妹仅存钱四百千，以二百在新窑食租，不知住何人屋？负薪汲水，又靠何人？率五素来文弱，何能习劳，后有家信，望将惠妹家事，琐细详书。余容后呈。

男谨禀

道光二十二年三月十一日

［注释］

①峻补：大补，猛吃补药。

②制艺：旧时指科举考试中的八股文。

［译文］

儿子国藩跪禀父母亲大人万福金安：

二月二十三日寄出第三封家信，不知已经收到没？正月寄出的鹿肉干想必已经收到了吧。三月初，收到大人正月十二日手谕，得知一切。又得知寄来的布疋、腊肉等在黄弗卿那里，只是不知道黄氏兄弟在什么时候进京，也不知是家里派专人送到省城的，还是托人顺路带过去的？

儿子在京城身体如常，儿媳妇也清平吉祥。九弟身体已经恢复，前二月间，因他病体刚刚痊愈，每天只让他写字养神。三月以来，仍然重拾学业，开始读去年的功课。没有吃补药，儿子分给他六两丸药吃了，因他年纪小不敢给他猛吃补药。孙儿孙女都很好，打算在三月间种牛痘。这里的牛痘局是广东籍的京官为了行善积德，请有盛名的医生设局开业，不收任何钱，万无一失。

儿子近来每天练习写字，书看得不是很多。同年的朋友邀请我一起试帖诗课，十天内完成了五首诗，用白折写好，由大家进行评议，为明年考差作准备。此外，吴子序同年的两个弟弟在儿子这里复习功课，阅读文章。又金台书院每月月课，儿子也代人作文，因为写文章荒废很久了，不得不略为温习一番。

眼下手头很窘迫，幸好每月除了可以领到公项房钱十五千外，还可以向别人借一些，这样方可以度日，京城银钱，比外间毕竟活络些。家中去年彻底翻身，剩下的债务很少了，这真是令人高兴。

蕙妹仅存下四百千钱，又拿出二百在新窑租房吃饭，不知住的房子是谁的？担柴挑水又靠何人？率五一向身体文弱，哪能习惯干这些体力活？以后家中来信，希望将蕙妹的家事详细地写上。其余的事情容以后再呈禀。

儿谨禀

道光二十二年三月十一日

游子在外，最重唯平安二字

［原文］

孙男国藩跪禀祖父母大人万福金安：

三月十一日发家信第四号，四月初十、二十三发第五号、第六号。后两号皆寄省城陈家。因寄有银、参、笔、帖等物，待诸弟晋省时当面去接。四月二十一日，接壬寅第二号家信，内祖父、父亲、叔父手书各一，两弟信并诗文俱收，伏读祖父手谕，字迹与早年相同，知精神较健，家中老幼平安，不胜欣幸。游子在外，最重唯平安二字，承叔父代办寿具，兄弟感恩，何以图报？

湘潭带漆，必须多带，此物难辨真假，不可邀人去同买，反有奸弊[1]。在省考试时，与朋友问看漆之法，多问则必能知一二。若临买时，向纸行邀人同去，则必吃亏。如不知看漆之法，则今年不必买太多，待明年讲究熟习，再买不迟，今年漆新寿具之时，祖父母寿具，必须加漆。以后每年加漆一次，四具同加，约计每年漆钱多少？写信来京，孙付至省城甚易，此事万不可从俭，子孙所为报恩之处，唯此最为切实，其余皆虚文也。孙意总以厚漆为主，由一层以加至数十层，愈厚愈坚，不必多用瓷灰、夏布等物，恐其与漆不相胶粘，历久而脱壳也。然此事孙未尝经历讲究，不知如何而后尽善。家中如何办法，望四弟写信详细告知，更望叔父教训诸弟，经理家事。

心斋兄去年临行时，言到县即送银二十八两至我家，孙因十叔所代之钱，恐家中年底难办，故向心斋通挪[2]，因渠曾挪过孙的，今渠既未送来，则不必向渠借也。家中目下敷用不缺，此孙所第一放心者，孙在京已借银二百两，此地通挪甚易，故不甚窘迫，恐不能顾家耳。

曾孙兄妹二人体甚好，四月二十三日，已种牛痘，万无一失，系广东京官，设局济活贫农婴儿，不取一钱。兹附回种法一张，敬呈慈览，湘潭、长沙皆有牛痘公局，可惜乡间无人知之。

英夷去年攻占浙江宁波府及定海、镇海两县，今年退出宁波，攻占乍浦极可痛恨，京城人心，安静如无事时，想不日可殄灭也。

孙谨禀

道光二十二年四月二十七日

［注释］

①奸弊：奸诈舞弊。

②通挪：相互之间挪借财物。

［译文］

孙儿国藩跪禀祖父母大人万福金安：

三月十一日寄出第四封家信，四月十日、二十三日寄出第五封、第六封家信。后两封都寄到省城陈家。因为寄回去银子、人参、笔、帖等物品，等到弟弟们去省城时当面取回来。四月二十一日，收到壬寅第二号信，内有祖父、父亲、叔父写的信各一封，两位弟弟的书信和诗文都收到了，拜读祖父的手谕，字迹与早

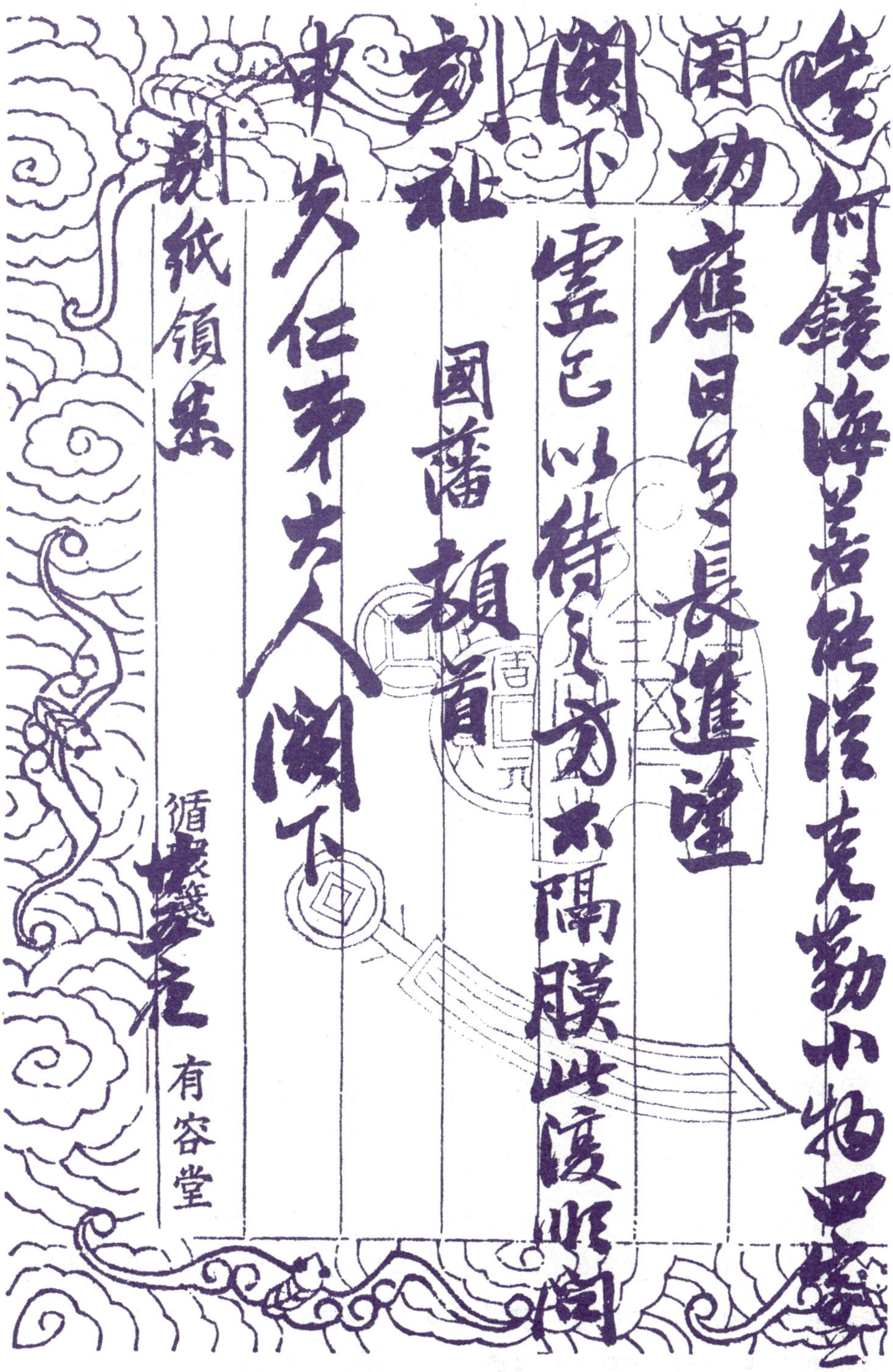
惟何鏡海若能從克勤小物四語
閣功庶日有長進望
閣下盡已以待之方不隔膜此復順問
刻祉
國藩頓首
來
岁仁弟大人閣下
數紙領悉
循陔
有容堂

勤发哨探，临敌戒骄气、惰气札（之二）

些年的相同，知道精神比较强健，家中老少平安，不胜欣喜庆幸。游子在外，最重要的唯有平安二字。承蒙叔父代办寿具，我们兄弟感激这恩情，不知将来如何报答？

从湘潭买漆带回，必须多带，此种物品很难分辨真假，不应邀人一同去买，避免被奸诈之人骗了。在省考试时，向朋友请教分辨真漆的方法，多问就能知晓一二了。如果买漆时，邀请纸行的人同去，则一定会吃亏。如果不了解看漆的方法，那么今年不必买得太多，等到明年懂得熟悉之后，再买也不迟，今年新寿具刷漆的时候，祖父母的寿具务必要加漆。以后每年加一次漆，四具一起加。大约每年花多少漆钱，写信来京，孙儿把钱寄到省城非常方便，此事万万不能节俭，子孙所要报答大恩的地方，只有此事最为实际，其余的都是空头文章。孙儿的意思是要以厚漆为主，由一层加到数十层，越厚越坚固，不必多用瓷灰、夏布等，恐怕这些东西与漆不相黏合，时间一久就会脱落。但是此事孙儿还不太了解详细情形，不知道要怎样才能做到尽善尽美。家中如何筹办，希望四弟把详细情形告诉我，更希望叔父教导诸位弟弟管理家事。

心斋兄去年临行之时，说好到县后就送二十八两银子到家里，孙儿因为十叔的事所借贷的钱，怕家里年底难办，所以向心斋挪借了些银子，因为他也曾向孙子挪借过，现在他既然没有把银子送来，那就不用向他借了。家里现在也不缺钱，这是孙儿最放心的事。孙儿在京城已经借到二百两银子，此处挪借银两非常容易，因此并不十分窘迫，只怕不能顾家罢了。

曾孙兄妹两人身体非常好，在四月二十三日已经种上牛痘，万无一失，是广东籍京官为了救济贫困婴儿所开设的牛痘公局种的，不收取一文钱。现寄回种牛痘的方法一张，敬呈堂上大人。湘潭、长沙都设有牛痘公局，可惜乡里没人知道。

英国人去年占领了浙江宁波府以及定海、镇海两县城，今年退出宁波，攻占了乍浦，太令人痛恨了，京城的人心如往常一样平静，我想几天之内就可以歼灭敌人了。

孙谨禀

道光二十二年四月二十七日

寓内上下平善，但光景艰难，不能寄货回家

[原文]

孙男国藩跪禀祖父母大人万福金安：

四月二十七日呈家信第七号，内有四信，不知已收到否？孙兄弟在京平安，孙妇身体如常。曾孙兄妹二人种痘后，现花极佳。男种六颗，出五颗，女种四颗，出三颗，并皆清吉。寓内上下平善。

逆夷海氛甚恶，现在江苏滋扰，宝山失守，官兵退缩不前，反

在民间骚扰，不知何日方可荡平。天津防堵甚严，或可无虑。同乡何子贞全家住南京，闻又将进京，谢果堂太守，于六月进京，初意欲捐复[1]，多恐不能。郑莘田放贵州西道，黎樾乔转京畿道。同乡京官，绝少在京。

孙光景虽艰，而各处通挪，从无窘迫之时，但不能寄货回家，以奉甘旨之需，时深愧怍。前寄书征一表叔，言将代作墓志，刻下实无便可寄。蕙妹移居后，究不知光景如何。孙时为挂念，若有家信来京，祈详明书示。孙在京自当谨慎，足以仰慰慈怀。

孙谨禀

道光二十二年六月初十日

［注释］

①捐复：花钱活动好官复原职。

［译文］

孙儿国藩跪禀祖父母大人万福金安：

四月二十七日寄出第七封家信，内有四封家信，不知已经收到没？孙儿兄弟在京平安，孙媳妇身体和以前一样。您的曾孙兄妹二人种过牛痘后，出痘情况极好。我的儿子种了六颗痘出了五颗，女儿种了四颗痘出了三颗，都很清平吉祥。全家上下都很平安。

英国人在沿海一带闹得很猖狂，现在江苏也受到滋扰，宝山失守了，官兵退缩不前，反而在民间骚扰百姓，不知什么时候才能平定。天津的防守堵截很严密，或者可以无须担心。同乡何子贞全家住在南京，听说又将进京。谢果堂太守于六月进京，本意花点钱活动一番以官复原职，但恐怕此事不能办到。郑莘田外放到贵州西道任职，黎樾乔转到京畿道当官。同乡在京任职的官员已经很少了。

孙儿的光景虽说艰难，但靠着四处挪借也从没窘迫的时候，只是不能寄钱回家，以奉养祖父母、父母的生活需要，时常深深地感到惭愧。不久前写信给征一表叔，答应将帮他写墓志，可眼下实在不方便寄出去。蕙妹搬家后不知近况如何。孙儿经常挂念，如果有家信来京，希望将详细情况告诉我。孙儿在京自当谨慎，使堂上大人得到安慰。

孙谨禀

道光二十二年六月初十日

些小得失不足患，特患业之不精耳

［原文］

男国藩跪禀父母亲大人万福金安：

六月二十八日接到家书，系三月二十四日所发，知十九日四弟得生子，男等合室相庆！四妹生产虽难，然血晕亦是常事，且此次既能保全，则下次较为容易。男未得信时，常以为虑，既得此信，如释重负。

六月底，我县有人来京捐官。渠在宁乡界住，言四月县考时，渠在城内，并在彭兴歧、丁信风两处，面晤四弟、六弟，知案首是吴定五。男十三年前，在陈氏宗祠读书，定五才发蒙作起讲，在杨畏斋处受业。去年闻吴春岗说定五甚为发奋，今果得志，可谓成就甚速。其余前十名，及每场题目，渠已忘记，后有信来，乞四弟写出。

四弟、六弟考运不好，不必挂怀。俗语云：“不怕进得迟，只要中得快。”从前邵丹畦前辈，四十三岁入学，五十二岁任学政。现任广西藩台汪朗，渠于道光十二年入学，十三年点状元。阮芸台前辈，于乾隆五十三年，县府试头场皆未取，即于其年入学中举，五十四年点翰林，五十五年留馆，五十六年大考第一，比放浙江学政，五十九年升浙江巡抚。些小得失不足患，特患业之不精耳。两弟场中文若得意[1]，可将原卷领出寄京，若不得意，不寄可也。

男等在京平安，纪泽兄妹二人，体甚结实，皮色亦黑。逆夷在江苏滋扰，于六月十一日攻陷镇江，有大船数十只，在大江游弋。江宁、扬州二府，颇可危虑。然而天不降灾，圣人在上，故京师人心镇定。同乡王翰城告假出京，男与陈岱云亦拟送家眷南旋，与郑莘田、王翰城四家同队出京。男与陈家，本于六月底定计，后于七月初一请人扶乩[2]，似可不必轻举妄动，是以中止。现在男与陈家，仍不送家眷回南也。

正月间，俞岱青先生出京，男寄有鹿脯一方，托找彭山屺转寄，

俞后托谢吉人转寄，不知到否？又四月托李丙冈寄银寄笔，托曹西垣寄参并交陈季牧处，不知到否？前父亲教男养须之法，男仅留上唇须，不能用水浸透，色黄者多，黑者少，下唇拟待三十六岁始留。男每接家信，嫌其不详，嗣后更愿详示。

男谨禀

道光二十二年七月初四日

［注释］

①得意：满意。此处指考试的成绩很令人满意。

②扶乩：中国道教的一种占卜方法。

［译文］

儿子国藩跪禀父母亲大人万福金安：

六月二十八日收到家信，是三月二十四日所发的，知道十九日四弟生了儿子，儿子等全家互相庆贺！四妹生产虽然难，不过因失血过多导致晕厥也是常有的事，况且这一次母子都平安无事，下次生产就比较容易了。儿子没有收到来信时，常为此事而忧虑，现在得到信了才如释重负。

六月底，我县有人来京城花钱捐官。这个人在宁乡界内住，说起四月份在县里参加科举考试的事，他说在城里彭兴歧、丁信风两人住处见到了四弟和六弟，知道头名是吴定五。儿子十三年前在陈氏宗祠读书，定五才刚开始识字读书，在杨畏斋那里从师学习。去年听吴春岗说定五读书非常勤奋，今天果然得志，可以说取得成就很快。其他前十名及考试的题目他已经忘记了，以后如果来信，请四弟告诉我。

四弟、六弟考运不好，没必要放在心上。俗语说："不怕进得迟，只要中得快。"从前邵丹畦前辈在四十三岁时入学，五十二岁担任学政。现在担任广西藩台的汪朗，他于道光十二年入学，十三年点名为状元。阮芸台前辈于乾隆五十三年参加县、府考试头场都没有录取，但在同年入学，考中举人，五十四年点名为翰林，五十五年留馆任职，五十六年大考获得第一名，被任命为浙江学政，五十九年升迁至浙江巡抚。小的得失不足以成为祸患，只怕自己的学业不精。两位弟弟考场里如果对写的文章满意，可将原卷领出来寄到京城，如果不满意，不寄也行。

儿子等在京一切平安，纪泽兄妹二人身体结实，肤色微黑。洋人在江苏滋扰生事，于六月十一日攻占镇江，有数十只洋船在长江游弋。江宁、扬州两府情势颇为危急。然而，天不降灾，圣人在上，因此京师人心安定。同乡王翰城请假离开京城，儿子和陈岱云也拟定把家眷送回南方，与郑莘田、王翰城四家一同离开京城。儿子与陈家原本在六月底计划好了，之后在七月初一请人占卜，结果是不必轻举妄动，所以就终止了计划。现在儿子与陈家就不送家眷回湖南了。

正月间俞岱青先生离开京城，儿子有鹿肉干一块，托彭山屺转寄回去，过后再

请谢吉人转寄，不知家中是否收到？四月份托李丙冈寄银子和笔，托曹西垣寄回人参并交到陈季牧处，不知收到没有？之前父亲教过儿子留胡须的方法，儿子仅留了上唇须，不能用水浸透。胡须黄颜色的多，黑色的少，下巴上的胡须打算在三十六岁时再开始留。儿子多次接到家信，但总嫌写得不够详细，希望以后写得详细一些。

儿谨禀

道光二十二年七月初四日

大器晚成，堂上不必以此置虑

［原文］

孙男国藩跪禀祖父母大人万福金安：

九月十三日接到家信，系七月父亲在省所发，内有叔父及欧阳牧云致函，知祖母于七月初三日因感冒致恙，不药而愈，可胜欣幸！高丽参足以补气，然身上稍有寒热，服之便不相宜，以后务须斟酌用之，若微觉感冒，即忌用此物。平日康强时，和入丸药内服最好，然此时家中，想已无多，不知可供明年一单丸药之用否？若其不足须写信来京，以便觅便寄回。

四弟、六弟考试又不得志，颇难为怀，然大器晚成，堂上不必以此置虑，闻六弟将有梦熊之喜，幸甚！近叔父为婶母之病，劳苦忧郁，有怀莫宣，今六弟一索得男[1]，则叔父含饴弄孙[2]，瓜瓞日蕃[3]，其乐何如？唐镜海先生德望，为京城第一，其令嗣极孝，亦系兄子承继者，先生今年六十五岁，得生一子，人皆以盛德之报。

英夷在江南，抚局已定。盖金陵为南北咽喉，逆夷既已扼吭而据要害，不得不权为和戎之策，以安民而息兵。去年逆夷在广东，曾经就抚，其费去六百万两，此次之费，外间有言有二千一百万者，又有言此项皆劝绅民捐输，不动帑藏者，皆不知的否？现在夷船已全数出海，各处防海之兵，陆续撤回，天津亦已撤回。议抚之使系伊里布、耆英及两江总督牛鉴三人。牛鉴有失地之罪，故抚局成后，即革职拿问，伊里布去广东，代奕山为将军，耆英为两江总督。自英夷滋扰，已历二年，将不知兵，兵不用命，于国威不少损，然此次议抚，实出

于不得已。但使夷人从此永不犯边，四海晏然安堵，则以大事小，乐天之道，孰不以为上策哉？

孙身体如常，孙妇及曾孙兄妹皆平安。同县黄晓潭荐一老妈吴姓来，因其妻凌虐婢仆，百般惨酷，求孙代为开脱，孙接至家住一日，转荐至方夔卿太守处，托其带回湖南，大约明春可到湘乡。

今年进学之人，孙见《题名录》，仅认识彭惠田一人，不知二十三上都进入否？谢党仁、吴光照取一等，皆少年可慕。一等第一，《题名录》刻黄生平，不知即黄星平否？孙每接家信，常嫌其不详明，以后务求详，虽乡间田宅婚嫁之事，不妨写出，使游子如仍未出里门，各族戚家，尤须一一示知，幸甚！敬请祖父母大人万福金安，余容后呈。

孙谨禀

道光二十二年九月十七日

[注释]

①一索得男：即第一胎便生了个男孩。

②含饴弄孙：嘴里含着糖逗弄小孙子，尽享儿孙之乐。

③瓜瓞日蕃：比喻子孙后代多。瓞，小瓜。

[译文]

孙儿国藩跪禀祖父母大人万福金安：

九月十三日接到七月间父亲在省城发出的家信，信中有叔父和欧阳牧云的信函！得知祖母在七月初三日因为患了感冒导致身体不适，但没有吃药便痊愈了，实在令人欣慰！高丽参可以补气，然而要是身体上稍微有寒热，吃了就会不适宜，以后一定要认真斟酌后方可服用，若稍微感到有些感冒，那么切忌服用此物，平日身体康强时，最好将其制成丸药吃，但是现在家里想必也没有多少了，不知可否供应明年一个单子的丸药？如果不够，要写信来京，以便找人带回去。

四弟、六弟又没有考中，很难释怀，然而大器晚成，堂上大人就不必为了此事忧虑，听说六弟将有生儿子的喜兆，太幸运了！近来叔父为了婶母的病情，辛劳忧郁，心里的话难以言表，如今六弟第一胎便有了男孩，叔父应该老有所乐，子孙满堂，晚景是何等快乐啊？唐镜海先生的德行威望在京城里是名列第一的，他的儿子极其孝敬，也是从兄长处过继而来的，先生今年六十五岁，生了一个儿子，人家都说这是他的德行好而得到的好报。

英国人在江南一带滋扰，朝廷采用安抚的政策已经定下来。金陵是南北的咽喉之地，英国人既然已经扼住了我们的咽喉并占据了要害之地，我方也不得不权且采

中夫仁弟左右
来缄已悉。後帮今日往馬嶺去
棗子嶺六里，去蒙城十六里也。
前函諒
閣下以取人為善、與人為善，
閣下既託近數日內取諸人者若

取与诸人乞随时开一清单札（之一）

取和戎的策略，以安抚百姓和平息战火。去年英国侵略者在广东曾经接受安抚，花费掉六百万两银子，此次和谈的费用外面有传言是二千一百万两，又有传言说此次费用由官绅百姓所捐，不动用国库，不知道消息是否是真的？现在洋人的船已经全部出海，各处防海的军队陆续撤回，天津的军队也已经撤回来了。和谈的使节是伊里布、耆英以及两江总督牛鉴三个人。牛鉴有失守阵地之罪，因此在和谈后立即就被革职拿问，伊里布去广东替代奕山为将军，耆英为两江总督。英国侵略者滋扰我国已有两年之久了，带兵的将领不懂得如何用兵，士兵不努力应战，不听从号令，大大损伤了国家的威严，然而此次议和实在是出于不得已的苦衷。如果能让洋人从此以后不来侵犯，四海安定太平，那么大事化为小事，乐于顺应天命之道，谁不认为这是上策呢？

孙儿身体如常，孙媳妇及曾孙兄妹也都平安。同县黄晓潭推荐了一位姓吴的老妈子来，因为黄晓潭的妻子凌辱虐待仆人，百般残酷，求孙儿替她想个办法得以解脱，孙儿接她到家住了一天，又转荐到方夔卿太守那里，托他带回湖南，大概明年春天可到湘乡。

今年考中进士的人，孙儿看见了《题名录》，只认识彭惠田一人，不知道我乡二十三岁以上的是否都取得进士？谢党仁、吴光照考中一等，都是少年有为，令人倾慕。考一等第一名的人，《题名录》上刻黄生平，不知道是黄星平吗？孙儿每次接到家信，常常嫌信写得不够详细，以后务必请写得详细一些，即使是乡间田宅嫁娶这样的事也不妨都一一写上，使在外的游子如同没出家门一样，特别是各族亲戚家的事也须一一告知，拜托了！敬请祖父母大人万福金安，其余容以后再行禀告。

孙谨禀

道光二十二年九月十七日

吾辈读书，只有两事：一者进德之事，一者修业之事

［原文］

四位老弟足下：

九弟行程，计此时可以到家。自任丘发信之后，至今未接到第二封信，不胜悬悬！不知道上有甚艰险否？四弟、六弟院试，计此时应有信，而折差久不见来，实深悬望！

予身体较九弟在京时一样，总以耳鸣为苦。问之吴竹如云：“只有静养一法，非药物所能为力。”而应酬日繁，予又素性浮躁，何能着实静养？拟搬进内城住，可省一半无谓之往还，现在尚未找得。

予时时自悔，终未能洗涤自新。九弟归去之后，予定刚日[1]读经，柔日[2]读史之法，读经常懒散不沉着。读《后汉书》，现已丹笔点过八本，虽全不记忆，而较之去年读《前汉书》，领会较深。九月十一日起，同课人议每课一文一诗，即于本日申刻用白折写。予文、诗极为同课人所赞赏，然予于八股绝无实学，虽感诸君奖借之殷，实则自愧愈深也。待下次折差来，可付课文数篇回家。予居家懒做考差工夫，即借此课以磨砺考具，或亦不至临场窘迫耳。

吴竹如近日往来极密，来则作竟日之谈，所言皆身心国家大道理。渠言有窦兰泉者，云南人，见道极精当平实，窦亦深知予者，彼此现尚未拜往。竹如必要予搬进城住，盖城内镜海先生可以师事，倭艮(gèn)峰先生、窦兰泉可以友事，师友夹持，虽懦夫亦有立志。予思朱子言：“为学譬如熬肉，先须用猛火煮，然后用慢火温。”予生平工夫，全未用猛火煮过，虽略有见识，乃是从悟境得来，偶用功亦不过优游玩索已耳，如未沸之汤，遽(jù)用慢火温之，将愈煮愈不熟矣。以是急思搬进城内，摒除一切，从事于克己之学。镜海、艮峰两先生，亦劝我急搬。而城外朋友，予亦有思常见者数人，如邵蕙西、吴子序、何子贞、陈岱云是也。

蕙西尝言：“与周公瑾交，如饮醇醪(láo)。”我两个颇有此风味，故每见辄长谈不舍。子序之为人，予至今不能定其品，然识见最大且精，尝教我云：“用功譬若掘井，与其多掘数井，而皆不及泉，何若老守一井，力求及泉而用之不竭乎？”此语正与予病相合，盖予所谓掘井多而皆不及泉者也。

何子贞与予讲字极相合，谓我真知大源，断不可暴弃。予尝谓天下万事万理，皆出于乾坤二卦。即以作字论之：纯以神行，大气鼓荡，脉络周通，潜心内转，此乾道也；结构精巧，向背有法，修短合度，此坤道也。凡乾以神气言，凡坤以形质言。礼乐不可斯须去身，即此道也。乐本于乾，礼本于坤。作字而优游自得，真力弥满者，即乐之意也；丝丝入扣，转折合法者，即礼之意也。偶与子贞言及此，

子贞深以为然，谓渠生平得力，尽于此矣。陈岱云与吾处处痛痒相关，此九弟所知者也。

写至此，接得家书，知四弟、六弟未得入学，怅怅！然科名有无迟早，总由前定，丝毫不能勉强。吾辈读书，只有两事：一者进德之事，讲求乎诚正修齐之道，以图无忝(tiǎn)所生；一者修业之事，操习乎记诵词章之术，以图自卫其身。进德之事，难以尽言，至于修业以卫身，吾请言之。

卫身莫大于谋食，农工商劳力以求食者也，士劳心以求食者也。故或食禄于朝，教授于乡，或为传食之客[3]，或为入幕之宾[4]，皆须计其所业，足以得食而无愧。科名者，食禄之阶也，亦须计吾所业，将来不至尸位素餐，而后得科名而无愧。食之得不得，穷通由天作主，予夺由人作主，业之精不精，则由我作主。然吾未见业果精而终不得食者也。农果力耕，虽有饥馑，必有丰年；商果积货，虽有雍滞，必有通时；士果能精其业，安见其终不得科名哉？即终不得科名，又岂无他途可以求食者哉？然则特患业之不精耳。

求业之精，别无他法，曰专而已矣。谚曰：“艺多不养身，谓不专也。”吾掘井多而无泉可饮，不专之咎也！诸弟总须力图专业，如九弟志在习字，亦不必尽废他业，但每日习字工夫，断不可不提起精神，随时随事，皆可触悟。四弟、六弟，吾不知其心有专嗜否？若志在穷经[5]，则须专守一经；志在作制艺[6]，则须专看一家文稿；志在作古文，则须专看一家文集。作各体诗亦然，作试帖亦然，万不可以兼营并骛[7]，兼营则必一无所能矣。切嘱切嘱！千万千万！

此后写信来，诸弟各有专守之业，务须写明，且须详问极言，长篇累牍，使我读其手书，即可知其志向识见。凡专一业之人，必有心得，亦必有疑义。诸弟有心得，可以告我共赏之；有疑义，可以问我共析之。且书信既详，则四千里外之兄弟，不啻(chì)[8]晤言一室，乐何如乎？

予生平于伦常中，唯兄弟一伦，抱愧尤深！盖父亲以其所知者，尽以教我，而我不能以吾所知者，尽教诸弟，是不孝之大者也！九弟

在京年余，进益无多，每一念及，无地自容。嗣后我写诸弟信，总用此格纸，弟宜存留，每年装订成册，其中好处，万不可忽略看过。诸弟写信寄我，亦须用一色格纸，以便装订。

谢果堂先生出京后，来信并诗二首。先生年已六十余，名望甚重，与予见面，辄彼此倾心，别后又拳拳不忘，想见老辈爱才之笃。兹将诗并予送诗附阅，传播里中，使共知此老为大君子也。

予有大铜尺一方，屡寻不得，九弟已带归否？频年寄黄芽白菜子，家中种之好否？在省时已买漆否？漆匠果用何人？信来并祈详示。

兄国藩手具

道光二十二年九月十八日

［注释］

①刚日：古时采用干支纪日的方法，凡天干正好是甲、丙、戊、庚、壬的日子称刚日，也称单日。

②柔日：古时采用干支纪日的方法，凡天干正好是乙、丁、己、辛、癸的日子称柔日。因都是偶数，也称偶日。《礼记·曲礼上》：“外事以刚日，内事以柔日。”孔颖达疏：“乙、丁、己、辛、癸五偶为柔也。”

③传食之客：名士官宦们所养的食客。

④入幕之宾：指位高权重者的幕僚宾客。

⑤穷经：大力钻研经籍。

⑥制艺：又称制义、时文等。明清时为应付科举考试而作的八股文章。

⑦并骛：一同兼顾。

⑧不啻：如同。

［译文］

四位老弟足下：

九弟的行程，预计现在应该到家了吧。自从任丘发信之后，到现在还没有接到第二封信，挂念之至！不知道路上有什么艰难险阻吗？四弟、六弟的院试预计现在已经有结果了，而信差很久都没有来，实在叫人盼望！

我的身体状况和九弟在京时一样，总是以耳鸣为苦。问了吴竹如，他说：“这个病只有静养，不是药物所能治好的。”但是应酬日益繁多，我又素来性情浮躁，怎么能彻底静养呢？我打算搬到内城去住，这样可以省一半往返的路程，但现在房子还没有找到。

我时常悔恨，终究没有能够洗涤自新。九弟回去后，我决定单日读经，双日读史，读经常常是懒散不沉着。读《后汉书》，现在已用朱笔圈点过八本，虽说全都记不住，但比起去年读《前汉书》，领会较为深刻。九月十一日起，一同温习功课的人商议每次写一篇文章一首诗，就在今天申刻用白折写好。我的文章和诗极其为大家所赞赏，然而我在八股文方面没有真才实学，虽然感激各位先生称赞推许的好意，实际上觉得越发惭愧。到下次信差来时，我会在信中附几篇文章回家。我在家里懒得做考核在职官员的准备，就借此机会磨炼一下，或许到临考试时不至于窘迫吧。

近日与吴竹如来往非常密切，每次来聊天都要一整天，说的都是有关个人和国家的大道理。他说有个叫窦兰泉的人，是云南人，懂得的道理很多，并且非常平实。窦兰泉对我非常了解，虽然彼此并没有见过面。竹如一定要我搬进城里住，因为城里的镜海先生可以做老师，倭艮峰先生和窦兰泉先生可以当朋友，在师友的帮助下，即使是一个懦夫也能立下志向。我想起朱子说过："做学问如同熬肉，开始时需要用大火煮，然后用慢火温。"我生平的工夫，全没用大火煮过。虽然有些见识，都是悟出来的，偶尔用功也不过悠闲地体味探求而已，好比没有煮沸的汤，立刻用慢火温，将会越煮越不熟。因此，急于想搬到城里去，以排除一切杂念，从事于克己的学问。镜海、艮峰两位先生也劝我尽快搬家。而城外的朋友，我也有经常见面的，如邵蕙西、吴子序、何子贞和陈岱云。

蕙西常说："与周公瑾交好，如喝醇酒。"我们二人都有这种感觉，所以每次见面就长谈，以至不舍得分开。子序的为人，我到现在还不能确定他的品格，但他的见识很广泛且精深，常对我说："用功好似挖井，与其挖好几口井而看不见泉水，还不如始终挖一口井，力求能看见泉水，那么就取之不尽，用之不竭了。"这几句话正切合我的毛病，因为我就是一个挖井而不见泉水的人。

何子贞与我讨论书法极其相合，说我已经了解了书法的诀窍，决不可自暴自弃。我常常说天下万事万理都出于乾坤二卦。只以书法来说：纯以神行，周身大气激荡，脉络周通，潜心内转，这就是乾的道理；结构精巧，向背有法，长短合度，这就是坤的道理。所谓乾是从神韵来说的，坤是从形体来说的。礼乐不可片刻离身就是这个道理。乐本于乾，而礼本于坤。写字而优游自得发自内心的人，就是得到了乐的意味；写字丝丝入扣，转折符合法度，就是得到了礼的意味。我偶尔和子贞谈及这些，子贞深深地以为是这样，并说他生平所追求的，都在此处。陈岱云与我处处痛痒相关，这是九弟所知道的。

写到这里，接到家信，知道四弟、六弟未能入学，我感到很遗憾！但是科名的有或无、早或晚，都是生前注定的，丝毫不能勉强。我们读书只有两件要事：一是进德的事，寻求诚正修齐的道理，以力图能不负一生；一是修业的事，学习记诵词章的技巧，以力图能自立自卫。进德的事一言难尽，至于修业来保身的问题，我来说一说。

保身莫不以谋生最重要，农工商干体力活是为了谋生，文人劳心，也是为了谋生。所以说，无论是在朝廷当官拿俸禄，在家乡教书以糊口，或者做名士官宦

们所养的食客，还是到位高权重者的幕僚宾客，都是用自己所修的学业来达到谋生无愧于心的目的。科名是当官拿俸禄的阶梯，也是衡量自己学业如何的途径，将来做官不至于空占着位置，不谋其政，之后得了科名而无愧于心。谋生得与不得，困厄与显达，全凭老天作主，赐予与剥夺由人做主，而业精不精全由自己做主。然而我没有见过学业精通而始终无法谋生的人。农夫如果努力耕种，虽然有时会遇上饥荒，但也一定会有丰收年；商人如果囤积了货物，虽然会有积滞的情况，但也肯定会有畅销之时；读书人如果能精于学业，怎么见得他不会得到科名呢？即使始终不会得到科名，又岂会没有其他谋生的办法呢？总而言之，只怕修业不精。

要求业精，没有其他的办法，只有专一而已。谚语说：“技艺多了不能够养身，因为他不够专一。”我挖井多而没有泉水可饮用，就是错在不专心。各位弟弟要力求专业，如九弟志在学习书法，也不放弃其他专业，但每天写字的时候，不可以不提起精神，无论何时何事都可以触动感悟。我不知道四弟和六弟的嗜好是什么？如果志在钻研经典，则应专门研究一种经典；如果志在作八股文上，则应专门研究一家的文章；如果志在作古文，则应专门看一家的文集。写各种体裁的诗也是如此，写作字帖也是一样，万万不能同时兼顾，什么都兼顾一定会一无所长。切嘱切嘱！千万不要忘记！

以后写信来，各位弟弟务必写明专攻的学业，并且详细地提出问题和自己的心得，长篇累牍地写来，让我知道你们的志向和见识。修业专一的人必定会有心得，也必会有疑问。各位弟弟们如有心得可以告诉我一起分享；如有疑问，也可以问我好一起分析。书信写得越详细越好，那么四千里外的兄弟好像在一个屋子里会面，这是何等乐事啊？

我一生在君臣、父子、夫妇、兄弟、朋友的伦理中，只有对兄弟这一伦感到深深地愧歉。因为父亲把他所知道的尽数教给我，而我不能把我所知道的尽数教给弟弟们，这是大不孝！九弟在京里一年多了，进步获益不是很大，我每次想起来都感到无地自容。以后我写给弟弟们的信，总用这种格子纸，弟弟们应该留着，每年装订成一册，那么其中的好处万万不可以轻看。弟弟们给我写信，也要用清一色的格子纸，好便于装订。

谢果堂先生离开京城后，写过信并附诗两首。先生今年已经六十多了，名望非常高，与我见面，彼此倾慕，别后又念念不忘，可见老前辈的爱才之心甚笃。现在将他的诗和我的诗随信附阅，在乡里传播一下，使大家都知道这位老先生是位大君子。

我有一方大铜尺，几次寻找都没找到，是不是被九弟带回去了？往年寄回家的黄芽白菜籽，家里种得好不好？在省城买到漆吗？漆匠是谁？来信时还请详细写明。

兄国藩手具

道光二十二年九月十八日

于予与人共若干事大氏取诸人
共当在山营处山宾营处与人共当至
大营处宾营处號手總揚可雅親
兵駐使會喜或亦取诸人共手
柳亦猶得於心共手以後望將展
诸人共何事与人共何事乞随

取与诸人乞随时开一清单札（之二）

读书，何必择地？何必择时

[原文]

诸位贤弟足下：

十月二十一日接九弟在长沙所发信，内途中日记六页，外药子一包。二十二接九月初二日家信，欣悉以慰。

自九弟出京后，余无日不忧虑，诚恐道路变故多端，难以臆揣。及读来书，果不出吾所料，千辛万苦，始得到家，幸哉！幸哉！郑伴之下不足恃，余早已知之矣！郁滋堂如此之好，余实不胜感激！在长沙时，曾未道及彭山屺(qǐ)，何也？又为祖母买皮袄，极好！极好！可以补吾之过矣！

四弟来信甚详，其发奋自励之志，溢于行间。然必欲找馆出外，此何意也？不过谓家塾离家太近，容易耽搁，不如出外较清净耳。然出外从师，则无甚耽搁，若出外教书，其耽搁更甚于家塾矣。且苟能发奋自立，则家塾可读书，即旷野之地，热闹之场，亦可读书，负薪牧豕(shǐ)，皆可读书。苟不能发奋自立，则家塾不宜读书，即清净之乡，神仙之境，皆不能读书，何必择地？何必择时？但自问立志之真不真耳。

六弟自怨数奇[1]，余亦深以为然。然屈于小试，辄发牢骚，吾窃笑其志之小，而所忧之不大也！君子之立志也，有民胞物与之量，有内圣外王之业，而后不忝于父母之生，不愧为天地之完人。故其为忧也，以不如舜不如周公为忧也，以德不修学不讲为忧也。是故，顽民梗化则忧之，蛮夷猾夏则忧之，小人在位贤才否闭则忧之，匹夫匹妇不被己泽则忧之。所谓悲天命而悯人穷，此君子之所忧也。若夫一身之屈伸，一家之饥饱，世俗之荣辱、得失、贵贱、毁誉，君子固不暇忧及此也。六弟屈于小试，自称数奇，余窃笑其所忧之不大也！

盖人不读书则已，亦既自名曰读书人，则必从事于《大学》。《大学》之纲领有三：明德、新民、止至善，皆我分内事也。若读书不能体贴到身上去，谓此三项与我身毫不相涉，则读书何用？虽使能文能诗，博雅自诩，亦只算得识字之牧猪奴耳！岂得谓之明理有用之人也乎？朝廷以制艺取士，亦谓其能代圣贤立言，必能明圣贤之理，行圣贤之行，可以居官莅民，整躬率物也。若以明德、新民为分外事，则虽能文能诗，而于修己治人之道实茫然不讲，朝廷用此等人做官，与用牧猪奴做官何以异哉？

然则既自名为读书人，则《大学》之纲领皆己身切要之事，明矣！其条目有八，自我观之，其致功之处则仅二者而已：曰格物，曰诚意。

格物，致知之事也；诚意，力行之事也。物者何？即所谓本末之物也。身、心、意、知、家、国、天下，皆物也；天地万物，皆物也；日用常行之事，皆物也。格者，即物而穷其理也。如事亲定省，物也；究其所以当定省之理，即格物也。事兄随行，物也；究其所以当随行之理，即格物也。吾心，物也；究其存心之理，又博究其省察涵养以存心之理，即格物也。吾身，物也；究其敬身之理，又博究其立齐坐尸以敬身之理，即格物也。每日所看之书，句句皆物也；切己体察，穷究其理，即格物也。此致知之事也。所谓诚意者，即其所知而力行之，是不欺也。知一句便行一句，此力行之事也。此二者并进，下学在此，上达亦在此。

吾友吴竹如格物工夫颇深，一事一物皆求其理。倭艮峰先生则诚意工夫极严，每日有日课册，一日之中，一念之差，一事之失，一言一默，皆笔之于书，书皆楷字，三月则订一本。自乙未年起，今三十本矣。盖其慎独之严，虽妄念偶动，必即时克治，而著之于书。故所读之书，句句皆切身之要药，兹将艮峰先生日课抄三页付归与诸弟看。

余自十月初一日起，亦照艮峰样，每日一念一事皆写之于册，以便触目克治，亦写楷书。冯树堂与余同日记起，亦有日课册。树堂极为虚心，爱我如兄，敬我如师，将来必有所成。余向来有无恒之弊，自此次写日课本子起，可保终身有恒矣！盖明师益友，重重夹持，能进不能退也！本欲抄余日课册付诸弟阅，因今日镜海先生来，要将本子带回去，故不及抄。十一月有折差，准抄几页付回也。

余之益友，如倭艮峰之瑟僩（xiàn）②，令人对之肃然；吴竹如、窦兰泉之精义，一言一事，必求至是；吴子序、邵蕙西之谈经，深思明辨；何子贞之谈字，其精妙处无一不合，其谈诗尤最符契③。子贞深喜吾诗，故吾自十月来，已作诗十八首，兹抄二页付回与诸弟阅。冯树堂、陈岱云之立志，汲汲不遑，亦良友也。镜海先生，吾虽未尝执贽（zhì）④请业，而心已师之矣。

吾每作书与诸弟，不觉其言之长，想诸弟或厌烦难看矣。然诸弟苟有长信与我，我实乐之，如获至宝。人固各有性情也！

余自十月初一日起，记日课，念念欲改过自新。思从前与小珊有隙，实是一朝之忿，不近人情，即欲登门谢罪。恰好初九日小珊来拜寿，是夜，余即至小珊家久谈，十三日与岱云合伙请小珊吃饭，从此欢笑如初，前隙尽释矣。

金竺虔报满用知县，现住小珊家，喉痛月余，现已全好。李笔峰在汤家如故。易莲舫（fǎng）要出门就馆，现亦甚用功，亦学倭艮峰者也。同乡李石梧已升陕西巡抚。两大将军皆锁拿解京治罪，拟斩监候。英夷之事业已和抚，去银二千一百万两，又各处让他码头五处。现在英夷已全退矣。两江总督牛鉴亦锁解刑部治罪。

近事大略如此，容再续书。

兄国藩手具

道光二十二年十月二十六日

[注释]

①数奇：此处指命运多舛，遇事不顺。王维《老将行》：“卫青不败由天幸，李广无功缘数奇。”

②僩：心胸开阔。

③符契：古代的一种信物，把字刻在符契上，一剖为二，各执一半好当做凭证。此处指契合。

④贽：古代指第一次拜见师长时所送的礼物。

[译文]

诸位贤弟足下：

十月二十一日，收到九弟在长沙所寄出的信，里面有在路上写的六页日记，一

包外药子。二十二日收到九月初二日的家信，获悉一切聊以自慰。

自从九弟离开京城后，我没有一日不担忧，很怕路上有什么难以预料的变故。等读了来信，果然不出我所料，九弟一路上历经千辛万苦方才得以到家，真是幸运之至！我早知道姓郑的旅伴不足以依靠！郁滋堂如此友善，我实在不胜感激！为何在长沙时没有提及彭山屺？九弟为祖母买了皮袄，真是太好了，这稍稍弥补了我不能尽孝的过失！

四弟的来信写得很详细，他发奋自励的志向展露在字里行间，但一定要到外面去找学堂，这是为什么呢？他说在家塾学堂离家太近，容易耽搁，不如外面清静。如果到外面拜师学习，兴许不会耽搁，但如果在外面教书的话，恐怕比在家塾教书更加容易耽搁。再者，如你能发奋自立，那么家塾可以读书，即使是在空旷的地方或是热闹的场所也都可以读书，背柴放牧也可以读书。如果不能发奋自立，那么家塾不适合读书，就是清净的地方、神仙居住的仙境也都不适合读书。何必去挑选地方，何必挑选时间，只需问自己立的志向是不是真的。

六弟埋怨自己的命运不好，我也深深地这么以为。但只是小小的失利就发牢骚，我暗中讥笑他没有远大的志向，所忧的东西够小。君子立志需要有为民请命的器量，有内修圣人的才德，外建王者称霸天下的志向，然后才不负父母生育自己，不愧为天地间完美的人。他之所以忧虑，是因自己不如舜帝不如周公，是因德行没有修炼好，是因学问没有大成。因此，顽固的刁民难以感化，则忧；野蛮、狡猾的侵略者不能征服，则忧；小人在位，贤才远遁，则忧；百姓不能得到自己应有的利益，则忧。他们为天命感到悲伤，怜悯百姓的穷苦，这就是君子所忧虑的。这样的人不会忧虑个人的进退，一家的温饱，世俗所谓的荣辱、得失、贵贱、成败，他们对这些没有时间去忧虑。六弟一次小试的失利就怪自己命运不好，我暗自笑他所忧虑的东西太小了！

假如有人不读书就算了，只要自称为读书人就一定要研读《大学》。《大学》的纲要有三点：明德、新民、止至善，这都是我们分内的事情。如果读书不能联系到自己身上去，认为这三点与自己毫不相关，那么读书又有何用呢？就算这个人会写文做诗，以博学文雅自称，那也只能算作一个识字的放猪奴罢了，并不是一个明白事理的人。朝廷以八股文来选拔官员，也是说他们能代替圣贤说话，明白圣贤的道理，像圣贤一样做事，这样的人做官，能充当百姓的表率。如果把明德、新民当作分外的事，那么虽然擅长作诗文，但对于修身治人的道理毫不知情，朝廷用这种人做官，与用放猪奴做官又有什么区别呢？

既然自认为是读书人，那么就要对《大学》的纲要，也就是自己立身的事情了解得十分明白，《大学》应修的科目共有八个方面，在我看来获取功效的地方只有两条：一条为格物，一条为诚意。

所谓格物就是获取知识的事情，所谓诚意就是实际去做。物又是什么呢？所谓物就是指事物和现象。身体、心灵、意识、知识、家庭、国家、整个天下都是物；

天地万物都是物；日常用的、做的，也都是物。所谓格，是指考究事物并追寻它所蕴含的道理。例如侍奉父母就要早晚去问安，是物；而探究早晚去问安的道理，就是格物。尊敬兄长而跟随其后，是物；而探究跟随兄长的道理，就是格物。我们的心灵，是物；探究影响心灵活动的道理，并广泛研究它，了解省悟、观察、涵养的道理，就是格物。我们的身体，是物；探究爱惜身体的道理，并广泛探究要站直、坐正的道理，就是格物。每天所看的书，书上的每句话都是物；根据自己的体会，弄明白它所讲述的道理，就是格物，这都是获取知识要做的事。所谓诚意，就是了解的道理，按照要求努力去做，诚实不欺。知道一句就做一句，身体力行。使格物与诚意齐头并进，就可以获得渊博的知识和显达的地位。

我的朋友吴竹如在格物方面工夫很深，一事一物，都要探求它的道理。倭艮峰先生则在诚意方面很严格，每天都写日记，一天之中，有一个想法不对，有一件事情做得有过失，或者是说了一句话，或是沉默了一会儿，都要用笔写下来，字都是楷体，三个月订成一个本子。从乙未年开始，至今已订了三十本。他独处的时候也非常严格，不对的念头偶然出现，必须马上克服，也会写在本子上。因此他所读的书，字字句句都切合自身的问题，现将艮峰先生的日记抄了三页寄回，给各位弟弟看。

我从十月初一日开始，也按照艮峰那样，把一天中的每个想法、每件事情都写在日记上，以便随时看见了加以改正，字体也用楷体写。冯树堂和我同一天开始写日记，他极其虚心，像兄弟一样爱护我，像老师一样敬重我，将来一定会有所成就。我向来有缺乏恒心的弊病，从写日记开始可以保证终生有恒心了。良师益友，一重又一重把我扶持起来，只能进不能退。本想抄我的日记给弟弟们阅读，但今天镜海先生来，要将本子带回去，所以来不及抄录。十一月有信差，一定抄几页寄回去。

我的好友中，如倭艮峰先生冷静威严，令人对他肃然起敬；吴竹如、窦兰泉精研究义，一言一事，必须力求做到最好；吴子序、邵蕙西的经学深思明辨；何子贞论述的书法，其精妙处与我非常契合，我特别喜欢听他谈论诗。子贞对我的诗很喜欢，所以我从十月以来，已经作了十八首诗，现抄两页寄回给弟弟们看看。冯树堂、陈岱云志向远大、性情急切，是我的好朋友。镜海先生，我虽然没有带着礼物去向他求教，但在心里早已经把他当成老师了。

我每次写信给诸位弟弟，不觉得信写得过长，但各位弟弟也许没有耐心看下去。但弟弟们如写长信给我，我实在太高兴了，如获至宝，人真是各有各的性格啊！

我从十月初一日起开始写日记，时时想着改正错误，重新做起。回忆从前与小珊有点嫌隙，实在是一时的气愤，有些不近人情，很想登门请罪。恰好初九日小珊来拜寿，这天晚上我就到小珊家谈了很久。十三日我与岱云一起请小珊吃饭，此后欢笑和当初一样，冰释前嫌了。

金竺虔报满任为知县，如今住在小珊家里，喉咙疼了一个来月，现在已全都好

了。李笔峰还在汤家，和以前一样。易莲舫要出门读书，现在也很用功，以倭艮峰为榜样。同乡李石梧已升任陕西巡抚。两大将军都被押送到京城治罪，准备处以斩刑。英国人的事，如今已经议和，共花了二千一百万两白银，此外又在各地让出五处码头。如今英国已全部退兵。两江总督牛鉴也被押往刑部治罪。

近来的事大体就是如此，其余的容我以后再写。

兄国藩手具

道光二十二年十月二十六日

唯愿诸弟发奋立志，念念有恒

［原文］

诸位贤弟足下：

十月二十七日寄弟书一封，内信四页、抄倭艮峰先生日课三页、抄诗二页，已改寄萧莘五先生处，不由庄五爷公馆矣。不知已到无误否？

十一月前八日，已将日课抄与弟阅，嗣后每次家信，可抄三页付回。日课本皆楷书，一笔不苟，惜抄回不能作楷书耳。冯树堂用功最猛，余亦教之如弟，知无不言。可惜九弟不能在京，与树堂日日切磋，余无日无刻不太息也！九弟在京半年，余懒散不努力；九弟去后，余乃稍能立志，盖余实负九弟矣！余尝语岱云曰："余欲尽孝道，更无他事。我能教诸弟进德业[1]一分，则我之孝有一分；能教诸弟进十分，则我孝有十分；若全不能教弟成名，则我大不孝矣！"九弟之无所进，是我之大不孝也！唯愿诸弟发奋立志，念念有恒，以补我不孝之罪，幸甚幸甚！

岱云与易五近亦有日课册，惜其识不甚超越，余虽日日与之谈论，渠究不能悉心领会，颇疑我言太夸。然岱云近极勤奋，将来必有所成。

何子敬近待我甚好，常彼此作诗唱和，盖因其兄钦佩我诗，且谈字最相合，故子敬亦改容加礼。子贞现临隶字，每日临七八页，今年已千页矣，近又考订《汉书》之讹，每日手不释卷。盖子贞之学，长于五事，一曰《仪礼》精，二曰《汉书》熟，三曰《说文》精，四曰

各体诗好，五曰字好。此五事者，渠意皆欲有所传于后。以余观之，前三者，余不甚精，不知浅深究竟如何，若字则必传千古无疑矣，诗亦远出时手之上，而能卓然成家。近日京城诗家颇少，故余亦欲多作几首。

金竺虔在小珊家住，颇有面善心非之隙。唐诗甫亦与小珊有隙。余现仍与小珊来往，泯然无嫌[2]，但心中不甚惬洽[3]耳。

曹西垣与邹云陔十月十六日起程，现尚未到。汤海秋久与之处，其人诞言太多，十句之中仅一二句可信。今冬嫁女二次：一系杜兰溪之子，一系李石梧之子入赘。黎樾翁亦有次女招赘。其婿虽未读书，远胜于冯舅矣。李碧峰尚馆海秋处，因代考供事，得银数十，衣服焕然一新。王翰城捐知州，去大钱八千串，何子敬捐知县，去大钱七千串，皆于明年可选实缺。黄子寿处本日去看他，工夫甚长进，古文有才华，好买书，东翻西阅，涉猎颇多，心中已有许多古董。何世兄亦甚好，沉潜之至，虽天分不高，将来必有所成。吴竹如近日未出城，余亦未去，盖每见则耽搁一天也。其世兄亦极沉潜，言动中礼，现亦学倭艮峰先生。吾观何吴两世兄之资质，与诸弟相等，远不及周受珊、黄子寿，而将来成就，何吴必更切实。此其故，诸弟能看书自知之，愿诸弟勉之而已。此数人者，皆后起不凡之人才也，安得诸弟与之联镳(biāo)并驾，则余之大幸也！季仙九先生到京服阕[4]，待我甚好，有青眼相看之意，同年会课，近皆懒散，而十日一会如故。

余今年过年，尚须借银百五十金，以五十还杜家，以百金用。李石梧到京，交出长郡馆公费，即在公项借用，免出外开口更好，不然，则尚须张罗也。

门上陈升，一言不合而去，故余作《傲奴诗》，现换一周升作门上，颇好。余读《易·旅卦》“丧其童仆”。象曰：“以旅与下，其义丧也。”解之者曰：“以旅与下者，谓视童仆如旅人，刻薄寡恩，漠然无情，则童仆亦将视主上如逆旅矣。”余待下虽不刻薄，而颇有视如逆旅之意，故人不尽忠，以后余当视之如家人手足也。分虽严明，而

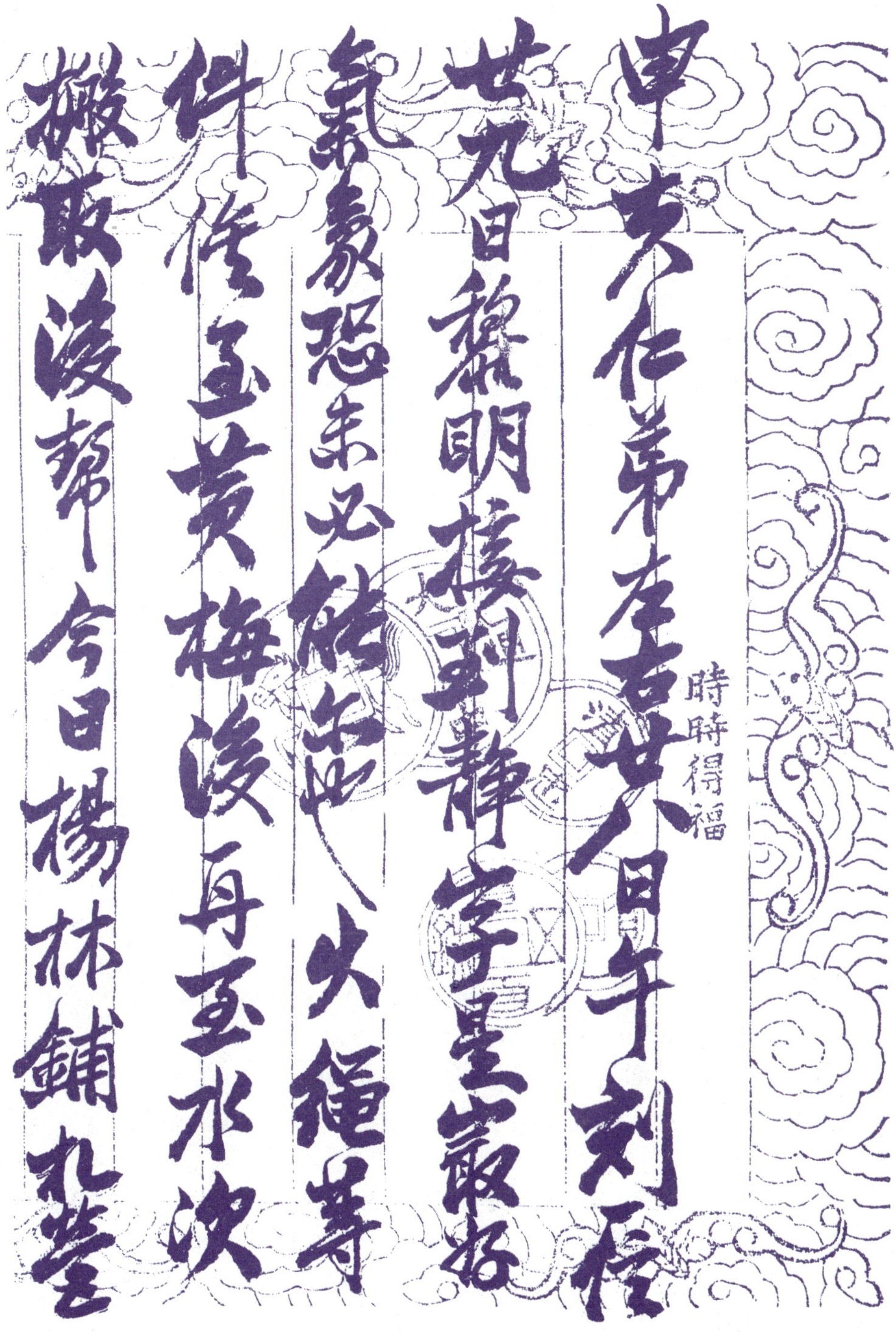
申夫仁弟左右：廿八日午刻函，廿九日黎明接到。靜字營嚴好氣象，恐未必能然。火繩等件，俟至黃梅後再至水次搬取。後幫今日楊林鋪紮營

进兵黄梅札（之一）

情贵周通，贤弟待人，亦宜知之。

余每闻折差到，辄望家信，不知能设法多寄几次否？若寄信，则诸弟必须详写日记数天，幸甚！余写信亦不必代诸弟多立课程，盖恐多看则生厌，故但将余近日实在光景写示而已，伏惟诸弟细察。

道光二十二年十一月十七日

［注释］

①德业：德行、学业。

②泯然无嫌：指表面上并没有分歧。嫌，嫌隙，分歧。

③不甚惬洽：指相处得不太融洽。惬，惬意。

④阕：结束、终了，此处指期满。

［译文］

诸位贤弟足下：

十月二十七日寄给各位贤弟一封信，内有四页信，抄倭艮峰先生日记三页，抄诗两页，已改寄到萧莘五先生那里，不再由庄五爷公馆转交了。不知是否已经收到？

十一月前八日，已将日记抄给你们看了，此后每次写信时都会抄三页寄回去。我的日记都用楷体写的，一丝不苟，可惜寄回去的抄本就不用楷体了。冯树堂最为用功，我教导他如同弟弟一样，知道的全都告诉他。可惜九弟不在京城，不能与树堂天天切磋学问，我没有一刻不为此叹息！九弟在京城半年，我懒惰散漫不努力；九弟离开后，我方才稍微能立志，因我实在亏欠九弟太多了！我常对岱云说：“我想尽孝道，这比其他的事都重要。我如果能够教育弟弟们增进德行学业一分，那我就是尽孝一分；能够教育弟弟们进步十分，那我就是尽孝十分；如果完全不能教导弟弟们成名，那我就是大大的不孝了。”九弟之所以没有进步，就是我的不孝！只希望弟弟们发奋立志，始终有恒心，以弥补我的不孝之罪，那真是太庆幸了！

岱云与易五近来也有些日记，可惜他们的见识不够超越，我虽天天都和他们谈论，他们却不能全心领会，还怀疑我所说的过于夸张。岱云近来很勤奋，将来一定会有所成就。

何子敬近来对我很好，常常彼此作诗相和，这是因为他兄长钦佩我的诗，谈起书法来也十分相投，因此子敬对我也非常尊敬。子贞现在临的是隶书，每天临七八页，今年已临了上千页了。近来又考订《汉书》的真伪，每天手不释卷。子贞的学问有五个方面的长处，一是精通《仪礼》，二是熟悉《汉书》，三是精通《说文》，四是各种体裁的诗都写得好，五是书法很好。这五个方面，他都想有所成就好传于后世。在我看来，《仪礼》、《汉书》、《说文》这三方面我并不太懂，不知道他研究

的究竟如何，但如果说到书法，那么子贞的字一定能留传千古，他的诗也远在同时代的诗人之上，可以独自成为一家。近来京城能称为“家”的诗人很少，所以我也想多做几首。

金竺虔在小珊家里住，两人面和心不和，有些嫌隙。唐诗甫也和小珊不和。我现在仍旧与小珊来往，表面上虽然没有分歧，但实际上并不很融洽。

曹西垣和邹云陔在十月十六起程，现在还没到家。汤海秋这个人，相处久了发现他太爱说谎，十句话中仅有一两句能相信。今年冬天嫁女儿的有两家：一是杜兰溪的儿子，一是李石梧的儿子入赘。黎樾翁家的次女招女婿入赘。他的女婿虽没读书，仍远超过冯舅。李碧峰还在海秋那里教书，因替人代考，得白银数十两，衣服焕然一新。王翰城花费了大钱八千串捐了个知州，何子敬花费了大钱七千串捐了个知县，都在明年可任新职位。我今天去看望黄子寿，他的工夫很有进步，古文写得也很有才华，喜好买书，四处翻阅，涉猎很广，心里已有许多掌故。何世兄也很好，为人十分深沉，天分虽然不高，但将来定有所成就。吴竹如近日没有出城，我也没有去，因为见一次面就要耽搁一天的功夫。他的世兄也很稳重，一言一行都很合乎礼节，现在也拜倭艮峰先生为师。我看何、吴两世兄的资质与弟弟们不分高下，但远不如周受珊、黄子寿，就将来的成就来说，何、吴两人一定会更切实一些。因为这个原因，弟弟自然能知晓我的意思，希望弟弟们自勉。这几位日后都是大有作为的人才，如果弟弟们能够与他们并驾齐驱，那将是我的幸运！季仙九先生来京城，丧服期满，对我很好，很看得起我，近来对同年会课都疏懒了，但十天一次仍然保留了下来。

我今年过年，还要借一百五十两银子，把五十两还给杜家，其余一百两留作自己用。李石梧到京后，交出长郡馆公费，就在公费中挪用，比向别人张口借要好，否则就又要张罗一番了。

门上陈升因为一言不合就拂袖而去，所以我作了一首《傲奴诗》，如今换了周升作门上，人很好。我读《易·旅卦》“丧其童仆”。象说：“以旅与下，其义丧也。”解卦的人说：“以旅与下者，就是说把童仆当路人看待，刻薄寡恩，冷漠无情，那么童仆也会把主人当路人看待了。”我对待下人虽说并不刻薄，但也不把他们当同路的人看，所以他就不能对我尽忠，今后我要把下人当做自家的手足。主仆身份虽然很严明，可情感上还是贵在沟通，贤弟对别人也要知晓这个道理。

我每听到信差到，就盼望能收到家信，不知能不能设法多寄几封？如果寄信，那么弟弟们一定要详细地写几天日记，那就太好了！我写信也不代你们多立课程，怕你们看了会心生厌烦，因此只写了近日的情况罢了，希望弟弟们细看。

道光二十二年十一月十七日

士人读书，第一要有志，第二要有识，第三要有恒

［原文］

诸位贤弟足下：

十一月十七寄第三号信，想已收到。父亲到县纳漕[1]，诸弟何不寄一信，交县城转寄省城也？以后凡遇有便，即须寄信，切要切要。

九弟到家，遍走各亲戚家，必各有一番景况，何不详以告我？

四妹小产，以后生育颇难，然此事最大，断不可以人力勉强，劝渠家只需听其自然，不可过于矜持。又闻四妹起最晏[2]，往往其姑[3]反服侍她，此反常之事，最足折福。天下未有不孝之妇而可得好处者，诸弟必须时劝导之，晓之以大义。

诸弟在家读书，不审每日如何用功？余自十月初一立志自新以来，虽懒惰如故，而每日楷书写日记，每日读史十页，每日记茶余偶谈一则，此三事，未尝一日间断。十月二十一日立誓永戒吃水烟，洎[4]今已两月不吃烟，已习惯成自然矣，予自立课程甚多，唯记茶余偶谈、读史十页、写日记楷本此三事者，誓终身不间断也。诸弟每人自立课程，必须有日日不断之功，虽行船走路，俱须带在身边。予除此三事外，他课程不必能有成，而此三事者，将终身以之。

前立志作《曾氏家训》一部，曾与九弟详细道及，后因采择经史，若非经史烂熟胸中，则割裂零碎，毫无线索。至于采择诸子各家之言，尤为浩繁，虽抄数百卷，犹不能尽收。然后知古人作《大学衍义》、《衍义补》诸书，乃胸中自有条例，自有议论，而随便引书以证明之，非翻书而遍抄之也。然后知著书之难，故暂且不作《曾氏家训》；若将来胸中道理愈多，议论愈贯串，仍当为之。

现在朋友愈多，讲躬行心得者，则有镜海先生、艮峰前辈、吴竹如、窦兰泉、冯树堂；穷经知道者，则有吴子序、邵蕙西；讲诗文字而艺通于道者，则有何子贞；才气奔放，则有汤海秋；英气逼人，志

大神静，则有黄子寿。又有王少鹤（名锡振，广西主事，年二十七岁，张筱浦之妹夫）、朱廉甫（名琦，广西乙未翰林）、吴莘畬（shē）（名尚志，广东人，吴抚台之世兄）、庞作人（名文寿，浙江人）。此四君者，皆闻予名而先来拜，虽所造有浅深，要皆有志之士，不甘居于庸碌者也。

京师为人文渊薮（sǒu）[5]，不求则无之，愈求则愈出。近来闻好友甚多，予不欲先去拜别人，恐徒标榜虚名。盖求友以匡己之不逮，此大益也。标榜以盗虚名，是大损也。天下有益之事，即有足损者寓乎其中，不可不辨。

黄子寿近作《选将论》一篇，共六千余字，真奇才也！黄子寿戊戌年始作破题，而六年之中，遂成大学问。此天分独绝，万不可学而至，诸弟不必震而惊之。予不愿诸弟学他，但愿诸弟学吴世兄、何世兄。吴竹如之世兄，现亦学艮峰先生写日记，言有矩，动有法，其静气实实可爱！何子贞之世兄，每日自朝至夕，总是温书，三百六十日，除作诗文时，无一刻不温书，真可谓有恒者矣。故予从前限功课教诸弟，近来写信寄弟，从不另开课程，但教诸弟有恒而已。

盖士人读书，第一要有志，第二要有识，第三要有恒。有志则断不甘为下流；有识则知学问无尽，不敢以一得自足，如河伯之观海，如井蛙之窥天，皆无识者也；有恒则断无不成之事。此三者，缺一不可。诸弟此时唯有识不可以骤几，至于有志有恒，则诸弟勉之而已。

予身体甚弱，不能苦思，苦思则头晕；不耐久坐，久坐则倦乏，时时属望，唯诸弟而已。

明年正月，恭逢祖父大人七十大寿，京城以进十为正庆。予本拟在戏园设寿筵，窦兰泉及艮峰先生劝止之，故不复张筵。盖京城张筵唱戏，名为庆寿，实则打把戏，兰泉之劝止，正以此故。现在做寿屏两架，一架淳化笺四大幅，系何子贞撰文并书，字有茶碗口大；一架冷金笺八小幅，系吴子序撰文，予自书。淳化笺系内府用纸，纸厚如钱，光彩耀目，寻常琉璃厂无有也。昨日偶有之，因买四张。子贞字甚古雅，惜太大，万不能寄回，奈何奈何？

侄儿甲三体日胖而颇蠢，夜间小解知自报，不至于湿床褥。女儿体好，最易扶携，全不劳大人费心力。

今年冬间，贺耦庚先生寄三十金，李双圃先生寄二十金，其余尚有小进项。汤海秋又自言借百金与我用。计还清兰溪、寄云外，尚可宽裕过年。统计今年除借会馆房钱外，仅借百五十金。岱云则略多些。岱云言在京已该账九百余金，家中亦有此数，将来正不易还。寒士出身，不知何日是了也！我在京该账尚不过四百金，然苟不得差，则日见日紧矣。

书不能尽言，唯诸弟鉴察。

兄国藩手草

道光二十二年十二月二十日

附课程表

主敬	整齐严肃，无时不俱。无事时心在腔子里，应事时专一不杂。
静坐	每日不拘何时，静坐一会，体验静极生阳来复之仁心，正位凝命，如鼎之镇。
早起	黎明即起，醒后勿沾恋。
读书不二	一书未点完，断不看他书，东翻西阅，都是徇外为人。
读史	二十三史每日读十页，虽有事，不间断。
写日记	须端楷，凡日间过恶，身过，心过，口过，皆记出，终身不间断。
日知其所亡	每日记茶余偶谈一则，分德行门、学问门、经济门、艺术门。
月无忘所能	每月作诗文数首，以验积理之多寡，养气之盛否。
谨言	刻刻留心。
养气	无不可对人言之事，气藏丹田。
保身	谨遵大人手谕：节欲，节劳，节饮食。
作字	早饭后作字，凡笔墨应酬，当作自己功课。
夜不出门	旷功疲神，切戒切戒！

[注释]

①漕：利用水道转运粮食。可代指粮食。

②最晏：最迟，最晚。

③姑：这里指婆婆。

④洎：到，往。

⑤渊薮：人或事物聚集在一起的地方。渊，深水，鱼生活的地方。薮，水边的草地，野兽居住的地方。《后汉书·梁冀传》：“宛为大都，士之渊薮。”

[译文]

诸位贤弟足下：

十一月十七日寄出第三封家信，想必已经接到了。父亲到县里交粮，弟弟们为什么不写一封信，请父亲从县城邮寄到省城呢？以后如果有这样的机会，就要写信，切记切记。

九弟到家后都到各位亲戚家走了一遍，一定有一番情况，为什么不详细地告诉我？

四妹小产，之后再想生孩子会很困难，然而这件事虽然很重要，但决不可凭借人力去勉强，要劝他家顺其自然，不可以过分执着。又听说四妹起床很晚，常常是她的婆婆要服侍她，这是不合情理的事情，福泽最容易折去。不孝的妇人反而可以得到好处，天下没有这样的事情，弟弟们要经常劝导她，让她知晓其中的义理。

弟弟们在家读书，不知道每天是如何用功读书的？我自十月初一日立下志向要改过自新以来，虽然懒惰一如从前，但每天坚持用楷书写日记，每天读史书十页，每天记茶余偶谈一则，这三件事至今都没间断过。十月二十一日，我发誓戒掉水烟，如今不吸水烟已有两个月了，已经习惯成自然了，我自己制定的课程很多，只是记茶余偶谈、读史十页以及用楷体写日记这三件事发誓终身不会间断。弟弟们每天自己制定课程，必须有天天不间断的功力，就算行船走路也要带在身边。我除了这三件事以外，其他课程并不能有所成就，而这三件事则要终身实行。

以前我曾立志写一部《曾氏家训》，并与九弟详细聊过，后来查阅各部经史才发现，如果不是把经史烂熟于胸中，那么就会变得支离破碎，没有丝毫的线索。至于选择摘录诸子各家的言论就显得尤为浩繁，虽然抄了几百卷还是感觉材料没有收录全。后来才知道古人作《大学衍义》《衍义补》这些书，都是胸有成竹、水到渠成的作品，都自有一套体例、一组议论的观点，然后在创作中随手引书为证，并不是翻书摘抄而成的。从这以后我才知道著书是艰难的，所以暂时不作《曾氏家训》，如果将来心中的道理多了，议论也贯通了，再进行写作。

现在朋友很多，讲求身体力行的人有镜海先生、艮峰前辈、吴竹如、窦兰泉、冯树堂；研究经书、探求道理的人有吴子序、邵蕙西；讲诗、文、书法而技艺与道相通的人有何子贞；才气奔放的人有汤海秋；英气逼人、志大沉静的人有黄子寿。除此之外，还有王少鹤（名锡振，广西主事，时年二十七岁，张筱浦的妹夫）、朱廉甫（名琦，广西乙未翰林）、吴莘畬（名尚志，广东人，吴抚台的世兄）、庞作人（名文寿，浙江人）。这四位先生听说了我的名声而先来拜访我，虽说他们的学问深浅不一，却都是有志之士，是不甘于庸碌之辈。

京城是人才济济的地方，不去探求就不会有发现，越去探求则越多。近来听说可结交的朋友很多，我不打算先去拜访别人，害怕被人说成我在标榜虚名。求友用以改正自己的不足，这是交友最大的益处。而借此标榜自己以图虚名，则是最大的害处。天下有获益的事，便有不益的因素包含在里面，不能不加以辨别。

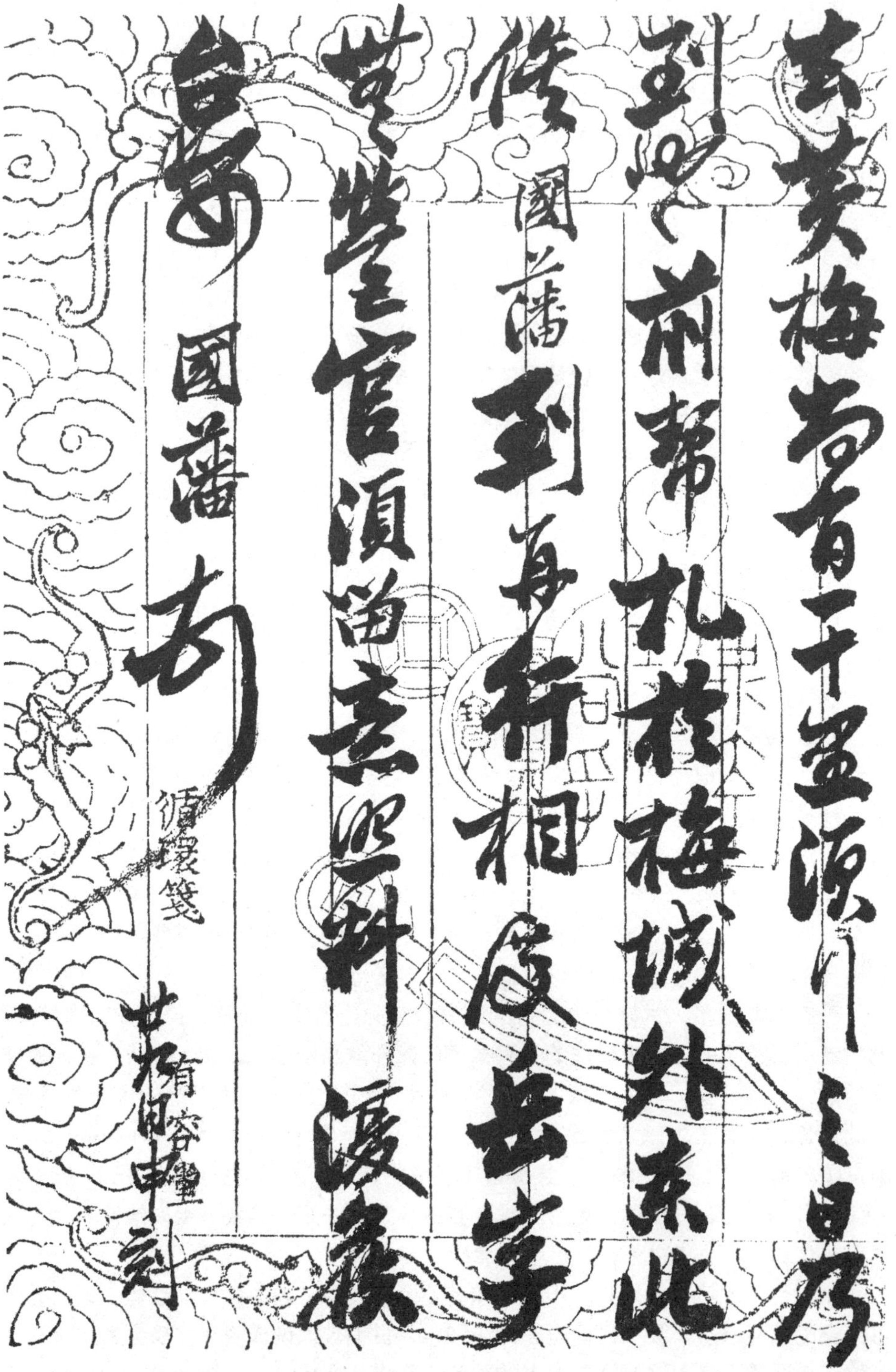

去黄梅尚有二十里须门三日方
到彼前帮扎於梅城外东北
候国藩到再行相度岳字
黄营官须酌意迎斟渡营
台安 国藩 右
循陔笺
廿八日申刻
有容堂

进兵黄梅札（之二）

黄子寿最近作一篇《选将论》，共六千多字，真是位奇才。黄子寿从戊戌年开始学作破题，而六年之中，便有这么大的学问。他的天分可谓独一无二，不是常人轻易能够学到的，弟弟们不必感到惊讶。我也不希望弟弟们学他，只愿弟弟们像吴世兄、何世兄学。吴竹如的世兄，现在也学艮峰先生写日记，谈论有规矩，行为有法则，他的安详自得的风采实在让人感到敬意！何子贞的世兄每天从早到晚温习各家的书。三百六十天，除了做诗文外，时刻都在温书，真是富有恒心的人。所以我从前总要给你们制定功课，最近写信给你们从不另开课程，这都是想让你们不管是读书还是做学问都要有恒心而已。

士人读书，第一要有志气，第二要有见识，第三要有恒心。有志气的人会不甘心居于人下；有见识的人会明白学无止境的道理，不会因为某一方面的成功而感到自满，如河伯观海、井蛙窥天这样的人都是目光短浅的；有恒心就绝没有不获得成功的事情。这三个方面，缺一不可。弟弟们现在唯有见识是不可能立马就能达到广博的，至于志气和恒心，弟弟们就努力去做吧！

我身体虚弱，不能思虑太久，否则就会头昏；也不能长时间坐着，否则便会感到倦怠，时刻将希望寄托在各位弟弟身上。

明年正月，恭逢祖父大人七十大寿，京城是以进十为正式的庆典。我本来拟定在戏园里摆下寿筵，窦兰泉和艮峰先生劝阻我，因此不再摆筵席。原来京城设筵席唱戏，名义上是为庆祝寿辰，实际上是打把戏，兰泉之所以劝阻也因为这个缘故。现在做了两架寿屏，一架为四大幅淳化笺，是何子贞撰文并亲自书写的，字有茶碗口大小；一架为八小幅冷金笺，是吴子序写的文章，我自己抄的。淳化笺是内府用纸，纸厚得像铜钱，光彩夺人，普通的琉璃厂是没有的。昨天偶然碰上了，买了四张。子贞的字很古雅，可惜篇幅过大了，不能邮寄回去，有什么好办法呢？

你们的侄儿甲三身体日渐肥胖，看起来很蠢笨，夜里小便自己会说，不会尿床。你们的侄女身体也很好，很容易带，全不用大人操心。

今年冬天，贺耦庚先生寄来三十金，李双圃先生寄来二十金，此外还有些小收入。汤海秋又主动说可以借给我百金。算起来除了还清兰溪、寄云的钱外，过年还很充裕。统计今年除借会馆房钱以外，只借了一百五十金。岱云则借得稍微多一些。岱云说在京城已欠账九百余金，家中也大概欠下这些钱，将来还清还真不容易。寒士出身，不知道像这样借钱度日什么时候才是尽头！我在京欠债不过四百金，但是如果得不到官职，就会一天比一天窘困。

书不尽言，请弟弟们鉴察。

兄国藩手草

道光二十二年十二月二十日

附课程表

主敬　　　整齐严肃，任何时候都不畏惧。没有事情的时候静心养神，应对事情的时候，专心致志、心无杂念。

静坐　每天不管什么时候都要静坐一会儿，体会静到极致后自己仁慈仁义的本心，身正而不负使命，如鼎上面的锁一样。

早起　黎明时就起床，醒了之后，不恋床。

读书不二　一本书没有读完，决不看其他的书，东翻西阅，都是徇外为人。

读史　二十三史每天读十页，有事的时候也不能间断。

写日记　每天用楷体记日记，每天记下身、心、口三方面的过失，终身不可间断。

日知其所亡　每天记茶余偶谈一则，分为德行门、学问门、经济门和艺术门。

月无忘所能　每月作几首诗文，以查验自己积累的多少，精神气是否十足。

谨言　说话时时刻都要小心注意。

养气　没有不可以向别人说的事，气藏丹田。

保身　谨遵守大人的手谕，做到节欲、节劳、少食。

作字　早饭后练字，凡是遇到写字这样的应酬都当作自己的功课。

夜不出门　以免耗费心神，一定要记住，并警戒！

一生之成败，皆关乎朋友之贤否，不可不慎

[原文]

诸位老弟足下：

正月十五日接到四弟、六弟、九弟十二月初五日所发家信。四弟之信三页，语语平实，责我待人不恕，甚为切当。谓月月书信，徒以空言责弟辈，却又不能实有好消息，令堂上阅兄之书，疑弟辈粗俗庸碌，使弟辈无地可容云云，此数语，兄读之不觉汗下。

我去年曾与九弟闲谈云："为人子者，若使父母见得我好些，谓诸兄弟俱不及我，这便是不孝；若使族党[1]称道我好些，谓诸兄弟俱不如我，这便是不悌[2]，何也？盖使父母心中有贤愚之分，使族党口中有贤愚之分，则必其平日有讨好底意思，暗用机计，使自己得好名声，而使其兄弟得坏名声，必其后日之嫌隙，由此而生也。刘大爷、刘三爷，兄弟皆想做好人，卒至视如仇雠（chóu），因刘三爷得好名声于父母族党之间，而刘大爷得坏名声故也。"今四弟之所责我者，正是此道理，我所以读之汗下。但愿兄弟五人，各个明白这道理彼此互

相原谅。兄以弟得坏名为忧，弟以兄得好名为快。兄不能使弟尽道得令名，是兄之罪；弟不能使兄尽道得令名，是弟之罪。若各个如此存心，则亿万年无纤芥(jiè)[3]之嫌矣。

至于家塾读书之说，我亦知其甚难，曾与九弟面谈及数十次矣。但四弟前次来书，言欲找馆出外教书。兄意教馆之荒功误事，较之家塾为尤甚。与其出而教馆，不如静坐家塾。若云一出家塾便有明师益友，则我境之所谓明师益友者，我皆知之，且已夙夜熟筹之矣，唯汪觉庵师及欧阳沧溟(míng)先生，是兄意中所信为可师者。然衡阳风俗，只有冬学要紧，自五月以后，师弟皆奉行故事而已。同学之人，类皆庸鄙无志者，又最好讪笑人（其笑法不一，总之不离乎轻薄而已。四弟若到衡阳去，必以翰林之弟相笑，薄俗可恶）。乡间无朋友，实是第一恨事，不唯无益，且大有损。习俗染人，所谓与鲍鱼处，亦与之俱化也。兄尝与九弟道及，谓衡阳不可以读书，涟滨不可以读书，为损友太多故也。

今四弟意必从觉庵师游，则千万听兄嘱咐，但取明师之益，无受损友之损也。接到此信，立即率厚二到觉庵师处受业。其束脩(xiū)今年谨具钱十挂，兄于八月准付回，不至累及家中。非不欲从丰，实不能耳。兄所最虑者，同学之人，无志嬉游，端节以后，放散不事事，恐弟与厚二效尤耳，切戒切戒！凡从师必久而后可以获益，四弟与季弟，今年从觉庵师，若地方相安，则明年仍可从游。若一年换一处，是即无恒者见异思迁也，欲求长进难矣。

此以上答四弟信之大略也。

六弟之信，乃一篇绝妙古文，排奡似昌黎[4]，拗很似半山[5]。予论古文，总须有倔强不驯之气，愈拗愈深之意，故于太史公[6]外，独取昌黎半山两家。论诗亦取傲兀不群[7]者，论字亦然，每蓄此意而不轻谈。近得何子贞，意见极相合，偶谈一二句，两人相视而笑。不知六弟乃生成有此一支妙笔。往时见弟文亦无大奇特者，今观此信，然后知吾弟真不羁才也，欢喜无极！欢喜无极！凡兄所有志而力不能为者，吾弟皆可为之矣。

信中言兄与诸君子讲学，恐其渐成朋党，所见甚是。然弟尽可放心，兄最怕标榜，常存暗然尚䌹（jiǒng）[8]之意，断不致有所谓门户自表者也。信中言四弟浮躁不虚心，亦切中四弟之病，四弟当视为良友药石之言。

信中又有“荒芜已久，甚无纪律”二语，此甚不是。臣子与君亲，但当称扬善美，不可道及过错；但当谕亲于道，不可疵议细节。兄从前常犯此大恶，但尚是腹诽，未曾形之笔墨。如今思之，不孝孰大乎是？常与阳牧云并九弟言及之，以后愿与诸弟痛惩此大罪。六弟接到此信，立即至父亲前磕头，并代我磕头请罪。

信中又言：“弟之牢骚，非小人之热衷，乃志士之惜阴。”读至此，不胜惘然！恨不得生两翅忽飞到家，将老弟劝慰一番，纵谈数日乃快。然向使诸弟已入学，则谣言必谓学院做情，众口铄金，何从辩起？所谓塞翁失马，安知非福？科名迟早，实有前定，虽惜阴念切，正不必以虚名萦怀耳。

来信言看《〈礼记〉疏》一本半，浩浩茫茫，苦无所得，今已尽弃，不敢复阅，现读《朱子纲目》，日十余页云云。说到此处，兄不胜悔恨！恨早岁不曾用功，如今虽欲教弟，譬盲者而欲导人之迷途也，求其不误难矣。

然兄最好苦思，又得诸益友相质证，于读书之道，有必不可易者数端。穷经必专一经，不可泛骛。读经以研寻义理为本，考据名物为末。读经有一耐字诀，一句不通，不看下句，今日不通，明日再读，今年不通，明年再读，此所谓耐也。读史之法，莫妙于设身处地，每看一处，如我便与当时之人，酬酢笑语于其间。不必人人皆能记也，但记一人，则恍如接其人；不必事事皆能记也，但记一事，则恍如亲其事。经以穷理，史以考事。舍此二者，更别无学矣。

盖自西汉以至于今，识字之儒，约有三途：曰义理之学[9]，曰考据之学[10]，曰词章之学[11]。各执一途，互相诋毁。兄之私意，以为义理之学最大，义理明则躬行有要，而经济有本。词章之学，亦所以发

挥义理者也。考据之学，吾无取焉矣。此三途者，皆从事经史，各有门径，吾以为欲读经史，但当研究义理，则心一而不纷。是故经则专守一经，史则专熟一代，读经史则专主义理，此皆守约之道，确乎不可易者也。

若夫经史而外，诸子百家，汗牛充栋。或欲阅之，但当读一人之专集，不当东翻西阅。如读《昌黎集》，则目之所见，耳之所闻，无非昌黎，以为天地间除《昌黎集》而外，更无别书也。此一集未读完，断断不换他集，亦专字诀也。六弟谨记之。

读经、读史、读专集、讲义理之学，此有志者万不可易者也。圣人复起，必从吾言矣。然此亦仅为有大志者言之，若夫为科名之学，则要读四书文，读试帖律赋，头绪甚多。四弟、九弟、厚二弟天资较低，必须为科名之学，六弟既有大志，虽不科名可也，但当守一耐字诀耳。观来信言读《〈礼记〉疏》，似不能耐者，勉之勉之！

兄少时天分不甚低，厥后日与庸鄙者处，全无所闻，窍被茅塞久矣。及乙未到京后，始有志学诗古文，并作字之法，亦苦无良友。近年得一二良友，知有所谓经学者、经济者，有所谓躬行实践者，始知范韩可学而至也，司马迁、韩愈亦可学而至也，程朱亦可学而至也。慨然思尽涤前日之污，以为更生之人，以为父母之肖子，以为诸弟之先导。无如体气本弱，耳鸣不止，稍稍用心，便觉劳顿。每自思念，天既限我以不能苦思，是天不欲成我之学问也，故近日以来，意颇疏散。

计今年若可得一差，能还一切旧债，则将归田养亲，不复恋恋于利禄矣。粗识几字，不敢为非以蹈大戾已耳，不复有志于先哲矣。吾人第一以保身为要。我所以无大志愿者，恐用心太过，足以疲神也。诸弟亦须时时以保身为念，无忽无忽。

来信又驳我前书，谓必须博雅有才，而后可明理有用，所见极是。兄前书之意，盖以躬行为重，即子夏《贤贤易色[12]》章之意。以为博雅者不足贵，唯明理者乃有用，特其立论过激耳。六弟信中之意，以为不博雅多闻，安能明理有用？立论极精，但弟须力行之，不

可徒与兄辩驳见长耳。

来信又言四弟与季弟从汪觉庵师，六弟、九弟仍来京中，或肄业城南云云。兄之欲得老弟共住京中也，其情如孤雁之求曹也。自九弟辛丑秋思归，兄百计挽留，九弟当能言之，及至去秋决计南归，兄实无可如何，只得听其自便。若九弟今年复来，则一岁之内，忽去忽来，不特堂上诸大人不肯，即旁观亦且笑我兄弟轻举妄动。且两弟同来，途费须得八十金，此时实难措办，弟云能自为计，则兄窃不信。

曹西垣去冬已到京，郭筠仙明年始起程，目下亦无好伴。唯城南肄业之说，则甚为得计。兄于二月间准付银二十两至金竺虔家，以为六弟、九弟省城读书之用。竺虔于二月起身南旋，其银四月初可到。

弟接到此信，立即下省肄业。省城中兄相好的如郭筠仙、凌笛舟、孙芝房，皆在别处坐书院。贺蔗农、俞岱青、陈尧农、陈庆覃诸先生皆官场中人，不能伏案用功矣。唯闻有丁君者（名叙忠，号秩臣，长沙廪生）学问切实，践履笃诚。兄虽未曾见面，而稔知其可师。凡与我相好者，皆极力称道丁君。两弟到省，先到城南住斋，立即去拜丁君（托陈季牧为介绍），执贽受业。

凡人必有师；若无师，则严惮之心不生，即以丁君为师。此外择友则慎之又慎，昌黎曰："善不吾与，吾强与之附；不善不吾恶，吾强与之拒。"一生之成败，皆关乎朋友之贤否，不可不慎也。

来信以进京为上策，以肄业城南为次策。兄非不欲从上策，因九弟去来太速，不好写信禀堂上。不特九弟形迹矛盾，即我禀堂上亦必自相矛盾也。又目下实难办途费。六弟言能自为计，亦未历甘苦之言耳。若我今年能得一差，则两弟今冬与朱啸山同来甚好，目前且从次策。如六弟不以为然，则再写信来商议可也。

此答六弟信之大略也。

九弟之信，写家事详细，惜话说太短。兄则每每太长，以后截长补短为妙。尧阶若有大事，诸弟随去一人帮他几天。牧云接我长信，何以全无回信？毋乃嫌我话太直乎？扶乩之事，全不足信。九弟总须

立志读书，不必想及此等事。季弟一切皆须听诸兄话。此次折弁(biàn)走甚急，不暇抄日记本。余容后告。

冯树堂闻弟将到省城，写一荐条，荐两朋友。弟留心访之可也。

兄国藩手草

道光二十三年正月十七日

［注释］

①族党：古时候居民一种居住组织，一百家为一族，五百家为一党，此处指乡里。

②悌：是儒家有关兄弟伦常的道德范畴，指对待兄长要敬爱，要顺从兄长，常与“孝”并列，合称为“孝悌”。《论语·学而》：“其为人也孝悌，而好犯上者鲜矣。不好犯上，而好作乱者，未之有也。君子务本，本立而道生。”

③纤芥：细小，微小。

④昌黎：唐代杰出文学家、政治家韩愈。字退之，自称“郡望昌黎”，世称“昌黎先生”。

⑤半山：宋代著名的政治家、文学家王安石。王安石，字介甫，晚号半山，抚州临川人，封荆国公，世称其为王荆公、临川先生。

⑥太史公：是指西汉时期杰出的史学家司马迁。

⑦傲兀不群：高傲而不与世俗同流。

⑧暗然尚䌹：此处指盲目地崇尚禅法。䌹，罩在外面的单衣，也指禅衣。

⑨义理之学：探求儒学经义、探究名理的学问。

⑩考据之学：考证古书古义的准确出处与含义的学问。

⑪词章之学：钻研词赋的学问。

⑫贤贤易色：是指遇见比自己贤能的人，就心生恭敬。《论语·学而》：“子夏曰：‘贤贤易色，事父母能竭其力，事君能致其身，与朋友交言而有信，虽曰未学，吾必谓之学矣。’”

［译文］

诸位老弟足下：

正月十五日接到四弟、六弟和九弟在十二月初五日所发出的信。四弟的信写了三页，每句都很平实，责备我待人不讲宽恕之道，说得很在理。并说每次写信只是以空洞的言语来责备弟弟们，却没有实在的好消息，使得堂上大人一听兄长的话，就怀疑弟弟们粗俗庸碌，让弟弟们感到无地自容，这几句话，让为兄不免感到惭愧。

我去年曾经和九弟闲聊，说过：“为人子者，如果令父母看见我好，其他兄弟都赶不上我，可谓不孝；如果使族党都称赞我好，其他兄弟都赶不上我，可谓不悌，为什么呢？父母、族党心里有贤愚之分，则平常对父母势必有讨好的心思，暗地里用计策，使自己得到好的名声，而使其他兄弟得到恶名，日后的嫌隙便由此而生。刘大爷、刘三爷兄弟二人都想当好人，最后成为仇人，因为刘三爷在父母族党

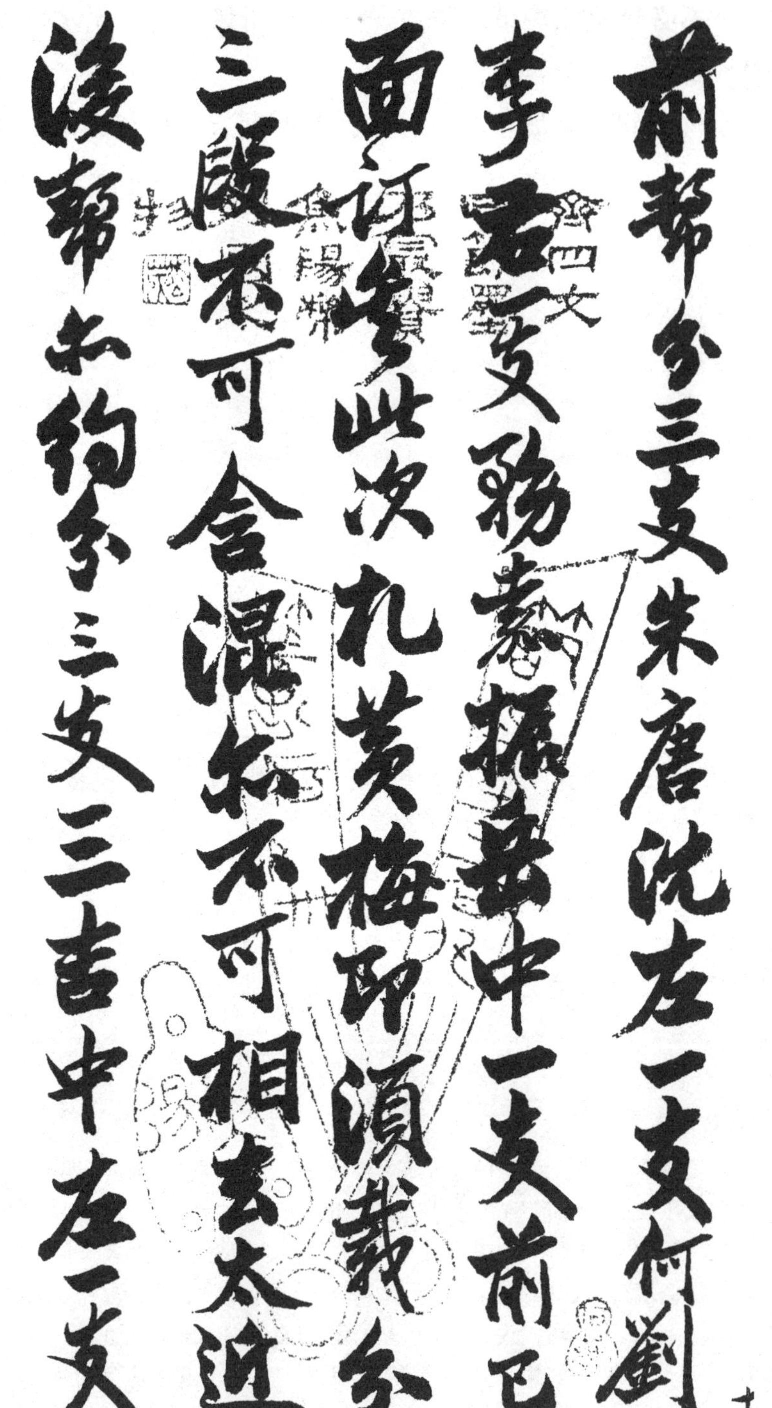

前幫分三支朱唐沈左一支何劉
李石一支務義振安中一支前已
面訂矣此次札黄梅即須截分
三段不可合混亦不可相去太遠
後幫亦約分三支三吉中左一支

十二

凡行军均分三支札（之一）

之间声誉很好，而刘大爷声誉不好的缘故。”今天四弟之所以责备我就是这个道理，因此我读后不免感到惭愧。但愿我们兄弟五个都知晓这个道理，彼此互相体谅。兄长以弟弟名声不佳感到忧愁，弟弟以兄长颇有声名感到高兴。兄长不能尽道义上的责任，使弟弟们有好的名声，这是兄长的罪过；弟弟们不能尽道义上的责任，使兄长有好的名声，就是弟弟们的过失。如果都这么想，那么即使一万年也不会有一丝一毫的矛盾了。

至于说到在家塾读书，我也知道很难，曾经和九弟当面说过数十次。但四弟前一次来信，说想到外面教书。我认为这样做是浪费时间不说，把事情也耽误了，比在家塾更厉害。倘若到外面教书，还不如在家塾待着呢。至于说离开家塾便拥有明师益友，家乡能称为明师益友的人，我都知道，还曾彻夜思考过，只有汪觉庵先生及欧阳沧溟先生是我心中值得信赖的老师。不过衡阳的风俗只有冬学抓得紧，五月过后，老师、学生只是各奉其事罢了。一同学习的都是庸碌粗俗之辈，没有什么志向，却又最喜欢嘲笑讽刺别人（他们取笑的方法都不同，总之离不开轻薄二字。四弟如果去衡阳，他们一定会嘲笑你是翰林的弟弟，真是太鄙俗了）。乡里没有朋友实在是第一恨事，不但没有益处，反而很有害处。习俗传染人，就是说入鲍鱼之肆，待的时间久了就闻不出它散发的臭味，渐渐就被同化了。为兄常和九弟提起不可以在衡阳读书，也不可以在涟滨读书，因为损友太多的缘故。

现在四弟的意思是一定要跟从觉庵老师学习，那么千万要听从兄长的嘱咐，只学明师的益处让自己有所增益，不要被那些损友们所牵累。接到这封信，希望四弟立即领着厚二到觉庵老师处学习。学费今年已准备了十挂钱，兄长在八月一定付清，不会连累到家里。兄长不是不想送得多一些，实在是有心无力。兄长心里最忧虑的是，同学的人没有志气而一味玩乐，端午节以后悠闲不读书，怕弟弟和厚二也跟着学坏，一定切忌啊！凡跟随老师学习久了，就一定会有所收获，四弟与季弟今年跟随觉庵老师读书，如果地方相对平安，那么明年还要继续。如果一年换一个地方，那就是没有恒心，见异思迁，想求得进步就更加困难了。

以上是简略地答复四弟的来信。

六弟的信实在是一篇绝好的古文，文笔刚健有力好似昌黎先生，风格奔放不羁有如半山先生。我认为古文总须要有些倔强不驯的气质，越拗越深的意思，因此在太史公之外，独取昌黎、半山两家。论诗要取傲兀不群的，论书法也是如此，我心中一直这样认为，却不轻易与人谈论。近来认识何子贞这位朋友，两人的意见极其相合，偶尔谈一两句两人就会相视而笑。不知六弟文采这么好，以前常见你的文章也并没有什么特别出奇的地方，今天看了这封信才得知弟弟是一位不羁的人才，非常欢喜！凡属兄长有志向而力不从心的地方，弟弟你都能胜任。

信中提到兄长与诸位君子讲学，恐怕时间长了形成朋党，意见很有道理。但是弟弟尽可放心，兄长最怕标榜虚名，经常以自谦立身，断然不会有所谓门户的嫌疑。信中说四弟浮躁不虚心，也说中了四弟的毛病，四弟应当将这句话看成良药。

信中又有“荒芜已久，甚无纪律”二句，我不这样以为。做臣子的对待国君，就应当颂扬他善良美好的地方，不应该提及国君的过错；但应用道理让亲人觉悟，不应只议论些小事。我从前常犯这样的大错，但只是腹诽，并没有把它写下来。如今想来，还有比这更为不孝的吗？我经常与阳牧云、九弟谈到此事，今后愿与各位弟弟一起痛改这些错误。六弟接到此信，立即到父亲前磕头，并代替我磕头请罪。

信中又说：“弟弟的牢骚，并不是小人那样热衷功名的牢骚，而是有志人士爱惜光阴的慨叹。”读到这里，不禁惘然！恨不能生出双翅飞回家里，将弟弟好生劝慰一番，长谈几天方能感到痛快。然而倘若各位弟弟都已入学，小人一定会造谣说学院里徇情，众口铄金，又如何去争辩呢？所谓塞翁失马，安知非福？科名早晚之事实乃前生注定，虽说是爱惜光阴的念头很迫切，但也不必为了虚名而耿耿于怀。

来信说看了《〈礼记〉疏》一本半，浩浩茫茫，苦于没有所得，现在已经放弃了，不敢再读，现在读《朱子纲目》，每天读十多页。说到这里，兄长不禁感到悔恨！恨早年不曾用功，现在虽然想对弟弟教导一二，也好似瞎子引路，要求一点不错就太难了。

然而兄长最喜欢冥思苦想，又得到几位益友，彼此相互质疑论证，对于读书的道理一定有相同的几个方面。极力钻研经籍则必须专心一经，不可贪心。读经以研究寻找义理为根本，考据各物为末节。读经有一个耐字要诀，一句不通则不看下句，今天不通则明天再读，今年不通则明年再读，这就是耐心。读史的方法，最好的方法是设身处地，每看一处就想象自己就是当时的人，应酬宴请在其中。不必要每个人都能记得，只记一人，如同在接近这个人一样；不必要每件事能记得，只记一件事，如同亲临这件事。读经，主要是追究其中道理；读史，主要是考实其中事情。舍弃这两方面，就没有其他更有价值的学问了。

从西汉以来，读书人大约有三种求学的途径：一是义理之学，一是考据之学，一是词章之学。往往各执一门学问，相互诋毁。兄长个人认为，义理之学最大，义理明白了，那么实行起来就可抓到其要害，为人处世也有根基。词章之学也需要发挥义理之学。考据之学，我觉得没有什么可取的地方。这三种途径都从事经史，各有各的门路，我觉得想读经史，便应研究义理，这样才会专一，不致心绪烦乱。所以经要专守一经，史要专熟一代，读经史则专心致志于义理，这都是做学问要用心专一的道理，是不可更改的。

假如说到经史以外，诸子百家之书如汗牛充栋。如果想阅读，则应读一人的专集，而不应该东翻西翻。如读《昌黎集》，那么眼睛见到的、耳朵听到的都应是昌黎先生而已，以为天地间除了《昌黎集》外便没有别的书了。这一集没有读完，绝对不读其他的文集，这就是专字的诀窍。六弟应当谨记于心。

读经、读史、读专集、讲义理之学，这是有志的人所万万不可以改变的。圣人复起，也一定会认同我说的。然而，这仅仅是对有远大志向的人而言，假若提到科名之学，则要读四书，读试帖律赋，头绪繁杂。四弟、九弟以及厚二弟天资很低，

必须做科名的学问，六弟既然有大的志向，那么不图科名也行，只是要守耐字诀。看来信说读《〈礼记〉疏》，似乎没有什么耐心，一定要克制自己，努力努力！

兄长年轻时天分不太低，但后来每日里与平庸鄙俗的人相处，没有什么见闻，以至在学问上窍要的地方被堵塞了很久。自乙未年到京城后，才开始致力于学诗、古文和书法，只苦于没有良友。近年得到一两个良友，才知道有所谓经学者、经济者，有所谓躬行实践者，才知道范、韩可以学习到手，司马迁、韩愈也可以学习到手，程、朱也可以学习到手。感慨之余，便想一扫之前的污染，成为新人，成为父母的孝子，成为弟弟们的先导。然而身体太虚弱，为耳鸣所苦，稍稍用心便会感到劳累不堪。每当思念，老天就命令我不能苦思，是老天不想成就我的学问，所以最近心灰意冷。

计划今年如可得到一官半职，就可以还清一切旧债，那样我就回老家奉养双亲，不再贪恋利禄。粗识了几个字，知晓一些道理，也只是不敢为非作歹犯下大错罢了，不再有志于走先哲的道路了。我以保重身体为头等的大事。我之所以没有大的志向，是怕用心太过使精神感到疲倦。各位弟弟也要时时以保重身体为念，一定不要忽视。

来信又驳斥我之前的一封信，说必须博学多才，而后可以明理有用，你的看法是对的。我上封信的意思，强调的是身体力行的重要性，即子夏所说的《贤贤易色》章的道理。以为博学不足为贵，只有明理的人才有用，这种说法过于偏激。六弟信中的意思是说不能博学多才，怎么能明理有用？立论非常到位，但弟弟必须身体力行，不可只和我在口舌上争个长短。

来信又说，四弟与季弟跟从觉庵老师学习，六弟、九弟仍旧计划来京，或修业城南等等。兄长想和弟弟们一同住在京城，这种感情好像是孤雁求群体。自从九弟辛丑秋时打算回家以来，兄长千方百计地加以挽留，九弟可以证明这一点，等到去年秋天，兄长实在无可奈何只能听他自便。如果九弟今年再来，则一年之内时来时去，不仅堂上大人不肯，就是旁人也会取笑我兄弟轻举妄动。再者，两弟一起来的话仅路费就要花八十金，如今实在难以筹措到，六弟说能自己解决，我根本不相信。

曹西垣去年冬天抵达京城，郭筠仙明年才起程，如今也没有好的同伴。只有在城南学习，还比较切合实际。我在二月一定会送二十两银子到金竺虔家，以供六弟、九弟在省城读书花销。竺虔于二月起程去南方，这笔钱在四月初就能收到。

弟弟收到这封信，马上出发去省城读书。在省城中与我要好的朋友，如郭筠仙、凌笛舟、孙芝房，都在别处的书院学习。贺蔗农、俞岱青、陈尧农、陈庆覃诸先生都是官场中的人，不可能伏案发奋读书。只听说有丁君（名叙忠，号秩臣，长沙廪生）学问扎实，为人忠厚。我虽然从没见过他，但很早就知道他是一位良师。凡是我的朋友，都在我面前极力称赞丁君。两位弟弟到省城后，先到城南住下，之后立即去拜访丁君（托陈季牧介绍），拿着礼物拜他为师。

凡是人必有老师；如果没有老师，则不知道严格地要求自己，就以丁君为老师吧。此外择友一定要谨慎再谨慎，昌黎先生说：“善不吾与，吾强与之附；不善不

吾恶，吾强与之拒。”人一生的成败都与朋友是否贤能有关系，不可以不谨慎。

来信以进京为上策，以在城南读书为次策。我并不是不想听从上策，只是九弟来去间隔时间太短，不好写信禀告长辈们。不仅九弟形迹矛盾，即使我禀告长辈也必定会有自相矛盾的地方。此外，现在很难筹措到路费。六弟说能够自己解决，这是没有经历过困苦的人所说的话。如果今年我能得到一个官职，那么两位弟弟今年冬天可与朱啸山一同来京，现在就先实行次策。如果六弟不同意，再写信来与我商议。

此上是简略地回复六弟的来信。

九弟的信，写家事十分详细，可惜话说得太短。兄长写信每次又太长，以后截长补短为好。尧阶如果有大事，弟弟们跟着去一人，好帮助他几天。牧云接到我的长信，为什么没有回信呢？是不是埋怨我的话说得太直了？扶乩的事全都不可相信。九弟立下志向读书，就不要考虑这些事。季弟一切都要听各位哥哥的话，这次信使走得很匆忙，没有时间抄录日记，其余的容我日后再告诉。

冯树堂听说弟弟将到省城，写了封推荐信，推荐了两位朋友。弟弟可以留心寻访。

兄国藩手草

道光二十三年正月十七日

伏望堂上大人俯从男等之请，即命六弟、九弟下省读书

［原文］

男国藩跪禀父母亲大人万福金安：

正月八日，恭庆祖父母双寿，男去腊做寿屏二架，今年同乡送寿对者五人，拜寿来客四十人，早面四席，晚酒三席。未吃晚酒者，于十六日、二十日补请二席。又请人画椿(chūn)萱重荫图，观者无不叹羡！

男身体如常，新年应酬太繁，几至日不暇给，媳妇及孙儿女俱平安。

正月十五，接到四弟、六弟信，四弟欲偕季弟从汪觉庵师游，六弟欲偕九弟至省城读书。男思大人家事日繁，必不能常在家塾照管诸弟。且四弟天分平常，断不可一日无师，读书改诗文，断不可一课耽搁。伏望堂上大人俯从男等之请，即命四弟、季弟从觉庵师，其束修[1]银，男于八月付回，两弟自必加倍发奋矣！

六弟实不羁之才，乡间孤陋寡闻，断不足以启其见识而坚其心志。且少年英锐之气，不可久挫。六弟不得入学，即挫之矣，欲进京

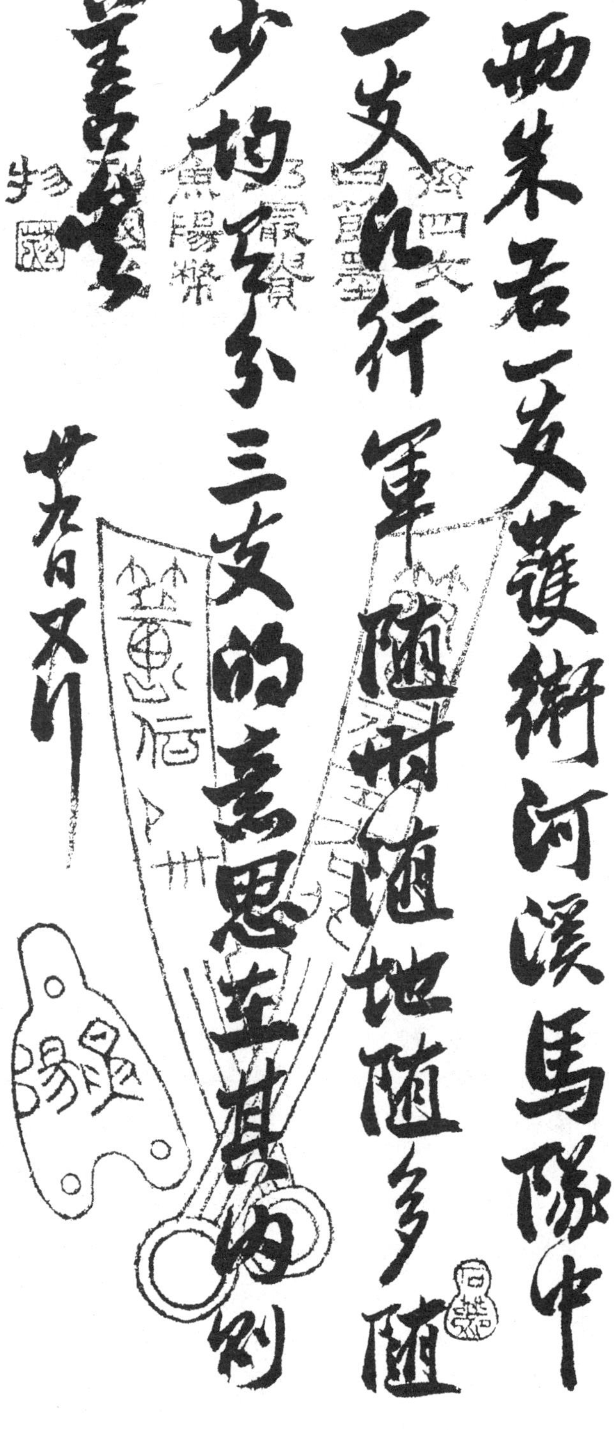
西朱吾一支護衛河溪馬隊中
一支凡行軍隨村隨地隨多隨
少均分三支的意思在其內則
善矣
廿九日又行

凡行军均分三支札（之二）

而男阻之，再挫之矣。若又不许肄业省城，则毋乃太挫其锐气乎？伏望上大人俯从男等之请，即命六弟、九弟下省读书，其费用，男于二月间付银二十两，至金竺虔家。

夫②家和则福自生，若一家之中兄有言，弟无不从；弟有请，兄无不应，和气蒸蒸③而家不兴者，未之有也。反是而不败者，亦未之有也。伏望大人察男之志！即此敬禀叔父之人，恕不另具。六弟将来必为叔父克家之子，即为吾族光大门第，可喜也！谨述一二，余续禀。

道光二十三年正月十七日

［注释］

①束修：古代学生与老师初见面，必先奉赠礼物，表示敬意，名曰“束修”。

②夫：放在句首的语气助词。

③蒸蒸：昌盛的样子。

［译文］

儿子国藩跪禀父母亲大人万福金安：

正月八日恭敬地庆贺祖父母二人的寿辰，儿子去年冬天做了两架寿屏，今年同乡送寿对的有五个人，拜寿的宾客有四十人，早晨四席，晚宴三席。没有吃晚宴的，定于十六日和二十日补请了两桌。又请人画了一幅“椿萱重荫图”，观看的人没有不羡慕的。

儿子身体和往常一样，新年应酬太多，几乎是从早到晚没有闲暇的时候，媳妇及孙儿女都平安无事。

正月十五，收到四弟、六弟的来信，四弟想跟季弟一起跟从汪觉庵老师学习，六弟想跟九弟去省城读书。儿子想父母大人家里的事日益繁多，不能经常在家塾照看几位弟弟。再者，四弟天分一般，绝对不可以一天没有老师来讲读课文和修改诗文，一课也不可以耽搁。希望父母大人能听从儿子的请求，立即命四弟、季弟拜觉庵先生为师，他们的学费儿子在八月里付钱回去，两位弟弟自然就会加倍发奋读书了！

六弟事实上是一个不喜欢约束的人物，因为乡里条件有限、见闻较少，势必不能启发他的见识，坚定他的志向。再者年轻人应有一股英气和锐气，不可长时间地受挫。六弟不能入学，已是受到挫折了，想进京又受到阻止，这又是一次受挫。如果又不让他到省城读书，那不是太挫他的锐气了吗？希望父母大人听从儿子等人的请求，立即命六弟、九弟去省城读书，他们的学费儿子会想办法，二月间儿子将把二十两银子放到金竺虔家那。

家庭和睦福泽自动产生。如果一家之中哥哥的话，弟弟没有不奉行的；弟弟有请求，哥哥也没有不答应的，则一家人和气，家道不兴旺的从来没有见过。相反的，则家道不衰败的也从来没有见过。希望大人体察儿子的志向！就以这封信禀告叔父大人，恕我不另外写了。六弟将来必定是叔父家能继承家事和祖业的人，为我们族上争光，可喜可贺！谨向大人禀告，其余的事容以后再行禀告。

道光二十三年正月十七日

兄弟和，虽穷氓小户必兴，兄弟不和，虽世家宦族必败

［原文］

男国藩跪禀父母亲大人万福金安：

正月十七日，男发第一号家信，内呈堂上信三页，复诸弟信九页，教四弟与厚二从汪觉庵师，六弟、九弟到省从丁秩臣，谅已收到。二月十六日接到家信第一号，系新正初三交彭山屺(qǐ)者，敬悉一切。

去年十二月十一，祖父大人忽患肠风，赖神灵默佑，得以速痊，然游子闻之，尚觉心悸！六弟生女，自是大喜。初八恭逢寿筵，男不克在家庆祝，心尤依依。

诸弟在家不听教训，不甚发奋，男观诸弟来信即已知之。盖诸弟之意，总不愿在家塾读书，自己亥年男在家时，诸弟即有此意，牢不可破。六弟欲从男进京，男因散馆去留未定，故彼时未许。庚子年接家眷，即请弟等送，意欲弟等来京读书也，特以祖父母、父母在上，男不敢专擅，故但写诸弟而不指定何人。迨九弟来京，其意颇遂，而四弟、六弟之意，尚未遂也。年年株守家园，时有耽搁，大人又不能常在家教之，近地又无良友，考试又不利，兼此数者，佛(fú)郁难申①，故四弟、六弟不免怨男，其可以怨男者有故。丁酉在家教弟，威克厥爱②，可怨一矣。己亥在家，未曾教弟一字，可怨二矣。临进京不肯带六弟，可怨三矣。不为弟另择外傅，仅延丹阁叔教之，拂厥本意，可怨四矣。明知两弟不愿家居，而屡次信回，劝弟寂守家塾，可怨五矣。唯男有可怨者五端，故四弟、六弟难免内怀隐衷，前此含意不申，故从不写信与男，去腊来信甚长，则尽情吐露矣。

男接信时，又喜又惧。喜者喜弟志气勃勃，不可遏也。惧者，惧男再拂弟意，将伤和气矣。兄弟和，虽穷氓[3]小户必兴；兄弟不和，虽世家官族必败。男深知此理，故禀堂上各位大人，俯从男等兄弟之情。男之意实以和睦兄弟为第一。九弟前年欲归，男百般苦留，至去年则不复强留，亦恐拂弟意也。临别时彼此恋恋，情深似海，故男自九弟去后，思之尤切，信之尤深。谓九弟纵不为科目中人，亦当为孝悌中人。兄弟人人如此，可以终身互相依倚，则虽不得禄位，亦何伤哉？

恐堂上大人接到男正月信必且惊而怪之，谓两弟到衡阳、两弟到省，何其不知艰苦，擅自专命？殊不知男为兄弟和好起见，故复缕陈一切；并恐大人未见四弟、六弟来信，故封还附呈。总愿堂上六位大人俯从男等三人之请而已。

伏读手谕，谓男教弟宜明言责之，不宜琐琐告以阅历工夫。男自忆连年教弟之信，不下数万字，或明责，或婉劝，或博称，或约指，知无不言，总之尽心竭力而已。

男妇、孙男女身体皆平安，伏乞放心。

男谨禀

道光二十三年二月十九日

[注释]

①怫郁难申：忧郁难以言表。

②威克厥爱：过于威严，缺少宠爱。

③氓：是指百姓。《诗经 · 卫风》：“氓之蚩蚩，抱布贸丝。”

[译文]

儿子国藩跪禀父母亲大人万福金安：

正月十七日，儿子寄出第一封家信，内有呈给堂上的信三页，给诸位弟弟的信九页，教四弟和厚二拜汪觉庵为师，六弟、九弟到省城拜丁秩臣为师，想必已经接到了。二月十六收到家里的第一封信，是新年正月初三由彭山屺转交的那封，已经知道一切。

去年十二月十一日，祖父大人忽然患肠风，多亏神灵的护佑，很快痊愈了，但在外的游子听了还是心有余悸呢。六弟生了一个女儿，这自然是件大喜事。初八日恭逢寿筵，儿子不能在家里参加庆祝，心里甚为挂念。

几位弟弟在家里不听从大人的教训，不肯发奋读书，儿子看诸位弟弟的来信就

知道了。看来几位弟弟的意思，都不愿意在家塾学堂里念书。己亥年儿子还在家里时，就有这个意思，而且无法动摇。六弟想跟儿子来京城，儿子在庶常馆学习的差事还没有确定下来，所以没有应承。庚子年接家眷进京，请弟弟们送过来，本就打算接弟弟们来京读书，只是因为祖父母、父母在堂，儿子不敢擅自做主，所以只写诸弟而没有指定给哪个人。九弟来京读书可以说是得偿所愿，而四弟、六弟却没能如愿。年年在家里待着，学问也会耽搁了，大人又不能常在家里教他们，附近又没有良友，考试又失利了，正因如此才觉得很抑郁，闷闷不乐，所以四弟、六弟不免埋怨我，这是有原因的。丁酉年我在家教导他们时，过分威严而缺少宠爱，这是招致埋怨的第一点。己亥年在家时，我未曾教导弟弟一个字，这是招致埋怨的第二点。到进京时我又不肯带着六弟，这是招到埋怨的第三点。不为弟弟另择外面的明师，只请了丹阁叔，违背了他们的意思，这是招致埋怨的第四点。明明知道两位弟弟不愿意在家读书却屡次写信回去，劝说他们在家塾读书，这是招致埋怨的第五点。正因为儿子有以上五点埋怨，四弟、六弟不免心中隐藏真情，以前一直憋着没有说出来，因此一直不愿写信给我。去年腊月才写了一封很长的信，把这一肚子怨气尽情吐了出来。

儿子收到信时，又欢喜又忧愁。喜的是弟弟们志气蓬勃，无法阻挡。忧的是儿子若再次不顺从他们的意愿，将会伤到兄弟的和气。兄弟和睦，即使是贫困的小户人家也会兴旺起来；兄弟不和，即使是世代官宦人家也必然会衰败。儿子深知这个道理，因此禀告堂上大人，还清顺从儿子等兄弟的情谊，将和睦之情摆在第一位。九弟前年想回家，儿子百般挽留，到去年才不再挽留，就是怕违背了弟弟的意愿。临走时彼此恋恋不舍，情深似海，儿子在九弟走后，不仅非常思念他，也更加相信他。九弟即使不会成为科场中人，也会是孝顺父母、敬爱兄长的人。兄弟人人如此，可以说是终身互相依靠，虽然不能在朝为官，又有什么关系呢？

我怕堂上大人收到儿子在正月里所写的信会感到吃惊，说两位弟弟到衡阳、两位弟弟到省城，怎能这样不知艰苦，擅自作决定？岂不知儿子这么做是为了兄弟间能和睦相处，因此详细地陈述了一切；又怕大人没看过四弟、六弟的来信，所以封好后寄回去了。总之，还希望堂上六位大人听从儿子及两位弟弟的恳求而已。

恭读手谕，说儿子教育弟弟应明言责备，不应该琐碎地说些阅历工夫。儿子这么多年来教导弟弟们的家信不下数万字，有时是直接地责备，有时是委婉地劝诫，有时长篇大论，有时简单明了，可谓知无不言，总之，尽心竭力而已。

媳妇和孙子、孙女都平安，请放心。

儿谨禀

道光二十三年二月十九日

利用金竺虔南旋之便，请其捎带物品、银两

［原文］

诸位老弟足下：

正月间曾寄一信与诸弟，想已收到。二月发家信时甚匆忙，故无信与弟。三月初六巳(sì)刻，奉上谕于初十日大考翰詹，余心甚着急，缘写作俱生，恐不能完卷。不图十三日早，见等第单，余名次二等第一，遂得仰荷天恩，赏擢①不次，以翰林院侍讲升用。格外之恩，非常之荣，将来何以报称？唯有时时惶悚，思有补于万一而已。

兹因金竺虔南旋之便，付回五品补服四付，水晶顶二座，阿胶二封，鹿胶二封，母亲耳环一双。竺虔到省时，老弟照单查收。阿胶系毛寄云所赠，最为难得之物，家中须慎重用之。竺虔曾借余银四十两，言定到省即还，其银二十二两为六弟、九弟读书省城之资，以四两为买书笔之资，以六两为四弟、季弟衡阳从师束脩之资，以四两为买漆之费，即每岁漆一次之谓也，以四两为欧阳太岳母奠金，贤弟接到银后，各项照数分用可也。

此次竺虔到家，大约在五月节后，故一切不详写，待折差来时，另写一详明信付回，大约四月半可到。贤弟在省，如有欠用之物，可写信到京，要我付回。另付回大考名次及升降一单照收。余不具述。

兄国藩手草

道光二十三年三月十九日

［注释］

①赏擢：赏赐、擢升。

［译文］

诸位老弟足下：

正月里曾经给各位弟弟寄了一封信，想必已经接到了。二月写家信时很匆忙，因此没有给各位弟弟写信。三月初六巳刻，奉圣旨在初十日大考翰林詹事，我心里十分焦急，因为写作都生疏了，深怕不能做完试卷。没想到十三日早上，看到发榜的等第名单，我的名次位列第二等第一名，便得以仰仗皇上的恩典，又是赏赐又是升迁，升迁至翰林院侍讲。这种格外的恩典感到很荣幸，将来又该拿什么作为报答？只有时时刻刻惶恐惊悚，想着报答万分之一罢了。

现因为金竺虔回到湖南，顺便请他往家里带了四付五品补服、两座水晶顶、两封阿胶、两封鹿胶以及一双送给母亲的耳环。竺虔抵达省城时，请老弟照着单子查收。阿胶是毛寄云送的，是最为难得的药品，家里须慎重地使用。竺虔曾经向我借了四十两银子，约好到了省城后就归还，其中的二十二两用作六弟和九弟在省城读书的学费，四两是用来买书买笔的，六两是四弟、季弟衡阳拜师的礼金，四两是每年漆一次寿材的花销，四两是给欧阳太岳母的祭奠的礼金。贤弟收到银子后，可按照以上分配数照付。

此次竺虔到家时大约是在五月节后，所以一切就不详细叙述了，等信差来后，再另外写一封详细的信，大约四月半可以接到。贤弟在省城如有短缺的物品，可写信给我，我想办法寄回去。另外付回大考名次及升降名单。其余的就不一一赘述了。

兄国藩手草

道光二十三年三月十九日

三月底盘查国库

［原文］

男国藩跪禀父母亲大人万福金安：

三月二十日，男发第三号信，二十四日发第四号信，谅已收到。托金竺虔带回之物，谅已照信收到。男及男妇、孙男女皆平安如常。男因身子不甚壮健，恐今年得差劳苦，故现服补药，预为调养，已作丸药两单。考差尚无信，大约在五月初旬。四月初四御史陈公上折直谏，此近所仅见，朝臣仰之如景星庆云[1]，兹将折稿付回。

三月底盘查国库，不对数银九百二十五万两，历任库官及查库御史，皆革职分赔，查库王大臣亦摊赔，此从来未有之巨案也。湖南查库御史有石承藻、刘梦兰二人，查库大臣有周系英、刘权之、何凌汉三人，已故者令子孙分赔，何家须赔银三千两。同乡唐诗甫、李杜选陕西靖边县，于四月二十一出京，王翰城选山西冀宁州知州，于五月底可出京，余俱如故。男二月接信后，至今望信甚切。

男谨禀

道光二十三年四月二十日

［注释］

①如景星庆云：如同天空中祥瑞的繁星和云彩。

［译文］

儿子国藩跪禀父母亲大人万福金安：

三月二十日，儿子寄出第三封家信，二十四日寄出第四封家信，想必已经接到。托金竺虔带回的物品，想来已经照单收好了。儿子、儿媳妇、孙子和孙女都平安和往常一样。儿子因身体不是很强健，唯恐今年不堪差事的辛苦，所以现在开始吃补身体的药，想把身体调养得强壮一些，已经做了两单丸药。考差的事还没有信，大约在五月初会有结果吧！四月初四日御史陈公上了一个奏折，直接地批评朝政，这是近年来少见的事，朝中的大臣们敬仰他，将他当作天空中祥瑞的星星和云彩，现将他的折稿邮回去。

三月底盘查国库，有九百二十五万两银子没有对上账，历任管库官员、查库御史都被革职了，还要进行赔偿，查库大臣也摊了一部分赔偿，这是从来没有的大案。湖南库查御史有石承藻、刘梦兰二人，查库大臣有周系英、刘权之、何凌汉三人，已经去世的要由子孙来分担并赔偿，何家要赔三千两银子，同乡的唐诗甫、李杜选担任陕西靖边县，于四月二十一日离开京城，王翰城选任山西冀宁州知州，于五月底能够离开京城，其余的都和以前一样。儿子二月接信后，至今仍殷切地盼望家信。

儿谨禀

道光二十三年四月二十日

于孝悌两字上，尽一分，便是一分学，尽十分，便是十分学

［原文］

澄侯、叔淳、季洪三弟左右：

五月底连接三月一日，四月十八日两次所发家信。四弟之信，具见真性情，有困心横虑、郁积思通之象。此事断不可求速效，求速效必助长，非徒无益，而又害之。只要日积月累，如愚公之移山，终久必有豁然贯通之候，愈欲速则愈锢(gù)蔽①矣。

来书往往词不达意，我能深谅其苦。今人都将学字看错了。若细读《贤贤易色》一章，则绝大学问，即在家庭日用之间，于孝悌两字上，尽一分，便是一分学，尽十分，便是十分学。今人读书皆为科名起见，于孝悌伦纪之大，反似与书不相关。殊不知书上所载的，作文

时所代圣贤说的，无非要明白这个道理。若果事事做得，即笔下说不出何妨；若事事不能做，并有亏于伦纪之大，即文章说得好，亦只算个名教中之罪人。贤弟性情真挚，而短于诗文，何不日日在孝悌两字上用功？《曲礼》《内则》所说的，句句依他做出，务使祖父母、父母、叔父母无一时不安乐，无一时不顺适；下而兄弟妻子，皆蔼然②有恩，秩然有序，此真大学问也！若诗文不好，此小事不足计，即好极亦不值一钱，不知贤弟肯听此语否？

科名之所以可贵者，谓其足以承堂上之欢也，谓禄仕③可以养亲也。今吾已得之矣，即使诸弟不得，亦可以承欢，可以养亲，何必兄弟尽得哉？贤弟若细思此理，但于孝悌上用功，不于诗文上用功，则诗文不期进而自进矣。

凡作字总须得势，务使一笔可以走千里。三弟之字，笔笔无势，是以局促不能远纵。去年曾与九弟说及，想近来已忘之矣。九弟欲看余白折，余所写折子甚少，故不付。大铜尺已经寻得。付笔回南，目前实无妙便，俟秋间定当付还。

去年所寄牧云信未寄去，但其信前半劝牧云用功，后半劝凌云莫看地，实有道理。九弟可将其信抄一遍仍交与他，但将纺棉花一段删去可也。地仙为人主葬，害人一家，丧良心不少，未有不家败人亡者，不可不力阻凌云也。至于纺棉花之说，如直隶之三河县、灵寿县，无论贫富男妇，人人纺布为生，如我境之耕田为生也。江南之妇人耕田，犹三河之男人纺布也。湖南如浏阳之夏布，祁阳之葛布，宜昌之棉布，皆无论贫富男妇，人人依以为业，此并不足为骇异也。第风俗难以遽(jù)变，必至骇人听闻，不如删去一段为妙！书不尽言。

兄国藩手草

道光二十三年六月初六日

[注释]

①锢蔽：禁锢、蔽塞。

②蔼然：样子和蔼可亲。

③禄仕：当官的俸禄。

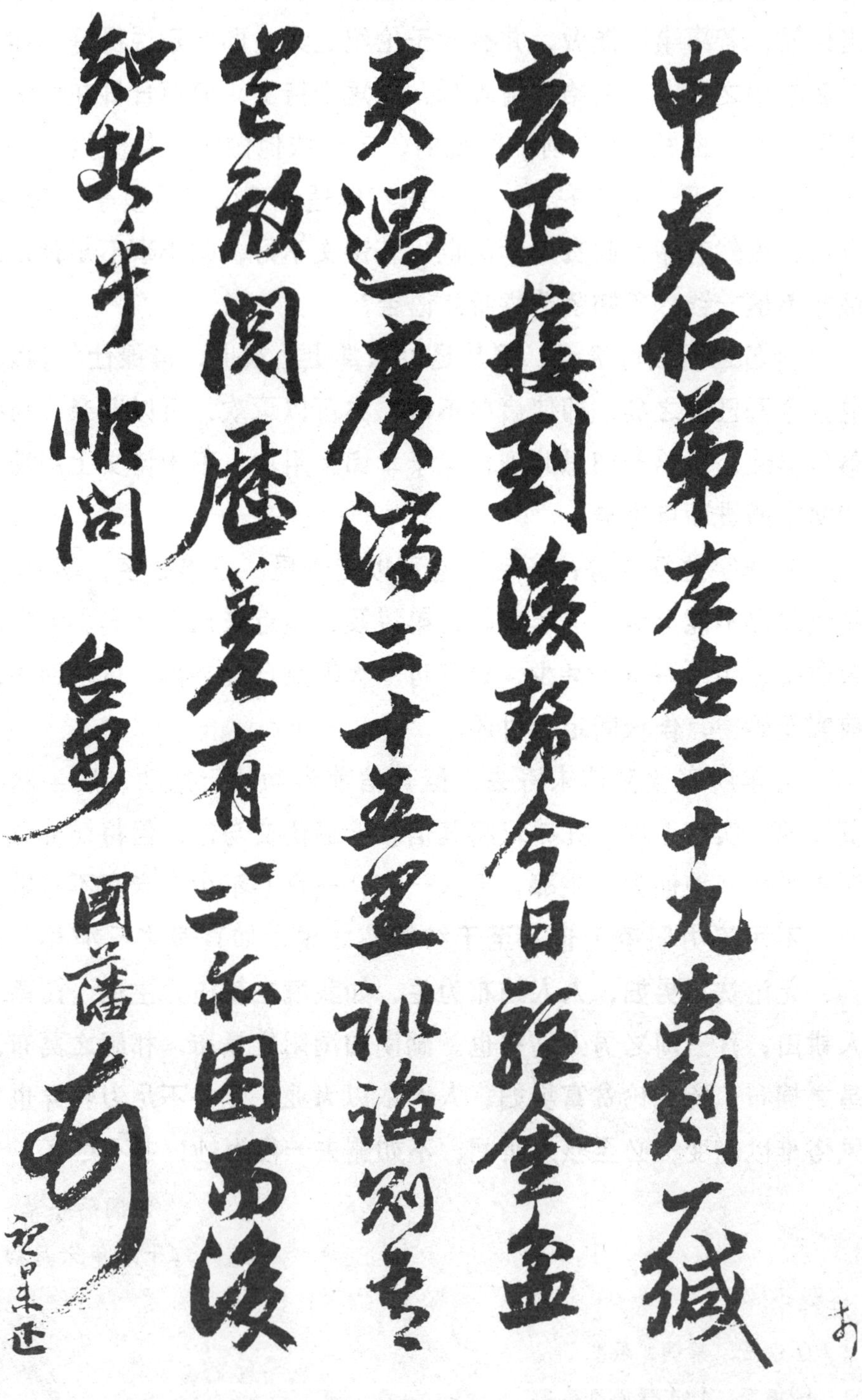

过广济二十五里札

［译文］

澄侯、叔淳、季洪三弟左右：

五月底接连收到三月初一、四月十八日所写的家信。四弟的信，可见其真性情，大概是郁闷忧虑之心太重，想尽快有一个明朗的前途吧。此事决不能一味求快，否则就会变成拔苗助长，不仅没有益处，反而会有害。只要日积月累，像愚公移山那样，迟早会有豁然贯通的时候，越求快则越没有出头之日。

来信虽然常常词不达意，但我能体谅他的苦楚。今天的人都把学字看错了。如果仔细读《贤贤易色》一章，那么就会发现大的学问就存在于日常生活之中，在孝、悌二字上尽一分，学问便是学到了一分，尽十分便学到了十分学问。现在的人读书全是为了科名，认为孝、悌、伦、纪的大义与读书没有关联。殊不知书上所写的，古代的圣贤们说的，无非都是要人清楚这个道理。如果真的件件事情做到，那么就是用笔写不出来，又有什么关系呢；如果事事无法做到，则有愧于伦纪的大义，那么即使文章写得再好，也不过是一个名教中有罪之人。贤弟性情真诚，不善于诗文，何不平日里在孝、悌二字上下些工夫？《曲礼》《内则》中所说的无一不遵从，那么祖父母、父母、叔父母就会时刻都会感到安乐，时刻都会感到舒适；往下对于兄弟妻子，都和蔼有恩，井然有序，这才是真正的大学问。如果诗文写得不好，这是小事，不必斤斤计较，就是再好也没有什么，不知道贤弟是否认可为兄的这句话？

科举功名之所以可贵，是因为中举足以让堂上大人感到欢喜，做官的俸禄可以侍奉双亲。现在，我已获得功名，即使弟弟们没有得到，也可以承欢养亲，何必诸位弟弟都得到呢？贤弟们如果认真琢磨这个道理，而在孝悌上下功夫，不在诗文方面用功，那么即使不希望诗文有所增进也自然会有进境。

凡写字总要有一股气势，一定要使一笔下去可以走千里。三弟的字，每笔都没有，这是因为过于拘束的原因。去年曾经和九弟说到此事，料想近来忘记了吧。九弟想阅读我的白折，但我所写的折子不多，因此就不给你邮寄了。大铜尺已经找到了。想要寄笔回来，现在实在没有时间，等到秋天一定寄回去。

去年给牧云写的信还没有寄出去，那封信前半部分是劝说牧云发奋读书，后半部分是劝凌云不要看地仙，这是有道理的。九弟可将此信抄一遍再交给他，只是将纺棉花一段删去就行。地仙为别人主持丧事，害人一家，天良都丧尽了，没有不家破人亡的，因此一定要极力地阻止凌云。至于纺棉花的说法，如直隶的三河县、灵寿县，无论贫富男女，大家都以纺布为生，好似湖南靠耕田为生一样。江南的妇女耕田与三河的男人纺布是一样的。例如湖南浏阳的夏布，祁阳的葛布，宜昌的棉布，都是不论贫富男女，都以它为生计，不足以惊骇。只是风俗难以突然改变，肯定有的是骇人听闻，不如删去一段为好。不再多说了。

兄国藩手草

道光二十三年六月初六日

大考喜信

［原文］

孙男国藩跪禀祖父母大人万福金安：

四月二十日，孙发第五号家信，不知到否？五月二十九日接到家中第二号信，系三月初一发。六月初二日接第三号信，系四月十八日发。俱悉家中老幼平安，百事顺遂，欣幸之至！

六弟下省读书，从其所愿，情意既畅，志气必奋，将来必有大成，可为叔父预贺。祖父去岁曾赐孙手书，今年又已半年，不知目力何如？下次信来，仍求亲笔书数语示孙。大考喜信，不知开销报人钱若干？

孙自今年来，身体不甚好，幸加意保养，得以无恙。大考以后，全未用功。五月初六日考差，孙妥贴完卷，虽无毛病，亦无好处。前题“使诸大夫国人皆有所矜式”，经题“天下有道，则行有枝叶”，诗题“赋得角忝(tiǎn)，得经字”，共二百四十一人进场。初八日派阅卷大臣十二人，每人分卷二十本。传闻取七本，不取者十三本，弥封未拆，故阅卷者亦不知所取何人，所黜①何人，取与不取，一概进呈，恭候钦定。外间谣言，某人第一，某人未取，俱不足凭，总待放差后方可略测端倪。亦有真第一而不得，有其未取而得差者，静以听之而已。

同乡考差九人，皆妥当完卷。六月初一，放云南主考龚宝莲，段大章，贵州主考龙元僖、王桂。

孙在京平安，孙妇及曾孙兄妹皆如常。前所付银，谅已到家。高丽参目前难寄，容当觅便寄回。六弟在城南，孙已有信托陈尧农先生。同乡官皆如旧，黄正斋坐粮船来，已于六月初三到京。余容后禀。

道光二十三年六月初六日

［注释］

①黜：废，罢免。

[译文]

孙儿国藩跪禀祖父母大人万福金安：

四月二十日，孙儿寄出第五封家信，不知是否收到？五月二十九日收到家里三月初一所发的第二号信。六月初二日收到四月十八日所发的第三号信。得知家里老幼平安，百事顺意，感到非常欣慰！

六弟到省城读书，实现了他的愿望，情绪自然高涨，志气一定会奋发，将来必定会大有作为，可以对叔父大人提前祝贺。祖父去年曾经赐予孙儿手书，到今天已有半年了，不知现在视力如何？下次来信，依旧希望祖父亲笔写下几句话来指导孙儿。大考喜信，不知家里给报喜人多少钱？

孙儿自今年以来，身体一直不好，多亏注意保养，才没有出什么大的毛病。大考以后，一直没有用功。五月初六日考差，孙儿稳妥地做完试卷，虽说没有什么错误，也没有好的作品。前题是“使诸大夫国人皆有所矜式”，经题是“天下有道，则行有枝叶”，诗题是“赋得角黍，得经字”，共有二百四十一人参加考试。初八日派了十二位阅卷大臣，每人分二十本卷子。据说每二十本中取七本，十三本被淘汰，都是弥封未拆的，所以阅卷的人也不知道所录取的是谁，所淘汰的又是谁。取与不取，都要呈报上去，恭候钦定。外面谣传某人得了第一，某人未被录取，都不足以相信，要等到放差后才可看出一些眉目。但是也有录取了但没有获得差事的，没有录取反而得到差事的，冷静地等信吧。

同乡参加考试的九人，都稳妥地答完了考卷。六月初一，任命龚宝莲、段大章为云南主考，龙元僖、王桂为贵州主考。

孙儿在京平安，孙媳妇及曾孙兄妹都很好。前次付的银子，想必已经收到了吧。高丽参目前无法寄回，容我以后再托人寄回。六弟在城南，孙儿已有信托陈尧农先生捎带给他。同乡官员和往常一样，黄正斋坐粮船来，已于六月初三抵达京城。其余的容我日后再行禀告。

道光二十三年六月初六日

功课无一定呆法，但须专耳

[原文]

温甫六弟左右：

五月二十九、六月初一连接弟三月初一、四月二十五、五月初一三次所发之信，并四书文[1]二首，笔力实实可爱。信中有云：“于兄弟则直达其隐[2]，父子祖孙间不得不曲致其情[3]。”此数语有大道理。余之行事，每自以为至诚可质天地，何妨直情径行？昨接四弟信，始

知家人至亲之地亦有时须委曲以行之者。吾过矣！吾过矣！

香海为人最好，吾虽未与久居，而相知颇深，尔以兄事之可也。丁秩臣、王衡臣两君，吾皆未见，大约可为尔之师。或师之，或友之，在弟自为审择。若果威仪可测、淳实宏通，师之可也；若仅博雅能文，友之可也。或师或友，皆宜常存敬畏之心，不宜视为等夷，渐至慢亵（xiè）[4]，则不复能受其益矣。

尔三月之信所定功课太多，多则必不能专，万万不可。后信言已向陈季牧借《史记》，此不可不熟看之书。尔既看《史记》，则断不可看他书。功课无一定呆法，但须专耳。余从前教诸弟，常限以功课。近来觉限人以课程，往往强人以所难，苟其不愿，虽日日遵照限程，亦复无益。故近来教弟，但有一专字耳。专字之外，又有数语教弟，兹特将冷金笺（jiān）写出。弟可贴之座右，时时省览，并抄一幅寄家中三弟。

香海言时文须学《东莱博议》，甚是。尔先须过笔圈点一遍，然后自选几篇读熟，即不读亦可。无论何书，总须从首至尾通看一遍，不然，乱翻几页摘抄几篇，而此书之大局精处茫然不知也。

学诗从《中州集》[5]入亦好，然吾意读总集不如读专集。此事人人意见各殊，嗜好不同。吾之嗜好，于五古则喜读《文选》，于七古则喜读《昌黎集》，于五律则喜读《杜集》[6]，七律亦最喜杜诗，而苦不能步趋，故兼读《元遗山集》。吾作诗最短于七律，他体皆有心得，惜京都无人可与畅语者。尔要学诗，先须看一家集，不要东翻西阅；先须学一体，不可各体同学，盖明一体则皆明也。凌笛舟最善为律诗，若在省，尔可就之求教。

习字临《千字文》亦可，但须有恒。每日临帖一百字，万万无间断，则数年必成书家矣。陈季牧最喜谈字，且深思善悟。吾见其寄岱云信，实能知写字之法，可爱可畏。尔可从之切磋，此等好学之友愈多愈好。

来信要我寄诗回南，余今年身体不甚壮健，不能用心，故作诗绝少，仅作感春诗七古五章，慷慨悲歌，自谓不让陈卧子，而语太激

烈，不敢示人。余则仅作应酬诗数首，了无可观。顷作寄贤弟诗二首，弟观之以为何如？

京笔现在无便可寄，总在秋间寄回，若无笔写，暂向陈季牧借一支，后日还他可也。

兄国藩手草

道光二十三年六月初六日

［注释］

①四书文：即八股文，明清考试所用文体多取“四书”语命题。

②直达其隐：直接地述说自己的隐情。

③曲致其情：委婉地表达自己的心意。

④慢亵：怠慢、看不起。

⑤《中州集》：是由金代诗人、文学批评家元好问编纂的金代诗词总集。

⑥《杜集》：唐代著名诗人杜甫的文集。

［译文］

温甫六弟左右：

五月二十九日、六月初一接连收到弟弟在三月初一、四月二十五、五月初一所发的信件和两篇四书文，笔力确实可爱。信中说：“在兄弟面前直言不讳地述说自己的隐情，而在父子祖孙之间则不得不委婉地讲述自己的心意。”这几句话很有道理。我常常认为自己的至诚可以直面天地，行事直接一点又有何妨呢？昨天接到四弟的信，方知道即使是家人至亲，有时也要委婉间接地去行事。这确实是我的过错！

香海为人最好，我虽然没和他长时间住在一起，但对他了解颇深，你可以把他当作兄长对待。丁秩臣、王衡臣两位，我都没有见过，大概可以成为你的老师。是当成老师，还是当成朋友，弟弟自己选择。如果其威仪可作为表率，淳朴实在，宏博通达，也可以把他当作老师；如果只是博雅能文，那么就把他当作朋友就可以了。无论是当作老师还是当作朋友，都要存有一种敬畏之心，不可等闲视之，或者渐渐怠慢亵渎他，那样的话便不能获得教益。

弟弟三月的信中制定的功课太多了，多了就不能专了，这样千万不可以。后面的信中说已向陈季牧借了《史记》，这是不可不熟读的书。你既然读了《史记》，便不可以看其他的书了。做功课没有一定的方法，只需要专一。我从前教育各位弟弟经常限定功课。近来觉得这样限定课程的做法，有些强人所难，如果你们不愿意，虽说每日里遵守定下的功课进程，也不会有好处。因此近来教导各位弟弟，只强调一个专字，专字以外，还有几句话要教导弟弟们，现特意用冷金笺写出来，弟弟可以贴在座右，时刻阅览，并抄一幅寄给家中的三位弟弟。

香海说学时文要学《东莱博议》，很对。弟弟先用笔圈点一遍，然后自选几篇

十五

申夫仁弟左右：頃復一緘，後又接東日午刻來書。黃梅城外東北附城三壘，五壘皆可結壘。後幫各營初三可到梅城，即會合會剿。再復，刻好。

國藩 函

初一酉刻

嘱黄梅城外东北附城外可结垒札

仔细阅读，就是不读也行。无论什么书，总要从头到尾地通读一遍，否则，乱翻几页，摘抄几篇，那么这本书大的布局以及其精华之处却茫然不知。

学诗从《中州集》入手也可以，但是我认为读总集不如读专集。这个问题每个人的意见也各不相同，嗜好也不相同。我的嗜好是对于五古来说则喜欢读《文选》，对于七古来说则喜欢读《昌黎集》，就五律来说喜欢读《杜集》，七律也最喜欢杜诗，而苦于不能亦步亦趋，因此还读《元遗山集》。我做诗最不擅长七律，对于其他体裁的诗都很有心得，可惜京城里没有可以在一起畅谈的朋友。弟弟若要学诗，则先要看一家的诗集，不能东翻西看；先要学习一种文体，不可各体一同学，因为精通了一种文体，其他的也就明白了。凌笛舟最擅长律诗，如果他在省城，弟弟可以就近请教。

习字临摹《千字文》就可以，但必须要有恒心。每天临帖一百字，千万不能中断，那么几年下来必然会成为书法家。陈季牧喜欢谈论书法，并且能深思善悟。我看过他寄给岱云写的信，对书法的诀窍有很深的了解，可爱又可畏。弟弟可以和他切磋一番，这样热爱学习的朋友，越多越好。

来信要我寄诗回去，我今年身体不是很健壮，不能过分用心，因此很少作诗，仅仅作了感春诗七古五章，慷慨悲歌，自己认为与陈卧子不相上下，但言辞过于激烈因此不敢给别人看。此外还有几首应酬诗，也没有什么可欣赏的。现作诗两首寄给贤弟，弟弟看后以为如何?

京笔现在没有方便的人可以转寄，大概要在秋天时寄回。如果没有笔写，暂时向陈季牧借一支，日后再还他好了。

兄国藩手草

道光二十三年六月初六日

凡事皆贵专

[原文]

四位老弟左右：

正月二十三日接到诸弟信，系腊月十六在省城发，不胜欣慰。四弟女许朱良四姻伯之孙，兰姊女许贺孝七之子，人家甚好，可贺！唯蕙妹家颇可虑，亦家运也！

六弟、九弟今年仍读书省城，罗罗山兄处附课甚好。既在此附课，则不必送诗文与他处看，以明有所专主也。凡事皆贵专。求师不专，则受益也不入；求友不专，则博爱而不亲。心有所专宗，而博观他途以扩其识，亦无不可；无所专宗而见异思迁，此炫[xuàn]彼夺[1]，则大不可。罗山兄甚为刘霞仙、欧晓岑所推服，有杨生（任光）者，亦能

道其梗概，则其可为师表明矣。惜吾不得常与居游也。在省用钱，可在家中支用（银三十两，则够二弟一年之用矣，亦在吾寄一千两之内），予不能别寄与弟也。

我去年十一月二十日到京，彼时无折差回南，至十二月中旬始发信，乃两弟之信骂我糊涂，何不检点至此？赵子舟与我同行，曾无一信，其糊涂更何如耶？余自去年五月底至腊月初，未尝接一家信。我在蜀可写信由京寄家，岂家中信不可由京寄蜀耶？又将骂何人糊涂耶？凡动笔不可不检点。

陈尧农先生信，至今未接到。黄仙垣未到京。家中付物，难于费心，以后一切布线等物，均不必付。

九弟与郑、陈、冯、曹四信，写作俱佳，可喜之至！六弟与我信字太草率，此关乎一生福分，故不能不告汝也。四弟写信语太不圆，由于天分，吾不复责。余容续布，诸唯心照。

兄国藩手具

道光二十四年正月二十六日

［注释］

①此炫彼夺：这里令人炫目，那里也光彩夺目，形容人的欲望没有尽头。

［译文］

四位老弟左右：

正月二十三日接到弟弟们的信，应是在十二月十六日在省城所发，非常欣慰！四弟的女儿许配给朱良四姻伯的孙子，兰姐的女儿嫁给贺孝七的儿子，夫家都非常好，可喜可贺！只是蕙妹家的情况令人担忧，这也是家运啊！

六弟、九弟今年仍旧在省城读书，在罗罗山兄那里听课学习这很好，既然在那里读书就不必把诗文送给其他的老师看，以表明有所专一。凡事都贵在专一，寻求老师不专一，则受益也不会有多深；寻求朋友不专一，则是泛泛之交，不会很亲近。心里有专一的东西，再博览群书以开阔自己的学识，这并没有什么不可以的；心里没有专一的东西总是见异思迁，看这里好那里也好，那就大错特错了。刘霞仙、欧晓岑等人对罗山兄非常推崇，有一个叫杨生（任光）的人对罗山兄的学识很清楚，罗山兄当做老师是当之无愧了。可惜我不能常常和他一起交流。两个弟弟在省城读书的花费可在家里支用（一年三十两银子就够二位弟弟用的了，可从我寄给家里的一千两中支出），我就不另外再寄给弟弟了。

我去年十一月二十日到京，那时没有信使回湖南，到十二中旬才开始发信，结果两位弟弟来信骂我糊涂，为何如此轻率呢？赵子舟和我同路，也没有写一封信，那么照你们的说法岂不是更糊涂呢？我自去年五月底到十二月初未曾收到一封家信。我在四川时还可以写信由京城转寄到家，难道家里不可以写信由京城转寄到四川吗？那么，我又该骂谁糊涂呢？凡是动笔不能不多加检查一下自己的言行。

我至今还没有接到陈尧农先生的信。黄仙垣还没有来到京城。家里捎带的东西太麻烦了，以后一切布线等物，都不必捎带了。

九弟与郑、陈、冯、曹的信各一封，写作都很好，可喜可贺！六弟写给我的信字迹太过潦草，这与一生福分相关的事，因此不能不告诉你。四弟的信语言太不圆熟，这是由天分决定的，我不再苛责他。其余的容我日后再写，请各位都知晓。

兄国藩手具

道光二十四年正月二十六日

应酬更繁，幸身体大好

[原文]

四位老弟左右：

正月二十六日发第一号家信。二月初十日，黄仙垣来京，接到家信，备悉一切，欣慰之至。朱啸山亦于是日到，现与家心斋同居。伊兄代伊觅得房子，距余寓甚近，不过一箭远耳。郭筠仙现尚未到，余已为赁本胡同关帝庙房，使渠在庙中住，在余家伙食。冯树堂正月初六日来余家，扶会试后再行上学，因小儿春间怕冷故也。树堂于二月十三日考国子监学正，题“而耻恶衣恶食者”二句，“不以天下奉一人策”，共五百人入场，树堂写作俱佳，应可以得。

陈岱云于初六日移寓报国寺，其配之柩，亦停寺中。岱云哀伤异常，不可劝止，作祭文一篇三千余字，余为作墓志铭一首，不知陈宅已寄归否？余懒誊寄也。

四川门生，现已到二十余人，我县会试者，大约可十五人，甲午同年，大约可二十五六人。然有求于余者，颇不乏人。余今年应酬更繁，幸身体大好，迥[1]不似从前光景。面胖而润，较前稍白矣，耳鸣亦好十之七八，尚有微根未断，不过月余可全好也。内人及儿子两女皆好，陈氏小儿在余家乳养者亦好。

六弟、九弟在城南读书，得罗罗山为师，甚妙！然城南课似亦宜应，不应，恐山长不以为然也。所作诗文及功课，望日内付来。四弟、季弟从觉庵师读，自佳。四弟年已渐长，须每日看史书十页，无论能得科名与否，总可以稍长可识。季弟每日须看史，然温经更要紧，今年不必急急赴试也。余容后陈。

兄国藩手具

道光二十四年二月十四日

［注释］

①迥：远。

［译文］

四位老弟左右：

正月二十六日发出第一封家信。黄仙垣于二月初十日来京城，我接到家信，获悉一切，非常欣慰。朱啸山也在这一天到京，住在心斋那里。他的兄长帮他寻觅到房子，离我家很近，不过一百三十多步远的距离，郭筠仙还没有抵达京城，我已经为他租赁到本胡同关帝庙的房子，让他在庙里住，在我家吃饭。冯树堂正月初六日来到我家，拟定会试后再去上学，因小儿春间怕冷的缘故。树堂在二月十三日考国子监学正，题目是“而耻恶衣恶食者”两句、“不以天下奉一人策”，共五百人入场参加考试，树堂书法文章都很好，毫无疑问他能获得成功。

陈岱云在初六日搬到报国寺居住了，他夫人的灵柩也停在寺中。岱云异常悲伤，无法劝止，他自己作了一篇三千多字的祭文，我为他夫人写了一篇墓志铭，不知陈家寄回去没有？我懒得再誊写邮寄了。

四川门生中如今已到了二十多个，我县会试的约有十五人，甲午同年大约有二十五六人。但是，有求于我的人还真不少呢。我今年应酬更加频繁，幸亏身体好了许多，远不像从前的样子。脸胖了，脸色也红润了，与以前相比白了，耳鸣也好了十之七八，还有点儿病根没断，不过再过一个多月即可全好。妻子及儿女都很好，陈家的小儿子在我家也长得很壮。

六弟、九弟在城南读书，从罗罗山为师，非常好！然而城南的课也应该要应付，否则恐怕山长不以为然。所作诗文及功课，希望这几天内能寄来。四弟、季弟跟随觉庵师读书，自然是好的。四弟年纪渐渐大了，要每天看史书十页，不管能否考取功名，总可以稍稍增长一些见识。季弟每天必须看看史书，但温习经书更是重要，今年不急着去赴考。余下的以后再陈说。

兄国藩手具

道光二十四年二月十四日

所以汲汲馈赠，盖以持盈保泰

[原文]

孙国藩跪禀祖父母大人万福金安：

二月十四孙发第二号信，不知已收到否？孙身体平安，孙妇及曾孙男女皆好。

孙去年腊月十八曾寄信到家，言寄家银一千两，以六百为家中还债之用，以四百为馈赠亲族之用，其分赠数目，另载寄弟信中，以明不敢自专之义也，后接家信，知兑啸山百三十千，则此银已亏空一百矣，顷闻曾受恬丁艰[1]，其借银恐难遽完，则又亏空一百矣，所存仅八百，而家中旧债尚多，馈赠亲族之银，系孙一人愚见，不知祖父母、父亲、叔父以为可行否？伏乞裁夺。

孙所以汲汲馈赠者，盖有二故：一则我家气运太盛，不可不格外小心，以为持盈保泰[2]之道，旧债尽清，则好处太全，恐盈极生亏，留债不清，则好中不足，亦处乐之法也；二则各亲戚家皆贫，而年老者，今不略为资助，则他日不知何如。自孙入都后，如彭满舅曾祖、彭王姑母、欧阳岳祖母、江通十舅，已死数人矣，再过数年，则意中所欲馈赠之人，正不知何若矣，家中之债，今虽不还，后尚可还，赠人之举，今若不为，后必悔之！此二者，孙之愚见如此。

然孙少不更事，未能远谋，一切求祖父、叔父做主，孙断不敢擅自专权。其银待欧阳小岑南归，孙寄一大箱衣物、银两概寄渠处，孙认一半车钱。彼时再有信回。

孙谨禀

道光二十四年三月初十日

[注释]

①丁艰：亦称丁忧。按照古礼，遭逢父母的丧事，必须丁忧三年，这期间不能做官。

②持盈保泰：在富贵极盛时更要小心谨慎，以免招来祸患。盈，盛满。泰，平安。

[译文]

孙儿国藩跪禀祖父母大人万福金安：

二月十四日孙儿寄出第二封信，不知已经收到没？孙儿身体平安，孙媳妇及您的曾孙子孙女都好。

孙儿去年十二月十八日曾经寄信回家，说给家里寄去一千两银子，其中六百两作为还债之用，四百两分赠亲戚族人，分送数目另记在写给弟弟的信中，以表明自己不敢专断之意，后来收到家信，得知给了啸山一百三十贯，那么这笔银子便少了一百两了，刚刚又听说曾受恬堂上有丧事，他借的银子怕是难以快速归还，那么就又少了一百两，因此仅剩下八百两，我家旧债还很多，把银子赠送给诸位亲戚族人是孙儿一个人的愚见，不知祖父母、父亲及叔父大人认为这件事是否可行？请你们裁定吧。

孙儿之所以急着赠送银两，有两个原因：一是我家气运太旺盛了，不可以不格外小心，在富贵时要小心谨慎，以免招致祸患，旧账还清，就显得太过完美，只怕乐极生悲，留点旧债不还清，虽然美中不足，但也是保持快乐心境的方法；二是各亲戚家都很贫困，而年老的如今不资助一二将来还不知会怎样。自从孙儿来到京城后，如彭满舅的曾祖、彭王姑母、欧阳岳祖母、江通十舅，已经有数人逝世了，再过几年那么我们想要赠送的这些人中，还不知道会怎么样，家里的债现在虽没还清但以后还可以偿还，馈送别人的事今天不做，那么以后便只剩下后悔了。这两个原因只是孙儿的愚见。

然而孙儿年轻不懂事，对未来没有什么远见，只凭祖父、叔父做主，孙儿决不敢擅自专权。这笔银子由欧阳小岑带回湖南，此外，孙儿还给家寄了一大箱衣物，银两和衣箱都先放在他家，孙儿承担了一半的车费。到时候我还会写信回去请你们派人去取。

孙谨禀

道光二十四年三月初十日

中无所有，而夜郎自大，此最坏事

[原文]

男国藩跪禀父母亲大人万福金安：

六月二十三日男发第七号信，交折差，七月初一日发第八号，交王仕四手，不知已收到否？

六月二十日，接六弟五月十二书，七月十六，接四弟、九弟五月二十九日书，皆言忙迫之至。寥寥数语，字迹潦草，即县试案首前

列，皆不写出。同乡有同日接信者，即考古老先生，皆已详载。同一折差也，各家发信，迟十余日而从容。诸弟发信，早十余日而忙迫，何也？且次次忙迫，无一次稍从容者，又何也？

男等在京，大小平安，同乡诸家皆好，唯汤海秋于七月八日得病，初九日未刻即逝。六月二十八考教习，冯树堂、郭筠仙、朱啸山皆取。湖南今年考差，仅何子贞得差，余皆未放，唯陈岱云光景最苦。男因去年之病，反以不放为乐。王仕四已善为遣回，率五大约在粮船回，现尚未定。渠身体平安，二妹不必挂心。叔父之病，男累求详信直告，至今未得，实不放心。

甲三读《尔雅》，每日二十余字，颇肯率教[1]。六弟今年正月信，欲从罗罗山处附课，男甚喜之！后来信绝不提及，不知何故？所付来京之文，殊不甚好。在省读书二年，不见长进，男心实忧之，而无如何，只恨男不善教诲而已。大抵第一要除骄傲气习。中无所有，而夜郎自大[2]，此最坏事。四弟、九弟虽不长进，亦不自满，求大人教六弟，总期不自满足为要。余俟续陈。

男谨禀

道光二十四年七月二十日

［注释］

①率教：遵从教导。

②夜郎自大：比喻无知的人又很狂妄自大。夜郎，是汉代时西南地区的一个小国。《史记·西南夷列传》：“滇王与汉使者言曰：‘汉孰与我大？’及夜郎侯亦然。以道不通，故各以为一州主，不知汉广大。”

［译文］

儿子国藩跪禀父母亲大人万福金安：

六月二十三日儿子寄出第七封信，交给信使，七月初一日把第八封信交到王仕四手中，请他带回去，不知有没有收到？

六月二十日接到六弟五月十二日寄出的信，七月十六日接到四弟、九弟五月二十九日所发的信，都说十分繁忙。信上只写了寥寥几句，字迹也潦草，便是县试的头名和前几名也都没有写在信上。同乡中间有同一天接到信的，就是考古老先生，也都详细写了。同是一位信使，各家也是在同一时间发出的信，晚了十多天的反而很从容。弟弟们早十多天却如此忙碌，为何呢？并且每次都说忙碌，没有一次是从

馬隊放哨探賊蹤跡是一極快心事足以步隊來路攜糧之風高連勝在此言之津津有味與謝爲韓湯秉中之哨告舊勇赴東路放哨余已許之矣或令哨羅溪一帶亦可也乞告馬營官也

申夫仁弟閣下

國藩頓首

准马队放哨札

容的，又是为了什么？

儿子等在京城，家中大小都平安，同乡的各家都很好，只有汤海秋在七月八日得病了，初九日未刻便过世了。六月二十八日考教习，冯树堂、郭筠仙、朱啸山都考取了。湖南今年的考差仅有何子贞得了，其余的都没有外放，只有陈岱云的情况最为窘迫。儿子因去年生病，反而以为不外放是件高兴事。王仕四已经被妥善地遣送回去了，率五大约要搭乘粮船回去，现在还没有定下来。他们身体健康，二妹不必挂念。叔父的病，儿子多次请求详细地写在信中告诉我，但至今还没有答复，实在不放心。

甲三读《尔雅》，每天认识二十多个字，还比较肯听从老师的教导。六弟今年正月的信，想跟从罗罗山学习，儿子很高兴。然而，在后来的信中又绝口不提此事，不知是什么缘故呢？所寄来的信写得不好。在省城读书两年没有大的进步，儿子心里很忧虑，而无可奈何，只恨儿子不善于教诲而已。大约第一重要的是去掉骄傲之气，腹中空空却总是夜郎自大，这是最坏的事情。四弟、九弟虽说没有大的长进，好在没有自满，求双亲大人教导六弟，以不自满自足为最重要的事。其余下次再陈述。

儿谨禀

道光二十四年七月二十日

进德、修业二者由我做主

[原文]

四位老弟左右：

昨二十七日接信，快畅之至，以信多而处处详明也。四弟七夕诗甚佳，已详批诗后，从此多作诗亦甚好，但须有志有恒，乃有成就耳。余于诗亦有功夫，恨当世无韩昌黎及苏黄一辈人可与发吾狂言者。但人事太多，故不常作诗；用心思索，则无时敢忘之耳。

吾人只有进德、修业两事靠得住。进德，则孝悌仁义是也；修业，则诗文作字是也。此二者由我做主。得尺则我之尺也，得寸则我之寸也。今日进一分德，便算积了一升谷；明日修一分业，又算余了一文钱。德业并增，则家私日起。至于功名富贵，悉由命定，丝毫不能自主。昔某官有一门生为本省学政，托以两孙，当面拜为门生。后其两孙岁考临场大病，科考丁艰，竟不入学。数年后两孙乃皆入，其长者仍得两榜。此可见早迟之际，时刻皆有前定，尽其在我，听其在天，万不可稍生妄想。六弟天分较诸弟更高，今年受黜(chù)，未免愤怨，

然及此正可困心横虑，大加卧薪尝胆之功，切不可因愤废学。

九弟劝我治家之法，甚有道理，喜甚慰甚！自荆七遣去后，家中亦甚整齐，待率五归家便知。书曰：“非知之艰，行之维艰。”九弟所言之理，亦我所深知者，但不能庄严威厉，使人望若神明耳。自此后当以九弟言书诸绅[1]而刻刻警省。季弟天性笃厚，诚如四弟所云，乐何如之！求我示读书之法及进德之道。另纸开示。作不具。

国藩手草

道光二十四年八月二十九日

［注释］

①书诸绅：书绅，指把他人说的话写在绅带上好牢牢记住。绅，古代士大夫束在腰上的大带。宋代释文莹在《玉壶清话》里说：“（王禹偁）尝侍宴琼林，太宗独召至御榻，面诫之曰：‘卿聪明，文章在有唐不下韩柳之列，但刚不容物，人多沮卿，使朕难庇。’禹偁泣拜，书绅而谢。”

［译文］

四位老弟左右：

昨天收到二十七日的来信，心里十分畅快，因为信写得长，并且写得很详细。四弟的七夕诗可谓佳作，意见已详细地批在诗的后面，从此多作诗也很好，但需要有意志恒心，才能有所成就。我对于诗也下了不少工夫，可恨当世没有韩昌黎和苏、黄这样的人，可以让我写出狂直之诗。但人事应酬太多，所以不经常作诗。用心思索，则是时刻不敢忘的。

我们这些人只有进德、修业两件事靠得住。进德，就是指孝、悌、仁、义的品德；修业，就是指写诗、作文、写字的本领。这两件事都由我做主。得一尺我就进一尺；得一寸我就进一寸。今天进一分德，便可算是积了一升谷；明天修一分业，又算存到了一文钱。德和业都增进，那么家业就会日益兴起。至于功名富贵，都由命中注定，一丝一毫也不能自己做主。过去某官员有一个门生，为本省学政，负责科举考试的管理，这个官员就让自己的两个孙儿拜自己的门生为师，当面托付给他。后来他的两个孙儿在临年考时得了一场大病，科举考试时又遭逢父母丧事，不能入学。几年后，两人才得以入学，其中大孙子还连中两榜。由此可见科举功名都是前生注定的，能否尽力而为全凭借自己，但能否考取则听命于上天，万万不能心生妄想。六弟比诸位弟弟的天分要高，今年没有录取，难免会愤怒不满，此时正好可以将自己认真衡量一番，下一番卧薪尝胆的工夫，切不可因为气愤而荒废学业。

九弟劝我治家的方法，很有道理，真是令人欣喜！自从荆七被派去以后，家里也变得很整齐，等到率五回来便知晓了。《书》道：“不是认识事物难，而是认识了去实行更艰难。”九弟所说的道理，也是我深有体会的，然而为人不能太威

严厉害，使别人像看见神明一样敬畏。自此以后，当把九弟的批评写下来牢记，时刻警惕反省。季弟天性忠实厚道，正像四弟所说的，我对此感到欣慰之极！要求我指导读书的方法和增进道德修养的途径，我写在另外的纸上并开列出来。这里就不再多写了。

国藩手草

道光二十四年八月二十九日

苦言劝率五居乡，勤俭守旧，不必出外做官

［原文］

孙男国藩跪禀祖父母大人万福金安：

八月二十七，接到七月十五、二十五两次所发之信，内祖父母各一信，父母亲、叔父各一信，诸弟亦皆有信，欣悉一切，慰幸之至！叔父之病，得此次信始可放心。祖父正月手书之信，孙比收他处，后偶忘之，近亦寻出。孙七月二十发第九号信，不知到否?

八月二十八日，陈岱云之弟送灵回南，坐粮船，孙以率五妹丈，与之同伴南归，船钱饭钱，陈宅皆不受，孙遂至城外，率五挥泪而别，甚为可怜！率五来意，本欲考供事，冀得一官以养家。孙以供事必须十余年，乃可得一典史，宦海风波，安危莫卜，卑官小吏，尤多危机，每见佐杂①末秩，下场鲜有好者。孙在外已久，阅历已多，故再三苦言劝率五居乡，勤俭守旧，不必出外做官。劝之既久，率五亦以为然。其打发行李诸物，孙一一办妥，另开单呈览。

孙送率五归家，即于是日申刻生女，母女俱平安。前正月间，孙寄银回南，有馈赠亲族之意，理宜由堂上定数目，方合《内则》不敢私与之道。孙此时糊涂，擅开一单，轻重之际，多不妥当，幸堂上各大人斟酌增减，方为得宜。但岳家太多，他处相形见绌(chù)②，孙稍有不安耳。率五大约在春初可以到家，渠不告而出心中怀惭，到家后望大人不加责，并戒家中及近处无相讥讪(shàn)为幸。

孙谨禀

道光二十四年八月二十九日

[注释]

①佐杂：清代州县官府的助理官吏，佐贰、首领、杂职三者的合称。

②相形见绌：与同类事物相比，稍显不足。形，对照。绌，不足。

[译文]

孙儿国藩跪禀祖父母大人万福金安：

八月二十七日，接到七月十五日、二十五日两次所发的信，里面有祖父母、父母亲和叔父各一封信，各位弟弟也都有信，很高兴获知一切！叔父的病得到这封信后，才放了心。祖父正月的亲笔信，孙儿收在了其他的地方，后来偶然忘了，最近又找到了。孙儿在七月二十日寄出第九封信，不知收到没有？

八月二十八日，陈岱云的弟弟送灵柩回湖南，乘坐粮船，孙儿叫率五妹夫与他结伴回家，船钱饭费，陈家都不接受，孙儿便送他们到城外与率五挥泪告别，心里感到可怜，率五的来意本打算考供事，希望得到一官半职来养家。孙儿认为供事必须经过十多年才可以做到典史，官场风波安危未卜，官小职微，危险更是多，小官小吏的下场很少能有好的。孙儿在外已很久了，阅历也已经多了，所以再三苦劝率五回乡，勤俭守旧业，不必在外做官。劝了很长时间后，率五也认为是这样子。他的东西行李等各种物品，孙儿都一一办妥，另开一单呈上。

孙儿送率五回家，当天申刻生了一个女儿，母女都平安。正月间孙儿曾寄银子回湖南，有馈赠亲戚族人的意思，照理应该由堂上大人定下数目，方合乎《内则》不敢私自给人财物的道理。孙儿一时糊涂，擅自开了一个清单，在分送的轻重方面，很多地方多有不妥，幸亏堂上各位大人斟酌增减，方才合宜。但岳家太多，其他各处就稍显不足，孙儿有些不安。率五大约在初春可以到家，他不告知堂上而离开，心里感到很惭愧，到家之后，希望堂上大人不要多加责备，并叫家里人和附近的人不要讥笑他为好。

孙谨禀

道光二十四年八月二十九日

无论文章之工不工，总以看书为急

[原文]

男国藩跪禀父母亲大人万福金安：

八月二十九日男发第十号信，备载二十八生女及率五回南事，不知已收到否？

男身体平安。家妇月内甚好。去年月里有病，今年尽除去。孙儿女皆好。初十日顺天乡试发榜，湖南中三人，长沙周荇(xìng)农中南元①。

率五之归，本拟附家心斋处，因率五不愿坐车，故附陈岱云之弟处同坐粮船。昨岱云自天津归，云船不甚好，男颇不放心，幸船上人多，应可无虑。

诸弟考试后，尽肄业小罗巷庵，不知勤惰若何？此时唯季弟较小，三弟俱年过二十，总以看书为主。我境唯彭薄墅先生看书略多，自后无一人讲究者，大抵为考试文章所误。殊不知看书与考试全不相碍，彼不看书者，亦仍不利考如故也。我家诸弟此时无论考试之利不利，无论文章之工不工，总以看书为急。不然则年岁日长，科名无成，学问亦无一字可靠，将来求为塾师[2]而不可得。或经或史或诗集、文集，每日总直看二十页。男今年以来无日不看书，虽万事匆忙，亦不废正业。

闻九弟意欲与刘霞仙同伴读书。霞仙近来见道甚有所得，九弟若去，应有进益，望大人斟酌行之，男不敢自主。此事在九弟自为定计。若愧奋直前，有破釜沉舟之志，则远游不负；若徒悠忽因循[3]，则近处尽可度日，何必远行百里外哉？求大人察九弟之志而定计焉。余容续呈。

男谨禀

道光二十四年九月十九日

［注释］

①南元：清顺天（北京）乡试，无论何省人均可考试，惟第一名解元属直隶省，第二名必属南方人，故称南元。

②塾师：古时在乡村私塾里的教书先生。

③悠忽因循：摇摆不定，循环反复。

［译文］

儿子国藩跪禀父母亲大人万福金安：

八月二十九日儿子寄出第十号家信，写的是二十八日生下一个女儿及率五回南方老家的事，不知是否收到？

儿子身体很好。儿媳妇月子里很好。去年月子里落下的毛病，今年全部去除了。孩子们都很好。初十日顺天乡试发榜，湖南籍中了三人，长沙周荇农中了南元。率五回家，本打算和心斋一同回去，因为率五不愿坐车，所以让他跟陈岱云的弟弟一起坐粮船。昨天岱云从天津回到京城，说船不怎么好，儿子非常不放心，幸亏船上人很多，应该没有什么可担忧的。

申夫仁弟左右：古莎寿人送解散小告示百六十張，派馬隊妥人撒布於路上或途邊愈好，不可撒在一處，至囑。國藩手

台祉

雪仙被僧王參劾，部議降二級留任。

嘱马队派妥人散布小告示札

各位弟弟考试以后，听说都在小罗巷庵学习，不知是勤奋还是懒惰？现在只有季弟年龄较小，其他三位弟弟都已经年过二十，总应该把看书当作重要的事情。我们家乡只有彭薄墅先生看书较多，自他以后没有一个人讲究这个了，大多是被科举考试的文章所误。殊不知看书与考试并不相互妨碍，不看书的，也仍然不利于考试。我家的各位弟弟，现在不管考试是否顺利，不管文章是否写得工整，总以看书为头等大事。不然，年纪一天天大了，科名没有成就，学问也没有一点可以依靠，将来就是想做乡村私塾的教书先生也不会有人请。或是经书或是史书，或是诗集、文集，每天总要看上二十页。儿子今年以来，没有一天不看书，虽说万事都很忙，也不能荒废正业。

听说九弟想与刘霞仙结伴读书。霞仙近来学问很有心得，九弟如果去，应该有增益，希望大人反复斟酌，儿子不敢自作主张。这件事应让九弟自己决定。如果内心虽然感到惭愧，但仍然有发奋向前，破釜沉舟的志向，那么远游也没有什么不好。如果还是悠闲度日，摇摆不定那么在近处也可以过日子，何必跑到百里之外去呢？希望大人仔细观察九弟的志向再定夺。其余以后禀告。

儿谨禀

道光二十四年九月十九日

人苟能自立志，则圣贤豪杰，何事不可为？何必借助于人

［原文］

四位老弟足下：

自七月发信后，未接诸弟信，乡间寄信，较省城寄信百倍之难，故余亦不望。

然九弟前信有意与刘霞仙同伴读书，此意甚佳。霞仙近来读朱子书，大有所见，不知其言语容止、规模气象何如？若果言动有礼，威仪可则，则直以为师可也，岂特友之哉！然与之同居，亦须真能取益乃佳，无徒浮慕虚名。人苟能自立志，则圣贤豪杰，何事不可为？何必借助于人？“我欲仁，斯仁至矣。”我欲为孔孟，则日夜孜孜，唯孔孟之是学，人谁得而御[1]我哉？若自己不立志，则虽日与尧、舜、禹、汤同住，亦彼自彼，我自我矣，何有于我哉？

去年温甫欲读书省城，吾以为离却家门局促之地而与省城诸胜

己者处，其长进当不可限量。乃两年以来看书亦不甚多，至于诗文则绝无长进，是不得归咎于地方之局促也。去年余为择师丁君叙忠，后以丁君处太远，不能从，余意中遂无他师可从。今年弟自择罗罗山改文，而嗣后杳(yǎo)无信息，是又不得归咎于无良友也。日月逝矣，再过数年则满三十，不能不趁三十以前立志猛进也。

余受父教，而余不能教弟成名，此余所深愧者。他人与余交，多有受余益者，而独诸弟不能受余之益，此又余所深恨者也。今寄霞仙信一封，诸弟可抄存信稿而细玩之。此余数年来学思之力，略具大端。六弟前嘱余将所作诗抄录寄回，余往年皆未存稿，近年存稿者，不过百余首耳，实无暇抄写，待明年将全本付回可也。

国藩草

道光二十四年九月十九日

［注释］

①御：抵御，阻挡。

［译文］

四位老弟足下：

自七月发信以后，没有接到弟弟们来信，乡里寄信要比省城困难百倍，所以我也不是很着急。

然而九弟上次来信说，有意与刘霞仙结伴读书，这个打算很好。霞仙近来读朱子书很有心得，但不知道他的谈吐容貌、规格气象怎么样？如果真是言语行为符合礼节，风度威仪可为表率，那么把他当成老师也是可以的，哪里只限于做朋友呢？但与他同住，也要真能获得益处才好，不要徒然仰慕别人的虚名。一个人如果自己能立志，那么，圣贤豪杰所能做的事情也都可以做，何必一定要借助他人呢？“我想仁，仁便达到了。”我想成为孔、孟，那就日夜孜孜不倦地学，一心钻研孔孟之学，那谁又能阻止了我呢？如果自己不立下志向，那就是天天与尧、舜、禹、汤这些圣人共同居住，也还是他是他，我是我，对于我有什么用呢？

去年六弟温甫想去省城读书，我以为离开家中这块狭小局促的天地，而与省城那些比自己强的人相处，进步必定会不可限量。哪料他两年来看的书不是很多，至于诗文，则一点没有长进，因而不能归咎于地方的局促。去年我为他选择了丁君叙忠当老师，后来因为丁君住得地方太远了，不跟他学习，我印象里也没有其他老师可以跟着学习了。今年弟弟自己选择罗罗山学习，之后又杳无音信，这又不能归罪于没有良友。时间飞逝，再过几年就要三十岁了，不能不趁三十岁之前，就立下志

向奋勇前进。

我受到父亲的教育，而不能教导弟弟们成名，这让我深深地感到惭愧。别人与我结交，大多能受到我的启发，而唯独几位弟弟不能有所获益，这又让我深感遗憾。现在有寄给霞仙的一封信，各位弟弟可抄下来仔细玩味。我多年来学习思考的心得，大都体现在这封信里。六弟嘱咐我把写作的诗抄录寄回去，我往年的稿子都没有保存，近年存了底稿的不超过百余首，实在没有时间抄写，等明年把全本邮回去好了。

国藩草

道光二十四年九月十九日

吾人用功，力除傲气，力戒自满

［原文］

四位老弟足下：

前次回信内有四弟诗，想已收到。九月家信有送率五诗五首，想已阅过。吾人为学，最要虚心。尝见朋友中有美材者，往往恃才傲物，动谓人不如己，见乡墨则骂乡墨不通，见会墨则骂会墨不通，既骂房官，又骂主考，未入学者，则骂学院。平心而论，己之所为诗文，实亦无胜人之处，不特无胜人之处，而且有不堪对人之处。只为不肯反求诸己，便都见得人家不是，既骂考官，又骂同考而先得者。傲气既长，终不进功，所以潦倒一生，而无寸进也。

余平生科名极为顺遂，唯小考七次始售。然每次不进，未尝敢出一怨言，但深愧自己试场之诗文太丑而已。至今思之，如芒在背。当时之不敢怨言，诸弟问父亲、叔父及朱尧阶便知。盖场屋之中，只有文丑而侥幸者，断无文佳而埋没者，此一定之理也。

三房十四叔非不勤读，只为傲气太胜，自满自足，遂不能有所成。京城之中，亦多有自满之人，识者见之，发一冷笑而已。又有当名士者，鄙科名为粪土，或好作诗古文，或好讲考据，或好谈理学，嚣嚣（xiāoxiāo）然[1]自以为压倒一切矣。自识者观之，彼其所造曾无几何，亦足发一冷笑而已。故吾人用功，力除傲气，力戒自满，毋为人所冷笑，乃有进步也。诸弟平日皆恂恂[2]退让，第累年小试不售[3]，恐

因愤激之久，致生骄惰之气，故特作书戒之。务望细思吾言而深省焉，幸甚幸甚！

国藩手草

道光二十四年十月二十一日

［注释］

①嚣嚣然：大声喧哗，吵吵闹闹的样子。

②恂恂：恭谨温顺的样子。

③不售：没有录取。

［译文］

四位老弟足下：

前次回信里面附上了四弟的诗，想是已经收到。九月时给家中寄回的信中有送给率五的五首诗，想必已经阅读过了。我们在做学问方面最应该虚心。我经常看见朋友之中有的天分很高，但却恃才傲物，动不动就说其他人不如自己。见了乡试中了举人之人的文章就骂举人的文章不通，见了会试中考取进士之人的文章也骂进士的文章不通，既骂分房阅试卷的考官，又骂评审、选录的主考官，没有入学的就骂学院。平心来说，他们自己所写的诗文，实在没有什么胜过他人之处，不仅没有胜过别人的地方，而且还有不如他人的地方。只是因为不肯自我反省，用对待别人的方法去衡量自己，便见到别人的总是不足，既骂考官，又骂与自己一同考试而考取的人。傲气既然很大，当然始终没有进步，所以一生都很潦倒，没有任何长进。

我一生在科举功名方面，很是顺利，只有小考考了七次才取得功名。但每次没考进时，从来不说一句怨言，只是深感惭愧，觉得自己考试时所作的诗文太差了。现在回想起来，仍然感觉有芒刺扎在背上，坐立不安。我当时不敢有怨言，弟弟们问一下父亲、叔父和朱尧阶就知道了。科举考试，只有文章太差而侥幸考中的，绝没有文章是佳作而被埋没的，这是有一定道理的。

三房十四叔并不是不勤奋读书，只因为太过骄傲了，自满自足，于是不能有所成就。京城之中也有很多自满的人，了解他们的人，对他们只有发一声冷笑罢了。又有成为名士的，把科举功名看成粪土，或者喜欢作诗、写古文，或者喜好研究考据之学，或者喜好谈论理学，高声喧哗自以为能压倒一切。有学识的人看到了，他们的所作所为又能算得了什么，也只是对他们发一声冷笑罢了。所以我们这些人用功读书，力求去除掉傲气，力求戒除掉自满，不要被别人发出冷笑，才算有进步。弟弟们平日里都是谨慎退让的谦谦君子，几年来小考没有考中，我怕你们因为心情愤激久了，以致于产生骄惰的习气，所以特意写信告诫一下。务必要想一想我说的话！

国藩手草

道光二十四年十月二十一日

学问之道无穷，而总以有恒为主

［原文］

四位老弟足下：

前月寄信，想已接到。余蒙祖宗遗泽[①]、祖父教训，幸得科名。内顾无所忧，外遇无不如意，一无所缺矣。所望者，再得诸弟强立，同心一力，何患令名之不显，何患家运不兴？欲别立课程，多讲规条，使诸弟遵而行之，又恐诸弟习见而生厌心；欲默默而不言，又非长兄督责之道。是以往年常示诸弟以课程，近来则只教以“有恒”二字。所望于诸弟者，但将诸弟每月功课，写明告我，则我心大慰矣！

乃诸弟每次写信，从不将自己之业写明，乃好言家事及京中诸事。此时家中重庆[②]，外事又有我料理，诸弟一概不管可也。以后写信，但将每月作诗几首，作文几首，看书几卷，详细告我，则我欢喜无量！诸弟或能为科名中人，或能为学问中人，其为父母之令子一也，我之欢喜一也。慎弗以科名稍迟，而遂谓无可自力也。如霞仙今日之身份，则比等闲之秀才高矣。若学问愈进，身份愈高，则等闲之举人进士，又不足论矣。

学问之道无穷，而总以有恒为主。兄往年极无恒，近年略好，而犹未纯熟。自七月初一起，至今则无一日间断，每日临帖百字，抄书百字，看书少亦须满二十页，多则不论。自七月起，至今已看过《王荆公[③]文集》百卷、《归震川[④]文集》四十卷、《诗经大全》二十卷、《后汉书》百卷，皆朱笔加圈批。虽极忙，亦须了本日功课，不以昨日耽搁，而今日补做，不以明日有事，而今日预做。诸弟若能有恒如此，则虽四弟中等之资，亦当有所成就，况六弟、九弟上等之资乎？

明年肄业之所，不知已有定否？或在家，或在外，无不可者。谓在家不可用功，此巧于卸责者也。吾今在京，日日事务纷冗（rǒng），而犹可以不间断，况家中万万不及此间之纷冗乎？

树堂、筠（yún）仙自十月起，每十日作文一首，每日看书十五页，亦极

有恒。诸弟试将《朱子纲目》过笔圈点，定以有恒，不过数月，即圈完矣。若看注疏[5]，每经亦不过数月即完，切勿以家中有事，而间断看书之课，又弗以考试将近，而间断看书之课。虽走路之日，到店亦可看，考试之日，出场亦可看也。兄日夜悬望，独此“有恒”二字告诸弟，伏愿诸弟刻刻留心。幸甚幸甚。

兄国藩手草

道光二十四年十一月二十一日

[注释]

①遗泽：祖宗们留下来的恩泽。

②重庆：旧时指祖父母、父母都健康地活着。

③王荆公：指宋代杰出的政治家王安石。

④归震川：指明代学者归有光，震川是他的号。

⑤注疏：后人对前人的经文典籍所作的注解和疏证。

[译文]

四位老弟足下：

上个月寄出去的信想必已经收到了。我承蒙祖宗留下的恩泽、祖父的教训，幸运地取得了科名。没有内顾之忧，外边也没有遇到不如意的事，可以说是什么都不缺了。所希望的只有弟弟们自强自立，同心协力，哪里用得着担心名声不显赫，哪里用得着担心家运不兴旺呢？我想另外制定课程，多讲一些规矩条文，让各位弟弟遵照着去做，又怕弟弟们见了而心生厌烦；想沉默不说，又怕没有尽到兄长督责弟弟的道义。所以往年经常限制弟弟们的功课，近来只教导“有恒”二字，只希望弟弟们把每月的功课写明告诉我，这对我来说就是最大的安慰了。

但是弟弟们每次写信，都不写明自己的学业如何了，只是爱说些家事以及京城中的一些事。这个时候，家里的老人都很康健，家外的事又有我来照料，弟弟们可以什么都不管。以后再写信，只需将每月作了几首诗，写了几篇文章，看了几卷书，详细地告诉我，那我就很开心了。弟弟们将来有的可能会得到科举功名，有的可能会成为有学问的人，但都是父母的好孩子，这是最让我高兴的。千万不要因为自己迟迟没能获取功名，就说自己没能力。比如霞仙现在的身份，要比一般的秀才高一等。假如学问能再有所进步，身份就会更高，那么一般的举人和进士就不值得一提了。

学海无涯，一定要有恒心才行。为兄以前就很没有恒心，近些年来略微好点儿，但是还有些欠缺。从七月初一开始到现在，我每天都临帖一百个字，抄写一百个字，读至少二十页书，多则不论，一天都没间断过。从七月开始到现在，已读了一百卷《王荆公文集》、四十卷《归震川文集》、二十卷《诗经大全》、一百卷《后

汉书》，并且都用红笔加以圈点批注。虽然我非常繁忙，也会完成当天的功课，从不会用今天的时间来补做昨天耽搁的功课，也不因明天有事而今天提前完成。弟弟们如果能有这样的恒心，即使是有中等天分的四弟，也会有所成就，更何况天分很高的六弟、九弟了！

不知明年学习的地方已经定了没有？在家或是在外都行。说在家学习不好用功，这是爱推卸责任的人说的。我如今在京城，每天事务都很繁多，都能做到不间断读书，更何况家里又没那么繁多的事！

树堂和筠仙两人从十月开始，每十天都会写一篇文章，每天看十五页书，也非常有恒心。弟弟们试着把《朱子纲目》用红笔圈点，一定要坚持下来，不用几月就能看完了。如果看注疏，每部经书也不过几个月就能看完了。千万不要以家中有事为由，而间断读书，也不要以快要考试了为由，而间断看书。虽是外出的日子，但到了旅店也可以读书，虽是考试的日子，但考试结束后也可以读书。为兄终日挂念弟弟们，也只有用"有恒"这两个字来劝告弟弟们，希望弟弟们能时刻留心做到，实乃大幸！

兄国藩手草

道光二十四年十一月二十一日

得转补翰林院侍读

[原文]

孙男国藩跪禀祖父母大人万福金安：

十一月二十二日发十三号信。二十九日祖母大人寿辰，孙等叩头遥祝，寓中客一席，次日请同县公车[1]一席。初七日皇上御门，孙得转补翰林院侍读。听遗侍讲缺，许乃钊补升。侍讲转侍读，照例不谢恩，故孙未具折谢恩。

今冬京中未得厚雪。初九日设三坛求雪，四、五、六阿哥诣三坛行礼，皇上亲诣太高殿行礼。十一日即得大雪，天心感召，呼吸相通，良可贺也！

孙等在京平安，曾孙读书有恒，唯好写字，见闲纸则乱画，请其母订成本子。孙今年用度尚宽裕，明年上半年尚好，至五月后再作计较。昨接曾兴仁信，知渠银尚未还，孙甚着急，已写信去催，不知家中今年可不窘迫否？

申夫仁弟左右：得信，知太城已竄原
信寄胡中丞。凡破城之時，一面派六
成隊追賊，一面派樸實人守城門，無
令兵勇入城搶奪紛爭。此次派張子
衡、沈寶成二人守城門，各營派哨官
一人幫辦，一人隨同張、沈守，嚴查。派喻

十六

嘱破城诸事札（之一）

同乡京官皆如故，冯树堂、郭筠仙在寓亦好。荆七自五月出去，至今未敢见孙面，在同乡陈洪钟家，光景亦好。若使流落失所，孙亦必宥（yòu）[2]收恤[3]之。特渠对人言，情愿饿死，不愿回南，此实难处置。孙则情愿多给银两，使他回去，不愿他在京再犯出事，望大人明示以计，俾（bǐ）孙遵行。

四弟等自七月寄信来后，至今未再得信，孙甚切望。严太爷在京引见，来拜一次，孙回拜一次，又请酒，渠未赴席。此人向有狂妄之名，孙己亥年在家，一切不与之计较，故相安于无事，大约明春可回湘乡任。

孙谨禀

道光二十四年十二月十四日

[注释]

①公车：代指应试的举人。

②宥：原谅，宽恕。

③收恤：收容救济。

[译文]

孙儿国藩跪禀祖父母大人万福金安：

十一月二十二日发出的第十三号家信。二十九日是祖母大人的寿辰，孙子等在远方叩头祝贺，并在家摆了一桌，第二天又摆了一桌宴请同县举人。初七日皇上在宫门听政，孙子得以转补翰林院侍读。我原来的侍讲一职则由许乃钊担任。从侍讲一职转为侍读，按照惯例是不用谢恩的，所以孙子没有写奏折谢恩。

今年冬天京城没有下大雪。初九日设三坛祈求下雪，四阿哥、五阿哥和六阿哥到三坛行礼，皇上也亲自到太和殿行礼。十一日天就下起了大雪，天心感召，呼吸相通，实在是可喜可贺啊！

孙等在京城很平安，您的曾孙读书很有恒心，尤其爱好写字，一见到纸就会在上面乱写，还让他的母亲为其订成了本子。孙子今年的用度还比较充裕，到明年上半年都还可以，五月之后再作打算。昨天接到了曾兴仁的信，得知他还没有还钱，孙子非常着急，已写信去催了，不知今年家里是否窘迫？

同乡京官全跟以前一样。冯树党、郭筠仙在我家中也很好，荆七从五月出走后，到现在都不敢来见我，他在同乡陈洪钟家主事，过得也挺好。如果哪天他流离失所了，孙子我也一定会原谅他，并收容救济他。不过他跟别人说，情愿饿死也不肯回到南方老家，这很难办。孙子情愿多给他些银两，让他回去，也不愿他在京城再生事端。希望大人能给我出个主意，孙子一定会照办。

自从七月收到了四弟等的来信后，至今没有再收到过信。孙子急切盼望着能来封信。严太爷在京城等待皇帝接见时，曾来家里拜见过我，孙子后来回拜了一次，又请他喝酒，但他没有来赴宴。这个人向来有狂妄的名声，孙子己亥年在家，一切不跟他计较，因此相安无事，大概明年春天会回湖南赴任。

孙谨禀

道光二十四年十二月十四日

若事事勤思善问，何患不一日千里

［原文］

四位老弟足下：

去年十二月二十二日，寄去书函，谅已收到。顷接四弟信，谓前信小注中，误写二字，其诗此即付还，今亦忘其所误谓何矣。

诸弟写信，总云仓忙。六弟去年曾言城南寄信之难，每次至抚院赍奏厅打听云云，是何其蠢也？静坐书院三百六十日，日日皆可写信，何必打听折差行期而后动笔哉？或送至提塘，或送至岱云家，皆万无一失。何必问了无关涉之赍奏厅哉？若弟等仓忙，则兄之仓忙，殆过十倍，将终岁无一字寄家矣。

送王五诗第二首，弟不能解，数千里致书来问，此极虚心，余得信甚喜；若事事勤思善问，何患不一日千里，兹另纸写明寄回。

家塾读书，余明知非诸弟所甚愿，然近处实无名师可从。省城如陈尧农、罗罗山，皆可谓明师，而六弟、九弟又不善求益，且住省二年，诗文与字，皆无大长进。如今我虽欲再言，堂上大人亦必不肯听，不如安分耐烦，寂处里闾[①]，无师无友，挺然特立，作第一等人物，此则我之所期于诸弟者也。

昔婺(wù)源汪双池先生，一贫如洗，三十以前，在窑上为人佣工画碗，三十以后，读书训蒙，到老终身不应科举，卒著书百余卷，为本朝有数名儒，彼何尝有师友哉？又何尝出里闾哉？余所望于诸弟者，如是而已，然总不出乎“立志”“有恒”四字之外也。

买笔付回，刻下实无妙便，须公车归乃可带回。大约府试、

院试可得用，县试则赶不到也。诸弟在家作文若能按月付至京，则余请树堂看，随到随改，不过两月，家中又可收到。书不详尽，余俟续具。

兄国藩手草

道光二十五年二月初一日

［注释］

①里闾：乡里。

［译文］

四位老弟足下：

去年十二月二十二日寄出的信想必已经收到了吧。刚刚收到四弟的来信，说上次信中的小注中写错了两个字，那首诗随即就寄还给你了，如今我也忘了错在哪里。

弟弟们写信总是说很繁忙。六弟去年曾说在城南寄信的不易，说每次都要到抚院赍奏厅打听，这样做太愚笨了！三百六十天都静坐在书院里，每天都可写信，为什么还要先去打听信差出发的时间再动笔呢？或者送给主管寄信的官员，或者送到岱云家，全都万无一失，为什么要去问与此不相关的赍奏厅呢？如果说弟弟们很繁忙，那么为兄要比你们忙十倍还要多，那岂不是一年到头也不能给家里写信了？

赠送给王五的第二首诗，弟弟没看懂，几千里写信来询问，他非常虚心，我看了信非常高兴。如果每件事都能勤思善问，就不必担心没有一日千里的进步。现在用另外的纸写明诗意寄回。

我明知道弟弟们很不喜欢在家塾里读书，可是近处实在没有名师可以跟随。省城里如陈尧农、罗罗山这两位先生都算是名师，不过六弟、九弟又不善于向他人求教，况且他们曾在省城待了两年，诗文和字也都没什么进步。现在即使我想再为弟弟们说话，堂上大人也肯定不愿意听，还不如安下心来，耐心地待在家乡，没有老师没有朋友，傲然独立，作个第一等的人物，这就是我对弟弟们的期望。

以前婺源汪双池先生非常贫苦，三十岁之前，在瓷窑上为别人做工画碗，三十岁之后才开始读书，终身都没有参加科举考试，著有百余卷书，成为本朝有数的几位名儒之一，他何尝有过老师和朋友？又何尝走出家乡一步？我所期待弟弟们的，只是这些而已，不外乎“立志”“有恒”这四个字。

现在实在不太方便买笔寄回去，要等到举子们回乡时才能带回去。大概在府试、院试时能用得上这些笔，县试就来不及用上了。弟弟们在家里写的文章，如果能按月寄往京城，那么我可以请树堂批改，不超过两个月，家中就能收到批改过的文章。信不尽详，等下次写信再说。

兄国藩手草

道光二十五年二月初一日

托他人送银两、高丽参、六弟所要的书籍等物回家

［原文］

男国藩跪禀父母亲大人：

男于三月初六日，蒙恩得分会试房。四月十一日，发榜出场，身体清吉，合室平安，所有一切事宜，写信交折差先寄。兹因啸山还家，托带纹银百两，高丽参斤半，《子史精华》六套，《古文辞类纂(zuǎn)》二套，《绥寇纪略》一套，皆六弟信要看之书。高丽参，男意送江岷(mín)山、东海二家六两，以冀少减息银。又送金竺虔之尊人二两，以报东道之谊[①]，听大人裁处。男尚办有送江家、金家及朱岚暄挂屏，候郭筠仙带回，又有寿屏及考试笔等物，亦俟他处寄回。余俟续具。

男谨禀

道光二十五年四月十五日

［注释］

①东道之谊：指主人的情谊。东道，主人。

［译文］

儿子国藩跪禀父母亲大人：

儿子在三月初六日，承蒙皇上恩典，当了会试房考官。四月十一日，发榜离开考场。身体健康，合家平安，全部事宜，已写信交给信差先寄回去了。现在借啸山回家之机，托他带回去一百两纹银，一斤半高丽参，六套《子史精华》，两套《古文辞类纂》和一套《绥寇纪略》，全是六弟来信时要的书。我的想法是送给江岷山、东海两家六两高丽参，希望他能减少些利息。再送给金竺虔的老人二两高丽参，以报答他的东道之谊，但最终还要听凭父母大人的决定。儿子还买了送给江家、金家和朱岚暄的挂屏，等郭筠仙带回去，另外还有寿屏以及考试用笔等东西，也等有机会再寄回去。其余等下次写信再说。

儿谨禀

道光二十五年四月十五日

托带物品，乞照单查收

[原文]

四位老弟左右：

四月十六日，曾写信交折弁（biàn）带回，想已收到。十七日，朱啸山南归，托带纹银百两，高丽参一斤半，书一包计九套。兹因冯树堂南还，又托带寿屏一架，狼兼毫笔二十枝，鹿胶二斤，对联堂幅一包（内金年伯耀南四条，朱岚暄四条，萧辛五对一副，江岷山母舅四条，东海舅父四条，父亲横批一个，叔父折扇一柄），乞照单查收。前信言送江岷山、东海高丽参六两，送金耀南年伯参二两，皆必不可不送之物，唯诸弟禀告父亲大人送之可也。

树堂归后，我家先生尚未定。诸弟若在省得见树堂，不可不殷勤亲近，亲近愈久，获益愈多。今年湖南萧史楼得状元，可谓极盛，八进士皆在长沙。黄琴坞之胞兄①及令嗣皆中，亦长沙人也。余续具。

兄国藩手草

道光二十五年四月二十四日

[注释]

①胞兄：同一父母所生的哥哥。

[译文]

四位老弟左右：

四月十六日，曾写信交给信差带回去，想来已经收到了吧。十七日，朱啸山回南方，托他带回去一百两银子，一斤半高丽参和一包书，书共计九套。现在趁冯树堂回南方之际，又托他带回一架寿屏、二十支狼毫笔、二斤鹿胶和一包对联条幅（里面有金耀南年伯四条，朱岚暄四条，萧辛五对联一副，江岷山母舅四条，东海舅父四条，父亲横批一个，叔父折扇一把），请照单查收。上回信上说送给江岷山、东海六两高丽参，送金耀南年伯二两高丽参，这些都是必须要送的，希望弟弟们禀告父亲大人送去。

树堂回去后，我家还没有想好请谁当老师。弟弟们若在省城见到树堂，一定要殷勤亲近，交往越亲密长久，获益就会越多。今年湖南萧史楼考中了状元，可以说是极盛了，八位进士全是长沙人。黄琴坞的哥哥和儿子全都考中了进士，也是长沙

人。其余的等下次写信再说。

兄国藩手草
道光二十五年四月二十四日

常存敬畏之心，则是载福之道

［原文］

四位老弟足下：

四月十六日余寄第三号交折差，备述进场阅卷及收门生诸事，内附会试题名录一纸。十七日朱啸山南旋，余寄第四号信，外银一百两，书一包计九函，高丽参一斤半。二十五日冯树堂南旋，余寄第五号家信，外寿屏一架，鹿胶二斤一包，对联、条幅、扇子及笔共一布包。想此三信，皆于六月可接到。

树堂去后，余于五月初二日新请李竹坞先生教书。其人端方和顺，有志性理之学，虽不能如树堂之笃诚照人，而亦为同辈所最难得者。

初二早，皇上御门办事。余蒙天恩，得升詹事府右春坊右庶子。次日具折谢恩，蒙召见勤政殿天语垂问，共四十余句。是日同升官者，李菡(hàn)升都察院左副都御史，罗惇衍升通政司副使，及余共三人。余蒙祖父余泽，频邀非分之荣，此次升官，尤出意外，日夜恐惧修省，实无德足以当之。诸弟远隔数千里外，必须匡我之不逮[1]，时时寄书规我之过，务使累世积德，不自我一人而堕，庶几[2]持盈保泰，得免速致颠危。诸弟能常进箴(zhēn)[3]规，则弟即吾之良师益友也，而诸弟亦宜常存敬畏，勿谓家有人做官，而遂敢于侮人，勿谓己有文学，而遂敢于恃才傲人。常存此心，则是载福之道也。

今年新进士善书甚多，而湖南尤甚。萧史楼既得状元，而周荇农（寿昌）去岁中南元，孙芝房（鼎臣）又取朝元[4]，可谓极盛。现在同乡诸人，讲求词章之学者固多，讲求性理之学者亦不少，将来省运必大盛。

余身体平安，唯应酬太繁，日不暇给，自三月进闱(wéi)以来，到今已满两月，未得看书。内人身体极弱，而无病痛。医者云："必须服大补，乃可回元。"现在所服之药，与母亲大人十五年前所服之白术黑

吉三屋見田二人稽查城内所存米

鹽各物一面加封條派人（由喻居派）看守一面開

單呈覽即刻另有札也順賀

大喜 國藩句 廿七日卯

正月以來太城入粮甚多不似遽棄城者

請查速示

嘱破城诸事札（之二）

姜方略同，差有效验。儿女四人，皆平安顺如常。

去年寄家之银两，几次写信，求将分给戚族之数目，详实告我，而到今无一字见示，殊不可解。以后务求四弟将账目开出寄京，以释我之疑，又余所欲问家乡之事甚多，兹另开一单，烦弟逐一条对，是祷⑤！

兄国藩草

道光二十五年五月初五日

[注释]

①不逮：不足的地方。逮：及，达到。

②庶几：或许可以。

③箴：劝告，劝诫。

④朝元：清代朝考名次分一、二、三等，一等第一名称朝元。

⑤是祷：常用在书信结尾，表示请求、期望。

[译文]

四位老弟足下：

四月十六日，我将第三号家信交给了信差，详细地叙述了进场阅卷和收门生等事情，里面还附有一份会试题名录。十七日朱啸山回南方，我托他带回第四号家信，另外还托他带回一百两白银，一包书共九套，一斤半高丽参。二十五日冯树堂回南方，我托他带回第五号家信，另外还托他带回一架寿屏，一包二斤重的鹿胶，对联、条幅、扇子和笔共一个布包。想必这三封信，在六月时都能收到。

树堂走后，我在五月初二日新请到李竹坞先生教书。他这个人仪表端庄，为人和顺，有志于性理之学，虽然不能像树堂那样以笃诚来感召他人，但在同辈当中也已算是很难得的了。

初二早上，皇上在御门办事。我承蒙皇上的天恩，升任为詹事府右春坊右庶子。第二天写了奏折谢恩，承蒙皇上的恩典在勤政殿被召见，跟皇上说了大概四十多句话。当天和我一起升官的人加上我一共三人，即李菡升都察院左副部御史，罗停衍升通政司副使。我承蒙祖父留下的恩泽，多次享受到我本不该得到的荣誉，这一次升官，尤其使我感到意外。我终日诚惶诚恐，修身反省，觉得自己实在没有什么才德来担此大任。远隔几千里外的弟弟们，一定要指出我的不足之处，常常写信来劝诫我的过错，千万不要使我家历代积累的德行从我这里开始而堕落，或许可以保持长久的良好态势，避免迅速灭亡的危险。弟弟们如能时常劝告我，那么你们就是我的良师益友，弟弟们也应该时刻保持敬畏之心，不要因为家里有人做官，就敢欺辱他人，不要因为自己有学问，就敢瞧不起他人。时刻存有敬畏的心，才能获得好福气。

今年新考中的进士里很多都擅长书法，尤其是湖南的进士。萧史楼高中状元，而周荇农（寿昌）去年考中了南元，孙芝房（鼎臣）又考中了朝元，可以说是盛极一时了。如今同乡人中，讲求词章之学的人虽然很多，但讲求性理之学的人也不少，

将来湖南省肯定会兴盛。

我的身体很康健，只是应酬太多，每天都毫无一点儿空闲时间，自从三月份任考官以来，至今已满两个月了，一直没空读书。妻子的身体非常弱，不过没有病痛。医生说她必须吃大补的药，身体才可复元。现在她所吃的药和母亲大人十五年前所吃的白术黑姜药方大体一样，稍微有点儿疗效了。四个儿女都很平安。

我多次写信请求将我去年寄回家的银两，有多少分给了亲戚族人要详细地告诉我，可是到现在也没有看到一个字，真不理解。以后一定要让四弟把账目寄到京城，以解除我的疑虑。我想问家乡的事很多，已在另外的纸上开了一个单子，烦劳弟弟逐一作出回答，希望早日回信。

兄国藩草

道光二十五年五月初五日

情愿吃亏，万不可与人构讼

［原文］

男国藩跪禀父母亲大人膝下：

五月初六日，男发第六号家信后，十七日接到诸弟四月二十二日在县所发信，欣悉九弟得取前列第三，余三弟皆取前二十名，欢欣之至！

诸弟前所付诗文到京，兹特请杨春皆改正付回。今年长进甚远，良可欣慰。向来六弟文笔最矫健，四弟笔颇笨滞，现其“为仁矣”一篇，则文笔大变，与六弟并称健者。九弟文笔清贵，近来更圆转如意。季弟诗笔亦秀雅。男再三审览，实堪怡悦。

男在京平安。十六七偶受暑，服药数帖，禁荤数日而愈，现已照常应酬。男妇服补剂已二十余帖，大有效验。医人云虚弱之症，能受补则易好。孙男女及合室下人皆清吉。

长沙馆于五月十二日演戏题名，状元、南元、朝元三匾，同日张挂，极为热闹，皆男总办，而人人乐从。头门对联云：“同科十进士，庆榜三名元。”可谓盛矣。

同县邓铁松在京患吐血病，甚为危症，大约不可挽回。同乡有危急事，多有就男商量者，男效祖父大人之法，银钱则量力资助，办事则竭力经营。

严丽生取九弟置前列，男理应写信谢他；因其平日官声不甚好，

故不愿谢，不审大人意见何如？我家既为乡绅，万不可入署说公事，致为官长所鄙薄。即本家有事，情愿吃亏，万不可与人构讼[①]，令官长疑为倚势凌人。伏乞慈鉴。

男谨禀

道光二十五年五月二十九日

[注释]

①构讼：构成诉讼。

[译文]

儿子国藩跪禀父母亲大人膝下：

五月初六那天，儿子将第六封家书寄出后，十七日就收到了弟弟们在四月二十二日从县所寄来的信，十分高兴地获知九弟取得了第三名的好成绩，其他三个弟弟也都排在前二十名以内，真的是万分高兴。

弟弟们之前寄到京城的诗文，现在特地请杨春修改后寄了回去。今年弟弟们很有长进，实在让人倍感欣慰。一直以来，六弟的文笔是最为矫健，四弟的文笔颇有些笨拙呆滞，现在看了四弟的“为仁矣”一篇，发现文笔有了很大改变，和六弟都不相上下了。九弟的文笔清爽高贵，最近更是圆润婉转，很是让人满意。季弟的文笔也清秀文雅。儿子再三翻阅，心中实在很是高兴。

儿子在京一切平安。十六七日偶然受了些暑气，吃了几副药，禁了肉食，不过几天就痊愈了，如今已经可以照常应酬了。您的儿媳妇已经吃了二十多贴补剂，很有效果。医生说虚弱的病症，可以受得起补的就容易痊愈。孩子们以及家中的下人也都很好。

长沙馆在五月十二日找来戏班演戏庆祝题名，状元、南元、朝元三块匾在同一天张挂，异常热闹，这些事情都是儿子来操办的，人们都愿意听从我的安排。头门上的对联是：“同科十进士，庆榜三名元。”实在是兴盛啊！

同乡邓铁松在京城患了吐血的病，情况十分危急，大概是很难有所好转了。同乡遇到如此危急的事，经常和儿子商量，儿子仿效祖父大人的方法，依照自己的经济实力量力而为，在金钱上给予资助，办事则全力去做，救人于水火之中。

严丽生把九弟排在前几名的位置，按常理，儿子应该写信向他表示谢意，但是因为他平日里的名声不太好，所以儿子不愿意谢他，不知父母亲大人有什么意见？我家既然是乡绅，千万不要到衙署去谈论公事，否则会被官长所轻视。就算本家有事，宁可吃亏，千万不可和人打官司，那样的话，当地的官员会疑心你是仗势欺人。希望父母亲大人明鉴。

儿谨禀

道光二十五年五月二十九日

家中有人做官，则待邻里不可不略松，而家用不可不守旧

［原文］

男国藩跪禀父母亲大人万福金安：

五月三十日发第七号家信，内有升官谢恩折及四弟、九弟、季弟诗文，不知到否？

男于五月中旬出瘟疹，服药即效，已痊愈矣，而余热未尽。近日头上生癣，身上生热毒，每日服银花、甘草等药。医云：“内热未散，宜发出不宜遏抑，身上之毒，至秋即可全好，头上之癣，亦不至蔓延。”又云：“恐家中祖坟上有不洁处，虽不宜挑动，亦不可不打扫。”男以皮肤之患，不甚经意，仍读书应酬如故，饮食起居，一切如故。男妇服附片、高丽参、熟地、白术等药，已五十余日，饭量略加，尚未十分壮健，然行事起居，亦复如常。孙男女四人，并皆平安，家中仆婢皆好。

前有信言寄金年伯高丽参二两，此万不可少，望如数分送。去年所送戚族银，男至今未见全单，男年轻识浅，断不敢自作主张，然家中诸事，男亦愿闻其详，求大人谕四弟将全单开示为望。

诸弟考试，今年想必有所得。如得入学，但择亲属拜客，不必遍拜，亦不必请酒，盖恐亲族难于应酬也。

同县邓铁松之病略好，男拟帮钱送他回家，但不知能至家否？宝庆公车邹柳溪死，一切后事皆男经理。谢吉人、黄麓西皆分发江苏，周子佩、夏阶平皆分吏部主事。

曾受恬去年所借钱，不知已寄到否？若未到，须专人去取，万不可再缓[1]。如心斋亦专差，则两家同去；如渠不专差，则我家独去，家中近日用度如何？男意有人做官，则待邻里不可不略松[2]，而家用不可不守旧，不知是否？

男谨禀

道光二十五年六月十九日

[注释]

①缓：拖延，迟缓。

②松：宽松。

[译文]

儿子国藩跪禀父母亲大人万福金安：

五月三十日寄出第七封家书，信中有升官谢恩的奏折以及四弟、九弟、季弟的诗文，不知是否已经收到了？

儿子在五月中旬的时候出了瘟疹，吃药之后立刻见效，现在已经痊愈了，但是还是有些余热没有退尽。最近头上起癣，身上也生了热毒，每天都吃银花、甘草一类的药。医生说："内热还没有彻底发散，应该发出来而不应该遏制阻止，身上的毒要到秋天的时候才能痊愈，头上的癣也不至于蔓延开来。"又说："恐怕是祖坟上有不洁净的地方，虽然说不应该去挑动，但是也不可以不清理打扫。"儿子觉得这是皮肤上的病，并不是很在意，依旧读书、应酬，饮食起居也一如平常。您的儿媳妇吃附片、高丽参、熟地、白术等药已经有五十多天了，如今饭量略微有些增加，但并没有十分健壮，可做事起居可以恢复到往常了。您的四个孙儿、孙女都平安，家中丫环、仆人也一切都好。

之前有信说给金年伯寄二两高丽参，这绝对不能减少，希望可以按数分送。去年给亲戚族人送的银子，儿子到现在也没有看到清单，儿子年龄小，见识浅，断然不敢擅作主张，但是家里的事情，儿子还是愿意知道详细情况，请求父母亲大人告诉四弟将单子开示。

弟弟们的考试，想来今年一定有所得。要是可以入学，只选取些亲属去拜谒，不必全都见到，也不必设宴请酒，唯恐亲戚族人因此而疲于应酬。

同县邓铁松的病情稍见好转，儿子计划资助他一些钱，以便他能顺利回家，但不知道他是否能到家？宝庆举人邹柳溪已经离世了，一切后事全都由儿子料理。谢吉人、黄麓西都分配到江苏任职，周子佩、夏阶平都分配到吏部任主事。

曾受恬去年所借的钱，不知道是否已经寄到了？要是还没有到，就专门派人去取，千万不可以拖延。要是心斋也派专人去取钱，那么两家就共同前去；要是他没有派专人去取的话，我家就独自去，家里最近开销怎么样？儿子的意思是家里有人为官，对待邻居不可以不稍微宽松一些，而家用开支不可不像之前那样，不知道是不是这样？

儿谨禀

道光二十五年六月十九日

江岷樵不辞劳苦料理朋友丧事

［原文］

侄国藩谨启叔父大人座下：

八月二十二日发十二号家信，想已收到。九月十五、十七，连到两折差，又无来信，想四弟、六弟已经来京矣。若使未来，则在省，还家时，必将书信寄京。

侄身上热毒，近日头面大减，请一陈医生，每早吃丸药一钱，又小有法术，已请来三次，每次给车马大钱一千二百文。自今年四月得此病，请医甚多，服药亦五十余剂，皆无效验，唯此人来，乃将面上治好，头上已好十分之六，身上尚未好，渠云：“不过一月，即可痊愈。”侄起居如常，应酬如故，读书亦如故，唯不作诗文，少写楷书而已。侄妇及侄孙儿女皆平安。

陈岱云现又有病，虽不似前年之甚，而其气甚馁，亦难骤然复元。湘乡邓铁松孝廉，于八月初五出京，竟于十一日卒于献县道中，幸有江岷樵（忠源）同行，一切附身附棺，必信必诚。此人义侠之士，与侄极好。今年新化孝廉邹柳溪，在京久病而死，一切皆江君料理，送其灵榇①回南。今又扶铁松之病而送其死，真侠士也，挟两友之柩，行数千里，亦极难矣。侄曾作邹君墓志铭，兹付两张回家。

今年七月，忘付黄芽白菜子，八月底寄出，已无及矣。请封之典，要十月十五始可颁恩诏，大约明年秋间，始可寄回。

闻彭庆三爷令郎入学，此是我境后来之秀，不可不加意培植，望于家中贺礼之外，另封贺仪②大钱一千，上书侄名，以示奖劝，余不具。

侄谨启

道光二十五年九月十七日

［注释］

①灵榇：灵柩。

②贺仪：指贺礼。

[译文]

侄儿国藩谨启叔父大人座下：

八月二十二日寄出第十二封家书，想来已经收到了。九月十五日、十七日连续来了两名信差，却并没有来信，想来四弟、六弟已经来京了。要是没有来的话，那么就在省城回家的时候，一定将信寄往京城。

侄儿身上的热毒泡，最近头部、面部已经消了好多，请了一名姓陈的医生，每天早上服用一钱丸药，又有些办法，已经请来看过三次，每次付给车马费一千二百文。自从今年四月起得了这个病，请了许多医生，也吃了五十多剂药，都没有什么效果，唯独这个陈医生，才把我脸上的毒泡治好了，头上的毒泡也有十分之六痊愈，只是身上的还没有完全好，他说："用不了一个月，就可以全好了。"侄儿的起居生活和平时一样，应酬也没有什么不同，读书也是如此，只是不作诗文，少写楷书而已。侄媳妇和孩子们都平安。

陈岱云如今又病了，虽然没有像前年那样严重，而他自己十分气馁，也很难立刻恢复。湘乡邓铁松孝廉在八月初五离开京城，竟然在十一日的时候死在去往献县的途中，多亏有江岷樵（忠源）同行，一切后事都是他亲自操办，他十分真诚值得信赖。江岷樵是侠义之士，和侄儿关系极好。今年，新化孝廉邹柳溪在京城久病而亡，所有的后事也是江岷樵料理的，并且护送他的灵柩返回湖南。后来江岷樵又照顾生了重病的邓铁松，一直到给他办丧事，真是侠义之士啊！护送两位朋友的灵柩，不远千里长途跋涉，实在是件不容易的事啊！侄儿曾给邹君写了一篇墓志铭，现在寄两张回去。

今年七月，忘记将黄芽白菜籽寄回去了，八月底的时候才想起来寄了出去，但是时间已经来不及了。请封的恩典，要等到十月十五日才可以颁发皇上的恩诏，大概要等到明年秋天的时候才能寄回。

听说彭庆三爷的儿子入了学，这是我们家乡的后起之秀，不可以不留意培养，希望除了家里已经给的贺礼，再额外封一个一千大钱的贺礼，上面写上侄儿的名字，表示奖励。剩下的就不一一赘述了。

侄谨启

道光二十五年九月十七日

侄得升翰林院侍读学士

[原文]

侄国藩谨启叔父母大人万福金安：

九月十八日发第十三号信，是呈叔父者。二十一日发十四号信，是寄九弟者，想俱收到。二十三日四弟、六弟到京，体气如常。

雲岩中丞仁弟左右：天氣陰雨，廿八、初一日整緩拔營，緣浙江危急，羅中丞奏請援浙。十一日發摺，廿二日沼到；十五日發摺，其夜沼到，日內必奉諭旨，或赴浙，或留候，另札再布肝西也。即頌捷安

國藩頓首

二月廿七日辰正

浙江危急罗泽南请援札

二十四日，皇上御门，侄得升翰林院侍读学士。不过四五次，在京各官缺出，此时未经放人者，则候御门时特简放，以示“爵人于朝，与众共之”意。侄三次阈官，皆御门时特擢，天恩高厚，不知所报。

侄合室平安。身上疮癣，尚未尽净，唯面上于半月内全好，故谢恩召见，不到陨越以贻羞[①]，此尤大幸也！

前次写信回家，内有寄家毅然宗太一封，言由长沙金年伯家送去心斋之母奠仪三十金。此项本罗苏溪寄者，托侄转交，故侄兑与周辑瑞用，由周家递金家。顷闻四弟言，此项已作途费矣，则毅然伯家奠分，必须家中赶紧办出付去，万不可失信。谢兴歧曾借去银三十两，若还来甚好，或未还，求家中另行办法。又黄麓西借侄银二十两，亦闻家中已收。

侄在京借银与人颇多，若侄不写信告家中者，则家中亦不必收取。盖在外与居乡不同，居乡者紧守银钱，自可致富；在外者有紧有松，有发有收，所谓大门无出，耳门亦无入。全仗名声好，仍扯得活；若名声不好，专靠自己收藏之银，则不过一年，即用尽矣。以后外人借侄银者，仍使送还京中，家中不必收取。去年蔡朝士曾借侄钱三十千，侄已应允作文昌阁捐项，家中亦不必收取。盖侄言不信，则日后虽有求于人，人谁肯应哉？于侄银钱之间，但求四处活动，望堂上大人谅之。

又闻四弟、六弟言，父亲大人近来常到省城、县城，曾为蒋市街曾家说坟山事，长寿庵和尚说命案事。此虽积德之举，然亦是干预公事。侄现在京四品，外放即是臬司。凡乡绅管公事，地方官无不衔恨，无论有理无理，苟非己事，皆不宜与闻。地方官外面应酬，心实鄙薄，设或敢于侮慢，则侄靦然为官，而不能免亲之受辱，其负疚当何如耶？以后无论何事，望劝父亲总不到县，总不管事，虽纳税正供，使人至县。伏求堂上大人鉴此苦心，侄时时挂念独此耳。

侄谨启

道光二十五年十月初一日

[注释]

①贻羞：使遭受耻辱。

[译文]

侄儿国藩谨启叔父母大人万福金安：

九月十八日寄出第十三封家书，是呈给叔父的。二十一日寄出第十四封家书，是寄给九弟的，想来已经都收到了。二十三日四弟、六弟抵达京城，身体气色并没有改变。

二十四日皇上御门听政，侄儿晋升为翰林院侍读学士。每年皇上御门不过四五次，在京城的职位有了空缺，这个时候没有经过补缺的，就等候御门听政的那天任命，用来表达“爵人于朝，与众共之”的含义。侄儿三次升迁，都是御门听政的时候特别拔擢的。皇上的浩荡恩德，不知道怎么才能回报。

侄儿全家一切平安。身上的疮癣依旧没有彻底消去，只是脸上的在半个月之内就全消去了，所以在谢恩的时候被皇上召见，也不至于因此而感到蒙羞，实乃大幸！

上次写信回来，信中附带一封给本家毅然宗太的信，说的是由长沙金年伯家寄去的祭奠心斋母亲的三十两礼金。这笔钱原本是罗苏溪寄的，托侄儿转交，所以侄儿将它兑与周辑瑞用，再通过周家转给金家。刚刚听四弟说，这笔钱已经被用作路费。那么毅然伯家中的奠礼一定由家里尽快寄去，千万不可失信于人。谢兴歧曾经借去三十两银子，要是还了自然很好，要是还没有还，还请家里再想其他的办法。此外，黄麓西借了侄儿银子二十两银子，也听说家里已经收到了。

侄儿在京城借给别人不少银子，要是侄儿没有写信告知家里的，家里也无需收取。因在外面与生活在乡下不一样，在乡下要紧紧看住银钱，自然可以富裕起来；在外面则要有紧有松，有借有还，正所谓大门不出，侧门也没有入。全是依靠着好的名声，才能得以活动；要是名声不好，只是依靠自己存的银子，那么用不了一年，就全都花光了。以后外面借侄儿的银两，依旧让他们送到京城，家中不必收。去年蔡朝士曾借侄儿钱三十千，侄儿已经应允当做文昌阁的捐款，家中也无需收。要是侄儿言而无信的话，那么将来有求于人的时候，还有谁会答应呢？侄儿对于银钱的往来，只是乞求四处活动，还望堂上大人体谅。

又听四弟、六弟说，父亲大人最近常到省城、县城，曾经替蒋市街曾家说坟山一事，替长寿庵和尚说人命案子一事。虽然这些都是积德行善的事情，但还是干预公事。侄儿在京城是四品官，外放就是臬司。凡是属于乡绅干预公事的，地方官没有不在心里暗暗怨恨的，无论你是否有理，只要不是自己的事，都不该参与。你去找他，地方官表面上都要应酬你，心中却很鄙视你，假如他敢羞辱你，侄儿虽然为官，也不能让亲人远离侮辱，那么心里该有多么惭愧啊？以后无论什么事，还希望劝劝父亲大人不要总去县城，不要去管这些事情。就是纳税交粮那些事，也只交给别人去做。还希望堂上大人体谅我的一片苦心，侄儿一直不放心的也就只有这件事。

侄谨启

道光二十五年十月初一日

望祖父先换蓝顶

［原文］

男国藩跪禀父母亲大人万福金安：

十月初二，男发十五号家信。二十八日接到手谕第九号，系九月底在县城所发者。

男等在京平安。男身上疮毒，至今未得全好。中间自九月中旬数日，即将面上痊愈，毫无疤痕，系陈医之力，故升官时召见，无陨越[①]之虑。十月下半月，又觉微有痕迹，头上仍有白皱皮，身上尚如九月之常，照前七八月，则已去大半矣。一切饮食起居，毫无患苦。

四弟、六弟，用功皆有定课，昨二十八始开课作文。孙男纪泽，《郑风》已读毕，《古诗十九首》亦已读毕，男妇及三孙女皆平顺。

前信言宗毅然家银三十两，可将谢山益家一项去还。顷接山益信，云渠去江西时，嘱其子办苏布平元丝银四十两还我家，想送到矣。如已到，即望大人将银并男前信送毅然家。渠是纹银，我还元丝，必须加水，还他三十二两可也。萧辛五处鹿胶，准在今冬寄到。

初十皇太后七旬万寿，皇上率百官行礼，四位阿哥皆骑马而来。七阿哥仅八岁，亦骑马雍容，真龙种气象。十五日，皇上颁恩诏于太和殿。十六日又生一阿哥。皇上于辛丑年六秩，壬寅年生八阿哥，乙巳又生九阿哥，圣躬老而弥康如此。

男得请封章，如今年可用玺，则明春可寄回；如明夏用玺，则秋间寄回。然既得诏旨，则虽诰轴未归，而恩已至矣。望祖父先换蓝顶，其四品补服，候男在京寄回，可与诰轴并付。

湖南各家俱平安。余俟续具。

男谨禀

道光二十五年十月二十九日

［注释］

①陨越：比喻失职。

[译文]

儿子国藩跪禀父母亲大人万福金安：

十月初二日，儿子寄出第十五封家书。二十八日收到九月底从县城所寄出的第九封家书。

儿子等在京城里一切都平安。儿子身上的疮毒，到现在还没有痊愈。中间从九月中旬起的那几天，脸上的毒疮全部消去，一点痕迹都没有留下，这全是陈医生的功劳，所以我这次承蒙皇上召见的时候，也没有什么失职的担忧。十月下半月的时候，又觉得稍稍有点疤痕，头上依旧有白色的皱皮，身上也和九月的时候一样，要是和七八月的情况相比，那就好了一大半了。一切起居饮食，都没有病痛。

四弟、六弟用功读书，都有制定好的计划，昨天二十八日开始开课作文章。您的孙儿纪泽已经将《诗经》中的《郑风》读完了，《古诗十九首》也已经读完了。您的儿媳妇和三个孙女都一切平安。

上次信中提到的宗毅然家银子三十两，可以用谢山益家的那笔钱去还。刚刚收到山益的来信，说他去江西的时候，叮嘱他的儿子准备好苏织布和四十两丝银还给我家，想来已经送到了。要是已经到了，希望父母亲大人把银子以及儿子上次的信一同送到毅然家中。他的是纹银，儿子还的是元丝银，一定要多加一点，可以还他三十二两。萧辛五那里的鹿胶，一定会在今年冬天寄到。

初十日皇太后七十岁寿辰，皇上带领百官行礼，四位皇子都骑马前来。七阿哥只有八岁，也骑着马，雍容华贵，真不愧是龙子的风度。十五日，皇上在太和殿颁布恩诏。十六日，又得了一位皇子。皇上在辛丑年已经年满六十，壬寅年得八皇子，乙巳年又得了九皇子，虽然皇上年迈，但身体依旧这样康健。

儿子为祖父请求诰命封典，要是今年可以用上宝玺，那么明年春天就可以寄回；若是明年夏天用玺，那么明年秋天寄回。既然已经得到诏旨，那么就算还没有得到诰轴，而皇恩已经降临了。希望祖父先换蓝顶官服，四品补服等待儿子从京城寄回，可以与诰轴一同寄回。

湖南在京的各家都平安无事。其余的容儿子下次继续禀告。

儿谨禀

道光二十五年十月二十九日

六弟文章极好，似明年纳监下场

[原文]

男国藩跪禀父母亲大人万福金安：

十一月初一发十六号家信，内有覃(tán)恩[1]条例单，不知收到否？男头上疮癣至今未愈。近日每天洗两次，夜洗药水，早洗开水，本无大

毒，或可因勤洗而好。闻四弟言，家中连年生热毒者八人，并男共九人，恐祖坟有不洁净处，望时时打扫，但不可妄为动土，致惊幽灵。四弟、六弟及儿妇、孙男女等皆平安。

男近与同年会课作赋，每日看书如常，饮食起居如故。四弟课纪泽读，师徒皆有课程。六弟文章极好，似明年纳监下场，但现无银，不知张罗得就否？

同乡唐镜海先生已告病，明春即将回南，所著《国朝学案》一书，系男约同人，代为发刻，其刻价则系耦庚先生所出。

前门内有义塾，每年延师八人，教贫户子弟三百余人。昨首事杜姓已死，男约同人接管其事，亦系集腋成裘②，男花费亦无几。

纪泽虽从四弟读书，而李竹屋先生尚在男宅住，渠颇思南归，但未定计耳。

诰封二轴，今年不能用玺，明年即可寄回。萧辛五处已寄鹿胶一斤，阿胶半斤与他。家中若须阿胶、鹿胶，望付信来京，以便觅寄。

男谨禀

道光二十五年十一月二十日

［注释］

①覃恩：广施恩泽，旧时多用以称帝王对臣民的封赏、赦免等。

②集腋成裘：批狐狸腋下的皮毛虽少，但聚集起来就能制成皮衣。比喻积少成多，此指集众力办一事。

［译文］

儿子国藩跪禀父母亲大人万福金安：

十一月初一日寄出第十六封家书，信内附有覃恩条例单，不知是否已经收到了？儿子头上的疮癣到现在都还没有痊愈。最近每天洗头两次，晚上用药水洗，早上用开水洗，原本就没有多大的毒，或许多洗洗就会好的。听四弟说，家里近几年来生热毒的就有八个人，加上儿子一共就有九个，怕是祖坟有不洁净的地方，希望常常打扫，但切记不可轻易动土，以免惊扰了幽灵。四弟、六弟和儿媳妇、孩子们都一切安好。

最近儿子与同年会课作赋，每天与往常一样坚持看书，起居饮食也一如平常。四弟教纪泽读书，师生都有事先制定好的课程。六弟的文章极好，打算明年捐个监生，参加科举考试，但现在还没有足够的钱，不知张罗得怎么样了？

同乡唐镜海先生已经告了病假，明年春天就返回南方，他的著作《国朝学案》

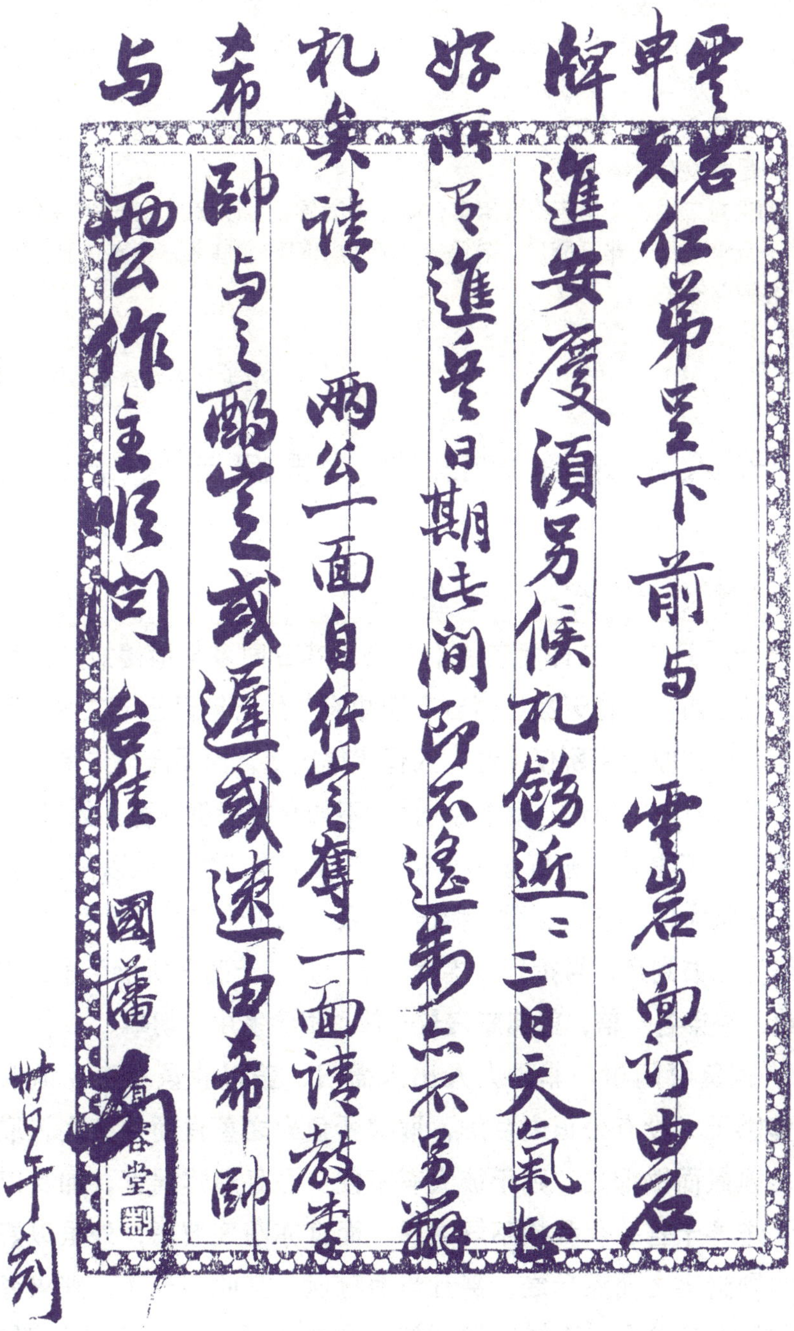
雲岩、申夫仁弟足下：前與雲岩面訂由岩埠進安慶，須另候札飭。近二三日天氣極好，所定進兵日期，此間即不違，弟亦不另箋札矣。請兩公一面自行定奪，一面請教李希帥，與之酌定，或遲或速，由希帥與雲作主。順問台佳。國藩頓首

廿日午刻

廿二

致李榕、朱品隆与李续宜酌定进兵日期札

一书，是儿子约了同仁代为刊印发行的，刊印书的钱是耦庚先生出的。

前门里有一所义塾，每年请来八个老师，教贫穷人家的孩子学习，大概三百多人。昨天义塾的负责人杜某离世了，儿子约了一些人接手了他的义塾，也是大家共同出钱而完成这件事的，儿子并没有花多少钱。

纪泽虽然跟着四弟学习，而李竹屋先生还在儿子家中居住，他十分思念南方，想返回，但是并没有最终决定。

皇上的诰封二轴，今年还不能用玺，明年的时候就可以寄回。萧辛五那里，已经寄去了一斤鹿胶以及半斤阿胶。若是家中还需要阿胶、鹿胶，请寄信到京城来，以便找机会寄回家去。

儿谨禀

道光二十五年十一月二十日

大人手示杜门谢客，男深为庆幸

[原文]

男国藩跪禀父母亲大人万福金安：

乙巳十一月二十二日发家信十七号。其日同乡彭棣楼放广西思恩府知府，二十四日陈岱云放江西吉安府知府。岱云年仅三十二岁，而以翰林出为太守，亦近来所仅见者，人皆代渠庆幸，而渠深以未得主考学政为恨。且近日外官情形，动多掣肘[1]，不如京官清贵安稳。能得外差，固为幸事，即不得差，亦可读书养望，不染尘埃。岱云虽以得郡为荣，仍以失去玉堂为悔，自放官后，摒挡[2]月余，已于十二月二十八日出京。是夕，渠有家书到京，男拆开。接大人十一月二十四日所示手谕，内叔父及九弟、季弟各一信，彭茀庵表叔一信，俱悉家中一切事。

前信言莫管闲事，非恐大人出入衙门，盖以我邑书吏，欺人肥己，党邪嫉正。设有公正之乡绅，取彼所鱼肉之善良而扶植之，取彼所朋比之狐鼠而锄抑之，则于彼大有不便。必且造作谣言，加我以不美之名，进谗于官，代我构不解之怨。而官亦荫庇彼辈，外虽以好言待我，实则暗笑之而深斥之，甚且当面嘲讽。且此门一开，则求者踵至[3]，必将日不暇给，不如一切谢绝。今大人手示，亦云杜门谢客，此男所深为庆幸者也。

男身体平安，热毒至今未好，涂药则稍愈，总不能断根。

十二月十二日，蒙恩充补日讲起居注官。二十二日，又得充文渊阁直阁事。两次恭谢天恩，兹并将原折付回。讲官共十八人，满八缺，汉十缺，其职司则皇上所到之处，须轮四人侍立。直阁事四缺，不分满汉，其职司则皇上临御经筵[4]之日，四人皆侍立而已。

四弟、六弟，皆有进境。孙男读书已至《陈风》，男妇及孙女等皆好。

欧阳牧云有信来京，与男商请封及荐馆事，二事男俱不能应允，故作书婉转告之。外办江绸套料一件，高丽参二两，鹿胶一斤，对联一副，为岳父庆祝之仪。恐省城寄家无便，故托彭棣楼带至衡阳学署。

朱尧阶每年赠谷四十石，受惠太多，恐难为报，今年必当辞却。小斗四十石，不过值钱四十千，男每年可付此数到家，不可再受他谷，望家中力辞之。毅然家之银，想已送矣，若未送，须秤元银三十二两，以渠来系纹银也。

男有挽联，托岱云交萧辛五转寄毅然家，想可无误。岱云归，男寄有冬菜十斤、阿胶二斤、笔四支、墨四条、同门录十本。彭棣楼归，男寄有蓝顶二个、四品补服四付，俱交萧辛五家转寄。伏乞查收。

男谨禀

道光二十六年正月初三日

[注释]

①动多掣肘：形容做事情遭受了许多限制或阻碍。

②摒挡：料理，除去。

③踵至：持续不断地到来。

④经筵：指汉唐以来帝王为讲经论史而特设的御前讲席。

[译文]

儿子国藩跪禀父母亲大人万福金安：

乙巳年十一月二十二日寄出第十七封家书。当天，同乡彭棣楼外放任广西思恩府知府，二十四日，陈岱云外放任江西吉安府知府。岱云年仅三十二岁，却以翰林出任为太守，也是近一段时间以来很少见的，大家也全都替他感到高兴，而他自己却因为并没有被任命为主考官或是学政而觉得遗憾。况且最近地方官的情形，无论做什么事情都受到了诸多的限制，反倒不如京官清贵安稳。能得到去外地为官的差使，固然是件好事，就算不能放任外官，也可以读书修养身心，提升名望，不染世俗之事。

岱云虽然以担任郡守为荣，但还是以离开翰林院而感到遗憾。自从任职的命令下达之后，他收拾料理了一个多月，已经在十二月二十八日离开京城。这天晚上，他有家书带到京城，儿子拆开。接到大人在十一月二十四日所写的亲笔信，里面分别有叔父、九弟、季弟的信各一封，彭弗庵表叔的信一封，获悉了家中的一切情况。

上次的信中说道莫管闲事，并非是担心大人出入衙门，而是因为家乡的书吏欺负别人，养肥自己，和一些奸邪之人结党，嫉恨打压正人君子。要是有主持公道的乡绅，对被这些人所欺负打压的善良的人给予扶植，对他们的狐朋狗友加以打击，那么对他们毫无疑问是大大不利的。他们必定会造谣生事，将一些不好的名声强加给我们，在地方官面前说一些坏话，这样就给我们结下很难解除的怨恨。而地方官也经常在暗中包庇他们，表面上看是用好话待我们，事实上却偷偷嘲讽并尽力指责我们，甚至当面讥讽嘲笑。而且有了这个先例的话，求你办事的人持续不断地到来，一定会每天都很忙，倒不如全都谢绝。现在收到大人的亲笔信，也说要闭门谢客，这是儿子深深为之庆幸的。

儿子身体健康，热毒虽然至今未好，但是涂上药就稍微好转，只是总不能彻底断根。

十二月十二日，承蒙皇上恩典充任补日讲起居注官。二十二日，又得充任文渊阁直阁事。两次恭恭敬敬地叩谢天恩，现在把原折寄回。讲官一共十八人，其中满人八个，汉人十个，他们要做的是无论皇上走到哪里，必须四人一班轮流侍立在皇上身旁。直阁事四人不分满汉，他们的职责是在皇上临御经筵的时候，四个人都要在身边服侍罢了。

四弟、六弟都有进步。您的孙儿读书已经读到了《陈风》。您的儿媳妇以及孙女也都很好。

欧阳牧云有信来京，和儿子商量请求诰封及推荐学馆的事情，这两件事儿子都不能答应，所以写信委婉地告诉他了。此外筹办了一件江绸套料、二两高丽参、一斤鹿胶、一副对联，用来当做送给岳父的礼物。担心从省城寄到家里不太方便，所以托彭棣楼给带到衡阳学署。

朱尧阶每年赠送四十石稻谷给我家，受到的恩惠太多了，怕是难以回报，今年务必要推辞掉。小斗四十石的稻谷不过价值四十千钱罢了，儿子可以每年将这笔钱寄到家中，绝对不要再接受他的稻谷了，希望家中坚决推辞不收。毅然家的银子，想来已经送去了，要是还没有送，一定要秤元丝银三十二两送去，因为他借给我的原本是纹银。

儿子有挽联托岱云交给萧辛五，再转交到毅然家，想来不会出什么差池。岱云回乡，儿子托他带了冬菜十斤、阿胶二斤、笔四支、墨四条、同门录十本。彭棣楼归乡，儿子托他带了蓝顶两个、四品补服四套，都交给萧辛五家转交，希望到时查收。

儿谨禀

道光二十六年正月初三日

万望家中勿以琐事耽搁九弟、季弟

［原文］

男国藩跪禀父母亲大人礼次：

正月十五日，接到父亲、叔父十一月二十所发手书，敬悉一切。但折弁（biàn）于腊月二十八在长沙起程，不知四弟何以尚未到省？祖母葬地，易敬臣之言甚是，男去冬已写信与朱尧阶，请渠寻地，兹又寄书与敬臣。尧阶看妥之后，可请敬臣一看，以尧阶为主，而以敬臣为辅。尧阶看定后，若毫无疑义，不再请敬臣可也，若有疑义，则请渠二人商之。男书先寄去，若请他时，四弟再写一信去，男有信禀祖父大人，不知祖父可允从否？若执意不听，则遵命不敢违拗，求大人相机而行①。

大人念及京中恐无钱用，男在京事事省俭，偶值阙乏之时，尚有朋友可以通挪。去年家中收各项，约共五百金，望收藏二百勿用，以备不时之需。丁戊二年不考差，男恐无钱寄回。男在京用度，自有打算，大人不必挂心。此间情形，四弟必能详言之，家中办丧事情形，亦望四弟详告，共发孝衣几十件，飨祭几堂，远处来吊者几人，一一细载为幸！

男身体平安，一男四女，痘后俱好，男妇亦如常。闻母亲想六弟回家，叔父信来，亦欲六弟随公车南旋。此事须由六弟自家做主，男不劝之归，亦不敢留。家中诸务浩繁，四弟可一人经理。九弟、季弟，必须读书，万不可耽搁他，九弟、季弟亦万不可懒散自弃。去年江西之行，已不免为人所窃笑，以后切不可轻举妄动，只要天不管，地不管，伏案用功而已。在京时时想望者，只望诸弟中有一发愤自立之人，虽不得科名，亦是男的大帮手，万望家中勿以琐事耽搁九弟、季弟，亦望两弟鉴我苦心，结实用功也。男之癣疾，近又小发，但不似去春之甚耳。同乡各家如常，刘月搓已于十五日到京。余俟续呈。

男谨禀

道光二十六年正月十八日

［注释］

①相机而行：按照实际情况去执行。

［译文］

儿子国藩跪禀父母亲大人礼次：

正月十五日，收到父亲、叔父在十一月二十日所寄出的家书，获悉一切。但信使在腊月二十八日从长沙起程，只是不知为何四弟还没有到省城？关于祖母的安息之所，易敬臣的说法很正确，儿子去年冬天已经给朱尧阶写信，请他帮忙选一块地方，现在又寄信给敬臣。尧阶看妥当之后，可以再请敬臣过去看一看，以尧阶意见为主，以敬臣意见为辅。尧阶看过之后，要是没有任何疑义的话，不再将敬臣请来也是可以的，要是有疑义，那么就请他二人彼此商量。儿子的信先寄去，要是请他的时候，四弟再写信过去，儿子有信禀告祖父大人，不知祖父大人是否答应了？要是祖父大人不同意我的请求，我自然会遵命不敢违背，还请大人做主。

大人担心我在京城缺钱用，儿子在京城事事节省，偶尔遭遇缺钱的时候，还有朋友可以挪借一些。去年家中各项收入总共大约五百两，希望存下二百两以备不时之需。丁戊二年儿子没有得到考差，恐怕没有钱寄回家。儿子在京城的开销，自有打算，大人不必担心。这边的情况，四弟必定会详细地说明，家中操办丧事的情况，也希望四弟可以详细地说明，一共发了多少件孝服，摆了几桌宴席，远处来凭吊的有多少人，也希望一一说清。

儿子身体健康，一男四女，种痘之后一切都好，儿媳妇也和平时一样。听说母亲想让六弟回家，叔父也来信说希望六弟可以随举人回家。这件事还要六弟自己定夺，儿子不会劝他回家，也不会刻意留他。家中的事情繁杂，但四弟可以一个人处理妥当，九弟、季弟务必读书，千万不可耽误，也绝对不可以懒散度日，放任自流。去年江西之行，已经不免被人家暗笑，今后切记不可轻举妄动，只要凡事不插手，好好努力读书就可以了。儿子在京城时时刻刻盼望的，只是弟弟们中有一个发愤自立的人，虽说未必一定考取功名，但也可以成为儿子的得力帮手，希望家里一定不要拿一些繁琐的事务耽搁九弟、季弟，也望两位弟弟理解我的一番苦心，踏踏实实地用功。儿子的癣疾，最近又有点发作，但并没有像去年春天那样严重。同乡在京城为官的各家都安好，刘月槎已在十五日到京。其余的事情等以后再行禀告。

儿谨禀

道光二十六年正月十八日

交友需常常来往，不可太疏

［原文］

澄侯四弟、子植九弟、季洪季弟左右：

昨接来信，家中诸事，琐屑毕知，不胜欢慰！祖大人之病，竟以服沉香少愈，幸甚！然予终疑祖大人之体本好，因服补药大多，致火壅(yōng)于上焦，不能下降。虽服沉香而愈，尚恐非切中肯綮(qìng)[1]之剂，要须服清导之品，降火滋阴为妙。予虽不知医理，窃疑必须如此。上次家书，亦曾写及，不知曾与诸医商酌否？丁酉年祖大人之病，亦误服补剂，赖泽六爷投以凉药而效，此次何以总不请泽六爷一诊？泽六爷近年待我家甚好，即不请他诊病，亦须澄弟到他处常常来往，不可太疏，大小喜事，宜常送礼。

尧阶既允为我觅妥地，如其觅得，即听渠买，买后或迁或否，仍由堂上大人做主，诸弟不必执见。上次信言，予思归甚切，嘱弟探堂上大人意思何如？顷奉父亲手书，责我甚切，兄自是谨遵父命，不敢作归计矣。郭筠仙兄弟于二月二十到京，筠仙与其叔及江岷樵住张相公庙，去我家甚近，翌臣即住我家，树堂亦在我家入场。我家又添二人服侍李、郭二君，大约榜后退一人，只用一打杂人耳。

筠仙自江西来，述岱云母之意，欲我将第二女许配渠第二子，求婚之意甚诚。前年岱云在京，亦曾托曹西垣说及，予答以缓几年再议，今又托筠仙为媒，情与势皆不可却。岱云兄弟之为人，与其居官治家之道，九弟在江西一一目击。烦九弟细告父母，并告祖父，求堂上大人吩咐，或对或否，以便答江西之信。予夫妇现无成见，对之意有六分，不对之意亦有四分，但求直大人主张。九弟去年在江西，予前信稍有微词，不过恐人看轻耳，仔细思之，亦无妨碍，且有莫之为而为者，九弟不必自悔艾也。

碾儿胡同之屋，房东四月要回京。予已看南横街圆通观东间壁房屋一年，大约三月尾可移寓。此房系汪醇卿之宅，比碾儿胡同狭一

小半，取其不费力易搬，故暂移彼，若有好房，当再迁移。黄秋农之银已付还，加利十两，予仍退之。曾仪斋正月二十六在省起行，二月二十九日到京。凌笛舟正月二十八起行，亦二十九到京，可谓快极，而澄弟出京，偏延至七十余天始到，人事之无定如此。

新举人复试题“人而无恒，不知其可”二句，赋得鸰鹏，得鸣字，四等十一人，各罚停会试二科，湖南无之。我身癣疾，春间略发而不甚为害。有人说方，将石灰澄清水，用水调桐油擦之，则白皮立去，如前年擦铜绿膏。予现二三日一擦，使之不起白皮，剃头后不过微露红影，虽召见亦无碍。除头顶外，他处皆不擦，以其仅能济一时，不能除根也。内人及子女皆平安。

今年分房，同乡仅恕皆，同年仅松泉与寄云大弟，未免太少。余虽不得差，一切自有张罗，家中不必挂心。今日余写信颇多，又系冯、李诸君出场之日，实无片刻暇，故予未作楷信禀堂上，乞弟代为我说明。澄弟理家事之间，须时时看《五种遗规》。植弟、洪弟须发愤读书，不必管家事。

兄国藩草

道光二十六年三月初十日

[注释]

①肯綮：比喻要害或最关键的位置。

[译文]

澄侯四弟、子植九弟、季洪季弟左右：

昨天收到来信，家里的各项事情，无论大小都知道了，十分高兴！祖父大人的病，居然在服用了沉香之后有所好转，实在是幸运。但是我一直疑心祖父大人身体一向很好，只是因为吃了太多的补药，以至火阻在上焦，不能下降。虽然服用了沉香身体感觉有所好转，但是怕并非是祛除病根的解决方法，还是应该服用一些清理疏导的药，以去火滋阴，这才是上策。虽然我不懂医理，但是觉得这样是正确的。上次的信中也曾经提到，不知是否和各位医生商量过了？丁酉年祖父大人的病也是因为误吃了补药，全仰仗泽六爷在方子里下了凉药才痊愈，为何这次一直没有请泽六爷过来看看呢？泽六爷最近几年对我家也很好，就算不请他治病，也请澄弟常常去他家拜访他，不要过于疏远，大小喜事也不要忘记送礼。

尧阶既然已经同意为我找一块合适的地，要是遇到了合适的就让他买，买来之中丞仁弟閣下：昨日得白紙大字自羅岩寄來，係急所至金陵大營潰退後，鎮江丹陽皆不守，和、何二公棄常州而走，蘇州城外之滸關，蘇州危在旦夕，杭州亦恐再陷，大局如此。恐楚軍之攻皖北必將大爲掣動，南援蘇浙，懷桐兩軍均

廿三

述楚军攻皖北将大为掣动及与胡林翼左宗棠会吊罗泽南札（之一）

后究竟迁不迁依旧由堂上大人做主，弟弟们无需坚持己见。上次信中说，我回家的心情殷切，叮嘱弟弟们询问堂上大人的意思，不知他们给了什么样的意见？刚刚收到父亲的亲笔信，狠狠地责备了我，我当然谨遵父命，不敢再做回家的计划了。郭筠仙兄弟于二月二十到京，筠仙和他的叔父以及江岷樵都在张相公庙居住，距离我家很近，翌臣就在我家住，树堂也从我家进考场。我家又雇了两个人来侍奉李、郭二人，大概在发榜之后就辞退一个，只留一个打杂的。

筠仙从江西来，说了岱云母子的意思，希望我可以将二女儿许配给他家二少爷，希望结为亲家的心意十分真挚。前年岱云在京城的时候，也曾经托曹西垣说过，我回复说暂时缓几年再议，如今又托筠仙做媒，不管是从感情上还是从形势上来说都不好推辞的。岱云兄弟的为人以及他为官治家的方法，九弟在江西都是亲眼目睹的。麻烦九弟详细地禀告父母、祖父，求堂上大人做主，无论答应与否，都要告诉我，以便我尽快回复他。我夫妇现在并没有什么成见，答应的想法占六分，不答应的想法占四分，还望堂上大人做主。九弟去年在江西，我上封信中略微有些责备的言语，不过是担心别人轻视罢了，仔细想想倒也无妨，并且也不是刻意去做的，九弟也无需自怨自艾。

碾儿胡同的房东要在四月的时候返回京城。我已相中了南横街圆通观东间壁的一间房子，大抵在三月底搬家。这房子本是汪醇卿的，比碾儿胡同的房子小了一半，可取之处是不费力气容易搬，所以暂时搬到那去，要是再找到好房子就再搬家。黄秋农的银子已经还了，加了十两利息，我退给他了。曾仪斋正月二十六日在省城起程，二月二十九日抵达京城。凌笛舟正月二十八日起程，也是二月二十九日抵达京城，可以说是很快了，而澄弟离开京城，却用了七十多天才到，世上的事都是这样没有定数。

新举人复试的题目是“人而无恒，不知其可”二句，赋得鸲鹆，得鸣字，四等十一人，各罚停会试两科，并没有湖南籍的。我身上的癣疾春天的时候稍稍有些发作，并不是十分厉害。有人说，把石灰澄清水，用水混合桐油擦拭，白皮立即就会去掉，就如同前年我擦铜绿膏一样。现在我每两三天擦一次，这样不起白皮，剃头之后不过微微有点红色，这样就算皇上召见了也不会妨碍。除了头顶之外，其他地方我都没有擦，因为这个方子只能管一时的效果，并不能彻底治愈。妻子及孩子们一切都好。

今年分房，同乡只有恕皆，同年只有松泉和寄云弟，未免有点太少了。虽然我没有接到差事，一切自有打算，家中无需记挂。今天我写信写得很长，又是冯、李诸君出场的日子，实在是没有一点空闲，所以没有写楷书，还望弟弟替我禀告堂上大人。澄弟在料理家事的闲暇，要时时刻刻看看《五种遗规》。植弟、洪弟都要发愤读书，无需过问家事。

兄国藩草

道光二十六年三月初十日

男只求平安，伏望大人勿以得差为望

［原文］

男国藩跪禀父母亲大人万福金安：

上次男写信略述癣病情形，有不去考差之急，近有一张姓医，包一个月治好，偶试一处[①]，居然有验。现在赶紧医治，如果得好，男仍定去考差；若不愈，则不去考差。

总之考与不考，皆无关紧要，考而得之，不过多得钱耳；考而不得，亦未必不可支持度日。每年考差三百余人，而得差者通共不过七十余人。故终身翰林，屡次考差而不得者，亦常有也，如我邑邓笔山、罗九峰是已。男只求平安，伏望大人勿以得差为望。四弟已写信言男病，男恐大人不放心，故特书此纸。

男谨禀

道光二十六年三月二十五日

［注释］

①一处：一剂。

［译文］

儿子国藩跪禀父母亲大人万福金安：

上次儿子写信简单地描述了一下癣病的情况，有不去考差的意思。最近有一个姓张的医生，说一个月包管治好，随便试了一剂药，居然有了效果。现在正在抓紧治疗，若是治得好，儿子仍旧去考差；若是治不好，那么就不去考差。

总之考得不得到考差，都并不是最重要的，得到考差，不过多赚些钱；得不到，也不一定就不能过日子。每年考差的有三百多人，而得差的一共也不过七十多人。所以有的翰林一辈子多次考差，从来没有考得官差，这也是经常的事，比如我们家乡的邓笔山、罗九峰就是这样。儿子只求平安，希望大人不要将希望全都寄托在盼望儿子得到官差上。四弟已写信说了儿子的病，儿子担心大人不放心，所以特意写了这封信。

儿谨禀

道光二十六年三月二十五日

若能参以《和尚碑》《郭家庙》二帖之沉着，直追古人不难矣

［原文］

子植、季洪两弟左右：

四月十四日接子植二月、三月两次手书，又接季洪信一函。子植何其详，季洪何其略也？

今年以来，京中已发信七号，不审[①]俱收到否？第六号、第七号，余皆有禀呈堂上，言今年恐不考差。彼时身体虽平安，而癣疥之疾未愈，头上、面上、颈上，并斑驳陆离，恐不便于陛见，故情愿不考差。恐堂上诸大人不放心，故特作白折楷信，以安慰老亲之念。

三月初有直隶张姓医生，言最善治癣，贴膏药于癣上，三日一换，贴三次即可拔出脓水，贴七次即痊愈矣。初十日，令于左肋试贴一处，果有效验。二十日即令贴头面、颈上，至四月八日，而七次皆已贴毕。将膏药揭去，仅余红晕，向之厚皮顽癣，今已荡然平矣。十五六日即贴遍身，计不过半月，即可毕事。至五月初旬考差，而通身已全好矣。现在仍写白折，一定赴试，虽得不得自有一定，不敢妄想，而苟能赴考，亦可上慰高堂诸大人期望之心。

寓中大小关吉，唯温甫前月底偶患感冒风寒，遂痛左膝，服药二三帖不效，请外科开一针而愈。

澄弟去年习柳字，殊不足观，今年改习赵字，而参以李北海《云麾碑》之笔意，大为长进。温弟时文已才华横溢，长安诸友多称赏之！书法以命意太高，笔不足以赴其所见，故在温弟自不称意，而人亦无由称之。故论文则温高于澄，澄难为兄；论书则澄高于温，温难为弟。子植书法，驾涤、澄、温而上之，可爱之至！可爱之至！但不知家中旧有徐浩书《和尚碑》，及颜真卿书《郭家庙》否？若能参以二帖之沉着，则直追古人不难矣。

狼兼毫四枝，既不合用，可以二枝送莘田叔，以二枝送庵表叔。

正月间，曾在岱云处寄羊毫二枝，不知已收到否？五月，钟子宾太守往湖南，可再寄二枝。以后两弟需用之物，随时写信至京可也。

祖父大人嘱买四川漆，现在四川门生留京者仅敖册贤、陈世镳二人，皆极寒之士。由京至渠家，有五千余里，由四川至湖南，有四千余里，彼此路皆太远。此二人在京，常半年不能得家信，即令彼能寄信至渠家，渠家亦万无便可附湖南。九弟须详禀祖父大人，不如在省以重价购顶上川漆为便。

做直牌匾，祖父大人系驰封中宪大夫，父亲系诰封中宪大夫，祖母驰封恭人，母亲诰封恭人。京官加一级请封，侍读学士是从四品，故堂上皆正四品也。蓝顶是暗蓝，余正月已寄回二顶矣。

书不宣尽，诸详澄、温书中。今日身上敷药，不及为楷，堂上诸大人，两弟代为禀告可也。

道光二十六年四月十六日

[注释]

①不审：不晓得，不清楚。

[译文]

子植、季洪两弟左右：

四月十四日收到子植二月、三月的两封来信，又收到季洪的一封信。子植的信是那么的详细，而季洪的信却十分简略。

今年以来，我已经在京城寄了七封信，不知是否都已经收到了？在第六封、第七封信中，我都向堂上大人禀告说恐怕今年不能参加考差。那时身体虽然健康，但是癣疥却没有痊愈，头上、脸上、颈上都有星星点点的皮脱落，恐怕不便于去面见皇上，所以宁愿不考差。担心堂上大人放心不下，所以特地用楷书恭恭敬敬地写了一封信，以免长辈记挂。

三月初直隶有位姓张的医生，传闻他最擅长治疗癣病，将膏药贴在癣上，每三天换一贴，贴三次就可以将脓水拔出，贴七次就可以痊愈。初十日，让他在左肋处贴了一贴膏药试试，果然见效。二十日让他将膏药贴在头上、脸上以及脖子上，等到四月八号已经贴了七次。把膏药拿掉后，只是剩了些红晕，原来皮肤上那厚厚的一层顽癣已经彻底消失不见了。十五六日贴遍全身，一共不到半月就可痊愈。估计到五月初考差的时候，全身的癣疮就会彻底痊愈了。现在依旧练习考差专用的书法，一定会去参加考试，虽说是不是考得上自有上天决定，本就不敢妄想，但如果可以参加考试，也可以告慰堂上各位大人的期望之心了。

家中老小平安，只有温甫前月底不小心患风寒，左膝也痛，吃了两三服中药病情也不见好转，请外科医生打了一针就痊愈了。

澄弟去年习柳体字，并不是很理想，今年改习赵体字，而参考李北海《云麾碑》的笔法，很有进步。温弟的八股文已经显示出他才华横溢，在京城的各位朋友都称赞欣赏他。书法的命意太高，笔下又难免力不从心，所以温弟自己并不满意，而别人也没有称赞他的。所以论做文章，则温弟强于澄弟，澄弟作为兄长十分惭愧；论书法则澄弟高于温弟，温弟难做弟弟。子植的书法远在涤、澄、温之上，真是太好了！真是太好了！家中原来有徐浩写的《和尚碑》以及颜真卿所写的《郭家庙》，不知现在是否还在？要是可以参考这两个帖子的笔法，那么直追古人也并非难事。

既然狼兼毫四枝不合用，可以送两支给莘田叔，两支给庵表叔。正月里，曾经在岱云处寄了两支羊毫，不知是否收到。五月，钟子宾太守去湖南，还可以托他带回两枝羊毫笔。以后两位弟弟需要什么东西，尽管随时写信到京城来。

祖父大人嘱咐我买四川产的漆，现在四川门生留在京城的只有敖册贤、陈世镳二人，都是极为贫穷的读书人。从京城到他们的家乡有五千多里路程，从四川到湖南又有四千余里路程，彼此相距太远了。这两人在京城也常常是半年也收不到家信，就算让他寄信回去，他们家中的人也绝对没有办法将东西带到湖南。请九弟把此事详细地禀告祖父大人，倒不如在省城花高价购买上等的川漆为好。

做直书牌匾，祖父大人依旧被封为中宪大夫，父亲是诰封中宪大夫，祖母还是恭人，母亲诰封恭人。在京做官的加一级请封，我所担任的侍读学士是从四品，因此堂上各位大人都是正四品。蓝顶的颜色为暗蓝色，我在正月里已经寄回二顶了。

要说的实在太多了，一时之间也无法说完，其余的事情在给澄、温弟的信里已经详细地说明。今日身上敷了药，不方便写楷书，堂上诸位大人，两位弟弟代为禀告就可以了。

道光二十六年四月十六日

六弟幸得成就功名

[原文]

男国藩跪禀父母亲大人万福金安：

五月十八日发第九号家书，内有考差诗文。男自考差后，癣疾日愈，现在头面已不甚显矣，身上自腰以上，亦十去七八，自腹以下尚未治，万一极差，尽可面圣谢恩。但如此顽病，而得渐好，已为非常之喜，不敢复设妄想矣。

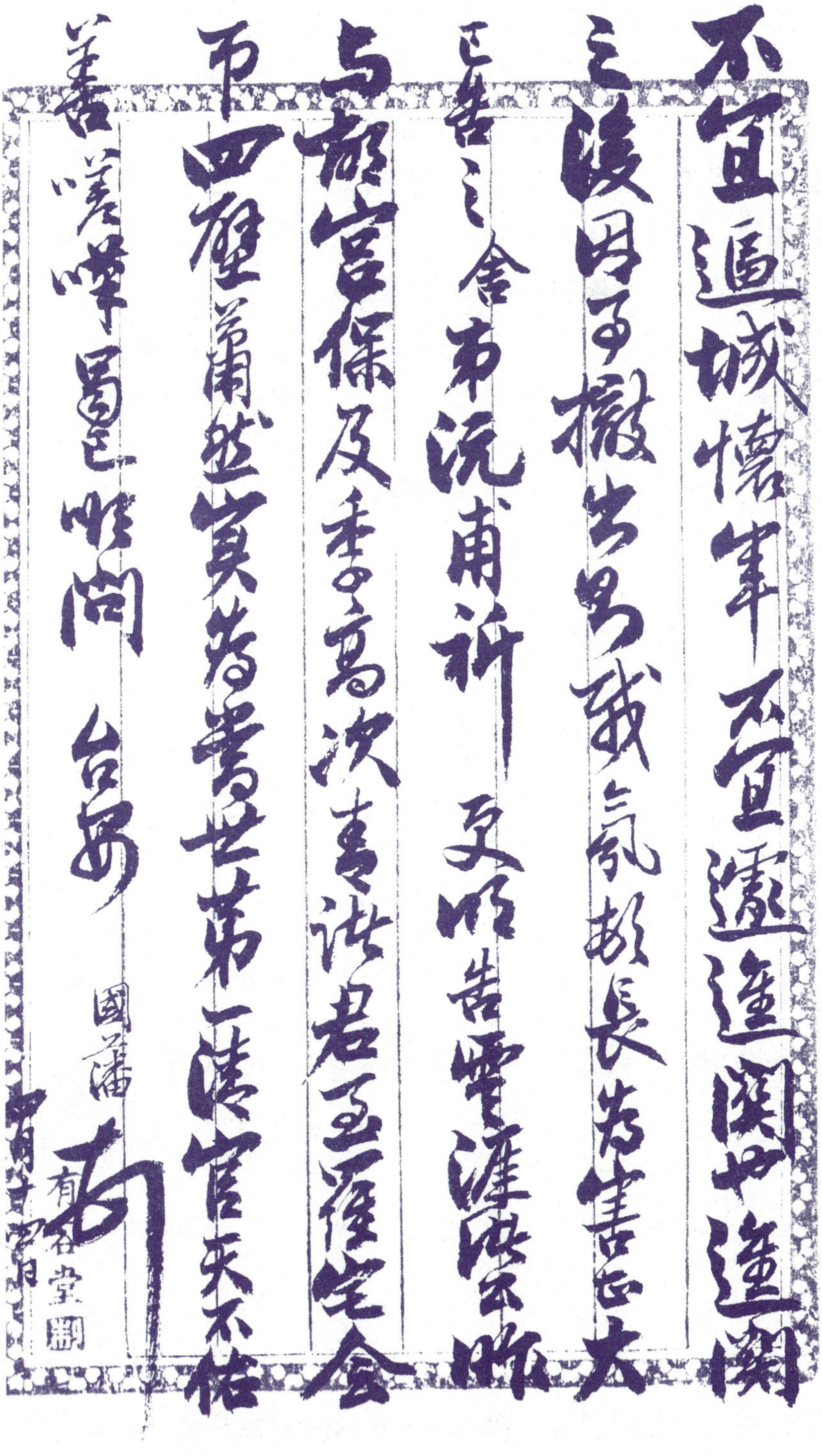

述楚军攻皖北将大为掣动及与胡林翼左宗棠会吊罗泽南札（之二）

六弟捐监[1]，于五月二十八日俱呈，闰月初兑银，二十一日可领照，六月初一日可至国子监考到，十四日即可录科。仰承祖父、叔父之余荫，六弟幸得成就功名，敬贺敬贺！

男身体平安，现服补气汤药，内有高丽参、焦术。男妇及孙男女四人并如常。四弟自树堂教书之后，功课益勤。六弟近日文章，虽无大进，亦未荒怠。余俟续呈。

男谨禀

道光二十六年闰五月十五日

[注释]

①捐监：指明清时期纳粟报捐入国子监做监生。这种说法最初的时候只限于生员，后来扩大到平民，称为“例监”。

[译文]

儿子国藩跪禀父母亲大人万福金安：

五月十八日寄出第九封家书，里面有考差时所作的诗文。自从儿子考差之后，癣疾一天天见好，如今头上脸上的已经不是很明显了，身上自腰部往上也好了十之七八，腹部以下还没有治，万一得到官差，完全可以去面见皇上谢恩了。但如此顽固的疾病，能够有所好转，已经是十分高兴了，不敢再奢求其他的了。

六弟捐监生，在五月二十八日都呈递上去了，闰月初交齐银子，二十一日就可以领到凭证，六月初一日就可以去国子监报到，十四日就可以被录取了。依靠祖父、叔父的余荫，六弟十分幸运地成就了功名，真是值得好好庆贺一番！

儿子身体健康，现在吃些补气的汤药，其中包括高丽参、焦术。儿媳妇及孙儿、孙女四人都好。四弟自从跟随树堂学习之后，功课越来越勤奋。六弟最近的文章，虽然没有大的进步，但是也没有荒废倦怠。其他的容以后再行禀告。

儿谨禀

道光二十六年闰五月十五日

望堂上大人不以男病为忧，不以得差为望

[原文]

男国藩跪禀父母亲大人万福金安：

五月初二日赴圆明园，初六日在正大光明殿考试，共二百七十人入场，湖南凡十二人。首题“无为小人儒”，次题“任官唯贤才”一

节，诗题“霖雨即零，得沾字”。

男两文各七百字，全卷未错落一字，唯久病之后，两眼朦胧，场中写前二开不甚得意，后五开略好。今年考差，好手甚多，男卷难于出色。兹命四弟誊头篇与诗一道寄回，伏乞大人赐观。知男在场中不敢潦草，则知男病后精神，毫无伤损，可以放心。知男写卷不得意，则求大人不必悬望得差。堂上大人不以男病为忧，不以得差为望，则男心安恬矣。

男身上癣疾，经张医调治，已愈十之七矣。若从此渐渐好去，不过闰月，可奏全效。寓中大小平安，男妇有梦熊之喜，大约八九月当生。四弟书法，日日长进。冯树堂于五月十七到京，以后纪泽仍请树堂教，四弟可专心读书。六弟捐监，拟于本月内上兑，填写三代履历，里乡户长，一切男自斟酌，大人尽可放心。纪泽书已读至“浩浩昊天”，古诗已读半本，书皆熟。三孙女皆平安。

同乡各家皆如常。唯湘阴易问斋丁艰。湖南在京小考入学者六人，皆系好手。黄正斋小京官①六年报满，三月已升主事。杜兰溪四月升官员外郎，今年亦与考差。

京师今年久旱，屡次求雨，尚未优渥②，皇上焦思，未知南省年岁何如也？

男谨禀

道光二十六年五月十七日

［注释］

①小京官：清代，满人自从六品至从九品，蒙古人自从六品至八品，汉军自正六品至从七品，汉人自正六品至未入流的某些中央职官皆称“小京官”。

②优渥：这里指雨水丰沛。

［译文］

儿子国藩跪禀父母亲大人万福金安：

五月初二日去圆明园，初六日在正大光明殿参加考试，本次考试一共有二百七十人参加，湖南籍的一共有十二人。首题是“无为小人儒”，次题是“任官唯贤才”一题，诗题是“霖雨即零，得沾字”。

儿子所作的两篇文章分别有七百字，全卷没有错落一个字，只是久病之后，双眼看东西有些模模糊糊，在考场中写的文章，前二股不是很满意，后五股稍微好一

些。今年考差，好手很多，儿子的卷子很难出色。现在让四弟将头篇文章以及一首诗寄回来，恳求大人审阅。可知儿子在考场之中不敢草草应付，儿子病后的精神状态并没有一点损伤，可以放心，也可知儿子的考卷很不满意，还求大人不必寄太高的期望，指望儿子可以得到什么好差事。堂上大人不会因为儿子的病而担心，不要将儿子得到考差作为希望，那么儿子就可以心安理得了。

儿子身上的癣疾经过张医生的调理已经好了十分之七。要是可以从此像这样慢慢地好下去，不到闰月就可以彻底好了。家中老小都平安，儿媳妇有怀男孩的喜兆，大概八九月份就可以生了。四弟的书法每天都有所长进。冯树堂在五月十七日抵达京城，以后纪泽依旧请树堂教导，四弟可以一心一意读书。六弟捐监生，打算在本月上兑银钱，填写三代履历、里乡户长等信息，这些事情儿子自会斟酌料理，大人尽可以放心。纪泽读书已经读到“浩浩昊天”，古诗也已经读了半本，读过的书都很熟。三个孙女都很好。

同乡各家都如常。只是湘阴易问斋家中的老人离世了。湖南在京小考入学的有六人，都是好手。黄正斋小京官六年的任期已满，三月已经升为主事。杜兰溪四月升任员外郎，今年他也参加了考差。

京城今年一直干旱，多次求雨，雨水依旧不足，皇上十分焦虑。不知南方各省收成怎么样?

儿谨禀

道光二十六年五月十七日

请敬接诰封轴

[原文]

男国藩跪禀父母亲大人万福金安：

闰五月二十六日，男发家信第十一号，想已收到。邹云陔出粤西差，男寄有高丽参半斤、鹿胶一斤、膏药三十个、眼药三包、张湘纹金顶一品，大约七月初可到省城，家中月半后可接到也。

六弟六月初一日，在国子监考到，题“视其所以”，经题“闻善以相告也”二句，六弟取列一百三名。二十五日录科，题“齐之以礼”，诗题“荷珠，得珠字”。六弟亦取列百余名。两次皆二百余人入场。

男等身体皆平安，男妇及孙男女皆安泰。今年诰封轴数甚多，闻须八月始能办完发下。男于八月领到，即恳湖南新学院带到长沙。男另办祖父母寿屏一架，华山石刻陈抟(tuán)[1]所书寿字一个，新刻诰封卷

一百本，共四件，皆亲新学院带回，转交陈岱云家。求父亲大人于九月二十六七赴省。邹云陔由广西归过长沙，不过十月初旬，渠有还男银八十两，面订交陈季牧手。父亲或面会云陔，或不去会他，即在陈宅接银亦可。十月下旬，新学院即可到省，渠有关防，父亲万不可去拜他，但在陈家接诰轴可也。

若新学院与男素不相识，则男另觅便寄回，亦在十月底可到省，最迟亦不过十一月初旬。父亲接到，带归县城，寄放相好人家或店内。至二十六日，令九弟下县去接。二十八日夜，九弟宿贺家坳等处。二十九日，祖母大人八十大寿，用吹手执事接诰封数里。接至家，于门外向北置一香案，案上竖圣旨牌位，将诰轴置案上，祖父母率父母望北行三跪九叩首礼。

寿屏请萧史楼写。史楼现未得差，若八月不放学政，则渠必告假回籍，诰轴托渠带归亦可也。一切男自知裁酌。兹寄回黄芽白菜子一包，查收。余俟续呈。

男谨禀

道光二十六年七月初三日

［注释］

①陈抟：字图南，五代宋初著名的道教学者，后人称其为“陈抟老祖”。

［译文］

儿子国藩跪禀父母亲大人万福金安：

闰五月二十六日，儿子寄出第十一封家书，想来已经收到了。邹云陔去粤西出差，儿子托他带高丽参半斤、鹿胶一斤、膏药三十个、眼药三包、张湘纹金顶一品，大概在七月初的时候可以到省城，家里七月中旬之后就可以收到了。

六弟六月初一日在国子监考试报到，考题为“视其所以”，经题为“闻善以相告也”二句，六弟排在第一百零三名。二十五日录科，题目为“齐之以礼”，诗题为“荷珠，得珠字”。六弟也排在一百多名。参加这两次考试的人数都有两百多。

儿子等身体健康，儿媳妇和孩子们都好。今年诰封数目特别多，听说要直到八月份才能办完下发。儿子在八月领到之后，就立刻恳请湖南新学院带到长沙。儿子额外置办了一架送给祖父母的寿屏，还有华山石刻陈抟书写的一个寿字，新刻诰封卷一百本，一共四件，都亲自交给新学院带回，转交到陈岱云家。求父亲大人在九月二十六日或者二十七日去一趟省城。邹云陔从广西返回路过长沙，不会晚过十月

上旬。他要还儿子的八十两银子，我和他当面说好交给陈季牧。父亲或者面见一下云陔，或者不去见他，只去陈家拿银子也行。十月下旬，新学院就可到达省城，他有官司在身，父亲万万不要去拜访他，就在陈家接诰封就行了。

如果到时候，新学院与儿子互不认识，儿子就另外找他人寄回，一样可以在十月底到达省城，最晚也不会超过十一月初。父亲收到后带回县城，存放在要好的人家或者旅店中。二十六日再让九弟去县里拿。二十八晚，九弟住在贺家坳等处。二十九日，祖母大人八十大寿，用吹鼓手、执事行走数里迎接诰封。接到家之后，在门外朝北面设置一个香案，案上摆放圣旨牌位，把诰封放在案上，祖父母率父母朝着北方行三跪九叩的大礼。

寿屏是请萧史楼写的。史楼到如今也没有得到差使，要是八月还不任命他做学政，那么他一定就告假返乡了，就可以托他带回诰封了。一切事情儿子自会斟酌料理。现寄回一包黄芽白菜籽，请查收。其余的等儿子以后再行呈禀。

儿谨禀

道光二十六年七月初三日

满则招损，亢则有悔

[原文]

男国藩跪禀父母亲大人万福金安：

九月十七日接读第五、六两号家信，喜堂上各位老人安康，家事顺遂，无任欢慰！

男今年不得差，六弟乡试不售，想堂上大人不免内忧，然男则正以不得为喜。盖天下之理，满则招损，亢[1]则有悔，日中则昃(zè)[2]，月盈则亏，至当不易之理也。男毫无学识，而官至学士，频邀非分之荣，祖父母、父母皆康健，可谓极盛矣。现在京官，翰林中无重庆下者，唯我家独享难得之福，是以男兢兢恐惧，不敢求非分之荣，但求堂上大人眠食如常，合家平安，即为至幸。万望祖父母、父母、叔父母无以男不得差，六弟不中为虑，则大慰矣！况男三次考差，两次已得。六弟初次下场，年纪尚轻，尤不必挂心也。

同县黄正斋，乡试当外帘差，出闱即患痰病，时明时昏，近日略愈。

男癣疾近日大好，头面全看不见，身上亦好了九分。十八生女，男妇极平安，唯体太弱，满月当大补养。在京一切，男自知谨慎。

八月二十三日，折差处发第十四号信。二十七日，周缦云处寄寿屏，发十五号信。九月十二日，善化郑七处寄诰封卷六十本，发第十六号信，均求查收。

男谨禀

道光二十六年九月十九日

［注释］

①亢：非常，极度。

②昃：太阳西沉。

［译文］

儿子国藩跪禀父母亲大人万福金安：

九月十七日收到并拜读第五封、第六封家书，喜闻堂上各位老人身体健康，家事顺心，十分欣慰！

儿子今年并没有得到考差，六弟乡试也没有中举，想来堂上大人必定担心，但是儿子反而觉得没有考上也是一件好事。天下的道理是过于满则会招致损失，位置极高就容易招致灭亡，太阳升到最高点就会西沉，月亮圆了就会缺，这是亘古不变的真理。儿子并没有什么学识，官至学士，数次得到本不该有的荣誉，祖父母、父母又都身体健康，可说是家族极盛了。现在在京做官的翰林中并没有谁能频传喜事，唯独我家独享这种难得的福泽，所以儿子时时刻刻都很不安、战战兢兢如履薄冰，不敢奢求过分的荣宠，只希望堂上大人睡眠饮食正常，全家平安，就是儿子最大的幸福。希望祖父母、父母、叔父母万万不要因为我没有得到考差，六弟没有考中而担忧焦虑，那儿子就倍感安慰了。况且儿子三次考官差，已经考得两次。六弟第一次参加考试，又很年轻，更加无需牵挂。

同县黄正斋，乡试的时候担任外帘官，出了考场患上疾病，时而清醒，时而糊涂，最近略微有些好转了。

儿子癣疾近来好了很多，头上脸上已经彻底看不出来了，身上的也好了十分之九。十八日您儿媳生下一个女儿，母女平安，只是儿媳身体太虚弱，满月后应当好好调养。在京的一切，儿子自会小心谨慎。

八月二十三日，信差那里寄出第十四封信。二十七日，托周缦云带回寿屏，并寄出第十五封信。九月十二日，托善化人郑七带回六十本诰封卷以及第十六封家书，请家中查收。

儿谨禀

道光二十六年九月十九日

特命四弟束装出京，专送诰轴回家

［原文］

男国藩跪禀父母亲大人万福金安：

九月十九日发第十七号信，十月初五发十八号信，谅已收到。十二、三、四日内诰轴用宝[1]，大约十八日可领到。同乡夏阶平吏部丁内艰，二十日启程回南。男因渠是素服[2]，不便托带诰轴，又恐其在道上拜客，或有耽搁。祖母大人于出月[3]二十九大寿，若赶紧送回，尚可于寿辰迎接诰轴，是以特命四弟束装出京，专送诰轴回家，与夏阶平同伴，计十一月十七八可到汉口。汉口到岳州不过三四天，岳州风顺则坐船，风不顺则雇轿，五天可到家。四弟到省即专人回家，以便家中办事，迎接诰命。

凡事难以逆料，恐四弟道上或有风水阻隔，不能赶上祖母寿辰亦未可知。家中做生日酒，且不必办接诰封事。若四弟能到，二十七日有信，二十八办鼓手香案，二十九接封可也。若二十七无四弟到省之信，则二十九但办寿筵，明年正月初八接封可也。倘四弟不归而托别人，不特二十九赶不上，恐初八亦接不到。此男所以特命四弟送归之意耳。

四弟数千里来京，伊意不愿遽归。男与国子监祭酒车意园先生商议，令四弟在国子监报名，先交银数十两，即可给予顶戴。男因具呈为四弟报名，先缴银三十两，其余俟明年陆续缴纳。缴完之日，即可领照。男以此打发四弟，四弟亦欣然感谢，且言愿在家中帮堂上大人照料家事，不愿再应小考，男亦颇以为然。

男等在京身体平安，男妇生女后亦平善。六弟决计留京。九弟在江西有信来，甚好，陈岱云待之如胞弟，饮食教诲，极为可感，书法亦大有长进。然无故而依人，究似非宜。男写书与九弟，嘱其今年偕郭筠仙同伴回家，大约年底可到家。男在京一切用度自有调停，家中不必挂心。

男谨禀

道光二十六年十月十五日

［注释］

①用宝：盖玉玺之意。

②素服：白色或者本色的衣服，这里指居丧的时候所穿的丧服。

③出月：下月。

［译文］

儿子国藩跪禀父母亲大人万福金安：

九月十九日寄出第十七封家书，十月初五日寄出第十八封家书，想来已经收到了。九月十二、十三、十四日内诰封将盖玉玺，大概在十八日就可以领到。同乡夏阶平的母亲去世，二十日起程返回湖南。儿子因他在服丧期间身着孝服，不方便托带诰轴，又担心他在路上拜客，或者会因为其他的事耽误。祖母大人在下月二十九日大寿，如果赶快送回，还可在寿辰当日迎接诰轴，所以特意让四弟整装离京城，专门将诰轴送回家，和夏阶平同行，估计十一月十七、十八日的时候可以到达汉口。汉口距离岳州不过也就需要三四天，到了岳州如果顺风就坐船，要是不顺风就雇佣轿子，五天也可以到家了。四弟到了省城之后就派专人回家报信，以便家中做好准备，迎接诰命。

只是世事难料，担心四弟在路上或许遇到刮风下雨等坏天气的影响，也可能不能赶上祖母的寿辰。家中办生日酒，暂时不必操办接诰封的事。要是四弟能赶到，那么二十七日就会接到四弟的信，二十八日置办鼓手、香案，二十九日迎接诰封也是来得及的。要是二十七日没有收到四弟达到省城的信，二十九日的时候就只办寿筵，明年正月初八再接诰封也是可以的。假如没有派四弟专门回来一趟而委托他人带回，不仅仅是肯定赶不上，怕是就算明年正月初八也接不到。这正是儿子特地请四弟回去的意思。

四弟不远千里来到京城，自然不愿意匆匆忙忙地回去。儿子和国子监祭酒车意园先生商量，让四弟在国子监报个名，先交几十两银子，就可以得到顶戴了。儿子已经给四弟报名了，先交了三十两银子，剩下的等明年再陆续缴纳。全都缴完那天，就可以领到凭证了。儿子这么安排四弟，四弟也十分高兴，也很感谢儿子，并说愿意在家里帮堂上大人处理家事，不愿再参加小考，儿子也觉得这样很好。

儿子等在京城身体健康，儿媳妇生下女儿后也一切都好。六弟决定留在京城。九弟在江西写信来说很好，陈岱云对待他就像亲生弟弟，无论生活还是学业无不尽心尽力，实在令人感动，九弟的书法也有很大的进步。但是无故去依赖别人，究竟还是不太合适的。儿子给九弟写信，叮嘱他今年和郭筠仙同伴回家，大概在年底可以到家。儿子在京城一切花销自有办法调解，家中不必操心。

儿谨禀

道光二十六年十月十五日

申夫仁弟閣下初十日接 來書及各件條
列如左
一楊七麻子現在婺源與左軍相遇初六日左軍
獲一勝仗賊多至十倍以外左軍六千人分為三路
深慮其單然黃池以上現調陳鎮四千人防
守景鎮徒催其速行至要、
一凱章朱唐初九日在上溪口大獲勝仗破賊巢一十
餘坐殺賊二千名亭十一日進攻休寧莫論得手與否

条例四事札（之一）

承大人之命一意服官

［原文］

男国藩跪禀父母亲大人膝下：

昨初九日巳刻，接读大人示谕及诸弟信，藉悉一切。祖父大人之病已渐愈，不胜祷祝，想可由此而痊愈也。男前与朱家信，言无时不思乡土，亦久宦之人所不免，故前次家信亦言之。今既承大人之命，男则一意服官，不敢违拗，不作是想矣。

昨初六日派总裁房差，同乡唯黄恕皆一人。男今年又不得差，则家中气运不致太宣泄，祖父大人之病，必可以速愈。诸弟今年或亦可以入学，此盈虚自然之理也。

男癣病虽发，不甚狠[①]，近用蒋医方朝夕治之。渠言此病不要紧，可以徐愈。治病既好，渠亦不要钱，两大人不必悬念。男妇及华男孙男女身体俱好，均毋庸挂念。男等所望者，唯祖父大人病之速愈，暨两大人之节劳，叔母目疾速愈，俾叔父宽怀耳。余容另禀。

道光二十七年三月初十日

［注释］

①不甚狠：不是很严重。

［译文］

儿子国藩跪禀父母亲大人膝下：

昨天初九日巳刻收到了堂上大人和弟弟们的来信，获悉家中的一切情况。祖父大人的病已经慢慢好转，真是谢天谢地，想来从此之后会慢慢痊愈了。儿子上次给朱家的信中说没有一刻不思念家乡，也是在外为官久了的人没法避免的感情，所以在上一封给家里写的信中也提及此事。如今既然聆听父亲大人的教诲，儿子就专心致志在外为官，不敢忤逆父亲大人的意思，也再不敢那么想了。

昨天初六任命科举考试的总考官以及各房考官，同乡中只有黄恕皆一个人。儿子今年又没有得到考差，那么家中的气运不至于太过外泄，祖父大人的病必定可以很快好起来。弟弟们今年或许就可以入学，这是盈虚的自然规律。

虽然儿子的癣病有些复发，但并不是太严重，最近用蒋医生的药早晚医治。他说这个病不要紧，可以慢慢治愈。蒋医生医术高明，治病有了效果，他也不要钱，

两位大人不必牵挂。儿媳妇和孩子们的身体都好，无须记挂。儿子等所盼望的，只是祖父大人的病尽快痊愈，父母大人平日里不要过于操劳，叔母的眼病能尽快痊愈，叔父大人心情不再郁结。其他的容儿子以后再行禀告。

道光二十七年三月初十日

十金换钱，分送戚族中最亲最苦者

[原文]

侄国藩敬禀叔父婶母大人万福金安：

新年两次禀安，未得另书敬告一切，侄以庸鄙无知，托祖宗之福荫，幸窃禄位，时时抚衷滋愧[①]！兹于本月大考，复荷皇上天恩，越四级而超升，侄何德何能堪此殊荣？常恐祖宗积累之福，自我一人享尽，大可惧也！望叔父作书教侄幸甚！

金竺虔归，寄回银五十两。其四十两用法，六弟、九弟在省读书，用二十六两；四弟、季弟学俸六两；买漆四两；欧阳太岳母奠金四两。前第三号信业已载明矣。后又有十两，若作家中用度，则嫌其太少，添此无益，减此无损。侄意戚族中有最苦者，不得不些须顾送。求叔父将此十金换钱，分送最亲最苦。之外叔父于无意中送他，万不可说出自侄之意，使未得者有缺望，有怨言。二伯祖母处，或不送钱，按期送肉与油盐之类，随叔父斟酌行之可也。

侄谨禀

道光二十七年六月十七日

[注释]

①滋愧：惭愧。

[译文]

侄儿国藩敬禀叔父婶母大人万福金安：

新年两次写信向你们请安，并没有额外写信敬告一切。侄儿庸俗粗鄙无知，承蒙祖宗的福荫，有幸做了官，时时刻刻扪心自问，常常深感惭愧。在本月考察选拔官员的时候，又承蒙皇恩浩荡，连升四级，侄儿何德何能，竟然得到如此殊荣？经常担心祖宗积累下来的福泽全都被我一个人享尽了，真是太可怕了！希望叔父多写信教导侄儿，侄儿实在是太幸运了！

金竺虔回乡，托他带了五十两银子，其中四十两的用途如下：给六弟、九弟在省城读书时的开销，这要花去二十六两；四弟、季弟的学费六两；买漆用四两；欧阳太岳母的奠金四两。这在上次寄出的第三封家书中已经写明了。剩下的十两，要是作为家中的用度未免有些太少了，添上这一点也没有什么大用，没有这一点儿倒也无妨。侄儿的意思是，家族中亲戚生活得最贫苦的，不得不稍稍照顾一些。请求叔父把这十两银子兑换成铜钱，分送给那些最亲近最贫困的人家。此外，叔父在无意中送给他们，万万不要说这是侄儿的心意，以免让那些没有得到的人心生抱怨。二伯祖母处，不送钱也是可以的，只是定期送些肉和油、盐之类的东西，请叔父斟酌办理。

侄谨禀

道光二十七年六月十七日

予得超升内阁学士

［原文］

澄侯、子植、季洪三位老弟足下：

五月寄去一信，内有大考赋稿，想已收到。

六月二日，蒙皇上天恩，及祖父德泽，予得超升内阁学士。顾影扪心，实深惭悚！湖南三十七岁至二品者，本朝尚无一人，予之德薄才劣，何以堪此？近来中进士十年得阁学者，唯壬辰季仙九师，乙未张小浦，及予三人。而予之才地，实不及彼二人远甚，以是尤深愧仄（zè）①！

冯树堂就易念园馆，系予所荐，以书启兼教读，每年得百六十金。李竹屋出京后，已来信四封。在保定讷制台赠以三十金，且留教馆与他；在江苏，陆立夫先生亦荐教俸馆与他。渠甚感激我。考教习，余为总裁，而同乡寒士如蔡贞斋等，皆不得取，余实抱愧。

寄回祖父、父亲袍褂二付。祖父系夹的，宜好好收拾，每月一看，数月一晒。百岁之后，即以此为敛服。以其为天恩所赐，其材料外间买不出也。父亲做棉的，则不妨长着，不必为深远之计，盖父亲年未六十，将来或更有君恩赐服，亦未可知。

祖母大人葬后，家中诸事顺遂，祖父之病已愈，予之癣症亦愈，且骤升至二品，则风水之好可知，万万不可改葬。若再改葬，则谓之

不祥，且大不孝矣。然其地予究嫌其面前不甚宽敞，不便立牌坊，起诰封碑亭，亦不便起享堂，立神道碑。予意乃欲求尧阶相一吉地，为祖父大人将来寿台，弟可将此意禀告祖父见允否？盖诰封碑亭，断不可不修，而祖母又不可改葬，将来势不能合葬，乞禀告祖父，总以祖父之意为定。

前问长女对袁家，次女对陈家，不知堂上之意如何？现在陈家信来，谓我家一定对第，甚欢喜！余容后具。

兄国藩草

道光二十七年六月十八日

［注释］

①愧仄：愧疚。

［译文］

澄侯、子植、季洪三位老弟足下：

五月寄去一封信，里面有考核官员的时候我写的词赋，想来你们已经收到了。

六月二日，承蒙皇上的天恩以及祖父的德泽，我得以越级升任内阁学士。每天晚上对着自己的影子扪心自问，实在是深感惭愧不安。湖南三十七岁官至二品的人，本朝还不曾有一个，我的德行浅薄，学识低劣，怎么能承受这样的殊荣呢？最近几年来中了进士之后在十年之内官至内阁学士的，只有壬辰年的季仙九老师，乙未年的张小浦和我三个人。但是我的才学，实在和他们相差得太远了，所以深深地感到愧疚！

冯树堂去易念园的学馆教书，是我给推荐的，以书法启蒙兼教读书，每年可得到报酬一百六十多两银子。李竹屋离开京城之后，已寄来四封信了。在保定的时候，讷制台赠送他三十两银子，并且留他在教馆作老师；在江苏的时候，陆立夫先生也向他推荐了教俸馆。他十分感激我。考教习的时候，我是主考官，但是同乡寒士如蔡贞斋等并没有考取，我实在感到抱歉。

寄给祖父、父亲两套袍褂。祖父的那件是夹的，应该好好收拾收拾，每个月拿出来看一看，隔几个月还要晒一晒。百年之后，可以将它作为敛服。因这是皇上赏赐的，是外面买不到的材料。父亲的是棉制的，不妨经常穿着，无需考虑得太久远，因为父亲还不满六十，将来也许还有机会得到皇上赏赐的衣服。

祖母大人安葬之后，家中的事情一切顺利，祖父的病已经痊愈了，我的癣疾也消去了，而且一下子升至二品，那么风水有多好是显而易见的，千万不要改葬了。要是再改葬的话，那叫做不祥，而且是大不孝。但是，那块坟地的前面不够宽敞，立起牌坊或修建诰封碑亭不是很方便，也不方便修建享堂，立神道碑。我的意思是想求尧阶选择一块吉地，给祖父大人将来入土用，弟弟们可以禀告祖父，看他是否同意？因为诰封碑亭绝对不能不修，而祖母又不能改葬，将来一定没办法合葬，求你们禀告祖父，总是要按照他老人家的意思作决定。

上次写信询问长女与袁家，次女与陈家结亲，不知堂上大人是什么意思？现在陈家写信来说，我家要是能同意和他家结亲，他家十分高兴。其余的以后再写。

兄国藩草

道光二十七年六月十八日

凡事不可占人半点便益

［原文］

澄侯、子植、季洪三弟足下：

自四月二十七日得大考谕旨以后，二十九日发家信，五月十八又发一封，二十九又发一信，六月十八又发一信，不审俱收到否？二十五日，接到澄弟六月一日所发信，俱悉一切，欣慰之至！

发卷所走各家，一半系余旧友，唯屡次扰人，心殊不安。我自从己亥年在外把戏，至今以为恨事。将来万一做外官，或督抚，或学政，从前施情于我者，或数百，或数千，皆钓饵也。渠若到任上来，不应则失之刻薄，应之则施一报十，尚不足满其欲。故兄自庚子到京以来，于今八年，不肯轻受人惠，情愿人占我的便益[①]，断不肯我占人的便益，将来若作外官，京城以内，无责报于我者。澄弟在京年余，亦得略见其概矣，此次澄弟所受各家之情，成事不说，以后凡事不可占人半点便益，不可轻取人财，切记切记！

彭十九家姻事，兄意彭家发泄将尽，不能久于蕴蓄，此时以女对渠家，亦若从前之以蕙妹定王家也。目前非不华丽，而十年之外，局面亦必一变。澄弟一男二女，不知何以急急订婚若此？岂少缓须臾，即恐无亲家耶？贤弟行事多躁而少静，以后尚期三思。儿女姻缘，前生注定，我不敢阻，亦不敢劝，但嘱贤弟少安毋躁而已。

成忍斋府学教授系正七品，封赠一代，敕命二轴。朱心泉县学教谕系正八品，仅封本身，父母则无封。心翁之父母乃驰封也。家中现

專攻剿太溪一次，則乘虛冀得休城。二曰西溪口五城清華由之後路，使楊七麻畏首畏尾。一陳餘庵拔營後，請維華進扎張家灘以當前敵，并派隊摟剿丁香樹、香口等處，使祁門老營大洪、大赤之警，庶朱唐得以久駐西溪。一鄱人移駐東建，業已入婺，目下尚不能動，須待左軍安穩、陳軍抵景鎮後，鄱人乃可拔行。霆軍援安慶不過十分之二，援九江不過十分之三，四總以攻池州為正辦者至幸。春霆仁弟詢此不另。國藩

二月十一日

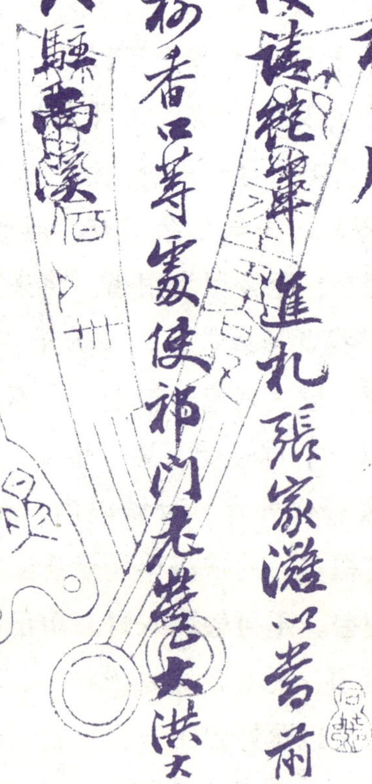

条例四事札（之二）

有《搢绅》，何不一翻阅？牧云一等，汪三入学，皆为可喜。啸山教习，容当托曹西垣一查。

京寓中大小平安，纪泽读书，已至“宗族称孝焉”，大女儿读书，已至“吾十有五”。前三月买驴子一头，顷赵炳堃又送一头。二品本应坐绿呢车，兄一切向来俭朴，故仍坐蓝呢车。寓中用度，比前较大，每年进项亦较多，其他外间进项，尚与从前相似。同乡人皆如旧，李竹屋在苏寄信来，立夫先生许以教馆，余不一一。

兄手草

道光二十七年六月二十七日

［注释］

①便益：方便、便利、便宜。

［译文］

澄侯、子植、季洪三弟足下：

自四月二十七日得知皇上大考的谕旨之后，二十九日寄出家书，五月十八日又寄了一封信，二十九日又寄了一封信，六月十八日又寄了一封信，不知是否都收到了？二十五日收到澄弟六月一日所寄的信，得知一切，万分欣慰！

发卷所走的各家，一半是我多年的老友，只是数次去打扰别人，心中很不安。我自从己亥年就在外面周游，至今依旧觉得遗憾。万一将来做了地方上的官，或者是督抚，或者是做学政，从前对我有过帮助的人，或者几百，或者几千，我都将成为他们的诱饵。若是他到我的衙门上来，我要是不满足他的要求则显得太尖刻了，要是答应他的要求，就算给他十倍的偿还也未必能满足他的欲望。所以兄长自从庚子年到京城至今，八年来不肯轻易接受别人给的恩惠，宁愿别人占我的便宜，绝对不能去占别人的便宜，将来万一做了外官，京城之内不会有能指望我回报的人。澄弟在京城一年多，大概也知道这些事。这次澄弟所受的各家的情，事情过去了就不必说了，今后什么事都不可以占别人半点便宜，不可以轻易接受他人钱财，务必要牢记！

彭十九家的婚事，我觉得彭家，家运即将散尽，不能长久了，这个时候将女儿许配到他家，就和从前将蕙妹许配给王家一样。如今，彭家也并非不得志，只是十年之后，这种局面必定会发生改变。澄弟只有一男二女，不知道为何要如此匆忙地订婚？难道略微推迟一些，就担心找不到亲家吗？贤弟做事，总是毛毛躁躁，不够冷静，以后遇事务必要三思而行。儿女的姻缘是前世注定的，我不敢阻碍，也不敢劝说，不过嘱托贤弟少安毋躁而已。

成忍斋府学教授为正七品，封赠一代，皇上敕命二轴。朱心泉任县学教谕，是正八品，仅封他本人，父母没有诰封。心翁的父母是继承从前的诰封。家中现有《搢绅》，为什么不去看一看？牧云考试位列一等，汪三入了学，真是叫人高兴，啸山教习的情况，容我请曹西垣查一查。

京城家里老少平安，纪泽读书，已读到“宗族称孝焉”，大女儿读书，已读到“吾十有五”。前三月买了一头驴子，不久之前赵炳堃又送了一头。二品官本该坐绿呢车，我一直朴素，所以依然坐蓝呢车。家中的开销要比过去多了，每年的收入也多了些。其余外面的收入还是和从前一样。同乡人也都照旧，李竹屋在苏州有写信来，陆立夫先生答应他去教馆任职。其余就不一一赘述了。

兄手草

道光二十七年六月二十七日

大人千金之躯，诚宜珍重

［原文］

男国藩跪禀父母亲大人膝下：

十六夜，接到六月初八日所发家信，欣悉一切。祖父大人病已十愈八九，尤为莫大之福！六月二十八日，曾发一信言升官事，想已收到。冯树堂六月十六日出京，寄回红顶、补服、袍褂、手钏、笔等物，二十八月可以到家。贺礼惟七月初五日出京，寄回鹿胶、高丽参等物，计九月可以到家。

四弟、九弟信来，言家中大小诸事，皆大人躬亲之，未免过于劳苦。勤俭本持家之道，而人所处之地各不同。大人之身，上奉高堂，下荫儿孙，外为族党乡里所模范，千金之躯，诚宜珍重！且男忝(tiǎn)窃卿贰[①]，服役已兼数人，而大人以家务劳苦如是，男实不安于心。此后万望总持大纲，以细微事付之四弟。四弟固谨慎者，必能负荷。而大人与叔父大人唯日侍祖父大人前，相与娱乐，则万幸矣！

京寓大小平安，一切自知谨慎，堂上各位大人，不必挂念。余容另禀。

道光二十七年七月十八日

［注释］

①卿贰：次于卿相的朝中大官，是指二、三品的大官。

[译文]

儿子国藩跪禀父母亲大人膝下：

十六日晚，收到六月初八日所寄出的家书，获悉一切，十分高兴。祖父大人的病已好了十分之八九，真真是天大的福分。六月二十八日，曾寄了一封信，提到升官的事，想来已经收到了。冯树堂在六月十六日离开京城，寄回红顶、补服、袍褂、手钏、笔等东西，估计二十八月可以到家中。贺礼惟在七月初五离开京城，又托他带回鹿胶、高丽参等，大约九月可以送到家中。

四弟、九弟写信来，说家中大大小小各种事情都是大人亲自过问管理，未免太过劳累了。勤俭本来是持家的方法，但是每个人所处的位置不同。大人上要侍奉高堂，下要荫蔽子孙，对外要做家族乡里的榜样，千金贵体，确实应当珍重！况且儿子很侥幸地位列朝中的官员，服侍儿子的佣人也有好几个，但是大人还是为家务这样辛苦，儿子心中实在不安。以后希望大人只是处理解决大事，而将琐碎的小事交由四弟处理。四弟为人小心谨慎，一定可以担负得起。而大人和叔父大人，只要每天服侍在祖父大人身边，心情舒畅，那就是万幸了。

在京的全家大小都平安，一切事情都懂得小心谨慎，堂上各位大人，请无需挂念。其他的容以后再行禀告吧！

道光二十七年七月十八日

改路、架桥、栽树，使包裹更为完紧，我家之气更聚

[原文]

男国藩跪禀父母亲大人万福金安：

十二月初五，接到家中十一月初旬所发家信，俱悉一切。男等在京，身体平安。男癣疾已痊愈，六弟体气如常，纪泽兄妹五人皆好。男妇怀喜，平安不服药。同乡各家亦皆无恙。

陈本七先生来京，男自有处置之法，大人尽可放心，大约款待从厚而打发从薄。男光景颇窘，渠来亦必自悔。九弟信言母亲常睡不着，男妇亦患此病，用熟地、当归蒸母鸡食之，大有效验。九弟可常办与母亲吃。乡间鸡肉、猪肉，最为养人，若常用黄芪、当归等类蒸之，略带药性而无药气[1]，堂上五位大人食之，甚有益之，望诸弟时时留心办之。

老秧田背后三角丘，是竹山湾至我家大路。男曾对四弟言及，要将路改于坎下，在檀山嘴那边架一小桥，由豆土排上横穿过来。其三

角丘则多栽竹树，上接新塘坎大枫树，下接檀山嘴大藤，包裹甚为完紧，我家之气更聚，望堂上大人细思。如以为可，求叔父于明年春栽竹种树；如不可，叔父写信示知为幸。男等于二十日期服已满，敬谨祭告。二十九日又祭告一次。余俟续具。

道光二十七年十二月初六日

[注释]

①药气：药的气味。

[译文]

儿子国藩跪禀父母亲大人万福金安：

十二月初五日收到家中十一月上旬所寄的信，获悉一切情况。儿子等在京城身体健康。儿子的癣病已经彻底好了，六弟的身体以及气色并没有改变，纪泽兄妹五人都很好。您的儿媳妇又有喜了，身体很好，无需吃药。同乡各家也都一切安好。

陈本七先生到京城来，儿子自有安排的办法，大人尽可放心，大抵招待他客气一点，打发他走的时候路费少一些。儿子的日子颇为窘迫，他来了之后也肯定会后悔的。九弟写信说母亲常常睡不好，您的儿媳妇也患有这种毛病，用熟地、当归蒸母鸡服用，效果很好。九弟可以经常买来蒸给母亲吃。乡下的鸡肉、猪肉对身体最好，要是常常和黄芪、当归一类的中药蒸着吃，略微带点药性，又没有药的味道，堂上五位老人吃了会好处多多，希望弟弟们留心去办。

老秧田背后的三角丘，是竹山湾通往我家的大路。儿子曾经对四弟说过，要将路改到坎下，在檀山嘴那边修架一座小桥，从豆土排上横穿过来。在三角丘附近多种些竹子树木，上面连接新塘坎的大枫树，下面连接檀山嘴大藤，这样围成一圈，包裹地更为完整紧密，这样一来我家的气象就更加聚集不会散去了，希望家中大人仔细考虑。要是觉得可行，就请叔父大人在明年春天栽竹种树；要是不同意，还请叔父大人写信来指示。儿子等在二十日为祖母守孝期满，敬谨祭告祖母。二十九日又祭奠一次。其余下次再行禀告。

道光二十七年十二月初六日

劝其痛着祖鞭，并心一注

[原文]

澄侯、子植、季洪足下：

正月十一日发第一号家信，是日予极不得闲，又见温甫在外未归，心中懊恼之至，故仅写信与诸弟，未尝为书禀堂上大人。不知此

书近已接到否?

温弟近定黄正斋家馆，每月俸银五两。温弟自去岁以来，时存牢骚抑郁之意。太史公所谓“居则忽忽若有所亡，出则不知其所往者”，温弟颇有此象，故举业工夫，大为抛荒，间或思一振奋，而兴致不能鼓舞，余因是深以为虑，每劝其痛着祖鞭，并心一往。温弟辄言思得一馆，使身有所管束，庶心有所维系。余思自为京官，光景尚不十分窘迫，焉有不能养一胞弟而必与寒士争馆地?向人求荐，实难启口，是以久未为之谋馆。

自去岁秋冬以来，闻温弟妇有疾，温弟羁留日久，亦觉牢落无偶。而叔父抱孙之念甚切，亦不能不思温弟南归。且余既官二品，则明年顺天主考，亦在可以简放之列，恐温弟留京三年，又告回避。念此数者，欲劝温弟南旋，故上次信告诸弟道及此层，欲诸弟细心斟酌。不料发信之后，不过数日，温弟即定得黄正斋馆也。现在既已定馆，则身有所管束，心亦有所系属，举业工夫，可渐渐整理，只得待今年下半年再看光景。如我今年或圣眷略好，颇有明年主考之望，则到明年四五月再与温弟商入南闱[1]，或入北闱行止。如我今年圣眷平常，或别有外放意外之事，则温弟仍留京师，一定观北闱，不必议南旋之说也。坐馆以羁束身心，自是最好事，然正斋家之馆澄弟所深知者，万一不合，温弟亦难久坐。见可而留，知难而退，但能不得罪东家，好去好来，即无不可耳。

余自去岁以来，日日想归家省亲，所以不能者：一则京城欠账将近一千，归家则途费接礼又须数百，甚是难以措办；二则二品归籍，必须自己具折，折中难于措辞。私心所愿者，颇想得一学差，三年任满，即归家省亲，上也。若其不能，则或明年得一外省主考，能办途费，则后年必归，次也。若二者不能，则只得望六弟、九弟明年得中一人，后年得一京官，支持门面，余则归家告养，他日再定行止耳。如三者皆不得，则直待六年之后，至甲寅年母亲七十之年，余誓具折告养。虽负债累万，归无储粟，余亦断断不顾矣，然此实不得已之

计。若能于前三者之中得其一者，则后年可见堂上各大人，乃如天之福也，不审祖宗能默佑否？

现在寓中一切平安。癣疾上半身全好，唯腰下尚有纤痕。家门之福，可谓全盛，而余心犹有归省之情，难以自慰，因偶尔书及，遂备陈之。

毅然伯之项，去年已至余寓，今始觅便寄南。家中可将书封好，即行送去。余不详尽，诸唯心照。

兄国藩手草

道光二十八年正月二十一日

[注释]

①南闱：明清时期科举考试中的江南乡试。闱，考场。

[译文]

澄侯、子植、季洪足下：

正月十一日寄出第一封家书，那天我一直不得空闲，又见温甫外出一直没有返回，心中十分懊恼，所以只是写信给各位弟弟，并没有写信呈给堂上大人。不知道这封信最近是否已经收到？

温弟近来在黄正斋家中担任私人教师，每月俸银五两。温弟自从去年以来，攒了一肚子的牢骚，心情郁郁不得志。就像太史公所说：“在家好像丢了什么一样不自在，在外又不清楚要去什么地方。”温弟现在正是这个样子，所以为科举考试所下的工夫大大荒废，有的时候也想振奋一番，但是兴致总是不能维持长久，为此，我感到深深地担忧，常常规劝他牢记祖先的教导，静下心来专心寻求进步。温弟总说想去学馆里教书，让自己有所约束，让心思有所维系。我想自从自己做京官以来，光景并没有十分窘迫，难道连一个同胞弟弟都养不起，而非要和那些贫寒的士人去争一个教席吗？向别人开口请求推荐一个差事，实在难以开口，所以很长时间来都没有做了。

自去年秋冬以来，温弟媳妇有病，温弟羁留在京城时间太长，独自一人，而叔父抱孙子的心情又很急切，也不能不想着让温弟返回南方。况且如今我官至二品，明年顺天府主考，又可能蒙恩成为考官的人选，恐怕温弟留在京城三年，到时候又要回避。想到这些，就想劝温弟返回湖南，所以上封信中说到这一层，请各位弟弟认真考虑。没想到信寄出去没过几天，温弟就定下在黄正斋的学馆中教书。既然现在已经定了学馆，使自己有了约束，思想也有了维系，科考的工夫可以慢慢整理，只有等到今年下半年的时候再看看情况。要是我今年蒙受圣上的垂青，明年有当主考的可能，到了四五月再和温弟商讨是在家乡参加科举乡试，还是在京城参加科举考试。要是皇上没有看中我，或者我意料之外地被外放，那么温弟依旧留在京城，

一定要在京城参加考试，无需再考虑返回家乡了。在学馆教书能约束自己的身心，毫无疑问是件好事，但是正斋家的学馆，澄弟最清楚，万一不合，温弟也不易久留。能留就留下，遇到难处就退出，但不可以得罪东家，好来好去，就没有什么是不可以的了。

我自从去年以来，每天都想回家探亲，一直没能成行的原因有：一是京城中的欠款几乎有一千两银子，而回家的路费又要花掉几百两银子，实在难以筹集；二是二品官告假回家，务必自己写折子，在奏折中不知道如何措辞。自己心中所想的是希望得到一个学差，三年任期满了之后就可以返乡探亲，这是上策。若是不行，希望明年可以得到一个外省的主考官的职位，能攒够路费，后年一定回家，这是中策。要是两条路都不可行，就希望六弟、九弟明年能有一人考中，后年在京做官，支撑门面，我便告养回家，之后再作打算。要是这三条都行不通，只能等到六年之后，等到母亲七十岁的时候，我发誓要禀明皇上回乡侍奉老人。即便欠债上万，回家之后没有什么积蓄，也顾不上了，然而这的确是没有办法才会做的。要是三条之路中能有一条路得以实现，那么后年我就可以见到堂上大人，这真是极大的福分了，不知祖宗是否可以在暗中庇佑我？

现在我家中一切平安！上半身的癣疾已经彻底好了，只是腰以下还有点痕迹。我家的福气，可说是鼎盛时期，但我依旧存有返乡探亲的心思，难以自慰，所以偶然写到这里，就详详细细地禀告一番。

毅然伯的款项在去年的时候就已经送到了我家，今年才有机会寄回去。家中可将信封好，立刻送去。其余不一一赘述了，彼此心照不宣。

兄国藩手草

道光二十八年正月二十一日

对盈虚自然之理，不必抑郁

[原文]

澄侯、子植、季洪三弟左右：

澄侯在广东，前后共发信七封，至郴（chēn）州、耒（lěi）阳，又发二信，三月十一到家以后，又发二信，皆已收到。植、洪二弟，今年所发三信，亦均收到。

澄弟在广东处置一切，甚有道理。易念园、庄生各处程仪，尤为可取。其办朱家事，亦为谋甚忠，虽无济于事，而朱家必可无怨。《论语》曰："言忠信，行笃敬，虽蛮貊（mò）①之邦行矣。"吾弟出外，一切如此，吾何虑哉？

贺八爷、冯树堂、梁俪裳三处，吾当写信去谢，澄弟亦宜各寄一书。即易念园处，渠既送有程仪，弟虽未受，亦当写一谢信寄去。其信即交易宅，由渠家书汇封可也。若易宅不便，即托岱云觅寄。

季洪考试不利，区区得失，无足介怀。补发之案，有名不去复试，甚为得体。今年院试，若能得意，固为大幸！即使不遂获售，去年家中既售一个，则今岁小挫，亦盈虚自然之理，不必抑郁。植弟书法甚佳，然向例未经过岁考者，不合选拔。弟若去考拔，则同人必指而目之，及其不得，人不以为不合例而失，且以为写作不佳而黜。吾明知其不合例，何必受人一番指目乎？

弟书问我去考与否，吾意以科考正场为断。若正场能取一等补廪(lǐn)，则考拔之时，已是廪生入场矣。若不能补廪，则附生考拔，殊可不必，徒招人妒忌也。

我县新官加赋，我家不必答言，任他加多少，我家依而行之，如有告官者，我家不必入场。凡大员之家，无半字涉公庭，乃为得体。为民除害之说，为所辖之属言之，非谓去本地方官也。

曹西垣教习服满，引见以知县用，七月动身还家。母亲及叔父之衣，并阿胶等项，均托西垣带回。

去年内赐衣料袍褂，皆可裁三件，后因我进闱考教习，家中叫裁缝做，裁之不得法，又窃去整料，遂仅裁祖父、父亲两套。本思另办好料，为母亲制衣寄回，因母亲尚在制中，故未遽寄。叔父去年四十晋一，本思制衣寄祝，亦因在制未遽寄也。兹准拟托西垣带回，大约九月可到家，腊月服阕，即可着矣。

纪梁读书，每日百余字，与泽儿正是一样，只要有恒，不必贪多。澄弟亦须常看《五种遗规》及《呻吟语》。来书想发财、捐官云云，犹是浮躁习气。洗尽浮华，朴实谙练，上承祖父，下型子弟，吾于澄弟实有厚望焉！

兄国藩手草

道光二十八年五月初十日

中丞仁弟閣下：十五夜接十三夜手書，具悉一切。比聞已於十七日拔營，因左軍八營小挫，景鎮危急，不能不候撥。日胡宫保恐太湖有急，豫訂能公往援。弟屬家不可離，然太湖果被圍困，不過三五日多、李必趕到救援，能公渡江必落後一著，是於事理不甚切

述往援太湖不甚切当札（之一）

［注释］

①蛮貊：古时候称南方或者北方的落后部落和民族。

［译文］

澄侯、子植、季洪三弟左右：

澄侯在广东前后一共寄了七封信，到了郴州、耒阳又寄了两封信，三月十一日到家之后，又寄了两封信，都已经收到了。植、洪两位弟弟在今年所寄的三封信，也都收到了。

澄弟在广东处理的一切事项，都很有道理，特别是返还易念园、庄生等各处赠送的路费，做得很合适。处理朱家的事，也考虑得很周全，虽然未能解决问题，朱家也绝对不会抱怨。《论语》说："言语忠厚老实，行为忠诚严肃，就算到了南方或北方的边远地区，也一样行得通。"弟弟在外面，处理一切事情都是按照这个标准，我还有什么不放心的呢？

贺八爷、冯树堂、梁俪裳三个地方，我都要写信致谢，澄弟也应该各寄一封信。易念园那里既然送了路费，虽说弟弟并没有收下，也应该写一封信表示感谢。这封信就送到易宅，由他家一起寄走。要是易宅不方便的话，就托岱云想办法寄走。

季洪考试没有太好的成绩，小小的得失，不必放在心上。补发的卷子上有名字，但并没有去复试，十分得体。今年院试，要是考得好，自然是大好事；就算没有考好，既然去年家中已经考上一人，那么今年遇到小的挫折，也是有盈有亏的自然规律，无需心情抑郁。植弟书法很好，但是依照惯例，没有通过岁考的不符合选拔的条件。如果弟弟去考，那么一同考试的人一定会对你指指点点，要是考不中，别人不会觉得你是不合惯例而没有被录取，反而会说是因为写得不好你才落榜的。既然我明知道这不合规矩，何必因此而被别人指责呢？

弟弟写信来问我去不去考，我觉得要根据科举考试的情况来分析判断。要是正式考试可以考取一等增补廪生，那么等到考核选拔的时候已经获得廪生资格了。要是不能增补廪生，那么只能以附生的身份去考，就没有必要了，因为这会白白招来别人的忌妒。

我县新官增加了赋税，我家无需出面干涉，随便他加多少，我家都按他说的给。要是有人告状，我家也不要参与。凡是大官的家庭，要做到不牵扯到一点官司，这才是最合适的。为民除害的说法，指的是除去地方官管辖范围之内的下属，并非是除掉地方官。

曹西垣教习任职期满，得到皇帝的面见后，任命为知县，七月动身返乡。母亲和叔父的衣服、阿胶等物品，都托他带回去。

去年宫里赏赐的衣料，可以做成三件袍褂，后来因为我进场选拔教习，家里人找来裁缝做，裁缝做得很不得法，又偷走一整块衣料，最后只裁得祖父、父亲的两套。本打算另外置办衣料，给母亲做好衣服寄回去，但是因为母亲还在服丧期间，就没有立刻寄。叔父去年四十晋一岁，本计划做衣服寄回，也因为还在守孝期间就没有立刻寄出去。现在打算托西垣带回去，大概在九月份就可以到家，腊月服丧期满后，便可以穿了。

纪梁读书，每天写一百多字，和泽儿恰好一样，只要有恒心，无需贪太多。澄弟一定常看《五种遗规》和《呻吟语》。来信说想要发财、想出钱捐官等等，这还是浮华急躁的习气。要洗尽浮华，朴实干练，上可继承祖风，下可为子弟的典范，我对于澄弟寄予厚望。

兄国藩手草

道光二十八年五月初十日

父亲、叔父二大人年寿日高，精力日迈，正宜保养神气，稍稍休息

［原文］

侄国藩谨禀叔父母大人礼安：

六月十七发第九号信，七月初三发第十号信，想次第收到。十七日接家信二件，内父亲一谕，四弟一书，九弟、季弟在省各一书，欧阳牧云一书，得悉一切。祖大人之病，不得少减，日夜劳父亲、叔父辛苦服侍，而侄远离膝下，竟不得效丝毫之力，终夜思维，刻不能安。

江岷樵有信来，言渠已买得虎骨，七月当亲送我家，以之熬膏，可医痿痹（wěi bì）[1]云云，不知果送来否？

闻叔父去年起公屋，劳心劳力，备极经营。外面极堂皇，工作极坚固，费钱不过百千，而见者拟为三百千规模。焦劳[2]太过，后至吐血，旋又以祖父复病，勤劬（qú）[3]弥甚。而父亲亦于奉事祖父之余，操理家政，刻不少休。侄窃伏思父亲、叔父二大人年寿日高，精力日迈，正宜保养神气，稍稍休息，家中琐细事务，可命四弟管理。至服侍祖父凡劳心细察之事，则父亲、叔父躬任之。凡劳力粗重之事，则另添一雇工，一人不够则雇二人。

侄近年以来，精力日差，偶用心略甚，癣疾即发，夜坐略久，次日即昏倦。是以力加保养，不甚用功，以求无病无痛，上慰堂上之远怀。外间求作文，求写字者，求批改诗文者，往往历久而莫偿宿诺，是以时时抱疚，日日无心安神恬之时。前四弟在京，能为我料理一切

琐事，六弟则毫不能管。故四弟归去之后，侄于外间之回信，家乡应留心之事，不免疏忽废弛。

侄等近日身体平安，合室大小皆顺。六弟在京，侄苦劝其南归，一则免告回避，二则尽仰事俯畜④之态，三则六弟两年未作文，必在家中父亲、叔父严责，方可用功。乡试渠不肯归，侄亦无如之何。

叔父去年四十晋一，侄谨备袍套一付；叔母今年四十大寿，侄谨备棉外套一件，皆交曹西垣带回，服阕后即可着。母亲外褂并汉禄布夹袄，亦一同付回。闻母亲近思用一丫环，此亦易办，在省城买，不过三四十千，若有湖北逃荒者来乡，则更为便益。望叔父命四弟留心速买，以供母亲、叔母之使令，其价，侄即寄回。

侄今年光景之窘，较甚于往年，然东支西扯，尚可敷衍。若明年能得外差，或升侍郎，便可弥缝家中。今年季弟喜事，不知窘迫否？侄于八月接到俸银，即当寄五十金回，即去年每岁百金之说也。在京一切张罗，侄自有调停，毫不费力，堂上大人不必挂念。

侄谨禀

道光二十八年七月二十日

[注释]

①痿痹：肢估不能动或丧失感觉。

②焦劳：操心，劳累。

③劬：辛劳，辛苦。

④仰事俯畜：上要侍奉父母，下要养活妻儿。泛指维持一家生活。

[译文]

侄儿国藩谨禀叔父母大人礼安：

六月十七日寄出第九封信，七月初三发出第十封信，想来已经先后收到了。十七日收到两次家书，其中一封是父亲亲笔信、一封是四弟的信、九弟和季弟在省城所寄的信各一封以及欧阳牧云的一封信，获悉一切。祖父大人的病情没有好转，父亲和叔父每天辛苦地照顾，而侄儿远离膝下，不能有丝毫的帮助，整夜翻来覆去地想，实在片刻也得不到安宁。

江岷樵写信来，告诉我他已经买到虎骨了，七月份的时候会亲自给我家送去，用它熬制成膏，可以治疗偏瘫等病，不知他是否真的能送到？

听说叔父自去年起修盖公房，劳心劳力，十分专心地去经营，外面堂皇富丽，

质量很好很坚固，花费的不过百贯钱，看到的人都觉得这是三百贯钱的规模。但是实在太过操劳了，导致后来居然吐起血来，接着祖父又病了，日夜照顾十分疲惫。而父亲也在照顾祖父的闲暇，料理家事，一会也不能休息。侄儿想着父亲、叔父两位大人的年纪一天比一天大了，精力也一天不如一天了，正应该修养神气，稍事休息，家里的琐碎的杂事，可以让四弟处理。至于照顾祖父，大凡属于要用心仔细处理的事，就由父亲、叔父亲自去处理。那些粗重的事情，就可以多添一名雇工来做，如果一个不够还可以再雇两个。

侄儿近几年来精力一天不如一天，偶尔操劳过度，癣疾就会复发，晚上坐的时间长了，第二天就觉得疲倦。所以努力保养身体，没有很用功，以求得没有病痛，上慰堂上大人远方牵挂之情。外面的人来求写文章、题字、批改诗文的，常常很长时间都不能如愿以偿，儿子因此总是觉得内心歉疚，每天都没有心安的时候。以前四弟在京城，还可以帮助我处理一切琐碎的事情，六弟却一点也不管。所以四弟回去之后，侄儿对于外面的回信以及家乡应该注意的事，未免就有些疏忽。

侄儿等近日身体健康，全家大小都顺利。六弟在京城，侄儿苦苦劝说他返回湖南，一是避免他人说我不懂回避，二是叫他尽到为人子孙，为人丈夫的责任，三是六弟两年来都没有做文章，一定要在家中父亲、叔父的严格监督下才可能用功。他不肯回去参加乡试，侄儿也没有办法。

叔父去年四十晋一岁，侄儿置办了一件袍套；叔母今年四十大寿，侄儿准备一件棉袍，都交由曹西垣带回去，等到服孝期满了之后就可以穿了。母亲的外褂以及汉禄布夹袄也都交给他一起带回去。最近听说母亲想雇一名丫环，这件事也不难，去省城去买也不过三四十贯钱，要是有从湖北逃荒过来的还可能更便宜些。希望叔父让四弟留心，尽快去买，以供母亲、叔母的驱使，这件事所需的钱侄儿会马上寄回。

侄儿今年困窘的情况比往年更为严重，但东挪西借，勉强还可以应付过去。明年要是可以到外地任职，或者升为侍郎，那么就可以填补亏空了。今年家里季弟办喜事，不知是否窘迫？侄儿在八月拿到俸银，立刻寄五十两回去，也就是去年的时候我说的每年寄回一百两银子的意思。在京城的一切事情，侄儿自会妥当安排，并不费力，堂上大人，无需挂念。

侄谨禀

道光二十八年七月二十日

侄有银数十两，拟托张君经赞带回家

［原文］

侄国藩跪禀叔父母大人福安：

八月十六日发第十三号家信，不审已收到否？九月初十日，接到四弟、九弟、季弟等信，系八月中在省城所发者，知祖大人之病，又

得稍减，九弟得补廪，不胜欣幸！

前劳辛垓廉访，八月十一出京，侄寄去衣包一个，计衣十件，不知已到否？侄有银数十两，欲寄回家，久无妙便。十月间武冈张君经赞回长沙，拟托带回。闻叔父为坍上公屋加工修治，侄亦欲寄银数十两，为叔父助犒赏匠人之资。罗六所存银二十二两在侄处。右三项，皆拟托张君带归。

前欧阳沧溟先生馆事，伍太尊已复书季仙九先生，兹季师又回一信于伍处，侄便寄家中，可送至欧阳家，嘱其即投伍府尊也。牧云又托查万崇轩先生选教馆迟早，兹已查出，写一红条，大约明冬可选。此二事可嘱澄侯写信告知牧云。

侄等在京，身体平安。西席①宋湘宾九月十一出京，是日即聘请庞君。曹西垣初十挈(qiè)眷出都。黎樾(yuè)乔十六出京。江岷樵于初八到京。严仙舫初十到京。余同乡俱如故。

常南陔先生欲为幼女许配纪泽，托郭筠仙说媒，李家尚未说定，两家似皆可对，不知堂上大人之意若何？望示知，余容续具。

侄谨禀

道光二十八年九月十二日

[注释]

①西席：这里指家庭教师。

[译文]

侄儿国藩跪禀叔父母大人福安：

八月十六日寄出的第十三封家书，不知是否已经收到了？九月初十日，收到四弟、九弟和季弟等的信，是八月中旬在省城所寄的，喜闻祖父大人的病又有所好转，九弟以廪生的身份入学，万分欣喜！

不久之前劳驾辛垓廉访使，他在八月十一日离开京城，侄儿托他带去一个装着衣服的包裹，一共有十件衣服，不知是否已经收到？侄儿想给家中寄去几十两银子，但一直都没有可靠方便的人。十月，武冈张经赞先生返回长沙，打算托他带回去。听说叔父为坍上公屋加工修葺，侄儿打算寄几十两银子，来赞助叔父打赏工匠的费用。罗六在侄儿这里存了二十二两银子。以上这三笔银子，都打算托张经赞先生带回去。

上次欧阳沧溟先生找教馆教书的事，伍太尊已经给季仙九先生回信了，现在季先生又给伍太尊回了一封信，托侄儿在方便的时候带回家里，家中可以送到欧阳先

書即日內赴鎮援左亦不甚切當故
鄙意留爲九江瑞臨之用若九江蹉
失事則以堅駐東建張家灘爲是餘
皆不用其鋒安慶舍弟處則言明不
望援皖　尊意以爲何如餘詳華
運纖中請互閱之即問
台安　國藩頓首
二月十五夜

述往援太湖不甚切当札（之二）

生家中，叮嘱他立刻送到伍府去。牧云又托查万崇轩先生什么时候选为教官，如今已经有了结果，写在一张红色的纸条上，大概明年冬天的时候可以被选为教官。这两件事可叮嘱澄侯写信告诉牧云。

侄儿等在京城身体健康。私塾老师宋湘宾在九月十一日离开京城，当天就将庞先生请来作为老师。曹西垣在初十日带着亲眷离开京城。黎樾乔十六日离开京城。江岷樵于初八日抵达京城。严仙舫初十到京。其他的同乡都一如平常。

常南陔先生想将他的女儿许配给纪泽，托郭筠仙前来说媒，李家还没有说定，这两家好像都可以结为亲家，不知堂上大人意下如何？希望明示，其余以后再行禀告。

侄谨禀

道光二十八年九月十二日

家中改屋

［原文］

澄侯、温甫、子植、季洪四弟左右：

十一月十四日发第十四号家信，不知收到否？十二月初九，接到家中十月十二日一信、十一月初一日一信、初十一信，俱悉一切。

家中改屋，有与我意见相同之处。我于前次信内，曾将全屋画图寄归，想已收到，家中既已改妥，则不必依我之图矣。但三角丘之路，必须改于檀山嘴下，而于三角丘密种竹木，此我画图之要嘱，望诸弟禀告堂上，急急行之。

家中改房，亦有不与我合意者，已成则不必再改，但六弟房改在炉子内，此系内外往来之屋，欲其通气，不欲其闷塞，余意以为必不可。不若以长横屋上半节间断作房为妥。内茅房在石柱屋后，亦嫌太远，不如于季洪房外高磡（kàn）打进去七八尺，既可起茅房澡堂，而后边地面宽宏，家有喜事，碗盏菜货，亦有地安置，不至局促，不知可否？家中高丽参已完，明春得便即寄。彭十九之寿屏，亦准备明春寄到。此间事务甚多，我又多病，是以迟迟。

澄弟办贼，甚快人心，然必使其亲房人等，知我家是图地方安静，不是为一家逞势张威，庶人人畏我之威，而不恨我之太恶。贼既办后，不特面上不可露得意之声色，即心中亦必存一番哀矜[①]的意思。诸弟人人当留心也。

征一表叔在我家教读甚好，此次未写信请安，诸弟为我转达。同乡周荇（xìng）农家之鲍石卿，前与六弟交游，近因在妓家饮酒，提督府捉去交刑部，革去供事，而荇农、荻舟尚游荡不畏法，真可怪也！

余近日常有目疾，余俱康泰。内人及二儿四女皆平安，小儿甚胖大。西席庞公，拟十一回家，正月半来，将请李笔峰代馆。宋芗宾在道上扑跌断腿，五十余天始抵樊城，天可悯也！余不一一。

国藩手草

道光二十八年十二月初十日

[注释]

①哀矜：哀怜，怜惜，怜悯。

[译文]

澄侯、温甫、子植、季洪四弟左右：

十一月十四日寄出第十四封家书，不知是否已经收到？十二月初九日，收到家中十月十二日所寄的一封信，十一月初一日所寄的一封信，初十日所寄的一封信。获悉一切。

家里改造房屋，和我有意见一致的地方。我在上一封信里，曾经把房屋的图纸寄了回去，想来已经收到了。既然家里已经改建结束了，那么就无需按照我的图纸了。但是三角丘的路，一定改在檀山嘴的下面，并且在三角丘密密地种上竹子和树木，这是我在图中最想要叮嘱的，希望诸位弟弟禀告堂上大人，尽快安排办理。

家中改造房屋，也有和我意见不统一的地方，已经建好的就无需再改了。但是六弟的房子改在炉子内的这个位置，这是连通内外的屋子，要让它通风，不要堵塞，我的意思是像现在这样绝对不行。倒不如长横屋上半节间断当做房间更为合适。院子里的茅房在石柱屋的后面，也实在太远了，到不如在季洪房屋外面高磡处打进七八尺，这样既可以修建茅房和澡堂，后面也显得敞亮，要是家里有喜事，碗、盏、菜等东西也有地方放置，不至于窄小局促，不知是不是可以？家里的高丽参已经用完了，明年春天有机会的话再带回来。彭十九的寿屏，也定在明年春天寄到。这边事务繁多，我又多病，所以一直拖到现在。

澄弟治理土匪，大快人心，但是一定要让那些土匪的亲朋好友理解我家这么做是为了地方上的安宁，绝不是为了逞自家的威风，这样才会让大家忌惮我家的威严，又不会记恨我家做得太绝。惩治盗贼之后，不仅不要在表面上显露得意之色，就是在心里也要留有一种怜悯的心情。各位弟弟每个人都要留心。

征一表叔在我家教书很好，这次没有写信请安，请弟弟们代我传达一下。同乡周荇农家的鲍石卿之前和六弟相识，最近因为在妓院吃酒作乐，被提督府抓去交给

刑部革职问罪，而荇农、荻舟还在外游荡，丝毫不畏惧王法，这真是奇怪。

我最近经常犯眼病，其他的都很健康。妻子和两子四女都平安，小儿子很胖。私塾老师庞先生打算十一返乡，正月中旬再回来，计划请李笔峰代课。宋芗宾在路上摔了一跤，将腿摔断了，五十多天才到樊城，真是可怜！其他的就不一一赘述了。

国藩手草

道光二十八年十二月初十日

余即补吾园先生侍郎之缺

［原文］

澄侯、温甫、子植、季洪四位老弟左右：

正月十日曾寄家信，甚为详备。二月初三接到澄弟十一月二十夜之信，领悉一切。

今年大京察，侍郎中休致者二人，德远村、冯吾园两先生也，余即补吾园先生之缺。向来三载考绩，外官谓之大计，京官谓之京察。京察分三项：一二品大员及三品之副都御史，皇上皆能记忆其人，不必引见，御笔自下朱谕，以为彰瘅（dàn）[1]，此一项也；自宗人府丞以下，凡三、四、五品京官，皆引见，有黜而无陟[2]，前在碾儿胡同时，间壁学士奎光，即引见休致者也，此一项也；自五品而下，如翰林、内阁、御史、六部，由各堂官考差，分别一、二、三等，一等则放府道，从前如劳辛阶、易念园，今年如陈竹伯，皆京察一等也，此一项也。

余自到礼部，比从前较忙冗，恨不得有人帮办家中琐细事，然以家中祖父之病，父叔勤苦已极，诸弟万无来京之理，且如温甫在京，余再三劝诱，令之南归，今岂肯再蹈覆辙，令之北来。

江岷樵以“拣发”[3]立官达浙，岷樵即应允矣。适徐芸渠请星阶教书，星阶立即就徐馆，言定秋间仍往浙依江，江亦应允。

邹墨林自河南来京，意欲捐教，现寓圆通观。其为人实诚笃君子也。袁漱六新正初旬，忽吐血数天，现已痊愈。黄正斋竟为本部司员，颇难为情。余一切循谦恭之道，欲破除藩篱，而黄总不免拘谨。

余现尚未换绿呢车，唯添一骡，盖八日一赴园，不能不三牲口也。书不一一。

兄国藩草

道光二十九年二月初六日

［注释］

①彰瘅：彰善瘅恶，惩恶扬善之意。

②陟：升迁。

③拣发：清代官制，各省总督、巡抚、提督、总兵，如部下出缺，可向皇帝奏请在候选人员中挑选合适的人到该省任职，称作“拣发”。

［译文］

澄侯、温甫、子植、季洪四位老弟左右：

正月十日曾经寄出家信，内容非常详细。二月初三这天接到澄弟十一月二十日晚上寄出的信，知道了一切。

今年京城的官员大考核，有两位侍郎退休了，即德远村、冯吾园两位先生，我便是补吾园先生的空缺。过去都是每三年考核官员的政绩，考核外省官员称为大计，考核京城的官员称为京察。京察分为三项：一、二品大员以及三品中的副都御史，皇上全能记住这些人，无需引见，皇上亲自下朱谕，或是表彰，或是惩罚，这是其中一项；自宗人府丞以下，凡三、四、五品京官，全都要引见皇上，只有罢免而没有升迁，从前在碾儿胡同住时，隔壁的学士奎光就是在引见皇上后退休了，这是其中一项；自五品以下，如翰林、内阁、御史、尚书部官员，全由各部门的长官考核，分为一、二、三等，一等的则外放为知府、道台，以前如劳辛阶、易念园，今年如陈竹伯，都是名列京察的第一等，这是其中一项。

我自从来到礼部，工作比以前还要繁忙冗杂，恨不得能有人来帮忙处理家中的琐碎事情，然而，家中祖父有病，父亲、叔父都极其辛苦，弟弟们绝没有来京城的道理，况且像温甫在京城，我再三劝导，让他回湖南，如今岂能又重蹈覆辙，叫他北上呢？

江岷樵因“拣发”去浙江当官，岷樵随即就答应了。恰好徐芸渠请星阶去教书，星阶立即就去了徐家学馆，说好秋天时仍会去浙江投靠江岷樵，江岷樵也答应了。

邹墨林从河南来到京城，打算花钱捐为教谕，现在住在圆通观。他是为人诚实敬笃的君子。袁漱六正月上旬，忽然吐了几天的血，现在已经痊愈了。黄正斋竟成了礼部司员，看见我很难为情。我采取恭敬谦虚的态度来对待他，想破除隔阂，可是他还是有些拘谨。

我现在还没有换绿呢车，只增添了一匹骡子，因为每隔八天就要去圆明园一次，所以不能不养三匹牲口。其余的就不一一写了。

兄国藩草

道光二十九年二月初六日

为国家办照例之事，不苟不懈，尽就条理，亦所深愿也

［原文］

男国藩跪禀父母亲大人万福金安：

四月十四日，接奉父亲三月初九日手谕，并叔父大人贺喜手示，及四弟家书。敬悉祖父大人病体未好，且日加沉剧，父叔率诸兄弟服侍已逾三年，无昼夜之闲，无须臾之懈。男独一人，远离膝下，未得一日尽孙子之职，罪责甚深。闻华弟、荃弟文思大进，葆弟之文，得华弟讲改，亦日驰千里，远人闻此，欢慰无极！

男近来身体不甚结实，稍一用心，即癣发于面。医者皆言心亏血热，故不能养肝，热极生风，阳气上肝，故见于头面。男恐大发，则不能入见，故不敢用心，谨守大人保养身体之训。隔一日至衙门办公事，余则在家不妄出门。现在衙门诸事，男俱已熟悉。各司官于男皆甚佩服，上下水乳俱融，同寅亦极协和。男虽终身在礼部衙门，为国家办照例之事，不苟不懈，尽就条理，亦所深愿也。

英夷在广东，今年复请入城。徐总督办理有方，外夷折服竟不入城，从此永无夷祸，圣心嘉悦之至！术者[1]每言皇上连年命运，行劫财地，去冬始交脱，皇上亦每为臣工言之。今年气象，果为昌泰，诚国家之福也！

儿妇及孙女辈皆好。长孙纪泽前因开蒙大早，教得太宽。顷读毕《书经》，请先生再将《诗经》点读一遍，夜间讲《纲鉴》正史，约已讲至秦商鞅开阡陌。

李家亲事，男因桂阳州往来太不便，已在媒人唐鹤九处回信不对。常家亲事，男因其女系妾所生，且闻其嫡庶不甚和睦，又闻其世兄不甚守俭淳朴，亦不愿对。南陔(gāi)先生来京时，男与之提及此事，渠已知其不谐矣。

纪泽儿之姻事，屡次不就，男当年亦十五岁始订婚，则纪泽再缓

一二年，亦无不可。或求大人即在乡间选一耕读人家之女，男或在京自定，总以无富贵气者为主。纪鸿对郭雨三之女，虽未订盟，而彼此呼亲家，称姻弟，往来亲密，断不改移。二孙女对岱云之次子，亦不改移。谨此禀闻，余详与诸弟书中。

男谨禀

道光二十九年四月十六日

［注释］

①术者：算命先生。

［译文］

儿子国藩跪禀父母亲大人万福金安：

四月十四日，接到父亲三月初九日的手谕，还有叔父大人贺喜的手示以及四弟的家信。知道了祖父的病还没有好，而且日渐严重，父亲、叔父领着诸位兄弟已服侍祖父三年多了，不分昼夜，没有片刻可以松懈。唯独儿子一人远离膝下，没有尽一天孙子的职责，我的罪孽实在是太深了。听说华弟、荃弟在写文章方面有了很大进步。葆弟的文章，得到华弟的讲改指点，也一日千里，身在远方的我听说后，感到十分欣慰。

儿子近来身体不是很结实，稍一多操心，脸上的癣病就会复发。医生都说这是因为心亏血热，导致不能养肝，热极生风，阳气上肝，因此表现在脸上。儿子担心病情会加重，就不能去见皇上了，所以不敢多操心，谨守大人保养身体的训示。隔一天才到衙门去办公事，余下的时间都待在家里，不敢随便出门。现在衙门里的各项事务，儿子都已经熟悉了。属下各个部门的官员对儿子都十分佩服，上下水乳交融，同龄人之间关系也十分融洽。儿子即便终身在礼部衙门为国家办些照例的事务，不苟且不松懈，全都按规矩办理，也是我愿意干的。

英夷在广东，今年又要求入城。徐总督办事有方，外国人心悦诚服，竟没有入城，从此英夷再也没来滋扰，皇上非常高兴。算命先生常说皇上连年命运，交上了劫财运，去年冬天才脱离，皇上也常对大臣们说，今年的气象果然昌盛泰平，真是国家的福分啊！

儿媳和孙女们都好。长孙纪泽因为以前书读得早，教得很多，前不久《书经》已读完了，请先生再把《诗经》给他点读一遍，晚上给他讲《纲鉴》正史，大概已讲到秦国商鞅开阡陌之事了。

李家的亲事，儿子因为桂阳州往来不便，已经向媒人唐鹤九处回信说不同意了。常家的亲事，儿子因他家的女儿是小妾所生，并且听说他家嫡生的子女和庶生的子女关系不和睦，又听说他的哥哥不太节俭朴实，也没同意。南陔先生来京城时，儿子跟他说了这件事，他已经知道不可能了。

纪泽儿的婚事，多次都没成，儿子当年也是十五岁才订婚，纪泽再缓一两年也没什么不可以的。或者请大人在乡下挑选一个耕读人家的女儿，或者儿子在京城自己挑选，总的来说要以没有富贵习气为主。纪鸿与郭雨三的女儿，虽然没有正式订婚，但彼此间都以亲家相称，以姻弟相呼，往来甚密，肯定不会改变了。二孙女嫁给岱云的次子，也不会改变了。谨此禀闻，其余的事详细地写在给各位弟弟的信中了。

儿谨禀

道光二十九年四月十六日

思为曾氏置一义田

［原文］

澄侯、温甫、子植、季洪四位老弟足下：

七月十三日，接到澄弟六月初七所发第九号家信，俱悉一切。吾于六月，共发四次信，不知俱收到否？今年陆费中丞丁忧，闰四月无折差到，故自四月十六日发信后，直至五月中旬始再发信，宜家中悬望也。

祖父大人之病，日见增加，远人闻之，实深忧惧！前六月二十日所付之鹿茸片，不知何日可到，亦未知可有微功否？予之癣病，多年沉痼，赖邹墨林举黄芪附片方，竟得痊愈。内人六月之病，亦极沉重，幸墨林诊治，遂得化险为夷，变危为安。同乡找墨林看病者甚多，皆随手立效。墨林之弟岳屏兄，今年曾到京寓圆通观，其医道甚好，现已归家。予此次以书附墨林家书内，求岳屏至我家诊治祖父大人，或者挽回万一，亦未可知。岳屏人最诚实，而又精明，即周旋不到，必不见怪。家中只需打发轿夫大钱二千，不必别有赠送。渠若不来，家中亦不必去请他。

乡间之谷，贵至三千五百，此亘古[1]未有者，小民何以聊生？吾自入官以来，即思为曾氏置一义田，以赡救孟学公以下贫民。为本境置义田，以赡救二十四都贫民。不料世道日苦，予之处境未裕，无论为京官者，自治不暇，即使外放，或为学政，或为督抚，而如今年三江两湖之大水灾，几于鸿嗷（áo）半天下。为大官者，更何忍于廉俸之外，

申夫
雲岩
馨室尊兄閣下：頃接申、馨協
見福十六刻一函，具悉一切所擬撥。
其條列如左：
一、饒公因近日號令紛歧，難免二三其
見，此次連去五信一牘，協合力攻景
鎮，并無代說兼又發信請

复李榕、朱品隆、刘建德札（之一）

多取半文乎？是义田之愿，恐终不能偿。然予之定计，苟仕宦所入，每年除供奉堂上甘旨外，或稍有盈余，吾断不肯买一亩田，积一文钱，必皆留为义田之用。此我之定计，望诸弟体谅之。

今年我在京用度较大，借账不少。八月当希六及陈体元捐从九品，九月榜后可付照回，十月可到家，十一月可向渠两家索银，大约共须三百金。我付此项回家，此外不另附银也。率五在永丰，有人争请，予闻之甚喜！特书手信与渠，亦望其忠信成立。

纪鸿已能行走，体甚壮实。同乡各家如常，同年毛寄云于六月二十八日丁内艰。陈伟堂相国于七月初二仙逝，病系中痰，不过片刻即殁。河南、浙江、湖北皆展于九月举行乡试。闻江南水灾尤甚，恐须再展至十月。各省大灾，皇上焦劳，臣子更宜忧惕，故一切外差，皆绝不萌妄想。家中亦不必悬盼，书不详尽。

兄国藩手草

道光二十九年七月十五日

[注释]

①亘古：自古以来。

[译文]

澄侯、温甫、子植、季洪四位老弟足下：

七月十三日，接到了澄弟六月初七日所发的第九号家信，知道了一切。我在六月一共发了四次信，不知都收到了没有？今年陆费中丞丁忧，闰四月没有信差到，因此从四月十六日发信后，直到五月中旬才又发一次信，让家里挂念了。

祖父大人的病，一天比一天严重，我听说后深感忧惧。上次六月二十日所寄的鹿茸片，不知什么时候才能到家，也不知能否有点儿功效？我的癣病是多年的顽症，靠邹墨林的黄芪附片方子，竟然好了。妻子六月患病，病情十分重，幸亏得到墨林的诊治，才化险为夷，转危为安。同乡找墨林治病的人非常多，全都药到病除了。墨林的弟弟岳屏兄，今年来过京城，住在圆通观，他的医术也非常好，现在已经回去了。我这次写了一封信附在墨林的家书中，信中请求岳屏到我家为祖父大人诊治，或者还能挽回万一，也不一定。岳屏的为人最诚实且精明，就是应酬不周到，也一定不会见怪。家中只需要给轿夫二千大钱，不必另外送东西了。他若不来，也不必特意去请他。

乡间的谷子贵到三千五百钱一石，这是自古以来都没有的事，百姓们将如何生活？我从当官以来，就想为曾氏置办一块义田，来赡养孟学公以下的贫民。为本地置办义田，以赡养、救助二十四都的贫民。不料世道日益艰苦，我的处境也不宽裕，不要说做京官自顾不暇，就是外放当官，或者当学政，或者当督抚，遇到像今年三江两湖的大水灾，几乎半个天下哀鸿遍野。当大官的，又何忍在俸禄之外多拿半文钱呢？因此置办义田的想法，恐怕终究都难以实现。然而我的计划，如果官俸的收入，每年除去供堂上大人的所需之外，还稍有剩余，我肯定不会买一亩田，积蓄一文钱，一定都要留作置办义田的资金。我已下了决心，希望弟弟们能体谅我。

今年我在京城花销比较大，借了不少钱。八月又要为希六以及陈体元捐一个从九品官，九月乡试发榜后可把执照寄回，十月便能到家。十一月可向他们两家索要银两，大概共需要三百两银子。我把这笔钱给家里，此外就不另外寄钱了。率五在永丰有人争着请，我听说后非常高兴，特别给他写了一封信，希望他能忠信自立。

纪鸿已经会走了，身体很壮实。同乡各家如常，同年毛寄云的母亲于六月二十八日去世了。陈伟堂相国于七月初二仙逝，病因是中痰，很快就去世了。河南、浙江、湖北都延迟到九月举行乡试。听说江南的水灾非常严重，恐怕得须再延期到十月。各省大灾，皇上很焦虑劳苦，臣等更应该为皇上担忧，因此一切外差都不存妄想。家中也不必牵挂。信不尽言。

兄国藩手草

道光二十九年七月十五日

在闱较射，余闱幸无不符之人

［原文］

澄侯、温甫、子植、季洪四弟左右：

十月初四日发第十七号家信，由折弁（biàn）带交。十七日发第十八号信，由廷芳宇明府带交，便寄曾希六、陈体元从九品执照各一纸，欧阳沧溟先生、陈开煦换执照并批回各二张，添梓坪叔庶曾祖母百褶裙一条，曾、陈二人九品补服各一付，母亲大人耳帽一件，膏药一千张，眼药各种，阿胶二斤，朝珠二挂，笔五枝，针底子六十个，曾、陈二人各对一付，沧溟先生横幅篆字一付。计十二月中旬应可到省，存陈岱云宅，家中于小除夕前二日遣人至省走领可也。芳宇在汉口须见上司，恐难早到，然遇顺风，则腊月初亦可到，家中或着人早去亦可。

余于十月初五起至十一止，在闱较射，十七出榜。四闱共中百六十四人，余闱内分中五十二人。向例武举人、武进士复试，如有弓力不符者，则原阅之五大臣，每人各罚俸半年。今年仅张字闱不

符者三名，五大臣各罚俸一年半。余阐幸无不符之人，不然则罚俸半年，去银近五百，在京官已视为切肤之痛矣。

寓中大小平安，纪泽儿体已全复，纪鸿儿甚壮实。邹墨林近由观内移至我家住，拟明年再行南归。袁漱六由会馆移至虎坊桥，屋好而贱。贞斋落榜后，本拟南旋，因愤懑(mèn)不甘，仍寓漱六处教读。刘镜清教习已传到，因丁艰而竟不能补，不知命途之舛，何至于此。凌荻舟近病内伤，医者言其甚难奏效。黄恕皆在陕差旋，述其与陕抚殊为冰炭。

江岷樵在浙署秀水县事，百姓感戴，编为歌谣。署内一贫如洗，藩台闻之，使人私借千金，以为日食之资。其为上司器重如此。其办赈务，办保甲，无一不合于古。顷湖南报到，新宁被斋匪余孽煽乱，杀前令李公之阖家①，署令万公亦被戕②，焚掠无算，则岷樵之父母家属，不知消息若何？可为酸鼻！余于明日当飞报岷樵，令其即行言旋，以赴家难。

余近日忙乱如常，幸身体平安，唯八月家书，曾言及明年假归省亲之事，至今未奉堂上手谕。而九月诸弟未中，想不无抑郁之怀，不知尚能自为排遣否？此二端时时挂念，望澄侯详写告我。祖父大人之病，不知日内如何？余归心箭急，实为此也。

母亲大人昨日生日，寓中早面五席，晚饭三席。母亲牙痛之疾，近来家信未曾提及，断根与否？望下次示知。书不一一，余俟续具。

兄国藩手具

道光二十九年十一月初五日

［注释］

①阖家：合家、全家。

②戕：杀害。

［译文］

澄侯、温甫、子植、季洪四弟左右：

十月初四日发出第十七号家信，由信差带回。十七日发出第十八号信，由廷芳宇太守带回，顺便寄曾希六、陈体元从九品执照各一张，欧阳沧溟先生、陈开煦换

执照以及批复各两张，添梓坪叔庶曾祖母百褶裙一条，曾、陈两人九品补服各一套，母亲大人耳帽一件，膏药一千张，眼药各种，阿胶两斤，朝珠两挂，笔五枝，针底子六十个，曾、陈两人对子各一付，沧溟先生横幅篆字一付。预计十二月中旬能到省城，暂且存放在陈岱云家，家里在除夕前两天派人到省城去取就行了。芳宇在汉口需要见上司，恐怕很难早到了，然而遇上顺风，腊月初也就到了，家里或者早派人去也行。

我自十月初五起到十一日止，在武举考场较射，十七日出榜，四个考场共考中一百六十四人，我的考场内考中了五十二人。按惯例，武举人、武进士复试时，如果有弓力不符合标准的，则初试时的阅试大臣每人要罚去半年的俸银。今年只有张姓考官的考场内有三个人不合格，五位大臣各罚去一年半的俸银。我的考场侥幸没有不符合标准的，否则要罚去半年的俸银，将近五百两银子，这对京官来说可是切肤之痛。

家里大小都平安，纪泽的身体已完全康复了，纪鸿十分壮实。邹墨林最近从朝内搬到我家住了，准备明年再回南方。袁漱六由会馆搬到虎坊桥，那里的房子好且价钱便宜。贞斋落榜之后，原本打算回去，但因愤懑，不甘心失败，仍然住在漱六那里苦读。朝廷已传刘镜清教习报到，他因为守丧竟然不能补官，不明白他的命运为何如此多舛。凌荻舟近来得病受了内伤，医生说这病很难治好。黄恕皆在陕西出差回来，差人回京说他和陕西巡抚水火不容。

江岷樵在浙江署理秀水县知事，百姓对他感恩戴德，还为他编了歌谣。府署里一贫如洗，藩台听说后，派人私自借了一千两银子给他当每天的食费。上司对他的器重可见一斑。他办理赈济事务，办理保甲事务，没有一处不合乎祖宗的法度。刚刚接到湖南的报告，新宁县被斋匪的余孽煽动暴乱，杀了前县令李公的全家，现任署令万公也被杀死，遭火烧、受抢劫的人不知有多少，不知岷樵的父母、家属情况如何？真让人伤心！我明天一定会迅速通知岷樵，叫他马上请假回家，以奔赴家乡处置灾祸。

我近来还和往常一样忙，幸好身体平安无恙，只是在八月的家信中，曾提到明年请假回家探亲的事，至今没有接到堂上大人的亲手信。而在九月弟弟们又没有考中，想来心里都感到压抑忧郁，不知道还能否自我排遣？这两件事时时挂念，希望澄侯写信详细地告诉我。祖父大人的病，最近怎样？我归心似箭，其实也是因为这个。

昨天是母亲大人的生日，我在家里设了早面五桌，晚饭三桌。母亲牙痛的病情，近来在信中未曾提到，完全好了吗？希望下次写信告诉我。就写到这吧，下次再说。

兄国藩手具

道光二十九年十一月初五日

非道义可得者，不可轻易受此

［原文］

澄侯、温甫、子植、季洪四位老弟足下：

正月初六日接到家信三函：一系十一月初三所发，有父亲手谕，温弟代书者；一系十一月十八所发，有父亲手谕，植弟代书者；一系十二月初三澄侯弟在县城所发一书，甚为详明，使游子在外，巨细了然。

庙山上金叔，不知为何事而可取腾七之数？若非道义可得者，则不可轻易受此。要做好人，第一要在此处下手，能令鬼服神钦，则自然识日进，气日刚。否则不觉堕入卑污一流，必有被人看不起之日，不可不慎。诸弟现处极好之时，家事有我一人担当，正当做个光明磊落神钦鬼服之人，名声既出，信义既著[1]，随便答应，无事不成，不必受此小便宜也。

父亲两次手谕，皆不欲予乞假归省，而予之意甚思日侍父母之侧，不得不为迎养之计。去冬曾以归省迎养二事，与诸弟相商，今父亲手示，不许归省，则迎养之计更不可缓。所难者，堂上有四位老人，若专迎父母而不迎叔父母，不特予心中不安，即父母心中亦必不安；若四位并迎，则叔母病未全好，远道跋涉尤艰。予意欲于今年八月初旬，迎父亲、母亲、叔父三位老人来京，留叔母在家，诸弟妇细心伺候。明年正月元宵节后，即送叔父回南。我得与叔父相聚数月，则我之心安。父母得与叔父同行数千里到京，则父母之心安。叔母在家半年，专雇一人服侍，诸弟妇又细心奉养，则叔父亦可放心。叔父在家，抑郁数十年，今出外潇洒半载，又得与侄儿、侄妇、侄孙团聚，则叔父亦可快畅。在家坐轿至湘潭，澄侯先至潭雇定好船，伺候老人开船后，澄弟即可回家。船至汉口，予遣荆七在汉口迎接，由汉口坐三乘轿至京，行李婢仆，则用小车，甚为易办。求诸弟细商堂上老人，春间即赐回信，至要至要！

李泽显、李英灿进京，余必加意庇护。八斗冲地，望绘图与我

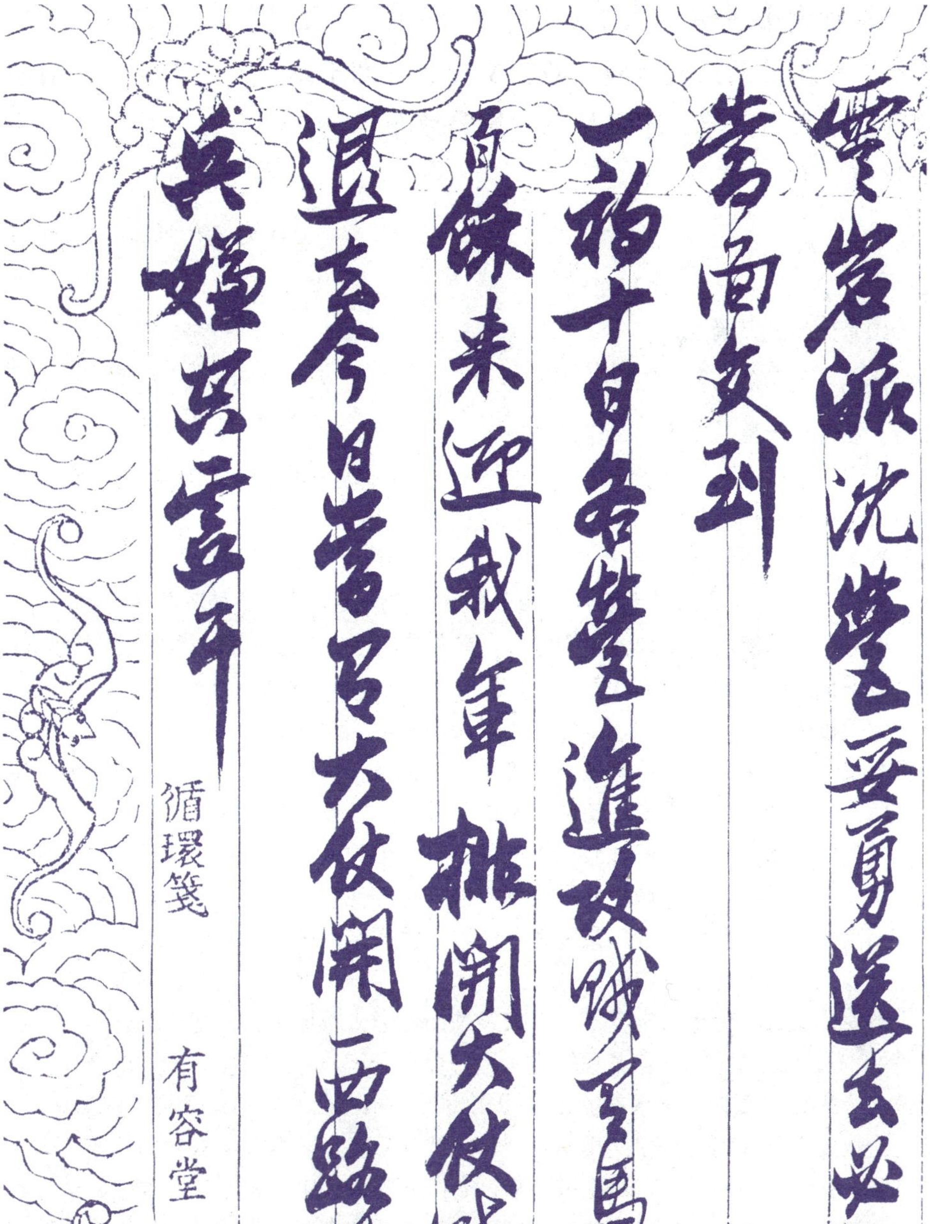

复李榕、朱品隆、刘建德札（之二）

看。诸弟自侍病至葬事，十分劳苦，我不克帮忙，心甚歉愧！

京师大小平安。皇太后大丧，已于正月七日至二十六日满，脱去孝衣。初八日系祖父冥诞，我作文致祭，即于是日亦脱白孝，以后照常当差。心中万绪，不及尽书，统容续布。

兄国藩手草

道光三十年正月初九日

［注释］

①著：建立，确立。

［译文］

澄侯、温甫、子植、季洪四位老弟足下：

正月初六日收到三封家信：一封是十一月初三日所发的，有父亲的信，是温弟代写的；一封是十一月十八日所发的，有父亲的信，是植弟代写的；一封是十二月初三澄侯弟在县城所发的，信写得十分详细，使我对家中大小事情都很清楚。

庙山上的金叔不知道为了什么事而能取“腾七之数”，假如不是符合道义的，那就不可以轻易接受。要想做一个好人，首先要在这个地方下手，能够使鬼神钦佩，那么见识自然会日益增进，志气会日益刚强。否则，不知不觉就会堕落到卑污一流，一定会有被人瞧不起的一天，不可以不谨慎。弟弟们现在正处在极好的时机，家中的事有我一个人来担当。正好做一个光明磊落、鬼神都钦佩的人，名声一旦传了出去，信义一经确立，随便说一句便会无事不成，没必要贪念这些小便宜。

父亲的两封信，都说不让我请假回来，可我的想法是非常希望自己能每天都在父母身边，所以我不得不做把父母接到京城来奉养他们的计划了。去年冬天曾经和弟弟们商量过这件事，如今父亲写信不让我回家省亲，那迎养的计划就更不能再拖延了。令人为难的是，家中有四位老人，如果只迎养父母而不迎养叔父母，不仅我心里不安，父母心里也必定会不安；如果把四位老人都接来，又担心叔母的病还没有全好，长途跋涉尤其艰苦。我的想法是打算在今年八月上旬接父亲、母亲和叔父三位老人来京城，把叔母留在家，先由弟媳妇们精心伺候。明年正月元宵节过后，马上送叔父回去。能够和叔父相聚几个月，我就心安了。得以和叔父同行数千里来到京城，父母也心安了。叔母在家半年，专门雇一个人来伺候，又有弟媳妇细心奉养，则叔父也可放心。叔父在家里抑郁了几十年，如今能出去潇洒半年，又能与侄儿、侄媳妇、侄孙团聚，那么叔父也会心情畅快。在家坐轿子到湘潭，澄侯先到湘潭雇好船，伺候到开船了，老人离开后，澄弟就可回家。船到了汉口，我会派荆七在汉口迎接。由汉口坐三乘轿子到京城，行李和婢女仆人就用小车，这些事都很好办。请弟弟们与堂上老人好好商量一下，春天就请回信，极其紧要！

李泽显、李英灿来到京城，我一定会留心庇护。八斗冲的地形，希望能画图给我看。弟弟们从服侍病人直到办丧事，非常辛苦，我没帮上什么忙，心里非常歉疚！

我这边大小都平安。皇太后大丧，从正月七日至二十六日，已结束，脱去了孝服。初八日是祖父的生日，我作文致祭，就在这天也脱去了白孝，以后照常当差。心里有万千思绪，来不及全都写出来，等以后再写。

兄国藩手草

道光三十年正月初九日

恭送大行皇太后上西陵

［原文］

男国藩跪禀父母亲大人福安：

潢(huáng)男三月十五到京，十八日发家信一件，实系五号，误写作四号，四月内应可收到。想男十九日下园子，二十日卯刻，恭送大行皇太后上西陵。西陵在易州，离京二百六十里，二十四下午到，二十五日辰致祭。比日转身，赶走一百二十里，二十六日走百四十里，申刻到家，一路清吉，而昼夜未免辛苦，二十八早复命。数日内作奏折，拟初一早上具折。因前奏举行日讲，圣上已允谕于百日后举行，兹折要将如何举行之法，切实是奏也。

二十九日申刻，接到大人二月二十一日手示，内六弟一信，九弟二十六之信，并六弟与他之信，一并付来。知堂上四位大人康健如常，合家平安，父母亲大人俯允①来京，男等内外不胜欣喜！手谕云："起程要待潢男秋冬两季归，明年二月，潢男仍送二大人进京云云。"男等效谨从命，叔父一二年内既不肯来，男等亦不敢强。潢男归家，或九月，或十月，容再定妥。男等内外及两孙、孙女皆好，堂上大人不必悬念。余俟续禀。

道光三十年三月三十日

［注释］

①俯允：敬称对方应允。

［译文］

儿子国藩跪禀父母亲大人福安：

潢儿三月十五日到京城，十八日发出一封家信，其实是五号，误写成了四号，

四月内应该能收到。儿子十九日下园子，二十日卯刻恭送大行皇太后上西陵安葬。西陵在易州，距离京城二百六十里远，二十四日下午抵达，二十五日辰时致祭。连日返回京城，赶了一百二十里路，二十六日走了一百四十里，申时回到家，一路平安，只是昼夜赶路有点儿辛苦，二十八日一早入朝复命。几天来着急写奏折，打算初一早上向皇上禀告。因上次奏请举行日讲，皇上已答应在百天之后举行，现在扼要地把举行的办法切实上奏。

二十九日申时，接到大人二月二十一日的亲笔信，里面有六弟的一封信、九弟二十六日的信以及六弟写给九弟的信，一起全都邮来了。得知堂上四位大人身体康健，全家平安，父母亲大人答应来京，儿子全家上下都非常高兴。信上说："要等到潢儿秋冬时节回家后起程，明年二月，潢儿才送二位大人来京等等。"儿子等敬谨从命，叔父一两年之内既然不愿来京，儿子等也不敢强求。潢儿或许是九月，或许是十月回家，再定夺。儿子全家都好，堂上大人无需挂念。其余以后再行禀告。

道光三十年三月三十日

予上一折，言兵饷事

[原文]

澄、温、植、洪四弟左右：

三月初四发第三号家信，其后初九日，予上一折，言兵饷事，适于是日皇上以粤西事棘，恐现在彼中者，不堪寄此重托，特放赛中堂前往。以予折所言甚是，但目前难以遽（jù）行，命将折封存军机处，待粤西事定后，再行办理。赛中堂清廉公正，名望素著，此行应可迅奏肤功[1]。但湖南逼近粤西，兵差过境，恐州县不免借此生端，不无一番蹂躏耳。

魏亚农以三月十三日出都，向予借银二十两。既系姻亲，又系黄生之侄，不能不借与渠。渠言到家后，即行送交予家，未知果然否也？叔父前信要鹅毛管眼药，并硇（náo）砂膏药，兹付回眼药百筒，膏药千张，交魏亚农带回，呈叔父收存，为时行方便之用，其折底付回查收。

澄弟在保定，想有信交刘午峰处。昨刘有书寄子彦，而澄弟书未到，不解何故？已有信往保定去查矣。澄弟去后，吾极思念，偶自外归，辄至其房，早起辄寻其室，夜或遣人往呼。想弟在路途，弥思我

也。书不一一，余俟续具。

兄国藩手草

咸丰元年三月十二日

［注释］

①迅奏肤功：意谓可迅速取得成功。肤，伟大。功，功绩。

［译文］

澄、温、植、洪四弟左右：

三月初四发出了第三号家信，之后初九日，我上了一道奏折，说军饷的事，正好当天皇上因为粤西的事情棘手，担心现在在那里掌事的官员不能担当这个重任，特意派赛中堂前去。皇上认为我的奏折所言甚是，只是目前很难实行，命令将奏折封存在军机处，待粤西的事情平定后再作处理。赛中堂清廉公正，名望向来很高，此行应该能迅速取得成功。但是湖南紧邻粤西，官兵过境，恐怕州官、县官会借此生事，不免有一番蹂躏。

魏亚农三月十三日离开了京城，跟我借了二十两银子。不仅是姻亲，还是黄生的侄儿，我不能不借给他。他说到家后就会把银子送到我家，不知道是否果真如此？叔父在上次信中说要鹅毛管眼药和硇砂膏药，现已托魏亚农带回一百筒眼药、一千张膏药，送叔父收存，可在方便时用，奏折的底稿也寄回了，请查收。

澄弟在保定想把信交到刘午峰那里。昨天刘午峰寄信给子彦，可澄弟的信还没有收到，不知是什么原因？我已写信到保定去查了。澄弟走后，我十分想念他，偶尔从外面回家，总要去趟他的房间，早上起来也会去他的房间转转，晚上有时还叫人去喊他。想来弟弟在途中会更加思念我。不一一说了，以后再写。

兄国藩手草

咸丰元年三月十二日

圣慈含容，余益当尽忠报国

［原文］

澄侯、温甫、子植、季洪四位老弟足下：

四月初三日发第五号家信，厥(jué)后折差久不来，是以月余无家书。五月十二折弁来，接到家中四号信，乃四月一日所发者，俱悉一切，植弟大愈，此最可喜！京寓一切平安，癣疾又大愈矣，比去年六月，更无形迹。去年六月之愈，已为五年来所未有，今又过之。或者从此日退，不复能为恶矣。皮毛之疾，究不甚足虑，久而弥可信也。

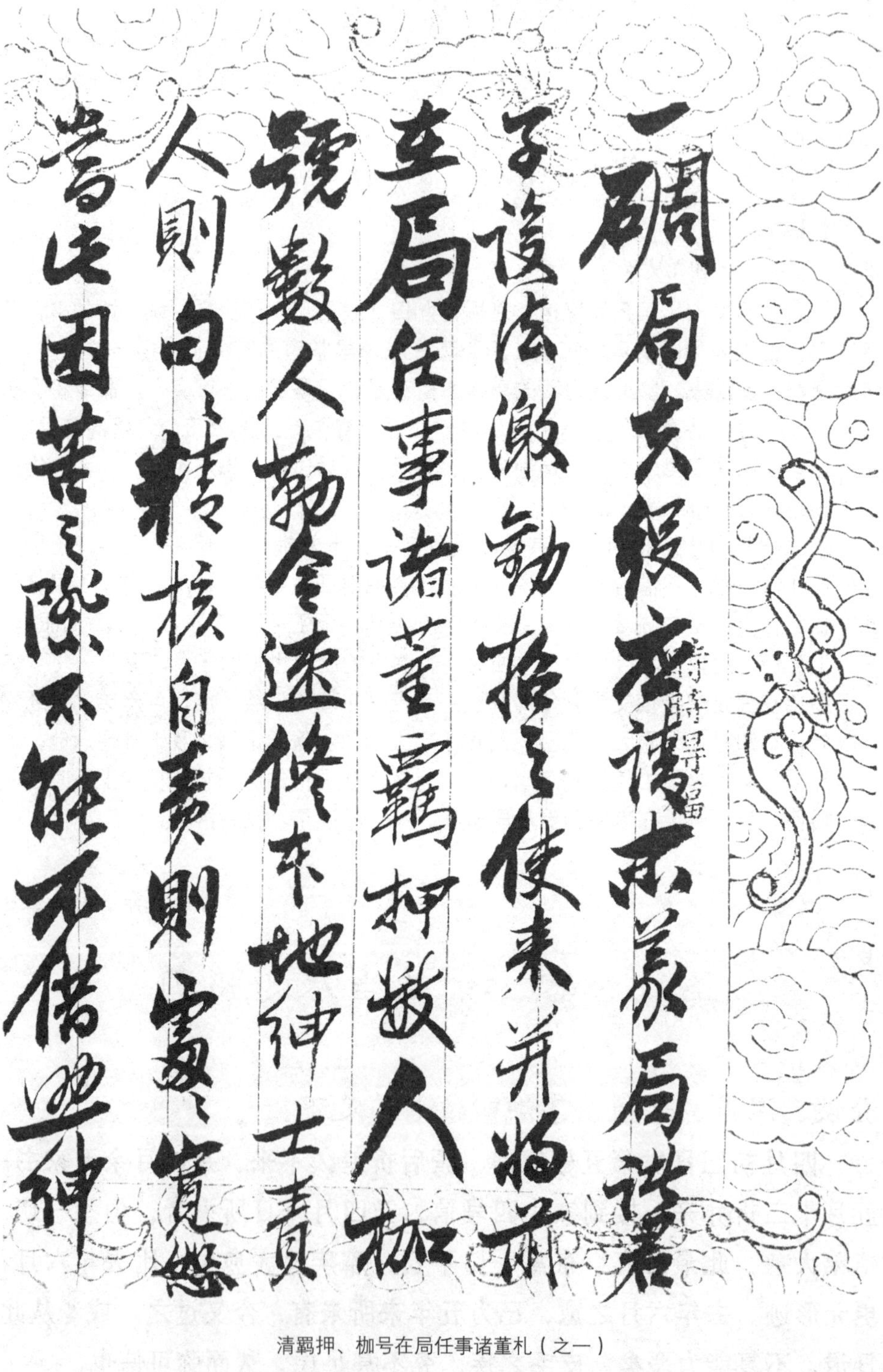

清羁押、枷号在局任事诸董札（之一）

四月十四日考差，题“乐民之乐者，民亦乐其乐”，经文题“必有忍，其乃有济，有容德乃大”，赋得“濂溪乐处，得焉字”。二十六日余又进一谏疏[1]，敬陈圣德三端[2]，预防流弊，其言颇过激切，而圣量如海，尚能容纳，岂汉唐以下之英主所可及哉？余之意，盖以受恩深重，官至二品，不为不尊，堂上则诰封三代，儿子则荫任六品，不为不荣。若于此时，再不尽忠直言，更待何时乃可建言？而皇上圣德之美，出于天亶（dǎn）[3]，自然满廷臣工，遂不敢以片言逆耳，将来恐一念骄矜，遂至恶直而好谀，则此日臣工不得辞其咎。是以趁此元年新政，即将此骄矜之机关说破，使圣心日就兢业，而绝自是之萌，此余区区之本意也。现在人才不振，皆谨小而忽于大，人人皆趋习脂韦唯阿[4]之风，欲以此疏稍挽风气，冀在廷皆趋于骨鲠（gěng）[5]，而遇事不敢退缩，此余区区之余意也。

折子初上之时，余意恐犯不测之威，业将得失祸福，置之度外矣，不意圣慈含容，曲赐矜全。自是以后，余益当尽忠报国，不得复顾身家之私矣。然此后折奏虽多，亦断无有似此折之激直者。此折尚蒙优容，则以后奏折，必不致或触圣怒可知矣。诸弟可将吾意，细告堂上大人，毋以余奏折不慎，或以戆（zhuàng）直干天威为虑也。

父亲每次家书，皆教我尽忠图报，不必系念家事。余敬体吾父之教训，是以公而忘私，国而忘家，计此后但略寄数百金，偿家中旧债，即一心以国事为主，一切升官得差之念，毫不挂于意中，故昨五月初七大京堂考差，余即未往赴考。侍郎之得差不得差，原不关乎与考不与考。上年己酉科，侍郎考差而得者三人：瑞常、花沙纳、张芾是也，未考而得者亦三人：灵桂、福济、王广荫是也。今年侍郎考差者五人，不考者三人，是日题“以义制事，以礼制心论”，诗题“楼观沧海日，得涛字”，五月初一放云贵差，十二放两广、福建三省，名见京报内，兹不另录。袁漱六考差颇为得意，诗亦工妥，应可一得以救积困。

朱石翘明府初政甚好，自是我邑之福，余下次当写信与之。霞仙得县首，亦见其犹能拔取真士。刘继振既系水口近邻，又送钱至

我家，求请封典，义不可辞。但渠三十年四月选授训导，已在正月二十六恩诏之后，不知尚可办否？当再向吏部查明，如不可办，则当俟明年四月升祔(fù)恩诏，乃可呈请。若并升祔之时，推恩不能及于外官，则当以钱退还。家中须于近日详告刘家，言目前不克呈请，须待明年六月，乃有的信耳。

澄弟河南、汉口之信，皆已接到，行路之难，乃至于此，自汉口以后，想一路戴福星矣，刘午峰、张星垣、陈谷堂之银皆可收，刘、陈尤宜受之，不受反似拘泥。然交际之道，与其失之滥，不若失之隘，吾弟能如此，乃吾之所以欣慰者也！西垣四月二十九到京，住余宅内，大约八月可出都。此次所寄折底，如欧阳家、汪家及诸亲族，不妨抄送共阅，见余忝窃高位，亦欲忠直图报，不敢唯阿取容，惧其玷辱宗族，辜负期望也。余不一一。

兄国藩手草

咸丰元年五月十四日

［注释］

①谏疏：臣下向君王进谏的奏折。谏，规劝君主或尊长。疏，封建时代臣下向君王分条陈述事情的文字。

②敬陈圣德三端：恭敬地陈述君王应该具有的多种美德。三，指多。

③亶：诚实无妄之谓，言聪明出于天性然也。

④脂韦唯阿：阿谀奉承油嘴滑舌。脂韦，原指油脂与皮革，比喻为人世故圆滑，阿谀奉承。唯阿，唯唯诺诺，曲意事人。

⑤骨鲠：比喻刚正、忠直。

［译文］

澄侯、温甫、子植、季洪四位老弟足下：

四月初三日发出了第五号家信，从那以后信差好久都没来，因此有一个多月都没有收到家信。五月十二日信差来了，接到了第四号家信，是四月一日发出的，知道了一切。植弟的病痊愈了，这最令人高兴。京城家中一切平安，我的癣病也好了，比起去年六月更没什么痕迹了。去年六月的好转本已是五年来所没有的，如今比那还要好。也许从此以后会一天比一天好，这病便不会一再为害了。肌肤表面上的病到底不值得忧虑，经过这几年的经历就更相信这点了。

四月十四日考差，题目是“乐民之乐者，民亦乐其乐”，经文的题目是“必有忍，其乃有济，有容德乃大”，赋题是“濂溪乐处，得焉字”。二十六日，我又进谏了一道奏折，恭敬地陈述君王应该具有的多种美德，预防流于时弊，言辞有些激切，不过皇上的气量如大海一般广阔，还能容纳得下，哪里是汉唐以来的英明君主所能赶得上的？我的意思大概是，自己深受皇恩，官居二品，不能不算是尊贵，堂上被诰封三代，儿子则荫任六品，不能不算是荣耀。如果在这个时候，还不能尽忠直言，那还要等到何时才进言呢？而皇上的圣德之美是出于天性，自然满朝臣子都不敢说他一个不字，恐怕长此以往他便会骄傲矜持，以至于不喜欢听刚直的意见，而只喜好阿谀奉承，到了那时，则臣子们都不能推卸自己的罪责。因此趁咸丰元年推行新政的时机，将这滋生骄傲矜持的名堂说破，使皇上天天兢兢业业，断绝自以为是的思想，这就是我小小的本意。如今国家缺少人才，大家都拘泥于小节而忽视了大德，人人都习惯于阿谀奉承的风气，打算通过这个奏折稍稍挽救一下这种风气，希望在朝廷为官的都能刚正忠直，遇到事不退缩，这是我另外的一点意图。

奏折刚呈上去时，我还担心会触犯天威，已经把得失祸福置之度外，没想到皇上优待宽容，承蒙赐予怜惜而予以保全。从此以后，我更要尽忠报国，不再顾虑身家性命这些私事。然而以后奏折虽然很多，也绝没有像此奏折这样言辞激切的了。这样言辞激切的奏折还承蒙皇上宽容，以后的奏折一定不至于触犯天威，这是可以知道的。弟弟们可将我的意思详细地告诉给堂上大人，千万不要因为我的奏折不慎重，或者因愚直触犯天威而忧虑。

父亲每次来信都教我尽忠报国，不要顾念家里的事情。我恭敬地遵照父训，因此因公忘私，因国忘家，今后，我打算寄几百两银子回家，偿还家里的旧债，从此以后便一心以国事为主，打消一切升官得肥差的贪念，所以上次五月初七日在大京堂考差，我便没去赴考。侍郎一职能否得到，原本就和考与不考没关。去年己酉科，由考差而得到侍郎一职的有三人：瑞常、花沙纳、张芾，没有考差而得到侍郎一职的也有三人：灵桂、福济、王广荫。今年因考差而得到侍郎一职的有五个，没有考差而得到侍郎一职的有三个，那天的考题是“以义制事，以礼制心论”，诗题是“楼观沧海日，得涛字”。五月初一日，开始放任云南、贵州的差事，十二日放任广东、广西、福建三省的差事，名字登在京报上面，就不另外抄写了。袁漱六考差很是得意，诗做得也工整，应该能够得到差使，以救济他多年来的穷困。

朱石翘知府的政绩非常好，当然是我们家乡的福气，我下次会给他写信。霞仙考中县里的第一名，由此也可以看出朱石翘还是能够选拔真正有才能的人。刘继振既然是水口的近邻，又送钱到我家，他请求皇上能赐予他及其家属爵位名号，这件事义不容辞。但他在道光三十年四月曾选授为训导，已经在正月二十六日恩诏颁布之后，不知道还能不能办？我会再次去吏部查明，如果不能办了，就得等到明年四月升祔庙祭的恩诏下来，才可呈请。如果升祔的时候推恩不包括外官，那就把钱退还给他。家里要在这几天详细地告诉刘家，说现在还不能呈请，必须要等到明年六月，才会有确切的消息。

澄弟在河南、汉口寄来的信，都已收到，途中的艰难竟达到这种程度，从汉口

开始，想必是一路上有福星高照了。刘午峰、张星垣、陈谷堂的银子都能收，刘午峰、陈谷堂的银子更应该收，不收反而好像有点拘泥。然而交友之道，与其失之过多，不如失之过少。弟弟能够如此，这是我感到欣慰的原因。西垣四月二十九日到达京城，住在我家，大约八月能离开京城。这次我寄回去的奏折的底稿，不妨抄送给欧阳家、汪家以及各亲戚族人看看，让他们知道我愧居高位，也想尽忠报国，不敢阿谀奉承以博取皇上的欢心，惧怕那会玷辱宗族，辜负祖宗的期望。其余不一一叙述了。

兄国藩手草

咸丰元年五月十四日

凡行公事，须深谋远虑

[原文]

澄侯、温甫、子植、季洪四位老弟足下：

八月十四日发第九号信，至十七日接到家信第七第八二号，欣悉一切。

左光八为吾乡巨盗，能除其根株，扫其巢穴，则我境长享其利，自是莫大阴功[1]。第湖南会匪，所在勾结，往往牵一发而全身皆动。现在制军程公，特至湖南，即是奉旨查办此事，盖恐粤西匪徒穷窜，一入湖南境内，则楚之会匪，因而窃发也。左光八一起，想尚非巨伙入会者流，然我境办之，亦不可过激而生变。现闻其请正绅保举，改行为良，且可捉贼自效，此自一好机会。万一不然，亦须相机图之，不可用力太猛，易发难收也。

公议粮饷一事，果出通邑之愿，则造福无量。至于帮钱垫官之亏空，则我家万不可出力。盖亏空万六千两须大钱三万余千，每都畿须派千串。现在为此说者，不过数大绅士一时豪气，为此急公好义[2]之言。将来各处分派，仍是巧者强者少出，而讨好于官之前；拙者弱者多出，而不免受人之勒。穷乡殷实小户，必有怨声载道者矣。且此风一开，则下次他官来此，既引师令之借钱办公为证，又引来朱公之民帮垫亏为证，或亦分派民间出钱帮他，反觉无辞以谢。若相援为例，来一官，帮一官，吾邑自此无安息之日矣。

凡行公事，须深谋远虑。此事若各绅有意，吾家不必拦阻，若

吾家倡议，则万万不可。且官之补缺，皆有呆法，何缺出轮何班补，虽抚藩不能稍为变动。澄弟在外多年，岂此等亦未知耶？朱公若不轮到班，则虽帮垫亏空，通邑挽留，而格于成例，亦不可行。若已轮到班，则虽不垫亏空，亦自不能不补缺。间有特为变通者，督抚专折奏请亦不敢大违成例。季弟来书，若以朱公之实授与否，全视乎亏空之能垫与否，恐亦不尽然也。曾仪斋若纱革职，早不复能空补子，若系大计休致，则尚可穿。

季弟有志于道义身心之学，余阅其书，不胜欣喜！凡人无不可为圣贤，绝不系乎读书之多寡。吾弟诚有志于此，须熟读《小学》及《五种遗规》二书。此外各书，能读固佳，不读亦初无所损，可以为天地之完人，可以为父母之肖子，不必因读书而后有所加于毫末也。匪但四六古诗，可以不看，即古文为吾弟所愿学者，而不看亦是无妨。但守《小学》《五种遗规》二书，行一句，算一句，行十句，算十句，贤于记诵词章之学万万矣。

季弟又言愿尽孝道，唯亲命是听，此尤足补我之缺憾。我在京十余年，定省有阙，色笑远违，寸心之疚，无刻或释。若诸弟在家，能婉愉孝养，视无形，听无声，则余能尽忠，弟能尽孝，岂非一门之祥瑞哉？愿诸弟坚持此志，日日勿忘，则兄之疚可以稍释，幸甚幸甚！书不一一，余俟续具。

国藩手草

咸丰元年八月十九日

[注释]

①阴功：不为人知的善行。

②急公好义：指热心公益，爱帮助人。

[译文]

澄侯、温甫、子植、季洪四位老弟足下：

八月十四日发出了第九号家信，到十七日收到第七号、第八号两封家信，很高兴知道了一切。

左光八是我们家乡的大盗，能够斩草除根，除掉他的巢穴，那么我们家乡便会长享太平，也是莫大的阴功。只是湖南的会党帮匪相互勾结，往往会牵一发而动全身。现在总督程公特意到湖南，就是奉旨查办这事，可能是担心粤西的匪徒逃窜，一旦窜入湖南境内，那么湖南、湖北的会党可能会暗中作乱。左光八这帮人，我猜想还不是大的团伙，然而我们家乡查办此事，也不能过于偏激，导致事变。现在听说他们邀请了地方的乡绅出面保举他，改邪归正，而且可以为朝廷捉贼立功，这是一个非常好的时机。万一不行，也应等待时机智取，不能用力太猛，否则难以收拾残局。

公议粮饷的事情，如果真是全县父老的要求，则会造福无穷。至于出钱去垫付官府的亏空，那我家千万不可以出力。亏空大概高达一万六千两，需要大钱三万多千，京城地区每家都要摊派上千串。现在提出这个建议的人，不过是几个大绅士出于一时的豪气，才说出这种急公好义的话。将来各处分派的结果，仍然是取巧、富强的人钱出得少，却能在官府面前讨好；笨拙、弱小的人钱出得多，还难免会受到他人的勒索。穷乡僻壤的殷实小户，必定会怨声载道。况且这种风气一开，则下次其他官员来了，便会引用师县令借钱办公为例证，又引用朱县令由民间出钱垫付官府亏空为例证，或许也会分派民间出钱帮他，到时候民间无话可拒绝人家。如果这样援助起来，来个官员，民间就要帮一个官员，我们县从此再也不会有安宁的日子了。

凡是办公事，都要深谋远虑。如果各位乡绅都有意去办这件事，我家也没必要去阻拦，但千万不要出面倡议。况且官员的补缺都要按照固定的法规，哪种官位出缺，轮到哪个班次的人去补缺，就是抚台衙门也不能稍作改动。澄弟在外多年，难道不知道这些事？朱公如果没有轮到班，那么即使帮他垫付了亏空，全县的百姓都挽留他，但拘于惯例也不可补这个官缺。如果已经轮到班，那么即使没有垫付亏空，也不能不去补这个官缺。其间也有个别要变通办理的，但必须由总督巡抚专门写奏折请示，但也不能太违反成例了。季弟来信说，朱公能否被授职，全要指望亏空能否垫付，恐怕并不是这样的。曾仪斋如果被免职，那就不能再穿补服了，如果是因为吏部三年一次的考核而退休的，那还能穿。

季弟有志于仁义道德、修身养性的学问，我看了他的信，十分欣喜。凡人全都可以当圣贤，决不在于读书的多少。弟弟果真有此志向，需熟读《小学》和《五种遗规》两本书。此外的其他书能读固然好，不读也没什么大碍，可以做天地间的完人，可以做父母的孝子，不必因为读书而增加丝毫。不但四六文和古诗可以不看，就是弟弟所愿意学的古文，不看也无妨。只要好好阅读《小学》和《五种遗规》这两本书，做一句，算一句，做十句，算十句，这要比记诵词句文章强上万倍。

季弟又说愿意尽孝道，只要是双亲的命令就听从，这尤其能弥补我的缺憾。我在京城十多年，不能服侍堂上大人，内心非常愧疚，没有一刻可以放下这桩心病。如果弟弟们在家能悉心孝养父母，那么我在京城可以尽忠，弟弟在家可以尽孝，那难道不是我家的祥瑞之事吗？希望弟弟们能坚守这个志向，日日不忘，那么，我的愧疚之心就可以稍微释怀一下了，多么幸运！不一一叙述了，以后再写。

国藩手草

咸丰元年八月十九日

惨闻母大故，念京寓
眷口尚多，特寄信到京，料理一切

［原文］

字谕纪泽儿：

七月二十五日丑正二刻，余行抵安徽太湖县之小池驿，惨闻吾母大故。余德不修，无实学而有虚名，自知当有祸变，惧之久矣，不谓天不陨灭我身，而反灾及我母，回思吾平日隐慝（tè）大罪不可胜数，一闻此信，真无地自容矣。

小池驿去大江之滨尚有二百里，此两日内雇一小轿，仍走旱路。至湖北黄梅县临江之处即行雇船，计由黄梅至武昌不过六七百里，由武昌至长沙不过千里，大约八月中秋后可望到家。一出家辄十四年，吾母音容不可再见，痛极痛极！不孝之罪，岂有稍减之处。

兹念京寓眷口尚多，还家甚难，特寄信到京，料理一切，开列于后：

一、我出京时将一切家事面托毛寄云年伯，均获慨许。此时遭此大变，尔往叩求寄云年伯筹划一切，必能俯允。现在京寓并无银钱，分毫无出，家眷回南路费，人口太多，计须四五百金，求寄云年伯张罗。此外同乡如黎樾（yuè）乔、黄恕皆老伯，同年如王静庵、袁午桥年伯，平日皆有肝胆，待我甚厚，或可求其凑办旅费。受人恩情，当为将来报答之地，不可多求人也。袁漱六姻伯处，只可求其出力帮办一切，不可令其张罗银钱，渠甚苦也。

二、京寓所欠之账，唯西顺兴最多，此外如杨临川、王静庵、李玉泉、王吉云、陈仲鸾诸兄皆多年未偿。可求寄云年伯及黎、黄、王、袁诸君内择其尤相熟者，前往为我展缓，我再有信致各处。外间若有奠金来者，我当概存寄云、午桥两处，有一两即以一两还债，有一钱即以一钱还债。若并无分文，只得待我起复后再还。

三、家眷出京，行路最不易。樊城旱路既难，水路尤险，此外更无好路。不如仍走王家营为妥，只有十八日旱路。到清江（即王家营

也）时有郭雨三亲家在彼，到池州江边有陈岱云亲家及树堂在彼，到汉口时，吾当托人照料。江路虽险，沿途有人照顾，或略好些。闻扬州有红船最稳，虽略贵亦可雇。尔母最怕坐车，或雇一驮轿亦可。然驮轿最不好坐，尔母可先试之。如不能坐，则仍坐三套大车为安。

四、开吊[1]散讣[2]不可太滥，除同年、同乡、门生外，唯门簿上有来往者散之，此外不可散一分。其单请庞省三先生定。此系无途费，不得已而为之，不可滥也。即不滥，我已愧恨极矣。

五、外间亲友，不能不讣告寄信，然尤不可滥，大约不过二三十封，我到武昌时当寄一单来，并寄信稿，此刻不可遽发信。

六、铺店账目宜一一清楚，今年端节已全楚矣。此外只有松竹斋新账，可请省三先生往清，只可少给他，不可全欠他。又有天元德皮货店，请寄云年伯往清。其新猞猁狲(shē lì sūn)皮褂即退还他，若已做成，即并缎面送赠寄云可也。万一无钱，皮局账亦暂展限，但累寄云年伯多矣。

七、西顺兴账，自丁未年夏起至辛亥年夏止皆有折子，可将折子找出，请一明白人细算一遍，究竟用他多少钱，专算本钱，不必兼其利钱，待本钱还清，然后再还利钱。我到武昌时，当写一信与萧沛之三兄。待我信到后，然后请寄云年伯去讲明可也。总须将本钱、利钱划为两段，乃不至轇轕(jiāo gé)不清。六月所借之捐贡银一百二十余金，须设法还他，乃足以服人。此事须与寄云年伯熟计。

八、高松年有银百五十金，我经手借与曹西垣，每月利息京钱十千。今我家出京，高之利钱已无着落。渠系苦人，我当写信与西垣，嘱其赶紧寄京。目前求黎樾乔老伯代西垣清几个月利钱，至恳至恳。并请高与黎见面一次。

九、木器等类，我出京时已面许全交与寄云，兹即一一交去，不可分散，概交寄云年伯。盖器本少，若分则更少矣，送渠一人，犹成人情耳。锡器、瓷器亦交与他。

十、书籍我出京时一一点明，与尔舅父看过。其要紧者皆可带回。此外我所不带之书，唯《皇清经解》六十函算一大部，我出京时

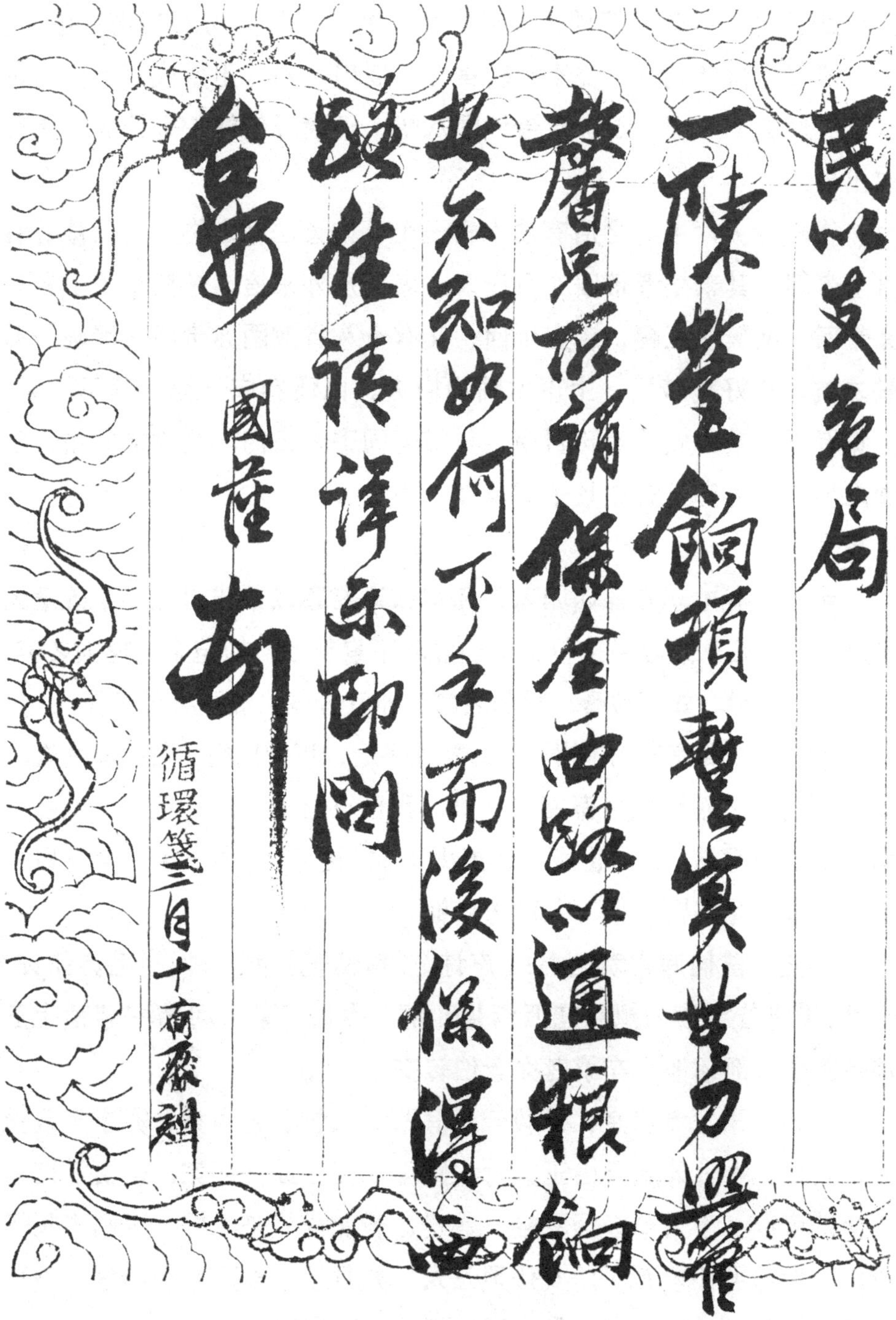

清羁押、枷号在局任事诸董札（之二）

已与尔舅说明，即赠送与寄云年伯。又《会典》五十函算一大部，可借与寄云用。自此二部外，并无大部，亦无好板，可买打磨厂油箱，一一请书店伙计装好，交寄云转寄存一庙内，每月出赁钱可也。边袖石借《通典》一函，田敬堂借地图八幅，吴南屏借梅伯言诗册，俱往取出带回。

十一、大厅书架之后有油木箱三个，内皆法帖之类，其已裱好者可全带回，其未裱者带回亦可送人。家信及外来信，粘在本子上者皆宜带回。地舆图三幅，皆宜带回，又有十八省散图亦带回，字画、对联之类，择好者带回，上下木轴均撤去，以便卷成一捆。其不好者、太宽者不必带，做一宽箱封锁，与书箱同寄一庙内。凡收拾书箱、字画之类，均请省三先生及子彦帮办，而牧云一一过目。其不带者，均用箱寄庙。

十二、我本思在江西归家，凡本家亲友皆以银钱赠送，今既毫无可赠，尔母归来须略备接仪，但须轻巧不累赘者，如毡帽、挽袖之类，亦不可多费钱。如捞沙膏、眼药之属，亦宜带些，高丽参带半斤。

十三、纪泽宜做棉袍褂一付，靴帽各一，以便向祖父前叩头承欢。

十四、王雁汀先生寄书有一单，我已点与子彦看。记得《乾隆二集》系王世兄取去，《五集》系王太史向刘世兄借去，余刘世兄取去者又一集。此外皆在架上，可送还他。

十五、苗仙鹿寄卖之书:《声订》《声读表》共一种，《毛诗韵订》一种，《建首字读》想到江西销售几部，今既不能，可将书架顶上三种各四十余部还他，交黎樾乔老伯转交。

十六、送家眷出京，求牧云总其事。如牧云已中举，亦求于复试后。九月二十日外起行由王家营水路至汉口，或不还家，仍由汉口至京会试可也。下人中必须罗福、盛贵，若沈祥能来更好，否则李长子亦可。大约男仆须四人，女仆须三人。九月二十前后必须起程，不可再迟，一定由王家营走，我当写信托沿途亲友照料。

咸丰二年七月二十六日

[注释]

①开吊：有丧事的人家在出殡前接受亲朋好友的吊唁称为开吊。

②讣：报丧的通知。

[译文]

字谕纪泽儿：

七月二十五日丑时二刻，我抵达了安徽太湖县的小池驿，悲伤地听到母亲逝世的消息。我不修德行，没有实学而徒有虚名，自己知道一定会有灾祸，害怕很久了，没想到老天不把祸降在我身上，反而降在了我的母亲身上，回想起来，我平日里未能察觉的罪恶不计其数，一听了这个消息，我真是无地自容啊！

小池驿距离大江之滨还有两百里，这两天雇了一台小轿仍旧走旱路。到了湖北黄梅县临江的地方就立即雇船，算一下从黄梅到武昌不过六七百里，由武昌到长沙不过一千里，大约在八月中秋节后我就能到家了。离家已有十四年了，如今再也见不到母亲的音容笑貌了，太伤心了，太伤心了！不孝的罪，哪有可以稍微减少之处！

现考虑到京城家眷很多，回家很难，特写信到京城，料理一切，开列在后面：

一、我离开京城时把一切家事全都当面托付给了毛寄云年伯，承蒙他慨然应允。这时遭此变故，你要去叩头请求寄云年伯筹划一切，肯定能得到应允。现在京城家里并没有钱，一分都拿不出来，家眷回湖南的路费，因人口太多，估算一下大约需要四五百两银子，请求寄云年伯代为张罗。另外同乡如黎樾乔、黄恕皆老伯，同年如王静庵、袁午桥年伯，平日里与我肝胆相照，对待我十分仁厚，也可以请求他们凑办路费。接受别人的恩情，应当留将来报答的余地，不要多求别人。袁漱六姻伯那里，只可求他出力帮忙办理一切，不可以求他张罗银钱，他已经很贫苦了。

二、京城家里所亏欠的账，只有西顺兴最多，此外，如杨临川、王静庵、李玉泉、王吉云、陈伯鸾诸位仁兄，都是多年未还。可以请求寄云年伯和黎、黄、王、袁诸位先生，由他们选择相熟的人前去为我暂缓，我再给各处写封信。外面如果有奠金送来，全都存在寄云、午桥两处，有一两就用一两还债，有一钱就用一钱还债。如果分文皆无，那只好等我复官后再偿还了。

三、家眷离开京城，行路会十分不容易。樊城的旱路很难走，水路也尤其危险，除此之外也没有更好的好路可走。不如仍旧走王家营更为稳妥，只有十八天的旱路而已。到了清江（也就是王家营）那里就有郭雨三亲家，到池州江边有陈岱云亲家和树堂在那里，到汉口时，我会嘱托专人照料。江路虽然危险，但一路上有人照顾，可能会好些。听说扬州有红船最为稳妥，虽然价钱贵点儿但也可以雇。你母亲最害怕坐车，也可以雇一座驮桥。但最不好坐的就是驮轿，你母亲可先试试。如果不能坐，就仍坐三套的大车就好了。

四、开吊散发讣告，不可太滥了，除了同年、同乡、门生之外，只有在门簿上有过往来的人才可以发讣告，此外不可多发一份。讣单请庞省三先生来定夺。这是因为没有路费，不得已才这样做，不可太滥发。就算是不滥发，我也已经惭愧悔恨至极。

五、外边的亲朋好友，不能不寄发讣告，但也不可太滥，大概不超过二三十封，我到武昌时，会将名单和寄信的稿子寄来，此刻不要着急寄发讣告。

六、铺店的账目应该一一弄清楚，今年端午节时已全都弄清楚了。此外，只有松竹斋新账，可请省三先生去清查，只可以少给他一些，不可以全都不给。又有天元德皮货店，请寄云年伯前去清查。他的新猞猁狲皮褂可马上退还给他，如果已做好了，就和缎面一并送给寄云就行。万一没有钱，皮局的账就先暂时欠着，只是寄云年伯多受累了。

七、西顺兴的账目，从丁未年夏天起到辛亥年夏天止全有折子，可将折子找出来，请一个明白人仔细算一遍，究竟用了他多少钱，只算本钱，无需算利息，待本钱还清后，再还利息钱。我到武昌时，会给萧沛之三兄写封信。等我的信到了后，再请寄云年伯去讲明就行。总要把本钱和利钱分为两段，才不会导致交杂不清。六月借的捐贡银共有一百二十多两，要想方设法还他，这才足以服人。此事要和寄云年伯好好商讨一下。

八、高松年有一百五十两银子，我经手借给了曹西垣，每月利息是京钱十千。如今我不在京城，高的利钱已经没有着落了。他是受害人，我会给西垣写信，嘱托他赶紧把利钱寄到京城。目前先请求黎樾乔老伯代替西垣偿还几个月的利钱，至为恳切。并请高和黎见一次面。

九、木器等一类东西，我离京时，已当面答应全都送给寄云了，现在就一一给他吧，不可分给他人，全都交给寄云年伯。由于木器原本就少，如果分给他人就更少了，送他一人，还交个人情。锡器和瓷器也都给他。

十、书籍在我离京时已经全都清点了，给你舅舅看过。那些重要的全都可带回。此外，我所不要的书，只有《皇清经解》六十函算是一大部头，我离京时已经和你舅说好了，送给寄云年伯。还有《会典》五十函也可算是一大部头，可借给寄云用。除这两部书以外，就没有大部头了，也没有好的版本，可买打磨石油漆木箱，请书店伙计一一装好，交给寄云转存在一个庙里，每月出些租赁钱就行。边袖石借《通典》一函，田敬堂借地图八幅，吴南屏借梅伯言诗册，都去取出带回来。

十一、大厅书架后面有三个油木箱，里面都是法帖之类的，其中已经装裱好的可全都带回，没有裱好的也可带回来送人。家信以及外面的来往信件，粘贴在本子上的全都要带回。地图三幅都要带回，又有十八省散图也要带回来，字画和对联之类，挑选些好的带回，去掉上下木轴，以便卷成一捆。那些不好的、太宽的就不必带回来了，做个宽口的箱子加锁封起来，和书一起寄放在庙中。凡是书籍字画等物，都要请省三先生和子彦帮忙办理，并请牧云一一过目。那些不带的都封箱存在庙中。

十二、我本打算从江西回家，凡是本家亲友都送些银钱，如今已经没有东西可赠送的了。你母亲回来，需要略微准备点礼物，但要选些轻巧不累赘的，比如毡帽、挽袖之类的东西，也不要多花钱。如捞沙膏、眼药之类的要带一些，带半斤高丽参。

十三、纪泽应该做一付棉袍褂，以及靴帽各一套，以便在祖父前叩头承欢。

十四、王雁汀先生寄书有一张单子，我已交给子彦过目了。记得《乾隆二集》是王世兄取走的，《五集》是王太史向刘世兄借走的，此外剩下的刘世兄还借走了一集。余下的都在架上，可送还他。

十五、苗仙鹿寄卖的书有：《声订》《声读表》共一种，《毛诗韵订》一种，《建首字读》想到江南卖几部，如今既然不能了，可将书架顶上这三种各四十余部还给他，请黎樾乔老伯转交。

十六、送家眷离开京城，请牧云掌管这件事。如果牧云已中举，也请他在复试后来管理此事，九月二十日前起程，由王家营水路到汉口，或者不回家，仍然由汉口到京参加会试也行。下人中必须有罗福、盛贵，如果沈祥能来就更好了，否则李长子也行。大约男仆要四个，女仆要三个。九月二十日前后必须起程，不能再迟了，一定要从王家营出发，我会写信拜托沿途亲友照顾。

咸丰二年七月二十六日

痛闻母大故，命尔等眷口于开吊后赶紧出京，有未尽想到者，开示于后

[原文]

字谕纪泽儿：

吾于七月二十五日在太湖县途次[1]，痛闻吾母大故。是日仍雇小轿，行六十里，是夜未睡，写京中家信，料理一切，命尔等眷口于开吊后赶紧出京。二十六夜发信，交湖北抚台寄京。二十七发信，交江西抚台寄京。两信是一样说话，而江西信更详，恐到得迟，故由两处发耳，唯仓卒哀痛之中，有未尽想到者，兹又想出数条，开示于后：

一、他人欠我账目，算来亦将近千金。唯同年鄢勖（yān xù）斋，当时听其朕受之诉，而借与百金，其实此人并不足惜，今渠已参官，不复论已。此外凡有借我钱者，皆光景甚窘之人，此时我虽窘迫，亦不必向人索取，如袁亲家，黎樾翁、汤世兄、周荇农、邹云陔，此时皆不甚宽裕。至留京公车，如复生同年、吴镜云、李子彦、刘裕轩、曾爱堂诸人，尤为清苦异常，皆万不可向其索取，即送来亦可退还。盖我欠人之账，即不能还清出京，人欠我之账，而欲其还，是不恕也。从前黎樾翁出京时，亦极窘，而不肯索穷友之债，是可为法。至于胡光伯

之八十两、刘仙石之二百千钱，渠差旋时，自必还交袁亲家处，此时亦不必告知渠家也。外间有借我者亦极窘，我亦不写信去问他。

二、我于二十八、二十九，在九江耽搁两日，江西省城公送来奠分银一千两，余以三百两寄京还债，以西顺兴今年之代捐贡银，及寄云兄代买皮货银之类，皆极紧急。其银交湖北主考带进京，想到京时，家眷已出京矣，即交寄云兄择其急者而还之，下剩七百金，以二百余金在省城还账，带四百余金至家办葬事。

三、驮轿要雇，即须二乘，尔母带纪鸿坐一乘，乳妈带六小姐、五小姐坐一乘。若止一乘，则道上与众车不同队，极孤冷也。此外雇空太平车一乘，备尔母道上换用，又雇空轿车一乘，备尔与诸妹弱小者坐，其余概用三套头大车。我之主见，大略如此，若不妥当，仍请袁姻伯及毛、黎各老伯斟酌，不必以我言为定准。

四、李子彦无论中否，皆须出京，可请其与我家眷同行几天，行至雄县，渠分路至保定去，亦不甚绕也。到清江浦登船，可请郭雨三姻伯雇，或雇湖广划子二只亦可，或至扬州换雇红船，或雇湘乡钓钩子亦可。沿途须发家信，至清江浦，托郭姻伯寄信；至扬州，托刘星房老伯寄信；至池州托陈姻伯；至九江，亦可求九江知府寄；至湖北，托常太姻伯寄，以慰家中悬望，信面写法，另附一条。

五、小儿女等，须多做几件棉衣，道上十月固冷，船上尤寒也。

六、我托夏阶平老伯请各家诰封：一梁献廷、一邓廷楠、一刘继振三教官。我另有信与阶平兄，尔须送银十二两至夏家去。至家中请封之事，暂不交银，俟后再寄可也。

七、御书诗匾，及戴醇士、刘茮（jiāo）云所写匾，俱可请裱匠启下，卷起带回。王孝凤借去天图，其底本系郭筠仙送我的，暂存孝凤处，将来请交筠仙。

八、我船一路阻风，行十一日尚止走得三百余里，极为焦灼，幸冯树堂由池州回家，来至船上，与我作伴，可一同到省，堪慰孤寂，京中可以放心。

九、江西送奠仪[2]千金，外有门包[3]百金，丁贵、孙福等七人，已分去六十金，尚存四十金，将来罗福、盛贵、沈祥等到家，每人可分八九两，渠等在京要支钱，亦可支与他，渠等皆极苦也。

十、松竹斋军机信封五寸长者、六寸长者、七寸长者三等，各为我买百封并签子。

十一、我写信十余封至京，各处有回我信者，先交折差寄回。

十二、我在九江时，知府陈景曾，知县李福，皆待我极好，家眷过九江时，我已托他照应，但讨快不讨关。（讨关，免关钱也；讨快，但求快快放行，不免关税也。）尔等过时，渠若照应，但可讨快，不可代船户讨免关。

十三、船上最怕盗贼，我在九江时，德化县派一差人护送，每夜安船后，差人唤塘兵打更，究竟好些。家眷过池州时，可求陈姻伯饬县派一差人护送，沿途写一溜信，一径护送到湖南或略好些。若陈姻伯因系亲戚，避嫌不肯，则仍至九江，求德化县派差护送，每过一县换一差，不过赏大钱二百文。

十四、各处发讣信，现在病不知日，没不知时，不能写信稿，只好到家后再说。

咸丰二年八月初八日

[注释]

①途次：半路上。

②奠仪：送给办丧事的人家用于祭奠的财物。

③门包：今指“好处费”“意思钱”。晚清特指给官员宅院守门人的意思钱、好处费。

[译文]

字谕纪泽儿：

我在七月二十五日在太湖县的路上悲痛地听到我母亲故去的噩耗。当天仍然雇小轿走了六十里，晚上没有睡，给京城的家里写信料理一切，命令你们在开吊后赶紧离开京城。二十六日晚上寄出信件，交给湖北抚台寄往京城。二十七日寄出信件，交给江西抚台寄往京城。两封信的内容相同，只是给江西抚台的信写得更详尽，唯恐信晚到了，因此从两个地方发出去，只是匆忙悲痛之中，有些没有想到的，现又

想出几点，写在后面：

一、别人欠我的账目，算起来也快有一千两银子了。只有同年鄢勖斋，当时因为听他的不真实的言辞受了感动，而借给他一百两，其实此人并不值得可怜，如今他已被参劾而罢官，不再说他了。此外凡是跟我借钱的，全是生活很窘迫的人，现在我虽然很窘迫，但也不必向他们索要，如袁亲家、黎樾乔、汤世兄、周荇农、邹云陔，现在都还不宽裕。至于留京的举人，如复生同年、吴镜云、李子彦、刘裕轩、曾爱堂这些人，就更加清贫了，万万不要向他们索要，即使他们来还钱也要退回去。既然我亏欠别人的债，还可以不还清就离开京城，却要索要别人亏欠我的钱，这样做是不被人宽恕的。以前黎樾翁离京时，也非常窘迫，却不肯向穷苦朋友索债，这是应该效法的。至于胡光伯借的八十两，刘仙石借的二百千钱，他们出差回来后，自己就会把钱交到袁亲家那里，这个时候也不必告诉他们家里。外地向我借钱的人也非常窘迫，我也不打算写信去要。

二、二十八、二十九日我在九江耽搁了两天，江西省城官府送来奠银一千两银子，我把其中的三百两寄回京城还债，因为西顺兴今年的代捐贡银以及寄云兄代买皮货之类的钱都非常紧急。这些银子交湖北主考官带回京城，想到银子到时，家眷都已离开京城了，就交给寄云兄选择急需银两的先还上，余下的七百两，其中二百两用于还省城的债，剩下四百多两银子带回家办丧事。

三、要雇驮轿的话就要雇两乘，你母亲带纪鸿坐一乘，乳妈带六小姐、五小姐坐一乘。如果只雇一乘，路上和其他车子不同队，就太冷清了。此外，雇空太平车一乘，以备你母亲在路上换用。还要雇空轿车一部，以备你和体弱的妹妹们坐，其余一概坐三套头大车。我的意思大致是这样，如果不妥当，还是请袁姻伯和毛、黎各老伯斟酌，不必以我说的为准。

四、李子彦不论有没有考中，都要离开京城，可以请他和我的家眷同行几天，到了雄县，他再分路到保定去，也不算绕远。到了清江浦乘船，可请郭雨三姻伯雇船，或者雇两只湖广划子也行，或者到扬州换雇红船，或者雇湘乡钓钩子船也行。沿途要发家信，到了清江浦就托郭姻伯寄信，到了扬州，就托刘星房老伯寄信，到了池州就托陈姻伯寄信，到了九江也可求九江知府寄信，到了湖北就托常太姻伯寄信，以安慰家人的挂念，信封的写法，另外附一条。

五、小儿女等需要多做几件棉衣，路上十月时肯定很冷，船上就更冷了。

六、我托夏阶平老伯请各家诰封：一是梁献廷，一是邓廷楠，一是刘继振，一共三位教官。我另外有信给阶平兄，你需要送十二两银子到夏家去。至于我家中请诰封的事情，可暂时不交银子，可以后再寄。

七、御书诗匾以及戴醇士、刘茮云所写的匾都可请裱匠取下来，卷起来带回。王孝凤借走的天图，其底本是郭筠仙送给我的，暂且存放在孝凤那里，以后请他交给筠仙。

八、我乘坐的船一路逆风行驶，航行十一天只走了三百多里，我非常焦急，幸亏冯树堂由池州回家，来到船上和我做伴，可以一起到省城，不至于那么孤寂，京城的家人可以放心。

九、江西送奠仪一千两，另外有门包一百两，丁贵和孙福等七人已分走六十两，还剩下四十两，将来罗福、盛贵、沈祥等到家后，每人可分八九两，他们在京城需要用钱，也可以先给他们，他们都非常苦。

十、松竹斋军机信封有五寸长的、六寸长的、七寸长的三种，帮我各买一百封并连同签子。

十一、我给京城写了十多封信，各个地方有给我回信的，先交信差寄回来。

十二、我在九江时，知府陈景曾、知县李福都待我非常好，家眷经过九江时，我已嘱托他们多加照应，但也只能讨快，而不能讨关（讨关是指免除关税；讨快，只求快点放行，关税不免）。你们经过那里时，他们如果能照应，只能求快快放行，不能替船户讨免关税。

十三、船上最怕有盗贼，我在九江时，德化县派了一个差人护送，每晚停船后，差人叫塘兵打更，还是好些。家眷经过池州时，可请求陈姻伯让县里派一个差人护送，沿途写一溜信，一路送到湖南，或许能好一些。如果陈姻伯因为是亲戚，避嫌不肯办的话，就到九江请德化县派差人护送，每经过一个县就换一个差人，不过赏二百文大钱。

十四、各处发讣信，现在我不知道母亲发病和去世的时间，不能写信，只好到家之后再说了。

咸丰二年八月初八日

痛哭吾母，敬谒吾祖

[原文]

字谕纪泽儿：

余于八月十四日，在湖北起行，十八日到岳州，由湘阴、宁乡绕道，于二十三日到家。在腰里新屋，痛哭吾母。二十五日至白杨坪老屋，敬谒吾祖星冈公坟墓。家中老小平安，地方亦安静，合境团练，武艺颇好，土匪可以无虑。

吾奉父亲大人之命，于九月十三日，暂厝(cuò)[1]吾母于腰里屋后，俟将来寻得吉地，再行迁葬。家眷在京，暂时不必出京，俟长沙事平，再有信来。王吉云同年在湖北主考回京，余交三百二十金，托渠带京，想近日可到。

再左季翁初四日不缄件於初八日寄至祁门交雪申兩君閲請申夫代抄一分寄於胡宫保信内交舍弟來營带去為荷 又行

廿五

嘱转交左宗棠缄札

余将发各处讣信，刻尚无暇，待九月再寄。京中寄回信，交湖北常大人处最妥，岳父岳母，于二十五日来我家，身体甚好，尔可告知尔母，余不尽。

涤生手示

咸丰二年八月二十六日

［注释］

①厝：指浅埋以待以后改葬。

［译文］

字谕纪泽儿：

我于八月十四日，从湖北出发，十八日到达岳州，由湘阴、宁乡绕道，于二十三日到家。在腰里新屋痛哭我的母亲。二十五日到白杨坪老屋，恭敬地拜谒我祖父星冈公的坟墓。家中老少皆平安，地方上也很安宁，县里到处办团练，他们武艺很好，可以不用担心有土匪了。

我奉父亲大人的命令，在九月十三日将母亲暂时浅埋在腰里屋后，等以后寻找到风水好的坟地再改葬。在京城的家眷暂时不要离开京城，等长沙的事平定之后，再来信。同年王吉云在湖北主考任期满后回到京城，我托他带三百二十两银子回京，想来这几天就能到了。

我将向各个地方发讣信，连片刻的时间都没有，等九月再寄。京城往这里寄信，还是交给湖北常大人最为稳妥。岳父岳母于二十五日来我家，二老的身体都非常好，你可转告你母亲。其余不一一写了。

涤生手示

咸丰二年八月二十六日

所有出殡之事，一切皆从俭约

［原文］

字谕纪泽儿：

予自在太湖县闻讣后，于二十六日书家信一号托陈岱云交安徽提塘寄京，二十七日写二号家信托常南陔交湖北提塘寄京，二十八日发三号交丁松亭转交江西提塘寄京。此三次信，皆命家眷赶紧出京之说也。八月十三日在湖北发家信第四号，十四日发第五号，二十六日到家后发家信第六号。此三次信，皆言长沙被围，家眷不必出京之说

也。不知皆已收到否？

余于二十三日到家，家中一切皆清吉，父亲大人及叔父母以下皆平安。余癣疾自到家后日见痊愈。地方团练，我曾家人人皆习武艺，外姓亦多善打者，土匪决可无虞。粤匪之氛虽恶，我境僻处万山之中，不当孔道，亦断不受其蹂躏。

现奉父亲大人之命，于九月十三日权厝先妣[1]于下腰里屋后山内，俟明年寻有吉地再行改葬。所有出殡之事，一切皆从俭约。唯新做大杠六十四人舁(yú)[2]请，给费钱十余千，盖乡间木料甚贱也。请客约百余席，不用海菜，县城各官一概不请。神主即请父亲大人自点。

丁贵自二十七日已打发他去了，我在家并未带一个仆人，盖居乡即全守乡间旧样子，不参半点官宦气习。丁贵自回益阳，至渠家住数日，仍回湖北为我搬取行李回家，与荆七二人同归。孙福系山东人，至湖南声音不通，即命渠由湖北回京，给渠盘缠十六两，想渠今冬可到京也。

尔奉尔母及诸弟妹在京，一切皆宜谨慎，目前不必出京，待长沙贼退后余有信来，再行收拾出京。兹寄去信稿一件，各省应发信单一件，尔可将信稿求袁姻伯或庞师照写一纸发刻。其各省应发信，仍求袁、毛、黎、黄、王、袁诸老伯妥为寄去。余到家后，诸务丛集，各处不及再写信，前在湖北所发各处信，想已到矣。

十三日申刻，母亲大人发引，戌刻下窆(biǎn)[3]，十九日筑坟可毕。现在地方安静，闻长沙屡获胜仗，想近日即可解围。尔等回家，为期亦近矣。

罗劭农（芸皋之弟）至我家，求我家在京中略为分润渠兄。我家若有钱，或十两，或八两，可略分与芸皋用，不然，恐同县留京诸人有断炊之患也。书不能尽，余俟续示。

涤生手示

咸丰二年九月十八日

［注释］

①妣：原指母亲、慈母的代名词，后称已经死去的母亲。

②舁：抬。

③窆：墓穴，坟茔。

［译文］

字谕纪泽儿：

我在太湖县听到讣讯后，于二十六日写了第一号家信，托陈岱云交安徽提塘寄往京城，二十七日写了第二号家信，托常南陔交湖北提塘寄往京城，二十八日发了第三号家信，交丁松亭转交江西提塘寄往京城。这三封信，都是让家眷赶紧离开京城。八月十三日在湖北发了第四号家信，十四日发了第五号家信，二十六日到家后发了第六号家信。这三封信都说长沙被围困，家眷不要离开京城。不知都已经收到了没有?

我于二十三日到家，家里一切都清平吉祥，父亲大人和叔父母等都平安。我的癣病自从到家后日见好转。至于地方团练，我曾家人人都练习武艺，外姓人也有很善于打斗的，绝对不用担心有土匪了。广东盗匪的声势虽然很嚣张，但我县处在偏僻的群山之中，没有在交通要道上，也不可能遭受盗贼的侵扰蹂躏。

现在我奉父亲大人的命令，于九月十三日暂且将亡母葬在下腰里屋后的山中，等明年寻找到风水好的坟地再改葬。所有出殡的事，一切都从俭节约。只有新做的大杠，需要六十四个人抬，给人力钱十多千，这是因为乡间木料非常便宜。请客大约一百多桌，不用海味，县城各位官员都不请。神主就请父亲大人亲自点定。

丁贵自二十七日已打发他走了，我在家并没有带一个仆人，因为住在乡下就要遵守乡下风俗，不能掺杂半点官僚的习气。丁贵自己回益阳，到家住了几天，仍旧回湖北为我搬取行李回家，和荆七两人一起回来。孙福是山东人，到了湖南语言不通，于是让他由湖北回京城，给了他十六两路费，想来他今年冬天就能到京城。

你在京城奉养你母亲和弟妹们，一切都要谨慎，现在不要离开京城，等长沙贼匪平定后，我给你写信，你再收拾行李离开京城。现在寄去信稿一件，各省应发的信单一件，你可将信稿请袁姻伯或是庞老师照抄一纸刻印。各省应寄出的信件，仍然求袁、毛、黎、黄、王、袁几位先生妥善寄去。我到家后，诸多事务掺杂在一起，各处来不及写回信，以前在湖北所发给各处的信，想必已经收到了。

十三日申刻，母亲大人灵柩出发，戌时下葬，十九日筑坟完毕。现在地方上很安静，听说长沙多次打了胜仗，看来近日就能解围了。你们回家的日子也近了。

罗邵农（芸皋的弟弟）到我家，求我家在京中对他的兄长多加照应。我家如果有钱，或者十两，或者八两，可多少分给芸皋用，否则，恐怕同县中留在京城的那些人会有没饭吃的忧患。书不尽言，其余的等下次再说。

涤生手示

咸丰二年九月十八日

切不可以为有损架子而不为

［原文］

澄侯、温甫、子植、季洪四弟足下：

久未遣人回家，家中自唐二、维五等到后，亦无信来，想平安也。余于二十九日自新堤移营，八月初一日至嘉鱼县，初五日自坐小舟，至牌洲看阅地势，初七日即将大营移驻牌洲。水师前营、左营、中营，自闰七月二十三日驻扎金口，二十七日贼匪水陆上犯，我陆军未到，水军两路堵之，抢贼船二只，杀贼数十人，得一胜仗。罗山于十八、二十三、二十四、二十六日等日得四胜仗。初四发折，俱详叙之，兹付回。

初三日接上谕廷寄[1]，余得赏三品顶戴，现具折谢恩，寄谕并折寄回。余居母丧，并未在家守制，清夜自思，局促不安。若仗皇上天威，江面渐次肃清，即当奏明回籍，事父祭母，稍尽人子之心。诸弟及儿侄辈，务宜体我寸心，于父亲饮食起居，十分检点，无稍疏忽；于母亲祭品礼仪，必洁必诚；于叔父处敬爱兼至，无稍隔阂。兄弟姒（sì）娣（dì）[2]，总不可有半点不和之气。凡一家之中，勤敬二字，能守得几分，未有不兴；若全无一分，未有不败。和字能守得几分，未有不兴；不和未有不败者。诸弟试在乡间，将此三字于族戚人家，历历验之，必以吾言为不谬也。

诸弟不好收拾洁净，比我尤甚，此是败家气象，嗣后务宜细心收拾，即一纸一缕，竹头木屑，皆宜捡拾，以为儿侄之榜样。一代疏懒，二代淫泆（yì），则必有昼睡夜坐，吸食鸦片之渐矣。四弟、九弟较勤，六弟、季弟较懒，以后勤者愈勤，懒者痛改，莫使子侄学得怠惰样子，至要至要！子侄除读书外，教之扫屋、抹桌凳、收粪、锄草，是极好之事，切不可以为有损架子而不为也。

咸丰四年八月十一日

［注释］

①廷寄：清代时皇帝的谕旨分明发和廷寄，交由内阁发布称为明发，交由军机

处专寄给各省高级官员的，上面写有某官开拆的字样，称为廷寄。

②姒娣：妯娌。

［译文］

澄侯、温甫、子植、季洪四弟足下：

很久没有派人回家，家里自从唐二、维五等来了后也没有信来，想必一切都平安吧。我在二十九日从新堤转移营地，八月初一日到嘉鱼县，初五日乘坐小船到牌洲察看地势，初七日便将大营移驻到牌洲。水师的前营、左营和中营，从闰七月二十三日在金口驻扎，二十七日敌军分水陆两路进犯，我们的陆军还没有到，水军兵分两路阻击敌人，劫获敌人两只战船，杀死数十名敌兵，打了个胜仗。罗山在十八日、二十三日、二十四日、二十六日等日打了四个胜仗。初四发出的奏折详细地叙述了打胜仗的经过，现在寄回。

八月初三日接到了皇上谕旨，我得到三品顶戴的赏赐，现在写奏折谢皇上恩典，皇上谕旨和奏折一并寄回。我正在服母丧，并没有在家守制，夜深人静时，自己常常沉思，真是局促不安。如果仰仗皇上的天威，江面上的敌人能够逐渐肃清，便马上奏请皇上，回家侍奉父亲祭奠母亲，稍微尽点儿为人之子的孝心。弟弟们以及儿侄辈，一定要体谅我这份心意，在父亲的饮食起居方面，要特别注意，不要有些许的疏忽；对于我母亲的祭品礼仪方面，务必要洁净，要诚心诚意；对叔父那边要做到敬爱双全，不要有些许的隔阂。兄弟妯娌之间，不要有半点不和之气。凡是一家之中，勤敬二字能守得住几分的，没有不兴盛的；如果一分都守不住，没有不衰败的。和字能守住几分的，没有不兴盛的；家中不和，没有不衰败的。弟弟们不妨在乡里将这三个字到家族亲戚中去挨个验证，肯定会觉得我所说得没有错。

弟弟们比我还不爱洁净，这是败家的气象，以后一定要细心收拾，就是一张纸、一根线、竹头木屑都要捡拾起来，为子侄辈树立榜样。第一代人懒散，第二代就会骄奢淫逸，那么渐渐就会出现白天睡觉，晚上打牌，吸食鸦片这些坏事！四弟和九弟比较勤快，六弟和季弟比较懒惰，以后勤快的要更加勤快，懒惰的要痛改前非，不要让子侄们学到懒散的样子，至关重要啊！子侄们除了读书以外，还要教他们打扫房屋、擦桌椅、拾粪、锄草，学会干些活是好事，千万不要以为这样会有损于自己的架子而不去做。

咸丰四年八月十一日

谨慎谦虚，时时省惕

［原文］

澄、温、沅、季四位老弟左右：

二十五日着胡二等送家信，报收复武汉之喜。二十七日具折奏

申夫仁弟阁下：接十三辰刻来信，既有两月之粮，则景镇、安庆必可一处得手，此间可以坚守无虞也。三四月内吾辈力办者三事：一曰通东流接济，二曰办米，三曰丈量各要隘濠沟。此外皆置不问可也。久不接益斋信，不知渠到何

卅六

力办者三事札（之一）

捷。初一日制台杨慰农到鄂相会。是日又奏二十四夜焚襄河贼舟之捷。初七日奏三路进兵之折。其日酉刻，杨载福、彭玉麟等，率水师六十余船，前往下游剿贼。初九日前次谢恩折，奉朱批回鄂。初十日，彭四、刘四等来营，进攻武汉三路进剿之折，奉朱批到鄂。

十一日武汉克复之折，奉朱批、廷寄、谕旨等件，兄署湖北巡抚，并赏戴花翎。兄意母丧未除，断不敢受官职。若一经受职，则二年来之苦心孤诣，似全为博取高官美职，何以对吾母于地下？何以对宗族乡党？方寸之地，何以自安？是以决计具折辞谢，想诸弟亦必以为然也。

功名之地，自古难居。兄以在籍之官，募勇造船，成此一番事业，其名震一时，自不待言。人之好名，谁不如我？我有美名，则人必有受不美之名与虽美而远不能及之名者。相形之际，盖难为情。兄唯谨慎谦虚，时时省惕①而已。若仗圣主之威福，能速将江西肃清，荡平此贼，兄决意奏请回籍，事奉吾父，改葬吾母，久或三年，暂或一年，亦足稍慰区区之心，但未知圣意果能俯从否？

诸弟在家，总宜教子侄守勤敬。吾在外，既有权势，则家中子侄，最易流于骄，流于佚。二字皆败家之道也，万望诸弟刻刻留心，勿使后辈近于此二字，至要至要。

罗罗山于十二日拔营，智亭于十三日拔营，余十五六亦拔营东下也，余不一一，乞禀告父亲大人、叔父大人万福金安。

咸丰四年九月十三日

[注释]

①省惕：警惕。

[译文]

澄、温、沅、季四位老弟左右：

二十五日派胡二等送家信，报告收复武汉的喜讯。二十七日写奏折报捷。初一日制台杨慰农到湖北相会。当天又奏上二十四日晚上焚烧襄河敌人战船的捷报。初七日上奏三路进兵的奏折。当天酉时，杨载福、彭玉麟等率领水军六十多只战船，前往下游剿灭敌人。初九日，上次谢恩的奏折，皇上朱批后送回湖北。初十日，彭

四、刘四等来军营，又接到进攻武汉三路进剿的奏折。

十一日武汉克复的奏折，收到朱批、廷寄、谕旨等件，为兄升任湖北巡抚，并且赏戴花翎。为兄的意思是母丧守制还没有到期，断然不敢接受官职。如果接受了，那么两年来苦心孤诣好像全是为了博取高官厚禄而为，该如何面对九泉之下的母亲？如何面对宗族乡党？自己的心又怎能安宁？因此决定写奏折向皇上辞谢，我想弟弟们也肯定是这么认为吧。

官场从古至今都是一个难待的地方。为兄作为在籍的官员，招募兵勇，修造战船，成就了一番功业，名声威震一时，大家都知道，我不必多说。谁都喜欢有个好名声，在这点上有谁会不如我？我有美名，可有的人却要承受不好的名声，或者是虽然有好的名声，但不能向远方传播。与他们相比，我很难为情。为兄只有谨慎谦虚，时时刻刻都要警惕。如果仰仗皇上的威福，能够快速肃清江西地区的敌人，为兄就决心奏请皇上批准回家，侍奉父亲，改葬我的母亲，长则三年，短则一年，也足以稍微使我的心里感到安慰，但不知道皇上能不能批准。

弟弟们在家，一定要教育子侄们遵守“勤敬”二字。我在外面，有权有势，那么家里的子弟最容易骄奢淫逸起来。“骄佚”二字正是败家之道，万望弟弟们时刻留心，不要让子侄们接近这两个字，至关重要啊！

罗罗山在十二日拔营，智亭在十三日拔营，我在十五六日也拔营，准备东下，其余不一一写了，请禀告父亲大人、叔父大人，祝他们万福金安。

咸丰四年九月十三日

读书宜选一明师

[原文]

澄侯、温甫、子植、季洪四位老弟足下：

胡二等初一日到营，接奉父大人手谕及诸弟信，俱悉一切。

兄于二十日自汉口起行，二十一日至黄州，二十二日至堵城，以羊一豕一为文祭吴甄甫师。二十三日过江至武昌县。二十四在巴河晤郭雨三之弟，知其兄观亭在山西，因属邑失守革职。雨三现署两淮盐运使。

二十九日至蕲（qí）州，是日水师大战获胜。初一、初四、初五，陆军在田家镇之对岸半壁山大战获胜。初九、初十水师在蕲州开仗小胜。十三日水师大破田家镇贼防，烧贼船四千余号。自有此军以来，陆路杀贼之多，无有过于初四之战，水路烧船之多，无有过于十三之役。

现在前锋已至九江，吾尚驻田家镇，离九江百五十里，均具奏报之中。兹并抄录寄回，祈敬呈父亲大人、叔父大人一览。

刘一、良五于二十日到田家镇，得悉家中老幼均吉，甚慰甚慰！

魏荫亭先生既来军中，父大人命九弟教子侄读书，而九弟来书坚执不肯，欲余另请明师。余意中实乏明师可以聘请，日内与霞、次及幕中诸君子熟商①。近处唯罗研生兄，是我心中佩仰之人，其学问俱有本原，于说文、音学、舆地，尤其所长，而诗古文辞及行楷书法，亦皆讲求②有年。

吾乡通经学古之士，以邹叔绩为最，而研生次之。其世兄现在余幕中，故请其写家信聘研生至吾乡教读。研兄之继配陈氏，与耦（ǒu）庚先生为联襟，渠又明于风水之说，并可在吾乡选择吉地，但不知其果肯来否？渠现馆徐方伯处，未知能辞彼就此否？若果能来，足开吾邑小学之风，于温甫、子植，亦不无裨益。若研兄不能来，则吾心中别无人。植弟坚不肯教，则乞诸弟为访择一师而延聘焉为要。甲三、甲五可同一师，不可分开，科一、科三、科四亦可同师。余不一一，诸俟续布。

咸丰四年十月二十二日

［注释］

①熟商：反复商讨。

②讲求：修习研究。

［译文］

澄侯、温甫、子植、季洪四位老弟足下：

胡二等于初一日来到营中，收到父亲大人的亲笔信以及弟弟们的信，知道了一切。

为兄于二十日从汉口出发，二十一日到达黄州，二十二日到达堵城，用一羊一猪撰祭文祭奠吴甄甫老师。二十三日过江到达武昌县。二十四日在巴河会见了郭雨三的弟弟，知道他的哥哥观亭在山西，因属县失守而被罢职。雨三现任两淮盐运使。

二十九日到蕲州，当天水师大获全胜。初一、初四、初五，陆军在田家镇对岸半壁山也获得了大胜。初九、初十水师在蕲州开仗获得小胜。十三日水军大破田家镇敌人的防阵，烧毁敌船四千多号。自从有这支军队以来，陆路杀敌之多，没有比初四那一战多的，水路烧船之多没有超过十三日那一仗的。

现在前锋已到达九江，我还驻扎在田家镇，距离九江有一百五十里，都在奏报之中。现在一并抄录寄回，敬祈呈父亲大人、叔父大人一阅。

刘一、良五于二十日到田家镇，得知家中老幼都平安，非常欣慰。

魏荫亭先生已经来到军中，父亲大人让九弟教子侄们读书，可是九弟来信坚持不肯，要我另请名师。我心里实在没有名师可以聘请，最近几天里与霞、次以及府幕诸君子反复商讨。近处只有罗研生兄是我心中敬佩仰慕的人，他的学问都有本有源，尤其擅长说文、音韵学和地理，而诗古文辞以及行楷书法，也都修习研究多年了。

我乡通经学古的人中，以邹叔绩为最佳，而罗研生次之。他的世兄现在是我的幕僚，所以请他写信聘请罗研生到我乡教书。研兄的续娶之妻是陈氏，他与耦庚先生是联襟，他又明白一些风水之说，还能在我乡选择风水宝地，只是不知道他肯不肯来？他现在在徐方伯那里教书，不知能不能辞职而来到我这？如果能来，则足以开我乡小学之风，对于温甫、子植也是有些益处的。如果研兄不能来，则我心中实在没有其他人选了。植弟如果坚决不肯教，就烦请弟弟们帮我访寻一位老师。甲三、甲五可拜同一位老师，不可分开，科一、科三、科四也可拜同一位老师。我不一一写了，其余以后再写。

咸丰四年十月二十二日

力尽人事，不敢存丝毫侥幸之心

[原文]

澄侯、温甫、子植、季洪四位老弟足下：

二十五日遣春二、维五归家，曾寄一函，并谕旨奏折二册。二十六日水师在九江开仗获胜，陆路塔罗之军，在江北蕲州之莲花桥，大获胜仗，杀贼千余人。二十八日克复广济县城。初一日在大河埔大获胜仗。初四日在黄梅城外，大获胜仗。初五日克复黄梅县城，该匪数万，现屯踞江岸之小池口，与九江府城相对，塔罗之军，即日追至江岸，即可水陆夹击，能将北岸扫除，然后可渡江以剿九江府之贼，自至九江后，即可专夫由武宁以达平江、长沙。

兹因魏荫亭亲家还乡之便，付去银一百两，为家中卒岁之资。以三分计之，新屋人多，取其二以供用，老屋人少，取其一以供用。外五十两一封，以送亲族各家，即往年在京寄回之旧例也。以后我家光景略好，此项断不可缺，家中却不可过于宽裕。处此乱世，愈穷愈好。

我现在军中声名极好，所过之处，百姓爆竹焚香跪迎，送钱米猪羊来犒军者，络绎不绝。以祖宗累世之厚德，使我一人食此隆报，享此荣名，寸心兢兢①，且愧且慎。现在但愿官阶不再进，虚名不再张，常葆此以无咎②，即是持家守身之道。至军事之成败利钝，此关乎国家之福，吾唯力尽人事，不敢存丝毫侥幸之心。诸弟禀告堂上大人，不必悬念。

冯树堂前有信来，要功牌③一百张，兹亦交荫亭带归。望澄弟专差送至宝庆，妥交树堂为要。衡州所捐之部照④，已交朱峻明带去，外带照千张，交郭筠（yún）仙，从原奏之所指也。朱于初二日起行，江隆三亦同归，给渠钱已四十千。今年送亲族者，不必送隆三可也，余不一一。

咸丰四年十一月初七日书于武穴舟中

［注释］

①兢兢：小心谨慎的样子。

②无咎：没有过失。

③功牌：颁发给有功将士的一种奖牌。原为银制，清代改为纸制。后来因赏赐日滥，甚至有预留空白，随时填写的。

④部照：旧时朝廷兵部、礼部等各部发给的凭证。

［译文］

澄侯、温甫、子植、季洪四位老弟足下：

二十五日派遣春二、维五回家，曾经寄了一封信，连同谕旨奏折二册。二十六日，水军在九江打了胜仗，陆路塔、罗两军，在江北蕲州的莲花桥大获全胜，杀死一千多名敌人。二十八日收复了广济县城。初一日在大河埔大获全胜。初四日在黄梅县城外大获全胜。初五日收复了黄梅县城，数万名敌军现在屯踞在江岸的小池口，与九江府城遥遥相对，塔、罗两军即日追到江岸，便可水陆夹击，能剿除北岸的敌人，然后可渡江剿灭九江城的敌人。自到九江后，便可派专人由武宁到达平江、长沙。

趁魏荫亭回家的机会，寄去一百两银子，作为家中全年的用度。分成三份，新屋人多，可取两份供他们使用，老屋人少，可分一份供其使用。另外还有一封五十两的银子，送给亲戚族人各家，这是往年的旧例。以后如果我家光景略好，这个款项更不能缺，家中却不能太过宽裕。处在动乱的年代，越穷越好。

我现在在军队中有极好的声名，所到之处，百姓们放爆竹，焚香跪拜相迎，送钱、送米、送猪、送羊来犒赏军队的，络绎不绝。承蒙祖宗几代积累下来的厚德，使我一个人享有如此隆重的回报，享有这么高的荣誉和名望，心里真是战战兢兢，又惭愧又谨慎。如今只希望官阶不要再升，虚名不要再扩大，保持现状，不犯过错，便是持家守身的道理。至于军事上的成败，这关乎国家的福泽，我只能尽人事，不敢存丝毫侥幸心理。弟弟们请禀告堂上大人，不必挂念。

冯树堂前不久有信来，要一百张功牌，现在也托荫亭带回去。希望澄弟派专人送到宝庆，稳妥地交给树堂为好。衡州所捐的部照，已交给朱峻明带去，另外带一千张执照，交给郭筠仙，遵从原奏的意旨。朱已于初二日起程，江隆三也一同回去了，给他的钱已有四十贯。今年送给亲戚族人的钱，就不必送给隆三了，我不一一写了。

咸丰四年十一月初七日写于武穴船中

读书不求强记亦养身之道

［原文］

澄侯、温甫、子植、季洪四位老弟左右：

刘朝直来营，得植弟手书，俱悉一切。

内湖水师自六月十五日开仗后，至今平安。本拟令李次青带平江勇，流邵阳湖之东，与水师会攻湖口。自六月底至今十日大风，不克东渡。初四日风力稍息，平江勇登部舟，甫[1]经解缆，狂飙大作，旋即折回。兵勇衣被帐篷，寸缕皆湿。天意茫茫，正未可知，不知湖口之贼，运数不宜灭乎？抑此勇渡湖，宜致败挫，故特阻其行，以全此军乎？现拟俟半月后，请塔军渡湖会剿。

罗山进攻义宁，闻初四日可至界上，初五六日当可开仗。湖南三面用兵，骆中丞请罗山带兵回湘，业经入奏。如义宁能攻破，恐罗山须回湖南，保全桑梓（zǐ）[2]，则此间又少一劲旅矣。内湖水师，船炮俱精，特少得力营官，现调彭雪琴来江，当有起色。

盐务充饷，是一大好事，唯浙中官商，多思专利。邵位西来江会议，已有头绪，不知渠回浙后，彼中做事人能允行否？舍此一筹，则饷源已竭，实有坐困之势。东安土匪，不知近日如何？若不犯邵阳界，则吾邑尚可不至震惊。

带兵之事，千难万难，澄弟带勇至衡阳，温弟带勇至新桥，幸托平安，嗣后总以不带勇为妙。吾阅历二年，知此中构怨之事，造孽之端，不一而足，恨不得与诸弟，当面一一述之也。诸弟在家，侍奉父亲，和睦族党，尽其力之所能为。至于练团带勇却不宜过于出头。澄弟在外已久，谅知吾言之具有苦衷也。

宽二弟去年下世，未寄奠分，至今歉然于心。兹付回银二十两，为宽二弟奠金，望送交任尊叔夫妇手收。植弟前信言身体不健，吾谓读书不求强记，此亦养身之道。凡求强记者，尚有好名之心横亘于方寸，故愈不能记。若全无名心，记亦可，不记亦可，此心宽然无累③，反觉安舒，或反能记一二处，亦未可知。此余阅历语也，植弟试一体验行之。余不一一，即问近好。

咸丰五年七月初八日

［注释］

①甫：刚刚，才。

②桑梓：古代常在家屋子旁栽种桑树和梓树，后用“桑梓”来比喻家乡。

③宽然无累：形容心情舒畅没有负累。

［译文］

澄侯、温甫、子植、季洪四位老弟左右：

刘朝直来到军营，我收到了植弟的亲笔信，知道了一切。

内湖水军自六月十五日与敌军开战后，至今仍很平安。我本打算让李次青带领平江兵渡过邵阳湖的东边，与水师会合一起攻打湖口。无奈从六月底到现在，连续刮了十天大风，无法东渡。初四日风力稍微小了，平江兵登上船，刚要解开缆绳准备出兵，突然狂风大作，只好立即折回。士兵们的衣服、被褥、帐篷全被雨淋湿了。天意茫茫，无法探知，不知是不是因为湖口的敌人运数未尽，上天才特意刮大风阻止平江兵东渡，以保全这支部队？现在打算等到本月中旬后，再请塔军渡湖会同围剿敌人。

罗山攻打义宁，听说初四日可到达其境内，初五、六日应当能开战。湖南三面用兵，骆中丞请罗山率兵回湖南，已经上奏朝廷了。如果义宁能攻破，恐怕罗山就要回湖南去保全家乡，那这里又会少了一支善战的军队了。内湖水军的船炮都很精利，只是缺少得力的营官，现在调彭雪琴来江西，应当会有些起色。

用盐税来充军饷是一件大好事，只是浙中官商都想独占其利。邵位西来江西会商，已经有些头绪了，不知道他回浙江后，那里的官员能允许实行不？除了这个

雪荪有信请

阁下与雪岩派一妥人送去面交，要

雪琴守取回信为要。穆海航信付去。

顺候

台安

国藩頓

三月十四日巳刻

卅七

力办者三事札（之二）

办法，则军饷来源已经枯竭，实在有坐以待毙之势。东安的土匪，近日不知怎么样了？如果不逃窜到邵阳地界，那么我县还不至于受到波及。

带兵打仗的事有千难万难，澄弟带兵到衡阳，温弟带兵到新桥，幸亏托老天的保佑一路平安，以后最好不要带兵。我带了两年的兵，深知这里面得罪人的事情、造孽的事情非常多，恨不得跟弟弟们当面一一说清楚。弟弟们在家要竭尽全力好好侍奉父亲，与族党和睦相处。至于操办团练、带兵打仗这些事，不宜参与。澄弟在外已久，想必能懂得我说这些话的苦衷。

宽二弟去年死去，我没有寄奠仪，至今仍心存歉疚。现在寄去二十两银子，作为宽二弟的奠礼，希望交到任尊叔夫妇手中。植弟上次在信中说身体不太好，我说读书不要求强记，这也是养身之道。凡是想要强记的人，其心里有一种贪图虚名的念头，因此就更记不住了。如果没有贪图虚名的心，记也行，不记也行，心情轻松无负担了反而觉得安静舒畅，或者反而能记住一些，这也未可知。这是我的经验之谈，植弟试着体验一下。我就不一一写了，即问近好。

咸丰五年七月初八日

内湖水师，久未开仗

［原文］

澄侯、温甫、子植、季洪四位老弟足下：

二十六日王如一、朱梁七至营，接九月初二日家书。二十九日刘一、彭四至营，又接十六日家书，俱悉一切。

沅（yuán）弟优贡喜信，此间二十三日彭山屺（qǐ）接家信，即已闻之。二十七日得左季高书，始知其实。二十九日得家书乃详也。沅弟在省，寄书来江西大营甚便，何以未以一字报平安耶？十月初当可回家，为父亲叩祝大寿。各省优贡朝考，向例在明年五月。沅弟可于明年春间进京，若由浙江一途，可便道由江西至大营兄弟聚会。吾有书数十箱在京，无人照管，沅弟此去，可经理一番也。

自七月以来，吾得闻家中事，有数件可为欣慰者：温弟妻妾，皆有梦熊之兆，足慰祖父母于九泉，一也；家中妇女，大小皆纺纱织布，闻已成六七机，诸子侄读书尚不懒惰，内外各有职业，二也；阖境[1]丰收，远近无警，此间兵事平顺，足安堂上老人之心，三也。今又闻沅弟喜音，意吾家高曾以来，积泽甚长，后人食报，更当绵绵不

尽。吾兄弟年富力强，尤宜时时内省，处处反躬自责，勤俭忠厚，以承先而启后，互相勉励可也。

内湖水师，久未开仗，日日操练，夜夜防守，颇为认真。周凤山统领九江陆军，亦尚平安。李次青带平江勇三千在苏官渡，去湖口县十里，颇得该处士民欢心。茶陵州土匪，闻窜扰江西之莲花厅永新县境内，吉安人心震动。顷已调平江勇六百五十人前往剿办，又派水师千人往吉防堵，河道或可保全。

余癣疾迄未大愈，幸精神尚可支持。王如一等来，二十四日始到，余怒其太迟，令其即归，发途费九百六十文，家中不必加补，以为懒漫者戒。宽十在营住一个月，打发银六两，途费四千。罗山于十四日克复崇阳后，尚无信来。罗研生兄于今日到营。纪泽、纪梁登九峰山诗，文气俱顺，且无猥琐（wěi suǒ）[2]之气，将来或皆可冀有成立也。余不一一。

咸丰五年九月三十日书于屏风水营

[注释]

①阖境：全境，这里指故乡。阖，全。

②猥琐：庸俗卑劣。

[译文]

澄侯、温甫、子植、季洪四位老弟足下：

二十六日王如一、朱梁七来到军营，收到九月初二日的家信。二十九日，刘一、彭四来到军营，又收到了十六日的家信，知道了一切。

沅弟成为优贡生的喜信，我在二十三日从彭山屺处收到的家信里，就已听说了。二十七日收到了左宗棠的信，才知道实际情况。二十九日收到家信，才得知详情。沅弟在省城，寄信到江西大营十分方便，为什么没写封信报平安呢？十月初应该就能回家，为父亲祝贺寿辰。各省优贡生到京朝考的时间，按照惯例是明年五月。沅弟可在明年春天来京城，如果沿浙江一路前去，可顺道由江西来到军营，与为兄相聚。我在京城有几十箱书无人看管，沅弟此次进京可以帮忙整理一下。

自七月以来，我听到家里有好几件令人高兴的事：温弟的妻妾都有得子的喜兆，足以宽慰祖父母泉下之灵，这是一喜；家里妇女无论大小都会纺纱织布，听说已有六七张织机，子侄们读书还不算懒惰，内外各有专职，这是二喜；家乡获得了大丰收，境内也没有盗贼，我这里战事也比较顺利，足以安慰堂上大人的心，这是三喜。现在又听到了沅弟的喜信，想我家自高祖、曾祖以来，积德十分长久，后人

享有的报偿更为绵绵不尽。我们兄弟年富力强，更应当时刻反省，处处要回过头来自问一下，勤俭忠厚，承先启后，相互勉励。

内湖水师好久都没有打仗了，日日操练，夜夜防守，非常认真。周凤山率领的九江陆军，也还平安。李次青率领三千名平江兵驻扎在苏官渡，距离湖口县十里，很受那里士民的欢迎。茶陵州的土匪，听说逃窜到江西莲花厅永新县境内，扰乱治安，使那里人心惶惶。刚刚已经派平江兵六百五十人去围剿，又派了水师一千人去吉安堵击防守，河道也许可以保全。

我的癣病始终没有好，幸亏精神还可以支持。王如一等来到军营，二十四日才到，我因他来得太迟而生气了，让他马上回去，给了他九百六十文路费，家里不必再给他钱了，作为对懒惰的人的惩戒。宽十在军营里住了一个月，打发他走时，给了他六两银子和四千钱路费。罗山在十四日收复崇阳后，还没有信来。罗研生兄于今天到军营。纪泽、纪梁所写的登九峰山诗，文章的气势顺当连贯，而且没有猥琐之气，将来也许能有所成就。其余不一一写了。

咸丰五年九月三十日书于屏风水营

实畏宦途风波之险，常思及早抽身

[原文]

澄侯四弟左右：

顷接来缄(jiān)，又得所寄吉安一缄，俱悉一切。朱太守来我县，王、刘、蒋、唐往陪，而弟不往宜其见怪。嗣后弟于县城、省城，均不宜多去。处兹大乱未平之际，唯当藏身匿迹，不可稍露圭角①于外，至要至要！

吾年来饱阅世态，实畏宦途风波之险，常思及早抽身，以免咎戾②。家中一切，有关系衙门者，以不与闻为妙。

咸丰六年九月初十日

[注释]

①稍露圭角：稍露锋芒。圭角，圭的棱角，比喻锋芒。

②咎戾：灾祸。

[译文]

澄侯四弟左右：

刚收到来信，又收到你们寄往吉安的一封信，知道了一切。朱太守来到我县，王、刘、蒋、唐前去作陪，而澄弟不去，这难怪会让他见怪了。以后县城和省城，

澄弟都不宜多去。处在这种大乱未平的时候，应当藏身匿迹，不要在外面稍露锋芒，至关重要！

我多年来看透了世态炎凉，实在惧怕官场风波的险恶，常常想要及早抽身，以免惹祸。家中一切事务，有和衙门扯上关系的，以不参与为好。

咸丰六年九月初十日

沅弟随南翁以出，料理戎事亦足增长识力

［原文］

沅甫九弟足下：

十七日李观察处递到家信，系沅甫弟在省城所发者。黄南兄劝捐募勇，规复吉安，此豪杰之举也。南路又来此一支劲兵，则贼势万不能支。

金田老贼，癸甲两年北犯者，既已只轮不返，而曾天养、罗大纲之流，亦频遭殛(jí)诛[①]。现存悍贼，唯石达开、韦俊、陈玉成数人，奔命于各处，实有日就衰落之势。所患江西民风柔弱，见各属并陷，遂靡然以为天倾地坼，不复作反正之想。不待其迫胁以从，而甘心蓄发助战，希图充当军帅、旅帅，以讹索其乡人，掳掠郡县村镇，以各肥其私橐(tuó)[②]，是以每战动盈数万人，我军为之震骇。若果能数道出师，禽斩以千万计，始则江西从逆之民有悔心，继则广东新附之贼生疑贰，而江西之局势必转，而粤贼之衰象亦愈见矣。

南兄能于吉安一路出师，合瑞、袁已列为三路，是此间官绅士民所祷祀以求者也，即日当先行具奏。沅弟能随南翁以出，料理戎事，亦足增长识力，南翁能以赤手空拳干大事，而不甚着声色，弟当留心仿而效之。夏憩(qì)兄前亦欲办援江之师，不知可与南兄同办一路否？渠系簪(zān)缨[③]巨室，民望所归，又奉特旨援江，自不能不速图集事。唯与南兄共办一支，则众擎易举；若另筹一路，则独力难成。沅弟若见憩翁，或先将鄙意道及，余续有信奉达[④]也。

周凤山现在省城，余飞札[⑤]调之来江，盖欲令渠统一军，峙衡统一军，一扎老营，一作游兵，不知渠已接札否？望沅弟催之速来，其

现在袁州之伍化蛟、黄三清，本系渠部典，可令渠带来也。

咸丰六年九月十七日

［注释］

①殛诛：诛杀。殛，杀死。

②橐：袋子。

③簪缨：古代官吏的冠饰，后来借以指高官显宦。

④奉达：表达，告诉。

⑤飞札：指急信。

［译文］

沅甫九弟足下：

十七日从李观察那里接到家信，是沅甫弟在省城所发的。黄南兄劝捐募兵，打算收复吉安，这真是豪杰之举。南路又多了一支劲旅，敌人肯定会招架不住的。

金田老贼，癸、甲两年向北进犯的那支军队，已经全军覆没了，而曾天养、罗大纲之流也接连遭到诛杀。现在的敌军只有石达开、韦俊、陈玉成几个，还奔命于各地，实在有日渐衰败的势头。我所担心的是江西民风柔弱，看见各属县府陷于敌手，便以为是天塌地陷了，不再有复归于正道的念头。没等敌军逼迫其服从，便甘心去为敌人助战，还想弄个军帅、旅帅当当，以便讹诈勒索乡民，抢劫郡县村镇，来填满自己的口袋，因此每打一仗动辄要以万人计算，使我军为之震惊。如果能从几路进兵，擒获斩杀成千上万的敌军，就能使江西归附敌人的民众后悔，继而广东刚归附敌人的贼民就会产生怀疑，这样，江西的局势一定能够扭转过来，广东逆贼的衰拜气象也将会更加明显。

南翁兄能从吉安出兵，加上瑞州、袁州已经列为三路，这是这里的官绅士民所祈求的，我当天便备折上奏了。沅弟能跟随南翁一起出兵，料理军事，也能增长些见识。南翁能够赤手空拳干大事，且不太露声色，弟弟应当留心向他效仿。夏憩兄不久前也想援助江西之师，不知能否与南翁兄一起组建一支队伍。他出生于官宦世家，在民众中享有很高的威望，又奉旨援助江西，自然不能不尽快设法与他配合。只有与南翁兄共同组建一支队伍，则靠众人之力很容易办成；如果另外组建一支队伍，则势单力薄难于成事。沅弟如果见了憩翁，可以先将我的想法告诉他，之后我再写信跟他说。

周凤山现在省城，我写了封急信让他来江西，因想要他带领一支军队，峙衡带领一支军队，一部分驻扎在老营，一部分作为游兵，不知他已收到急信没有？希望沅弟催他快速赶往江西，现在袁州的伍化蛟、黄三清本来是他的部下，可命令他一起带来。

咸丰六年九月十七日

一刻千金，切不可浪掷光阴

［原文］

字谕纪泽儿：

胡二等来，接尔安禀①，字画尚未长进。

尔今年十八岁，齿已渐长，而学业未见其益。陈岱云姻伯之子号杏生者，今年入学，学院批其诗冠通场。渠系戊戌二月所生，比尔仅长一岁，以其无父无母家渐清贫，遂尔勤苦好学，少年成名。尔幸托祖父余荫，衣食丰适，宽然无虑，遂尔酣豢（hānhuàn）②佚乐，不复以读书立身为事。古人云：“劳则善心生，佚则淫心生。”孟子云：“生于忧患，死于安乐。”吾虑尔之过于佚也。

新妇初来，宜教之入厨作羹，勤于纺织，不宜因其为富贵子女，不事操作。大二三诸女已能做大鞋否？三姑一嫂，每年做鞋一双寄余，各表孝敬之忱，各争针黹（zhǐ）之工。所织之布，做成衣袜寄来，余亦得察闺门以内之勤惰也。

余在军中不废学问，读书写字未甚间断，惜年老眼蒙，无甚长进。尔今未弱冠，一刻千金，切不可浪掷光阴。

四弟所买衡阳之田，可觅人售出，以银寄营，为归还李家款。父母存，不有私财，士庶人且然，况余身为卿大夫乎？

余癣疾复发，不似去秋之甚。李次青十七日在抚州败挫，已详寄沅甫函中。现在崇仁加意整顿，三十日获一胜仗。口粮缺乏，时有决裂之虞，深为焦灼。

尔每次安禀，详陈一切，不可草率。祖父大人之起居，合家之琐事，学堂之功课，均须详载，切切此谕。

咸丰六年十月初二日

［注释］

①安禀：古代儿女给父母写信，要请安问好，并禀告自己的近况，因此称书信为“安禀”。

霆岩
申夫尊兄閣下：十五夜接
申君信，急催鄉人回祁。鄉人非敢棄祁
不顧也，惟念休、祁、漁稍年，歷六處，祁門
尤難放心。一座空城，僅來數十賊即可
焚燒。城焚則此門四壘亦大失勢，而遠
近傳聞尤不冠冕。鄉人若不在祁，僅
霆岩在祁，則守壘而不守城，於職分

加修祁门四垒札（之一）

②酣豢：比喻沉醉于某种情境中。酣，尽情。

［译文］

字谕纪泽儿：

胡二等人来到军营，收到了你的来信，你的书法还是没有长进。

你今年十八岁了，年龄越来越大，可是学业却没见有什么长进。陈岱云姻伯的儿子杏生，今年入了学，学院将他的诗作为这次考试中的第一名。他是戊戌二月生的，只比你大一岁，因为他没有父母，家境贫寒，于是他勤苦好学，少年成名。可你有幸依托了祖父的余荫，衣食充足，无忧无虑，以致你贪恋悠闲安乐，不再把读书立业当成大事。古人说：“勤劳的人会养成好的思想，而骄奢懒散的人会产生淫乐的念头。”孟子说：“忧患能使人生存，而安逸享乐能使人萎靡灭亡。”我担心你过于安逸了。

新媳妇刚过门，应让她下厨房做饭，纺纱织布，不要因为她是富贵人家的女儿就不让她干活。大女儿、二女儿、三女儿已经能做鞋子了没有？三位小姑和一位嫂子，每年都给我做双鞋寄来，各自表现一下孝心以及她们的针线工夫。把所织的布做成衣袜寄过来，我要看看闺房里面哪些人勤快，哪些人懒惰。

我在军队里没有荒废学问，读书写字从未间断，只是年老眼花，没什么长进。你今年还不到二十岁，正是一刻千金的时候，千万不要浪费光阴。

四弟在衡阳买的田地，可找人卖掉，将银子寄到军营，作为偿还李家的款项。父母还健在，儿女不该存有私财，老百姓家尚且都这样做，更何况我身为公卿大夫呢？

我的癣病又复发了，但没有去年秋天那么严重。李次青十七日在抚州失败受挫，详细情况都在寄给沅甫的信中。现在他在崇仁加紧整顿军队，三十日打了一个胜仗。军中缺乏粮食，时常有断粮的危险，我对此深感焦虑。

你每次写信都要详细地陈述一切，不可草率。祖父大人的起居，全家的大小事情，学堂的功课，都要详细地写上，切记切记！

咸丰六年十月初二日

澄弟宜时常在家，以尽温凊之职

［原文］

澄侯四弟左右：

胡二等来，知弟不在家，出看本县团练。吾兄弟五人，温、沅皆出外带勇，季居三十里外，弟又常常他出，遂无一人侍奉父亲膝下。温亦不克遄(chuán)①归侍奉叔父，实于《论语》远游②、喜惧③二章之训相违。现余令九弟速来瑞州，与温并军，庶二人可以更番归省。澄弟宜时常在家，以尽温凊之职，不宜干预外事，至嘱至嘱。

李次青自抚州退保崇仁，尚属安静，唯败勇之自抚回省者，日内在中丞署中，闹请口粮，与三年艾一村之局相似，实为可虑。

明年延师，父大人意欲请曾香海，甚好甚好！此君品学兼优，吾所素佩。弟可专人作书往聘，稍迟旬日，吾复书请之。其馆金丰俭，则父大人酌定，吾自营寄归可也。

咸丰六年十月初三日

［注释］

①遄：迅速。

②远游：父母在，不远游，游必有方。

③喜惧：父母之年，不可不知也，一则以喜，一则以惧。

［译文］

澄侯四弟左右：

胡二等来到军营，得知弟弟不在家，外出看本县的团练去了。我们兄弟五个，温、沅都在外带兵。季弟住在三十里之外，你又常常外出，这样就没人侍奉父亲大人了。温弟也不能马上回家侍奉叔父，实在与《论语》中远游、喜惧两章的训示大相违背。现在我让九弟快速来瑞州，和温弟在一个军营，就是为了让他俩轮流回家探亲。澄弟应当经常在家，以尽孝敬老人的职责，不要参与外面的事情。极其恳切的嘱咐！

李次青从抚州退到崇仁，还算平安，只是打了败仗的士兵从抚州回到了省城，这几日在中丞官署里闹着要口粮，与咸丰三年艾一村的局面相似，实在令人担心。

明年请教书先生，父亲大人准备请曾香海，很好很好！这个人品学兼优，我向来很钦佩他。弟弟要专门写封信，派专人去聘请，过几天我再亲自写信去请。至于他教馆的酬金多少，则由父亲大人决定，我会从军营把钱寄回来。

咸丰六年十月初三日

以息心忍耐为要

［原文］

沅甫九弟左右：

十二日申刻，代一自县归，接弟手书，俱审一切。

十三日未刻文辅卿来家，病势甚重，自醴(lǐ)陵带一医生偕行，似是瘟疫之证，两耳已聋，昏迷不醒，间作谵(zhān)语[1]，皆惦记营中。余将弟已赴营，省城可筹半饷等事，告之四五次，渠已醒悟，且有喜色。因

嘱其静心养病，不必挂念营务，余代为函告南省、江省等语。渠亦即放心，十四日由我家雇夫送之还家矣。若调理得宜，半月当可痊愈，复元则尚不易。

陈伯符十二日来我家，渠因负疚在身，不敢出外酬应，欲来乡为避地计。黄子春官声极好，听讼勤明，人皆畏之。弟到省之期，计在十二日。余日内甚望弟信，不知金八、佑九，何以无一人归来，岂因饷事未定，不遽遣使归与？弟性褊(biǎn)急[2]似余，恐怫郁或生肝疾，幸息心忍耐为要！兹趁便，寄一缄，托黄宅转递，弟接到后，望专人送信一次，以慰悬悬。家中大小平安，诸小儿读书，余自能一一检点，弟不必挂心。

咸丰七年九月二十二日

[注释]

①谵语：病中神志不清说胡话。

②褊急：性情急躁。褊，狭小。

[译文]

沅甫九弟左右：

十二日申时，代一从县里回来，收到了弟弟的亲笔信，知道了一切。

十三日未时文辅卿来到家里，病情非常严重，从醴陵带了一个医生同行，好像是得了瘟疫，两耳已经聋了，昏迷不醒，常常胡言乱语，全是惦念军营中的事情。我将弟弟已经回营、省城可筹得一半军饷等事情，跟他说了四五次，他终于清醒了，并有了喜色。因此我叮嘱他要静心养病，不要挂念军中事务，我代他写信通知湖南、江西。他也就放心了，十四日由我家雇人送他回家了。如果调养得好，半个月就能好转，但要完全康复就不太容易了。

陈伯符十二日来到我家，他因为负罪在身，不敢出去应酬，于是打算到乡下避一避。黄子春当官的声誉很好，审理案件勤政明断，人人都敬畏他。弟弟到省城的时间大概是十二日。我这几天非常期盼你的来信，不知金八、佑九为什么没有一个人回来？难道是因为军饷的事情没有着落，不能马上让他们回来？弟弟的性情跟我一样急躁，恐怕不得意就会愤怒抑郁，导致生出肝病，希望你能尽力忍耐。我现在趁方便写封信，托黄宅转递，弟弟收到信后，希望派专人送一次信，以安慰我挂念的心。家中老幼皆平安，几个孩子读书，我自己能一一检查点拨，弟弟不必挂念。

咸丰七年九月二十二日

古之成大事者，规模远大与综理密微，二者阙一不可

［原文］

沅甫九弟左右：

二十二夜灯后，佑九、金八归，接弟十五夜所发之信，知十六日已赴吉安矣，遂不寄首宅信。屈指计弟二十四日的可抵营，二十五六当专人归来，今日尚未到家，望眼又复悬悬。

九月二十四日六叔父六旬晋一冥寿，焚包致祭。科一、科四、科六亦往与祭。关秀姑娘于十九日生子。临三、昆八于十月初一日散学，拟初间即往邹至堂处读冬书，亦山先生之所荐也。枚谷先生十月中旬可散学，亦山先生不散学。科四已读《离娄》八页，科六读至“点，尔何如”，功课尚算有常。家中诸事，弟不必挂虑。

吉安中营尚易整顿否？古之成大事者，规模远大与综理密微，二者阙一不可。弟之综理密微，精力较胜于我。军中器械，其略精者，宜另立一簿，亲自记住，择人而授之。古人以铠仗鲜明为威敌之要务，恒以取胜。刘峙衡于火器亦勤于修整，刀矛则全不讲究。余曾派褚景昌赴河南采买白蜡杆子，又办腰刀分赏各将弁，人颇爱重。弟试留心此事，亦综理之一端也。至规模宜大，弟亦讲求及之。但讲阔大者，最易混入散漫一路。遇事颟顸（mānhān）[1]，毫无条理，虽大亦奚足贵？等差不紊，行之可久，斯则器局宏大，无有流弊者耳。顷胡润芝中丞来书，赞弟有曰“才大器大”四字，余甚爱之。才根于器，良为知言。

湖口贼舟于九月八日焚夺净尽，湖口、梅家洲皆于初九日攻克，三年积愤，一朝雪耻。雪琴从此重游浩荡之宇。唯次青尚在坎窞（dàn）[2]之中，弟便中可与通音问也。润翁信来，仍欲奏请余出东征。余顷复信，具陈其不宜。不知可止住否？彭中堂复信一缄，由弟处寄至文方伯署，请其转递至京。或弟有书呈藩署，末添一笔亦可。李迪庵近有请假回籍省亲之意，但未接渠手信。渠之带勇，实有不可及处，弟宜

常与通信，殷殷请益。

弟在营须保养身体，肝郁最易伤人，余生平受累以此，宜和易以调之也。

咸丰七年十月初四日

［注释］

①颟顸：糊涂，马虎。

②坎窞：坑穴，后比喻险境。

［译文］

沅甫九弟左右：

二十二日掌灯后，佑九、金八回来了，收到了弟弟十五日晚上所发的信，知道你十六日已经赶赴吉安了，于是就不寄信给首宅了。屈指算来，弟弟在二十四日可抵达军营，二十五六日应当派专人回来，今天还没有到，真是让人望眼欲穿。

九月二十四日是六叔父的冥寿，家人焚包致祭。科一、科四、科六也一同前往参加祭祀。关秀姑娘在十九日生了个儿子。临三、昆八在十月初一日放假，打算十月上旬就到邹至堂处去读冬书，这是亦山先生所推荐的。枚谷先生十月中旬就能放假，亦山先生却不放假。科四已经读了八页《离娄》，科六读到了“点，尔何如”，功课还算正常。家里的事情，弟弟不必挂念。

吉安中营中还容易整顿吗？自古以来，凡是成就大事的人，无不规划深远广大，思考问题周密细致，这两点缺一不可。弟弟在思考问题周密细致方面，要比我强。军中器械稍微精良的，应当另外建立一个账簿，亲自记录注明，选择合适的人，把器械交给他们。古人打仗，常以铠甲器械的鲜明亮堂当成威震敌人的大事，常常因此取胜。刘峙衡对于火器勤于修整，对于刀矛却完全不讲究。我曾经派褚景昌去河南采办白蜡杆子，又采办腰刀来分赏各位将领，他们都非常爱惜、重视。弟弟也不妨试一试，留心这些事务，这也是管理的一方面。至于说到规划宜深远广大，弟弟也要注意。但凡说到规划远大的人，最容易混入到散漫中去。做事情马马虎虎，毫无条理，那么就算规划远大又有何益呢？差事繁杂而有条不紊，事业才能够久远。这才可以器局宏大，而且没有流弊产生。刚刚胡润芝中丞来信夸赞弟弟，信中有“才大器大”四字，我很高兴。才能的根本是器量，这才是至理名言啊！

湖口敌船在九月八日被我军焚夺殆尽，湖口、梅家洲都在九日被收复，三年的积愤在这一天可算是雪了耻。雪琴从此重新游弋在长江那浩荡的天地。唯有次青还处在险境中，弟弟在方便时可和他通通音讯。润翁来信，仍然想奏请皇上让我率军东征。我才回了信，具体地陈述了我不适宜出师的原因，不知道能不能行？彭中堂回了一封信，由弟弟那里寄到文方伯的衙门里，请他转寄到京城。或者是弟弟有信呈报给藩署，在信尾添上一笔也行。近来李迪庵打算请假回家探亲，但没有收到他的亲笔信。他带兵打仗，实在有别人无法企及的地方。弟弟要时常和他通信，诚恳地向他求教。

弟弟在军营中要保养身体，肝气郁结最容易伤身，我平生就因此而受累，你应当保持心气平和，来调养身体。

咸丰七年十月初四日

首尾不懈，不可见异思迁

［原文］

沅甫九弟左右：

十二日正七、有十归，接弟信，备悉一切。定湘营既至三曲滩，其营官成章鉴亦武弁(biàn)[1]中之不可多得者，弟可与之款接[2]。

来书谓意趣不在此，则兴会索然，此却大不可。凡人做一事，便须全副精神注在此一事，首尾不懈，不可见异思迁，做这样想那样，坐这山望那山。人而无恒，终身一无所成。我生平坐犯无恒的弊病，实在受害不小。当翰林时，应留心诗字，则好涉猎他书，以纷其志。读性理书时，则杂以诗文各集，以歧其趋。在六部时，又不甚实力讲求公事。在外带兵，又不能竭力专治军事，或读书写字以乱其志意。坐是垂老而百无一成。即水军一事，亦掘井九仞(rèn)而不及泉，弟当以为鉴戒。现在带勇，即埋头尽力，以求带勇之法，早夜孳孳(zī)，日所思，夜所梦，舍带勇以外则一概不管。不可又想读书，又想中举，又想做州县，纷纷扰扰，千头万绪，将来又蹈我之覆辙，百无一成，悔之晚矣。

带勇之法，以体察人才为第一；整顿营规、讲求战守次之。《得胜歌》中各条，一一皆宜详求。至于口粮一事，不宜过于忧虑，不可时常发禀。弟营既得楚局每月六千，又得江局月二三千，便是极好境遇。李希庵十二来家，言迪庵意欲帮弟饷万金。又余有浙盐盈余万五千两在江省，昨盐局专丁前来禀询，余嘱其解交藩库充饷，将来此款或可酌解弟营，但弟不宜指请耳。

饷项既不劳心，全副精神讲求前者数事，行有余力则联络各营，款接绅士。身体虽弱，却不宜过于爱惜。精神愈用则愈出，阳气愈提

则愈盛。每日做事愈多，则夜间临睡愈快活。若存一爱惜精神的意思，将前将却，奄奄无气，绝难成事。凡此，皆因弟兴会索然之言而切戒之者也。弟宜以李迪庵为法，不慌不忙，盈科后进，到八九个月后，必有一番回甘滋味出来。余生平坐无恒流弊极大，今老矣，不能不教诫吾弟吾子。

邓先生品学极好，甲三八股文有长进，亦山先生亦请邓改文。亦山教书严肃，学生甚为畏惮。吾家戏言戏动积习，明年吾在家，当与两先生尽改之。

下游镇江、瓜洲同日克复，金陵指日可克。厚庵放闽中提督，已赴金陵会剿，准其专折奏事。九江亦即日可复。大约军事在吉安、抚、建等府结局，贤弟勉之。吾为其始，弟善其终，实有厚望。若稍参以客气，将以斁(yì)[3]志，则不能为我增气也。营中哨队诸人气尚完固否？下次祈书及。

咸丰七年十二月十四日

[注释]

①武弁：武官。

②款接：交往，结交。

③斁：厌弃。

[译文]

沅甫九弟左右：

十二日正七、有十回来，收到了弟弟的书信，知道了一切。定湘营已经到达三曲滩，此营的营官成章鉴也是武官中不可多得的人才，弟弟可以和他交往。

来信说你的兴趣不在这里，因此感到索然无味，这是万万不行的。凡人做一件事，便必须要全神贯注这件事，自始至终不松懈，不能见异思迁，做这件事心里却想着那件事，这山望着那山高。人如果没有恒心，终身将一事无成。我生平就犯了没有恒心的毛病，实在受害不小。当翰林时，本应该留心作诗练字，但却喜欢涉猎其他方面书籍，分散了心志。读性理方面的书时，又同时看诗文各集，干扰了专攻的方向。在六部时，又没有竭尽全力去办好公事。在外带兵打仗，又不能竭尽全力专心治理军事，有时候因读书写字而乱了意志。这样到老了就一事无成。就拿治理水军这件事来说，也是掘井九仞而不及泉，弟弟应当以此为戒。现在你带兵，就应该埋头苦干，竭尽全力，寻求带好兵的方法，日夜孜孜以求，日有所思，夜有所梦，芟亂也目下四壘并不甚可靠必須趕緊加修以為西岩自全之計又於南门西门外修小岩壘三座以為衛城之計又將河邊石硐修成為儀全身之計三者俱就儀自迅速四祁善總是前此四壘以彰植之營守之錢至必遺何足惜勢務宜竭力加修千万万至屢屢順問近安

國藩草

二月十六日

加修祁门四垒札（之二）

除了带兵的事，一概不管。不能又想读书，又想中举，又想当州官县令，诸多念头纷纷扰扰，千头万绪，将来就会重蹈我的覆辙，一事无成，到时候后悔也晚了。

带兵的方法，最重要的是体察人才；其次是整顿军规和讲求战术。《得胜歌》中的每一条，都要仔细研读。至于口粮的问题不要过于担心，不能经常写信去问。你的军队既然每月得到楚局的六千两，又得江西方面两三千两，待遇已经很好了。李希庵十二日来到我家，说迪庵打算赞助你筹备一万两军饷。另外，我在江西有浙江盐款盈余的一万五千两银子，昨天盐局派专人前来禀报询问，我嘱咐他们把盐款交给藩库充当军饷。这笔钱将来可能会酌情送一部分到弟弟的军营，但弟弟不要指明去要。

既然不用操心军饷的事情了，那么就把全部精力放在前面所说的几件事上，若还有余力，就去联络各营，结交地方绅士。人的身体虽然虚弱，却不要过于爱惜。精神越用就越足，阳气越提就越盛。每天要做的事情越多，晚上睡觉时就越快活。如果有一点儿爱惜精神的想法，想进又想退，一副奄奄一息没有生气的样子，绝对办不成事情。我之所以说这些，都是因为弟弟所说的索然寡兴一句话，想劝诫你要打起精神。弟弟应该效法李迪庵，遇事不慌不忙，循序渐进，八九个月过后，必会有一番成果。我生平因为没有恒心而受害非常大，现在老了，不能不告诫我的弟弟和儿子。

邓先生品学兼优，甲三的八股文有了很大进步，亦山先生也请邓先生批改文章。亦山教书很严肃，学生们很畏惧他。我家里人有说话随便、行为不端正的恶习，明年我在家时当请两位老师改正过来。

下游的镇江、瓜洲在同一天里被收复，金陵也指日可待了。厚庵外放到福建担任闽中提督，已经赶赴金陵会同围剿敌军，朝廷准许他专折奏事。九江很快可以收复了。可能战事会在吉安、抚、建等府结束，贤弟努力吧！我开了这件事的头，弟弟来完美地结束它，这就是我对你的厚望。如果稍微掺杂一些客气，将会放弃原先的志向，就不能为我争气了。军营中哨队那些人，士气是否还旺盛？下次请在信中提到。

咸丰七年十二月十四日

所以郁郁不得意者，第一不能干预民事，第二不能接见官员，第三不能联络绅士

［原文］

沅甫九弟左右：

十九日亮一等归，接展来函，俱悉一切。临江克复，从此吉安当易为力，弟黾(mǐn)勉[①]为之，大约明春可复吉郡，明夏可复抚、建。凡兄

所未了之事，弟能为我了之，则余之愧憾可稍减矣。

余前在江西，所以郁郁不得意者：第一不能干预民事，有剥民之权，无泽民之位，满腹诚心，无处施展；第二不能接见官员，凡省中文武官僚，晋接有稽，语言有察；第三不能联络绅士，凡绅士与我营款惬，则或因而获咎。坐是数者，方寸郁郁，无以自伸。然此只坐不应驻扎省垣，故生出许多烦恼耳。弟今不驻省城，除接见官员一事，无庸议外，至爱民联绅二端，皆可实心求之。现在饷项颇充，凡抽厘劝捐，决计停之。兵勇扰民，严行禁之，则吾夙昔爱民之诚心，弟可为我宣达一二矣。

吾在江西，各绅士为我劝捐八九十万，未能为江西除贼安民。今年丁忧，奔丧太快，若恝(jiá)然[2]弃去，置绅士于不顾者，此余之所悔也。若少迟数日，与诸绅往复书问乃妥。弟当为余弥缝此阙，每与绅士书札往还，或接见畅谈，具言江绅待家兄甚厚，家兄抱愧甚深等语。

就中如刘仰素、甘子大二人，余尤对之有愧。刘系余请之带水师，三年辛苦，战功日著，渠不负吾之知，而余不克始终与共患难，甘系余请之管粮台，委曲成全，劳怨兼任，而余以丁忧遽归，未能为渠料理前程。此二人皆余所惭对，弟为我救正而补苴(jū)之。

余在外数年，吃亏受气，实亦不少，他无所惭，独惭对江西绅士，此日内省躬责己之一端耳。弟此次在营，境遇颇好，不可再有牢骚之气，心平志和，以迓(yà)[3]天休，至嘱至嘱！

承寄回银二百两，收到。今冬收外间银数百，而家用犹不甚充裕，然后知往岁余之不寄银回家，不孝之罪，上通于天矣。四宅大小平安，余日内心绪少佳，夜不成寐，盖由心血积亏，水不养肝之故。春来当好为调理。

咸丰七年十二月二十一日

［注释］

①黾勉：努力，勉力。

②恝然：冷漠淡然的样子。

③迓：迎接。

［译文］

沅甫九弟左右：

十九日，亮一等人回来，收到来信，知道了一切。临江已经收复了，从此收复吉安就很容易了，希望弟弟好好努力，大约在明年春天收复吉安，明年夏天收复抚、建。凡是为兄我没有完成的事情，弟弟能替我完成了，那么我的愧疚遗憾之情可稍稍减轻一点。

我以前在江西郁郁不得志的原因有：第一，不能干预民众的事情，有剥夺民众的权力，但没有施惠于民众的地位，满腹诚心却没处施展；第二，不能接见官员，凡是省城里的文武官员与我见面交谈，总要受到他人的监查；第三，不能联络绅士，凡是地方绅士与我往来，便怕因此而获罪。因为以上三点，我一直闷闷不乐，无法施展。然而这些只是因为不应该驻扎省城，生出的许多烦恼罢了。弟弟如今没有驻扎在省城，除了接见官员这件事不用再说外，对于爱惜民众和联络士绅这两件事，都应该脚踏实地去做。现在军饷很充足，凡是抽厘金、捐款这些都要下决心停止。士兵骚扰百姓的事，要严加禁止，那么我过去一腔爱民的诚心，弟弟可以为我表达一二了。

我在江西省，绅士们曾为我劝捐了八九十万两银子，却没能为江西除贼安民。今年奔丧走得太急，就这样冷漠地离开，对绅士们不理不顾，令我非常后悔。假如奔丧稍微晚走几天，和绅士们有些来往，书信相通方才妥当。弟弟应当为我弥补这个遗憾，每次和绅士书信往来，或是见面会谈时，都要提到江西绅士对待家兄非常热情，家兄十分愧疚之类的话。

这些人中如刘仰素、甘子大两位，我尤其感到愧疚。刘仰素是我请他带领水师的，三年来他一直很辛苦，战功卓著，他没有辜负我的知遇之恩，可是我却没能坚持与他共患难。甘子大是我请他管理粮台的，他委曲求全，任劳任怨，可是我却因奔丧而突然离开了，没能为他安排好前程。这两个人都是我所愧对的，弟弟要为我补救这个缺憾，做些补偿工作。

我在外面几年，吃亏受气的事情也实在不少，其他方面没什么可愧疚的，唯独愧对江西绅士，这是我这几天时常反省的一个方面。弟弟这次在军营境遇比较好，不要再发牢骚，要心平气和，来迎接上天赐给你的福气，极其恳切的嘱咐！

承蒙你寄回二百两银子，已经收到了。今年冬天收到外面的几百两银子，可是，家用还是觉得不太充裕，这让我明白以前我没有寄钱回家实在是太不孝了。家中老幼皆平安，我这几天心情不太好，夜不能寐，可能是心血积亏，水不养肝的缘故。春天时一定会好好调养一下。

咸丰七年十二月二十一日

办理公务切不可疏懒

［原文］

沅甫九弟左右：

初七、初八连接二信，俱悉一切。亮一去时，信中记封有报销折稿，来信未经提及，或未得见耶？

廿六早地孔轰倒城垣数丈，而未克成功，此亦如人之生死，早迟时刻，自有一定，不可强也。

总理即已接札，则凡承上起下之公文，自不得不照申照行，切不可似我疏懒，置之不理也。

余生平之失，在志大而才疏，有实心而乏实力，坐是百无一成。李云麟之长短，亦颇与我相似，如将赴湖北，可先至余家一叙再往。润公近颇综核[1]名实，恐亦未必投洽[2]无间也。

近日身体略好，唯回思历年在外办事，愆咎甚多，内省增疚。饮食起居，一切如常，无劳廑（qín）虑。今年若能为母亲大人另觅一善地，教子侄略有长进，则此中豁然畅适矣。弟年纪较轻，精力略胜于我，此际正宜提起全力，早夜整刷。昔贤谓宜用猛火煮，慢火温，弟今正用猛火之时也。

李次青之才，实不可及，吾在外数年，独觉惭对此人，弟可与之常通书信，一则稍表余之歉疚，一则凡事可以请益。

余京中书籍，承漱六专人取出，带至江苏松江府署中，此后或易搬回。书虽不可不看，弟此时以营务为重，则不宜常看书。凡人为一事，以专而精，以纷而散。荀子称耳不两听而聪，目不两视而明，庄子称用志不纷，乃凝于神。皆至言也！

咸丰八年正月十一日

［注释］

①综核：聚总而考核之，亦作“综覈”。

②投洽：情投意合，相处融洽。

[译文]

沅甫九弟左右：

初七、初八连续接到两封信，一切今已得知。亮一前去的时候，所带去的信中封有报销奏折的手稿，回信却没有提到此事。是否没有看见?

二十六日早，地雷轰倒数丈城墙，却没有将城攻克，这就好比人的生死，时间或早或晚，都有定数，不能勉强。

你既然已经接到总理军务的公文，那么属于承上启下的公文自然应该照申照行，千万不能像我那样懈怠，置之不理。

我这一生的过失在于志大才疏，有心愿却缺乏实现心愿的才能，因此一事无成。李云麟的优点和缺点，同我类似。如果计划去湖北，可以先来我家中一叙再走。润公最近也十分重视综合核查名实，唯恐不一定能够亲密无间的相处。

近日身体稍微好转。只是回忆往年在外办事，犯了很过过错，因此反躬自问，觉得十分内疚。饮食起居一概如常，不必牵挂。今年如果能为母亲大人找到一块好坟地，在子侄的教育上稍微取得进步，心中就会感到更加高兴了。弟弟年纪比较轻，精力比我旺盛，此时更应该竭尽全力，早晚整顿刷新。过去的圣人说，应该用猛火煮，慢火温，弟弟此时正是用猛火的时期。

李次青的才能，我委实比不上，我在外多年，唯独对他有愧，弟弟可以与他经常互通书信，一方面稍微替我表达一下歉意，另一方面，无论什么事情都可以向他请教。

我在京城的书籍多亏漱六专门派人取回，带回江苏松江府署中，方便将来搬回家中。读书虽然是必不可少的，但是弟弟如今应该以军务为重，而不应将时间大部分花在看书上。大凡一个人做一件事，只有专一才能精进，一旦纷繁，就会散乱。荀子说过，耳朵不同时听两件事就会耳聪，眼睛不同时看两处就会目明。庄子说过，专心致志就不会分散，凝集成智慧。这些都是至理名言啊!

咸丰八年正月十一日

治军总须脚踏实地

[原文]

沅甫九弟左右：

十二日安五来营，寄第二号家信，谅已收到。

治军总须脚踏实地，克勤小物[1]，乃可日起而有功。凡与人晋接周旋，若无真意，则不足以感人，然徒有真意而无文饰以将之，则真意亦无所托之以出，《礼》所称“无文不行”也。余生平不讲文饰，

再歷口三營亦不放心請
雲岩嚴囑沈張加挖濠溝只
就現濠加深不可另挖一道又請
睦菴兄切致芋庵專以修濠為事
錢若再至不將祁门營兵往援
即歷口營內亦不可亂放一鎗

嘱历口营加深濠沟不可乱放一枪札（之一）

到处行不动，近来大悟前非。弟在外办事，宜随时斟酌也。

闻我水师粮台银两尚有盈余，弟营此时不阙银用，不必解往。若绅民中实在流离困苦者，亦可随便周济。兄往日在营艰窘异常，初不能放手做一事，至今追恨。弟若有宜周济之处，水师粮台尚可解银二千前往。应酬亦须放手办，在绅士百姓身上，尤宜放手也。

咸丰八年正月十四日

［注释］

①克勤小物：指勤勤恳恳地做好一件件小事。

［译文］

沅甫九弟左右：

十二日安五来到军营，寄出第二封家信，料想已经收到了。

治军应该脚踏实地，勤勤恳恳地做好每一件小事，才能因为日积月累而取得成功。凡是与人接触结交，如果做不到以诚相待，则不足以感人，但是只凭借诚意，而缺乏文饰，则不能体现诚意，这就是《礼》上所说的“无文不行”。我这一生都不讲究文采，自然到处行不通，最近才意识到自己过往的过失。弟弟在外办事，应该随时讲究文采。

听闻水军粮台的银两还有盈余，弟弟军营如今不缺银两，没有必要往那里解银。如果在百姓中发现流离失所的穷苦人，也可随便接济。兄长过去在军营十分艰苦困窘，起初不能放手做任何一件事，现在想来觉得遗憾。如果弟弟遇到应该接济的情况，水师粮台还可以解送两千两银子过去。应酬之事也要开始办理了，尤其是关于绅士、百姓的事情。

咸丰八年正月十四日

济人须济急时无

［原文］

沅甫九弟左右：

二十七日接弟信，并《二十二史》七十二套。此书十七史系汲古阁本，《宋》《辽》《金》《元》系宏简录，《明史》系殿本。较之兄丙申年所购者，多《明史》一种，余略相类，在吾乡已极为难得矣。吾后在京，亦未另买有全史，仅添买《辽》《金》《元》《明》四史，及《史》《汉》各佳本而已，《宋史》至今未办，盖阙典也。

吉贼决志不窜，将来必与浔贼同一办法，想非夏末秋初，不能得手，弟当坚耐以待之。迪庵去岁在浔[1]，于开壕守逻之外，间亦读书习字。弟处所掘长壕，如果十分可靠，将来亦有闲隙，可以偷看书籍，目前则须极力讲求壕工巡逻也。

周济受害绅民，非泛爱博施之谓，但偶遇一家之中杀害数口者，流转迁徙[2]归来无食者，房屋被焚栖止靡定者，或与之数十金，以周其急。先星冈公云：“济人须济急时无。”又云：“随缘布施，专以目之所触为主。”即孟子所称“是乃仁术也”。若目无所触，而泛求被害之家而济之，与造册发赈一例，则带兵者专行沽名之事，必为地方官所讥，且有挂小漏万之虑。弟之所见，深为切中事理，余系因昔年湖口绅士受害之惨，无力济之，故推而及于吉安，非欲弟无故而为沽名之举也。

咸丰八年正月二十九日

[注释]

①浔：江西九江的别称。

②流转迁徙：形容流离失所。

[译文]

沅甫九弟左右：

二十七日收到弟弟的信以及《二十二史》七十二套。在这套书中，十七史是汲古阁本，《宋》《辽》《金》《元》是宏简录，《明史》是殿本。与我在丙申年所买的相比，多了《明史》，其他的大致相同，在我的家乡已经是十分难得的书了。即使是后来我在京城也没有再买到过全史，只买到了《辽》《金》《元》《明》四史及《史》《汉》的各种佳本而已，到现在还没有买到《宋史》，这大概是尚缺的典籍。

吉安的敌人下定决心不再逃窜，将来一定与浔地的敌人一样，看来只能等到夏末秋初才能取胜，弟弟应该耐心地等待时机。迪庵去年在浔地，除了挖掘战壕、巡城防守之外，有时也读书习字。如果弟弟那里所挖的壕沟已经十分可靠了，那么今后一有空闲，也不妨看书，如今仍然要以挖掘战壕、巡城防守为重点。

接济受损的士绅、百姓，并不是博爱广施，只是偶尔碰到一家之中被杀了好几人的，四处流落，来到这里之后没有粮食的，以及房屋被毁流离失所的，则赠给他们几十两以应急需。先祖星冈公曾说：“救人应救身处急难中的人。”又说：“布施随缘，只以亲眼所见为主。”这就是孟子所称道的仁术。如果不是亲眼所见，只是广泛地寻找受害者，并予以救济，与发仓救济登记照册一样，那么带兵的人沽名钓誉，一定会被地方官员所耻笑，并且有挂小漏万的顾虑。弟弟的见解切中事理。以往湖

口绅士受害惨重，我却没有救济他们的实力，所以推及吉安，不是无缘无故地叫弟弟做沽名钓誉的事。

咸丰八年正月二十九日

居官以耐烦为第一要义

［原文］

沅甫九弟左右：

十四日接弟初七夜信，得知一切。

贵溪紧急之说确否？近日消息何如？次青非常之才，带勇虽非所长，然亦有百折不回之气。其在兄处，尤为肝胆照人，始终可感！兄在外数年，独惭无以对渠。去腊遣韩升至李家省视其家，略送仪物，又与次青约成婚姻，以申永好。目下两家儿女，无相当者，将来渠或三索得男，弟之次女、三女，可与之订婚，兄信已许之矣。在吉安望常常与之通信，专人往返，想十余日可归也。但得次青生还，与兄相见，则同甘苦患难诸人中，尚不至留莫大之愧歉耳。

昔耿恭简公谓居官以耐烦为第一要义，带勇亦然，兄之短处在此，屡次谆谆教弟亦在此。二十七日来书有云："仰鼻息于傀儡膻腥①之辈，又岂吾心之所乐？"此已露出不耐烦之端倪，将来恐不免于龃龉，去岁握别时，曾以惩余之短相箴，乞无忘也！

李雨苍于十七日起行赴鄂，渠长处在精力坚强，聪明过人，短处在举止轻佻，言语易伤，恐咏公亦未能十分垂青。温甫弟于十一日起程，大约三月半可至吉安也。

咸丰八年二月十七日

［注释］

①膻腥：旧时对少数民族的风俗或其政权等的蔑称。此处指的是吃牛羊肉的满蒙"胡人"，有暗指皇亲国戚族人的意思。

［译文］

沅甫九弟左右：

十四日那天收到弟弟初七晚上的来信，得知一切。

贵溪局势危急的消息属实吗？近日的情况如何？次青是个不可多得的人才，带兵虽然不是他的长处，但是也有百折不挠的气度。在为兄看来，更是肝胆相照的人，始终令人钦佩。兄长在外几年，只是对他心怀内疚。去年冬天我派韩升前去探望李家，送了一些礼品，又与次青订立了婚约，以表明永远交好的意愿。目前两家之中并没有年龄相当的子女，将来他再得儿子，弟弟的二女儿、三女儿可以同他家订立婚约，我在信里已经应诺了此事。你在吉安应该经常与他通信，派专人传递，十多天就可以往返。只要次青能够活着回来同我见面，那么在所有同甘共苦的人中，就不至于遗留莫大的愧疚和遗憾了。

以前耿恭简公说做官首先应该学会忍耐烦恼，带兵同样如此，兄长的缺点就在不能耐烦，这一点也是我数次谆谆教导弟弟们的。你在二十七日来信中说："要求我在那些傀儡手下做事，我如何能乐意？"这里已经显露出不耐烦的苗头了，将来唯恐要发生嫌隙。去年我们分别时，我曾以我的缺点告诫你，希望你一定谨记。

李雨苍在十七日启程前往湖北，他的优点是有坚韧的毅力，聪明过人，缺点在于举止轻佻，说话伤人，唯恐咏公未必会重用他。温甫弟于十一日动身，大约在三月中旬可以抵达吉安。

咸丰八年二月十七日

凶德致败者约有二端：长傲，多言

[原文]

沅甫九弟左右：

初三日刘福一等归，接来信，俱悉一切。

城贼围困已久，计不久亦可攻克，唯严断文报是第一要义，弟当以身先之。家中四宅平安，余身体不适，初二日住白玉堂，夜不成寐。温弟何日至吉安？

古来言凶德致败者约有二端：曰长傲，曰多言。丹朱[1]之不肖，曰傲，曰嚣讼[2]，即多言也。历观名公巨卿，多以此二端败家丧生。余生平颇病执拗，德之傲也，不甚多言，而笔下亦略近乎嚣讼。静中默省愆尤，我之处处获戾，其源不外此二者。温弟性格略与我相似，而发言尤为尖刻。凡傲之凌物，不必定以言语加人，有以神气凌之者矣，有以面色凌之者矣。温弟之神气稍有英发之姿，面色间有蛮狠之象，最易凌人。凡心中不可有所恃，心有所恃则达于面貌。以门第

言，我之物望大减，方且恐为子弟之累；以才识言，近今军中炼出人才颇多，弟等亦无过人之处，皆不可恃。只宜抑然自下，一味言忠信行笃敬，庶几可以遮护旧失，整顿新气，否则人皆厌薄之矣。沅弟持躬涉世，差为妥洽。温弟则谈笑讥讽，要强充老手，犹不免有旧习，不可不猛省，不可不痛改。闻在县有随意嘲讽之事，有怪人差帖之意，急宜惩之。余在军多年，岂无一节可取？只因傲之一字，百无一成，故谆谆教诸弟以为戒也。

咸丰八年三月初六日

［注释］

①丹朱：传说中上古时代部落首领尧帝的儿子。尧认为丹朱没有领导天下的才能，所以他将帝位传给舜。

②嚣讼：众说纷纭，不能定论。这里是多言的意思。

［译文］

沅甫九弟左右：

刘福一等于初三那天回来，接到来信，得知一切。

城中的敌军已经被围困很长时间了，预计不久就能攻克，但是应该严格地切断敌人的情报，这是第一重要的事情，弟弟应当亲自办理。家中四宅都平安无事，我身体不适，初二那天住在白玉堂，彻夜不寐。温弟什么时候能抵达吉安？

古人说做背德之事而导致失败的原因大约有两点：一是滋长傲气，二是多嘴多舌。丹朱之所以不肖，一是因为他傲慢，二是因为他多言。历代有名有地位的公卿，大多因为这两点而败家亡身。我生平有固执的缺点，这属于性格上的傲气，嘴上虽然不多说闲话，但笔下也近乎多言。心平气静后反省自己的过失，我之所以会犯错，根源离不开这两点。温弟有着与我相似的性格，并且说话尤为尖刻。但凡傲气凌人的人，未必定然是言语伤人，有以神气傲慢凌人的，也有以脸色难看而凌人的。温弟的神气有英发之姿，但面色却稍微蛮狠了一点，最容易令人觉得你盛气凌人。心中绝不能有所自矜，一旦心中有了自矜，就会显现在脸上。从门第上讲，我的名望大有衰落，恐怕会令子弟受到拖累；从才识上说，最近军队中历练出来了很多人才，弟弟等人也没有过人的地方，都没有什么可值得自夸的。所以应该抑制自己，专门讲求忠信，行事真挚敬谨，也许可以掩盖已有的过失，整顿出新的气象，不然的话，别人都会厌恶你、鄙视你。沅弟行事谨慎，十分稳妥。温弟则谈笑讥诮，强装老手，身上难免有旧的习气，不可不深深反省，不可不痛改前非。我还听闻温弟还在县城时，时常任意嘲讽他人，有怪人差帖的意味，应该迅速改正这种做法。我在军中多年，难道没有一点可取的地方吗？只因一个傲字，百事无成，所以谆谆教导各位弟弟，引以为戒。

咸丰八年三月初六日

克服长傲、多言二弊

［原文］

沅甫九弟左右：

二十日胡二等归，接弟十三夜书，俱悉一切。所论兄之善处，虽未克当，然亦足以自怡。兄之郁郁不自得者，以生平行事有初鲜终，此次又草草去职，致失物望，不无内疚。

长傲、多言二弊，历观前世卿大夫兴衰，及近日官场所以致祸福之由，未尝不视此二者为枢机，故愿与诸弟共相鉴诫。弟能惩此二者，而不能勤奋以图自立，则仍无以兴家而立业，故又在乎振刷精神，力求有恒，以改我之旧辙，而振家之丕基[①]。弟在外数月，声望颇隆，总须始终如一，毋怠毋荒，庶几于弟为初旭之升，而于兄亦代为桑榆[②]之补，至嘱至嘱。

次青奏赴浙江，令人阅之气王。以次青之坚忍，固宜有出头之一日，而咏公亦可谓天下之快人快事矣。

弟劝我与左季高通书问，此次暂未暇作，准于下次寄弟处转递。此亦兄长傲之一端，弟既有言，不敢遂非也。

咸丰八年三月二十四日

［注释］

①丕基：庞大的基业。

②桑榆：夕阳照在桑树和榆树的树梢，用来指日暮。比喻开始在这一方面失败了，最后在另一方面取得胜利。也经常比喻人的晚年。

［译文］

沅甫九弟左右：

二十日胡二等人回来，接到弟弟写于十三日夜晚的信，知悉一切。你所说的为兄的长处虽然不妥当的地方，但是足以令我感到高兴。为兄之所以郁郁不欢，是因为生平做事有始无终，这次又草率离职，令很多人大失所望，心中愧疚不已。

纵观历朝世卿大夫的兴衰，以及近来官场祸福，骄傲、多言两个毛病就是因

由，我未尝不将这两点视为关键，所以愿意同诸位弟弟一起相互监督。弟弟能够克服这两个毛病，却不懂得勤奋自立的重要性，仍然不能兴家立业，所以还应该振奋精神，竭力做到做事有恒心，避免走上我的老路，从而振兴巨大的家业。弟弟在外的几个月，得到了很高的声望，应该始终如一，不能懈怠，不能荒废，才能像那初升的太阳一样，对于我来说，则弥补我了的不足之处，千万谨记！

次青上奏赶赴浙江，令人看了发怒。次青凭借坚韧不拔的毅力，总会有出头的一天，而咏公所为也称得上是天下大快人心的事。

弟弟规劝我与左季高通信问候，这次暂时没有写信的时间，打算下次写好后寄到你那里转交。这也是兄长“傲”的表现之一，弟弟既然说了，我哪里敢不改正？

咸丰八年三月二十四日

于两弟时时以平和二字相勖

［原文］

沅甫九弟左右：

春二、安五归，接手书，知营中一切平善，至为欣慰！

次青二月以后，无信寄我，其眷属至江西，不知果得一面否？弟寄接到胡中丞奏伊入浙之稿，未知是否成行？顷得耆中丞十三日书，言浙省江山、兰溪两县失守，次青前往会剿。是次青近日声名，亦渐渐脍炙人口。广信、衢州两府不失，似浙中终无可虑，未审近事究复如何？

广东探报言洋人有船至上海，亦恐其为金陵余孽所攀援。若无此等意外波折，则洪杨股匪，不患今岁不平耳。九江竟尚未克，林启荣之坚忍，实不可及。闻麻城防兵，于三月十日小挫一次，未知确否？弟于次青、迪庵、雪琴等处，须多通音问，俾余亦略有见闻也。

兄病体已愈十之七八，日内并未服药，夜间亦能熟睡，至子正以后则醒，是中年后人常态，不足异也。湘阴吴贞阶司马，于二十六日来乡，是厚庵嘱其来一省视，次日归去。

余所奏报销大概规模一折，奉朱批该部议奏，户部旋于二月初九日复奏，言曾国藩所拟，尚属妥协云云，至将来需用部费，不下数万。闻杨、彭在华阳镇抽厘，每月可得二万，系雪琴督同凌荫廷、刘国斌经纪其事，其银归水营杨、彭两大股分用。余偶言可从此项下设

一則火藥宜省二則恐其久圍藥
盡而為不去也務宜再三叮囑
現接探報南京老賊往援安慶
潤石請劉古部下五千人往
守南京縱係的信亦不可不防
國藩又行

有容堂

嘱历口营加深壕沟不可乱放一枪札（之二）

法筹出部费，贞阶力赞其议，想杨、彭亦必允从。此款有着，则余心又少一牵挂矣。

温弟丰神较峻，与兄之伉直简儋（dàn）[1]，虽微有不同，而其难于谐世，则殊途而同归，余常用为虑。大抵胸多抑郁，怨天尤人，不特不可以涉世，亦非所以养德，不特无以养德，亦非所以保身。中年以后，则肝肾交受其病，盖郁而不畅则伤木，心火上烁则伤水。余今日之目疾，及夜不成寐，其由来不外乎此。故于两弟时时以平和二字相勖（xù）[2]，幸勿视为老生常谈，至要至嘱！

亲族往弟营者，人数不少，广厦万间，本弟素志。第善觇国者，睹贤哲在位，则卜其将兴；见冗员浮杂，则知其将替。善觇军者亦然。似宜略为分别，其极无用者，或厚给途费遣之归里，或酌赁民房令住营外，不使军中有惰漫喧杂之象，庶为得宜。

至屯兵城下，为日太久，恐军气渐懈，如雨后已弛之弓，三日已腐之馔，而主者晏然不知其不可用，此宜深察者也。附近百姓果有骚扰情事否？此亦宜深察者也。

咸丰八年三月三十日

［注释］

①伉直简儋：刚直不阿，不畏权势。

②勖：勖勉，勉励。

［译文］

沅甫九弟左右：

春二、安五回来，收到你的亲笔信，得知营中一切妥善，甚感欣慰！

次青自二月以来一直没有给我写信，他的家眷已经抵达江西，不知可否见上一面？弟弟寄来胡中丞奏请他赴浙江的折子，不知可否成行？刚收到耆中丞十三日的来信，信中提到浙江省江山、兰溪两县失守，次青前往会同围剿。看来次青如今的声望越来越大了。倘若广信、衢州两府不失守，大可不必担心浙江的安危，不知最近的情形如何？

广东探报说洋人的战船已经达到上海，唯恐金陵的余孽会与他们联合。倘若没有这些意料之外的波折，那么不愁不平息洪、杨之祸。竟然还没有攻克九江，林启荣的坚毅忍耐委实不是一般人能企及的。听说在麻城防守的军队在三月十日小败一次，这个消息属实吗？弟弟要经常与次青、迪庵、雪琴等人互通音信，让我也得以

多了解一些情况。

愚兄的病已经好了十之七八，最近并没有服药，晚上也睡得十分安稳，到了午夜之后就会醒来，这也是人到中年后的常态，不值得奇怪。湘阴吴贞阶司马于二十六日来乡，是厚庵让他来探望我的，第二天就离开了。

我上奏的报销大致写成一本奏折，奉朱批经由户部议奏，户部随即于二月初九日复奏，认为我所拟的奏折还十分妥善，将来至少需要户部拨款几万两。听闻杨、彭在华阳镇抽取厘金，每月可抽得二万两银子，是雪琴督促凌荫廷、刘国斌等人经营的，这些银两归水营杨、彭两军分用。我偶然提出可以从这个项目之下设法筹出部费，贞阶十分赞成这个主张，我想杨、彭也会同意的。这笔钱有了着落，我的牵挂也少了一层。

温弟的风采神气十分外露，与我的不重势利虽然有细微的差别，但他不善于打交道，这一点与我殊途同归，我经常因此而焦虑。大概心中抑郁，怨天尤人，不仅不利于涉世，也不利于修养品行，不仅不利于保养德行，也不利于保全性命。我中年以后，就得肝病和肾病，这就是中医所说的，郁而不畅伤木；心火上烁伤水。我眼下的眼病和失眠的病因不外乎这一点。所以告诫两位弟弟时刻注意“平和”二字，不要将其视为老生常谈，千万谨记！

亲戚族人中有很多人加入到弟弟军营中，广厦万间，这本是弟弟一向的志愿。但是，观察历代兴亡，一个国家如果贤人哲士在位，则会兴旺；如果鱼龙混杂，则会衰败。观察军队同样如此。对投军的人要进行区别对待，尤其无能的，或者多送一点路费令他们回家，或者在军营外面租一些民房，让他们居住，不要令军营中发生懈怠、怠慢、喧闹的现象，也许更好。

至于屯兵城下，时间一久恐怕会使士气低迷，就如同在雨后受潮后变得松弛的弓箭，也好比放了三天已经腐烂的饭菜，而使用它们的人还不知道它们已经不堪任用了，这种情况应该认真调查。果真有附近的百姓前来骚扰军队吗？这也应该认真去调查。

咸丰八年三月三十日

宜力持不懈，有始有卒

[原文]

沅甫九弟左右：

四月初五日得一等归，接弟信，得悉一切。

兄回忆往事，时形悔艾，想六弟必备述之。弟所劝譬之语，深中机要。“素位而行”一章，比亦常以自警。只以阴分素亏，血不养肝，即一无所思，已觉心慌肠空，如极饿思食之状，再加以憧扰之思，益

觉心无主宰，怔悸不安。

今年有得意之事两端：一则弟在吉安，声名极好，两省大府及各营员弁、江省绅民，交口称颂，不绝于吾之耳；各处寄弟书及弟与各处禀牍信缄，俱详实妥善，犁然有当[①]，不绝于吾之目。一则家中所请邓、葛二师，品学俱优，勤严并著。邓师终日端坐，有威可畏，文有根底，又曲合时趋，讲书极明正义，而又易于听受；葛师志趣方正，学规谨严，小儿等畏之如神明，而代管琐事亦甚妥协。此二者，皆余所深慰！虽愁闷之际，足以自宽解者也。第声闻之美，可恃而不可恃。兄昔在京中颇著清望，近在军营，亦获虚誉。善始者不必善终，行百里半九十里。誉望一损，远近兹疑。弟目下名望正隆，务宜力持不懈，有始有卒。

治军之道，总以能战为第一义。倘围攻半岁，一旦被贼冲突，不克抵御或致小挫，则今望隳(huī)[②]于一朝，故探骊之法，以善战为得珠。能爱民为第二义。能和谐上下官绅为第三义。愿吾弟兢兢业业，日慎一日，到底不懈，则不特为兄补救前非，亦可为吾父增光于泉壤矣。精神愈用而愈出，不可因身体素弱，过于保惜；智慧愈苦而愈明，不可因境遇偶拂，遽尔摧沮。此次军务，如杨、彭、二李、次青辈，皆系磨炼出来。即润翁、罗翁，亦大有长进，几于一日千里！独余素有微抱，此次殊乏长进。弟当趁此番增识见，力求长进也。

求人自辅，时时不可忘此意。人才至难，往时在余幕府者，余亦平等相看，不甚钦敬，洎今思之，何可多得？弟当常以求才为急。其阊(chāng)冗者，虽至亲密友，不宜久留，恐贤者不愿共事一方也。

余自四月来，眠兴较好。近读杜佑《通典》，每日二卷，薄者三卷。唯目力极劣，余尚足支持。

迪安嘱六弟不必进京，厚意可感！弟于迪、厚、润、雪、次青五处宜常常通问。恽廉访处，弟亦可寄信数次，为释前怨。《欧阳文忠集》，吉安若能觅得，望先寄回。

咸丰八年四月初九日

[注释]

①犁然有当：井然有序的意思。

②隳：毁坏，崩溃。

[译文]

沅甫九弟左右：

四月初五，得一等人回来，接到你的信，得知一切。

我回首过往，无时无刻不悔恨交加，我想六弟肯定都告诉你了。弟弟劝说我的话，正说中了我的要害，“素位而行”这段话，我也经常用来警醒自己。但是阴阳不调，血不养肝，即使什么事都不想，仍然觉得心慌肠空，似乎非常饥饿，再加上心中忧虑不已，更觉得心中缺失了主宰，悸动不安。

今年发生了两件得意之事：一是弟弟在吉安，取得了好名声，我常常听到两省官员、各营将士和江西省的士绅百姓对你交口称赞；我也常常看到弟弟把各处寄给你的信以及你给各处的书札信牍都处理得妥妥当当，井然有序。一是家中所聘请的邓、葛两位老师品学兼优，既殷勤教导，又严加管理。邓老师整天端坐，威仪值得敬畏，文章写得既有根有底，又能够同实际结合起来，讲课时既明确，又深入浅出；葛老师志趣方正，教学严谨，小孩子们对他敬如神明，而且将琐事代管得十分妥帖。这两件事，都令我深深地感到欣慰，在愁苦不乐的时候，也足以自宽自慰了。好的声望既可以依靠，也不可以依靠。兄长以往在京城，也有很高的声望，近年来在军队，也获得了一些虚名。善始的人未必能够善终，要走一百里路的人，如果已经走了九十里，但是只能算是走了一半。声望一旦受到损害，就会引起远近的人的怀疑。你眼下名望正高，一定要坚持不懈，做到有始有终。

治理军队的道理，总是应该将能打仗作为第一紧要的事。如果围攻半年，一旦敌人成功突围，致使不能取胜，或者打了败仗，这就会使你的名声毁于一旦，所以说探骊得珠的方法，是打胜仗。能爱惜百姓是治军的第二紧要的事。能和上下官员、地方士绅相处融洽是第三紧要的事。希望弟弟勤勤恳恳，日益谨慎，坚持不懈，这样不仅能够补救我以往的过失，还可以为九泉之下的先父增光。精神这种东西是越用越好用，不可以因为害怕身体虚弱而过分爱惜；智慧这种东西是越钻越明，不可以因为暂时的挫折而自暴自弃。这次军务，如杨、彭、二李、次青等人都是经历了战争的磨炼才脱颖而出，连润翁、罗翁也大有进益，几乎是一日千里。唯独我一直没有伟大的抱负，这次缺乏长进。弟弟应该趁此良机增长见识，力求取得进步。

求人自辅，应该时刻谨记这一道理。人才难得，过去我对自己幕府中的幕僚，一概平等相待，不十分尊敬，如今想起来，这些人才都是十分难得的！弟弟应该经常把访求人才当作当务之急。军营中那些碌碌无为之辈，哪怕是至亲密友，也不宜久留，因为真正的贤者不愿意与之为伍。

我自四月以来，睡眠较好。近来读杜佑的《通典》，每天阅读两卷，薄的阅读三卷。只是视力很差，剩下的还能够支持。

迪安嘱咐六弟不必进京，深情厚谊令人感动！弟与迪、厚、润、雪、次青五人应该经常通信问候。恽廉访那里，弟弟可以多写几封信，化解先前的误会。你在吉安如果能够找到《欧阳文忠集》一书，希望先寄回来。

咸丰八年四月初九日

捐银作祭祀之费

［原文］

沅甫九弟左右：

十四日胡二等归，接弟初七夜信，俱悉一切。

初五日城贼猛扑，凭壕对击，坚忍不出，最为合法。凡扑人之墙，扑人之壕，扑者，客也，应者，主也。我若越壕而应之，则是反主为客，所谓致于人者也；我不越壕，则我常为主，所谓致人而不致于人也。稳守稳打，彼自意兴索然。峙衡好越壕击贼，吾常不以为然。凡此等处，悉心推求，皆有一定之理。迪庵善战，其得诀在“不轻进，不轻退”六字，弟以类求之可也。

夷船至上海、天津，亦系恫喝之常态。彼所长者，船炮也；其所短者，路极远，人极少。若办理得宜，终不足患。

报销奏稿及户部复奏，即日当缄致诸公。依弟来书之意，将来开局时，拟即在湖口水次[①]盖银钱所。张小山、魏召亭、李复生诸公，多年亲依该所，现存银万余两，即可为开局诸公用费，及部中使费。六君子不必皆到此局，但得伯符、小泉二人入场，即可了办。若六弟在浔较久，则可至局中照护周旋；若六弟不在浔阳，则弟克吉后回家一行，仍须往该局，为我照护周旋也。至户部承书，说定费资，目下筠仙在京似可料理，将来胡莲舫进京，亦可帮助。

筠仙顷有书来，言弟名远震京师。盛名之下，其实难副，弟须慎之又慎！兹将原书抄送一阅。

家中四宅大小平安，兄夜来渐能成寐。先大父[②]、先太夫人，尚未有祭祀之费。温弟临行，捐银百两，余以刘国斌之赠，亦捐银百两，弟可设法捐资否？四弟、季弟则以弟昨寄之银内提百金为二人捐款。

申夫仁弟閣下：聞尊恙略愈，為慰。國藩今日須至香口會晤潤帥、海航耳。此書來申與水亭敘一敘雅悰。今日如同赴香口，則請告海君即刻坐舟同發；若閣下留藥久伴，則請待鄙人歸來也。國藩頓。海航年兄處亦以致候。

罕三

约同会湖北巡抚胡林翼札

合之当业二处，每年可得谷六七十石。起祠堂，树墓表，尚属易办。

吾精力日衰，心好古文，颇知其意而不能多作。日内思为三代考妣作三墓表，虑不克工，亦尚惮于动手也。

先考妣祠宇若不能另起，或另买二宅作住屋，即以腰里新屋为祠，亦无不可。其天家赐物及宗器、祭器等，概藏于祠堂，庶有所归宿。将来京中运回之书籍及家中先后置书，亦贮于此祠。吾生平坐不善收拾，为咎甚巨！所得诸物，随手散去，至今追悔不已！然趁此收拾，亦尚有可为。弟收拾佳物较善于诸昆③，从此益当细心检点，凡有用之物，不宜抛散也。

咸丰八年四月十七日

［注释］

①水次：水边。

②大父：称祖父、外祖父。

③昆：哥哥。

［译文］

沅甫九弟左右：

十四日胡二等人回来，看到弟弟写于初七晚上的信，得知一切。

初五那天城里的敌人发动猛烈进攻，依仗壕沟对抗，拒不出战，是最好的方略。凡是进攻城墙、进攻壕沟，则进攻者为客，而应战者为主。我军倘若越出壕沟去应战，就是反主为客，就是我们常说的受制于人；我军不越出壕沟作战，那我军仍然是主，就是我们常说的制服他人而不受制于人。稳守稳打，自然令进攻者毫无办法。峙衡偏好越出战壕攻打敌人，我却认为不妥。仔细研究这些事，都会发现有一定的道理。迪庵善于作战，他的秘诀就是“不轻进，不轻退”六个字，弟弟可要细心研究。

洋人的船开到了上海、天津，也是恐吓的常态。他们的优势体现在炮船上，其劣势在于远离国土，人数很少。如果处理得好，并不构成忧患。

报销奏稿和户部复奏，当天就给诸位寄出去了。根据弟弟来信中的意思，将来开设厘金局时，打算就在湖口水边修建银钱所。张小山、魏召亭、李复生等人经办此事多年，如今存有一万多两银子，可以用来供给开局的费用和部里花费。六君子没有必要全都到这个局，只要伯符、小泉二人到场就可以了。如果六弟停留在浔阳的时间比较长，也可到局中照料一二，如果六弟不在浔阳停留，则等弟弟将吉安收复后，回家一趟，仍然要去该局替我打理一切。至于户部来函协商费用，筠仙目前在京城，或许可以办理，将来胡莲舫到京城后也可以前往相助。

刚刚接到筠仙的信，说弟弟已经名震京师，盛名之下，其实难副，弟弟应该更

加谨慎，现将原信抄送给你一阅。

家中四宅，大小安顺，为兄晚上逐渐能够入睡了。目前还没有祭祀先大父、先太夫人的费用。温弟临走时捐了一百两银子，我用刘国斌送我的银两也捐了一百两，弟弟能否想办法捐点银子？四弟、季弟则从弟弟昨天寄回的银两中抽出一百两作为他两人的捐款。再加上两处的产业，每年可收获六七十石谷子。想要建造祠堂、树立墓碑，还算容易。

我的精力日益不支，爱好古文，却不能多作。如今想为三代考妣作三块墓碑，唯恐写不好，还没有动手。

如果不能另外修建先父母的祠堂，或者在别处购买两处房子作为住房，就将腰里的新屋改为祠堂也是可行的。凡是皇上赏赐的东西和宗器、祭器等全部放入祠堂，使其有所归宿。将来从京城运回来的书籍及家中先后买的书籍也要全部放在祠堂里，我一生都不善于收拾，这是很大的过失，到手的东西又随手丢弃了，至今仍然后悔不已，趁机收拾也还有可作为的地方，弟弟要比其他几个哥哥更加精通收拾整理物品，今后应该更加细心检点，凡是有用的东西，不宜抛散。

咸丰八年四月十七日

劝捐银修祠堂

［原文］

沅甫九弟左右：

五月二日，接四月二十三寄信，借悉一切。

城贼于十七早，二十日、二十二夜，均来扑我壕，如飞蛾之扑烛，多扑几次，受创愈甚，成功愈易。唯日夜巡守，刻不可懈，若攻围日久，而仍令其逃窜，则咎责匪轻。弟既有统领之名，自须认真查察，比他人尤为辛苦，乃足以资董率。

九江克复，闻抚州亦已收复，建昌[1]想亦于日内可复。吉贼无路可走，收功当在秋间，较各处独为迟滞。弟不必慌忙，但当稳围稳守，虽迟至冬间克复亦可无碍，只求不使一名漏网耳。若似瑞临之有贼外窜，或似武昌之半夜潜窜，则虽速亦为人所诟病。如似九江之斩刈殆尽，则虽迟亦无后患。愿弟忍耐谨慎，勉卒此功，至要至要！

余病体渐好，尚未痊愈，夜间总不能酣睡，心中纠缠，时忆往事，愧悔憧（chōng）扰[2]，不能摆脱。四月底作先大夫[3]祭费记一首，兹送交贤弟一阅，不知尚可用否？此事温弟极为认真，望弟另誊一本，寄温弟阅看。此本仍便中寄回，盖家中抄手太少，别无副本也。

弟在营所寄银回，先后均照数收到，其随处留心，数目多寡，斟酌妥善。余在外未付银至家，实因初出之时，默立此誓，又于发州县信中，以“不要钱，不怕死”六字自明。不欲自欺之志，而令老父在家，受尽窘迫，百计经营，至今以为深痛。弟之取与，与塔、罗、杨、彭二李诸公相仿，有其不及，无或过也，尽可如此办理，不必多疑。

顷与叔父各捐银五十两，积为星冈公，余又捐二十两于辅臣公，三十两于竟希公矣。若弟能于竟公、星公、竹公三世，各捐少许，使修立三代祠堂，即于三年内可以兴工，是弟有功于先人，可以盖阿兄之愆(qiān)[4]矣。修祠或即用腰里新宅，或于利见斋另修，或另买田地，弟意如何？便中复示。公费则各立经管，祠堂则三代共之，此余之意也。

初二日接温弟信，系在湖北抚署所发。九江一案，杨、李皆赏黄马褂，官、胡皆加太子少保，想弟处亦已闻之。温弟至黄安，与迪庵相会后，或留营，或进京，尚未可知。

弟素体弱，比来天热，尚耐劳否？至念至念！羞饵滋补，较善于药，良方甚多，胜于专服水药也。

咸丰八年五月初五日

[注释]

①建昌：现为江西省南城县。

②憧扰：混乱不安。

③先大夫：犹先父。

④愆：罪过，过失。

[译文]

沅甫九弟左右：

五月二日，收到你四月二十三日寄来的信，得知一切。

城中敌人在十七日清晨、二十日、二十二夜晚攻打我军壕沟，如同飞蛾扑火一般，攻打的次数越多，受到的创伤越重，那么打胜仗就越容易了。我们只需日夜巡守，不懈怠片刻，如果围困已久，却仍然让他们逃脱，那么一定会受到严重的责罚。弟弟既然担任统领，理应认真检查，比别人更加辛苦，才能不负众望。

收复九江后，听说又收复了抚州，预料可以在近日收复建昌。吉安的敌人已经穷途末路了，在秋天即可建立功勋，与其他各地相比，可能要晚些时日才能收复。弟弟不必慌忙，只要稳防固守，即使推延到冬天再收复也不关紧要，只希望不可漏网一名敌人。如果像瑞州、临州一样，有敌人外逃，或者像武昌一样，敌军半夜潜逃，那么即使很快就攻克了，也难免被人指责。如果能像九江之战一样，将敌人斩杀殆尽，那么即使将破城的时间推迟一点，也没有后患。希望弟弟耐心等候，谨慎行事，争取立下此项大功，非常重要！

我的病情逐渐好转，还没有痊愈，晚上仍然不能熟睡，心中始终纠结不下，回忆前事，愧悔不安，不能罢手。四月底作了一篇先父祭文，现寄给贤弟一阅，不知还可用不？温弟对此事十分认真，希望弟弟另外抄写一份寄给温弟看看。这一本还希望在方便时寄回来，主要原因是家中没有几个可以抄写的人，没有副本。

弟弟从军营中寄回的银两，先后都已如数收到，希望随时留心，数目多少要思索妥当。我在外并没有寄钱回家，原因是刚出仕时曾经暗自立下誓言，又在发给州县的信中，用“不要钱，不怕死”这六个字来表明自己的心志。因为不愿意违背自己的誓言，却让老父在家中受尽困窘，被迫千方百计地挣钱，至今我痛恨不已。弟弟从朝廷领取的银两，与塔、罗、杨、彭、二李等人相仿，还比不上他们，不要超过他们，尽可以这样去做，不必疑虑。

我与叔父各捐出五十两，为星冈公做准备，又捐出二十两给辅臣公，捐出三十两给竟希公。如果弟弟能够为竟公、星公、竹公三世各捐银子若干，用于修建三代祠堂，则三年之内就可以动工，如此弟弟就有功于先人，还可以替兄长遮掩一些罪过了。修祠堂或者以腰里的新宅改建，或者在利见斋另行修建，或者另外买地修建，你有什么意见？方便时请写信回复。大家出资而后各方经营，祠堂则由三代人一同管理，这是我的意见。

初二日收到温弟的信，是从湖北抚台衙门寄出来的。因为收复了九江，杨、李都被赐予了黄马褂，官、胡都加官为太子少保，料想弟弟已经得知了。温弟到黄安与迪庵会合后，或者留在营中，或者来到京城，还不可得知。

弟弟身体向来虚弱，眼下天气炎热，还能忍耐吗？十分挂念！吃人参、燕窝滋补，要胜过吃药，优良的方子很多，远胜于一味服用汤药。

咸丰八年五月初五日

总宜平心静气，稳稳办去

[原文]

沅弟左右：

昨信书就，未发。初五夜玉六等归，又接弟信，报抚州之复，他郡易而吉州难。余固恐弟之焦灼也，一经焦躁，则心绪少佳，办事不能妥善。余前年所以废弛，亦以焦躁故尔。总宜平心静气，稳稳办去。

余前言弟之职以能战为第一义，爱民第二，联络各营将士各省官绅为第三。今此天暑困人，弟体素弱，如不能兼顾，则将联络一层，少为放松，即第二层亦可不必认真，唯能战一层，则刻不可懈。目下壕沟究有几道？其不甚可靠者尚有几段？下次详细见告。九江修壕六道，宽深各二丈，吉安可仿为之否？

弟保同知花翎，甚好甚好！将来克复府城，自可保升太守。吾不以弟得升阶为喜，喜弟之吏才更优于将才，将来或可勉作循吏①，切实做几件施泽于民之事。门户之光也，阿兄之幸也！

咸丰八年五月初六日

［注释］

①循吏：奉公守法的官员。

［译文］

沅弟左右：

昨天就将书信写好，只是没有寄出去。玉六等人在初五夜里回来，又收到你的来信，报告收复抚州事宜，其他各郡比较容易收复，但是收复吉安却比较困难。我本来就担心弟弟过于焦躁，一旦焦躁，则心绪不佳，不能妥善地办理事情。我前年之所以懈怠荒废，也是由于焦躁的缘故。你一定要平心静气，稳当地处理事情。

我上次说弟弟的任务是以能攻善战为第一要务，以爱护百姓为第二要务，以联络各营将士以及各省官绅为第三要务。如今天气炎热，弟弟身体素来比较虚弱，如果以上要务不能兼顾，就应该略微放松联络这一要务，即使是第二要务也不必过于认真，只是时刻不能放松第一要务。眼下已经挖了几道壕沟？其中不太牢靠的还有几段？下次来信时详细地告诉我。九江修挖六道宽两丈、深两丈的壕沟，吉安是否可以仿效九江？

弟弟保住了同知花翎，这件事做得很好！将来如果收复府城，一定可以升任太守。令我欣喜的并不是弟弟得以升官，而是弟弟做官的才能胜于领兵的才能，将来或许可以做一个奉公守法的官吏，切实地替老百姓做几件好事，那就是我曾家的荣耀，也是为兄的幸运！

咸丰八年五月初六日

学问之道，能读经史进为根底

［原文］

沅甫九弟左右：

正七归，接一信，启五等归，又接一信。正七以疟，故不能速回

营，启五求于尝新后始去。兹另遣人送信至营，以慰远虞。

三代祠堂，或分或合，或在新宅，或另立规模，统俟沅弟复吉后归家料理。造祠之法，亦听弟与诸弟为之，落成后，我作一碑而已。

余意欲王父母、父母改葬后，将神道碑立毕，然后或出或处，乃可唯余所欲。目下在家，意绪极不佳，回思往事，无一不惭愧，无一不褊浅[1]。幸弟去秋一出，而江西、湖南，物望颇隆，家声将自弟振之，兹可欣慰！靡不有初，鲜克有终，望弟慎之又慎，总以克终为贵。家中四宅，大小平安。二十三四大水，县城永丰，受害颇甚，我境幸平安无恙。弟寄归之书，皆善本，林氏续选《古文雅正》，虽向不知名，亦通才也。如有《大学衍义》《衍义补》二书，可买者买之。学问之道，能读经史进为根底，如两通、两衍义及本朝两通，荟六经诸史之精，诸内圣外王之要。若能熟此六书，或熟其一二，即为有本有末之学。家中现有四通，而无两衍义，祈弟留心。

弟目下在营，不可看书，致荒废正务。天气炎热，精神有限，宜全用于营事也。余近作《宾兴堂记》，抄稿寄阅，久荒笔墨，但有间架，全无精意，愧甚愧甚！

咸丰八年五月三十日

［注释］

①褊浅：心地、见识等狭隘浅薄。

［译文］

沅甫九弟左右：

正七回来，收到一封信，启五等人回来，又收到一封信。由于正七得了疟疾，不能立刻回营，启五请求等新谷上市尝新之后再返回。现在另外派人将信送到你的营里，以安慰远方亲人的牵挂。

修建三代祠堂，无论是分建，还是合建，无论是建在新宅，还是另外修建，都等九弟收复吉安回来后再行办理。建造祠堂的方法，也听从九弟与诸位弟弟的安排，落成之后，我立下一座石碑就可以了。

我的意思是，将祖父母、父母改葬后，立一座神道碑，以后或者出仕或者留守，才能够随心所欲。眼下在家，我心绪不宁，回想过去，没有一件事是不觉得惭愧的，没有一件事是不感到浅薄的。幸好弟弟去年秋天一出仕，就在江西、湖南两省获得了很高的声望，家族的声望从弟弟开始振兴，值得万分欣慰！万事都有开头，

但是很多事情都做不到有始有终，希望弟弟慎之又慎，坚持以有始有终为贵。家中四房，大小平安。二十三、二十四这两天突发大水，永丰县遭受严重灾害，我们这里侥幸平安无事。弟弟寄回来的书，都是好书，林氏续选的《古文雅正》虽然一向不太出名，但他还算是一个通才。如果发现《大学衍义》《衍义补》这两本书，可买就买。学问之道，总是以经史典籍作为基础，例如杜氏的《通典》、马氏的《通考》《大学衍义》《衍义补》以及本朝的《读礼通考》《五礼通考》，汇集了六经、诸史的精华，以及内修圣贤之道，外兴王者之业的要诀。如果能熟读这六本书，抑或只熟读了其中一二本，就算修习了有本有末的学问。如今家中已有四通，还没有《大学衍义》《衍义补》，希望弟弟留意。

弟弟如今身处军营，不能看书，以免荒废正务。天气炎热，精力有限，要全神贯注于军务。我近来写成《宾兴堂记》，誊抄原稿，寄给你看看，因为已经荒废笔墨很久了，所以只有框架结构，没有精深的意旨，万分惭愧！

咸丰八年五月三十日

蔬、鱼、猪、竹四事可觇人家兴衰气象

［原文］

澄、季两弟左右：

兄于十二日到湖口，曾发一信，不知何时可到？胡蔚之奉江西耆中丞之命，接我晋省。余因于二十日，自湖口开船入省，杨厚庵送至南康，彭雪琴径送至省，诸君子用情之厚，罕有伦比。

浙中之贼，闻已全省肃清，余到江与耆中丞商定，大约由湖口入闽。

家中种蔬一事，千万不可怠忽。屋门首塘中养鱼，亦有一种生机，养猪亦内政之要者。下首台上新竹，过伏天后有枯者否？此四事者，可以觇人家兴衰气象，望时时与朱见四兄熟商。见四在我家，每年可送束脩钱十六千。余在家时，曾面许以如延师课读之例，但未言明数目耳。季弟生意颇好，然此后不宜再做，不宜多做，仍以看书为上。

余在湖口病卧三日，近已痊愈，尚微咳嗽。癣疾久未愈，心血亦亏，甚颇焦急也。久不接九弟之信，极为悬系[1]。见其初九日与雪琴一信，言病后元气未复，想必已痊愈矣。

咸丰八年七月二十一日

正封緘間接成主臣十七十九日兩次來文該軍與王桐柏軍十七日在蘄水縣與捻匪開仗互有勝負十九日主臣率六成隊追剿回竄上游之賊留四成隊在蘄水又獲偽忠王於由舒城太湖上竄黃梅漢口等處之

貴軍獨赴桐城無益可暫留石牌仍打南岸也

國藩又行

嘱暂留石牌仍打南岸札

［注释］

①悬系：挂念。

［译文］

澄、季两弟左右：

我在十二日抵达湖口，曾经寄回一封信，不知道你们什么时候收到？胡蔚之奉江西耆中丞的命令，接我到省城。我因此在二十日从湖口乘船入省，杨厚庵将我送到南康，彭雪琴径直将我送到省城，可见他们二人对我的情谊是如此深厚，几乎无人能比。

浙江的敌人，听说已经被全部肃清，我到达江西后，与耆中丞议定，可能要经由湖口进入福建。

家中种植蔬菜一事，千万不能疏忽懈怠。在屋门外的池塘里养鱼，也可以带来一片生机，养猪也是治家的一项重要内务。下首台上的新竹，在伏天过后有没有枯死的？通过观察这四件事，就可以看出一家人的兴衰气象，希望能经常和朱见四兄弟反复商量。见四在我家，每年可送他十六千酬金。我在家里时，曾经当面许诺他，照例付给他当老师的报酬，但是没有约定具体的数额。季弟的生意做得很好，但是今后不宜继续做，更加不适合扩大规模，仍然应该以读书为上策。

我在湖口生病卧床三天，近几天已有好转，只是还有一些轻微的咳嗽。身上的癣疾却久治不愈，心血也有所亏损，十分焦急。很长时间没有收到九弟的来信，十分挂念他。我看了他初九写给雪琴的一封信，说病愈后还没有恢复元气，料想他现在已经痊愈了。

咸丰八年七月二十一日

保举次青以道员记名

［原文］

沅甫九弟左右：

八月初一日，罗逢元专丁归，接得二十四日信，知弟病渐痊愈复元。自长沙开船后，四十一日不接弟手书，至是始一快慰。而弟信中所云先一日曾专人送信来兄处者，则至今尚未到，不知何以耽搁若是？

余二十五日自江西开船，二十六日至瑞洪。二十八日就谢弁之便，寄信与弟。八月初二日至安仁，初四日至贵溪，王人瑞、张凯章及萧浚川之弟萧启源，均在此相候。初六七可至湖口，沈幼丹、李次青良觌（dí）[1]不远矣。

闽省浦城之贼，于七月上旬，出犯江西，围广丰、玉山两城。次青以一军分守两县，各力战五六日夜，逆贼大创，解围以去。现在广信地方，次青勋名大著，民望亦孚。浙抚晏公，于全浙肃清案内，保举次青以道员记名，遇有江西道员缺出，请旨简放，将来玉山守城内，余亦当优保之，苦尽回甘，次青今日得蔗境矣。

玉山之贼，窜至复兴、婺(wù)源一带，将归并于皖南、芜湖。余至湖口，拟留萧军守湖口，而自率张王朱、吴国佐进剿围之。崇安贼势日乱，尚或易于得手。

咸丰八年八月初四日

［注释］

①觌：见，相见。曹植《洛神赋》：“尔有觌于彼者乎？”

［译文］

沅甫九弟左右：

八月一日，罗逢元派的专人回来了，接到二十四日的来信，获知弟弟逐渐复元。自从在长沙登船以来，已有四十一天没有接到弟弟的来信，到此刻才觉得快慰。而弟弟在来信中说，前一天曾专门派人给我送信，但是至今都没有收到，不知因为什么耽搁了这么久？

我二十五日在江西登船，二十六日抵达瑞洪。二十八日，趁着谢弁的便利寄信给你。八月初二抵达安仁，初四抵达贵溪，王人瑞、张凯章以及萧浚川的弟弟萧启源都在此处等候。初六、初七就可抵达湖口，马上就可以同沈幼丹、李次清欢聚一堂了。

福建浦城的贼寇在七月上旬侵犯江西，围攻广丰城和玉山城，李次青将军队一分为二，分别防守这两座城池，各自力战了五六个日夜，贼寇受到重创，解了两城被围的困境。如今，李次青的名声在广信一带大振，也很得民心。浙江巡抚晏公在全省肃清的奏折中，保举李次青以道员记名，遇到江西道员有空缺时，就请求圣旨任用他，将来在玉山守城的报告中，我也要保举他，苦尽甜来，李次青如今才尝到甘甜的味道了。

玉山的贼寇流窜到复兴、婺源一带，即将与皖南、芜湖一带的贼寇会合。我抵达湖口，打算将萧军留下来镇守湖口，并亲自率领张王朱、吴国佐进军剿灭贼寇。崇安贼寇的阵势越来越乱，或许还容易取胜。

咸丰八年八月初四日

洗心涤虑，以求力挽家运

［原文］

澄侯、沅甫、季洪老弟左右：

十七日接澄弟初二日信，十八日接澄弟初五日信，敬悉一切。三河败挫之信，初五日家中尚无确耗，且县城之内，毫无所闻，亦极奇矣。

九弟于二十二日在湖口发信，至今未再接信，实深悬系，幸接希庵信，言九弟至汉口后有书与渠，且专人至桐城、三河访寻下落，余始知沅甫弟安抵汉口，而久无来信，则不解何故？岂余近日别有过失，沅弟心不以为然耶？当此初闻三河凶报，手足急难之际，即有微失，亦当将皖中各事，详细示我。

今年四月，刘昌储在我家请乩。乩初到，即判曰：“赋得偃武修文，得闲字。”字谜“败”字，余方讶“败”字不知何指？乩判曰：“为九江言之也，不可喜也。”余又讶九江初克，气机正盛，不知何所为而云然？乩又判曰：“为天下，即为曾宅言之。”由今观之，三河之挫，六弟之变，正与“不可喜也”四字相应，岂非数皆前定耶？

然祸福由天主之，善恶由人主之。由天主者，无可如何，只得听之。由人主者，尽得一分算一分，撑得一日算一日。吾兄弟断不可不洗心涤虑①，以求力挽家运。

第一贵兄弟和睦。去年兄弟不和，以致今冬三河之变，嗣后兄弟当以去年为戒。凡吾有过失，澄、沅、洪三弟各进箴规之言，余必力为惩改。三弟有过，亦当互相箴规而惩改之。

第二贵体孝道。推祖父母之爱，以爱叔父；推父母之爱，以爱温弟之妻妾儿女，及兰惠二家。又父母坟域，必须改葬，请沅弟做主，澄弟不可过执。

第三要实行勤俭二字。内间妯娌，不可多写铺账。后辈诸儿，须走路，不可坐轿、骑马。诸女莫太懒，宜学烧茶煮菜。书、蔬、鱼、猪，一家之生气，少睡多做，一人之生气。勤者，生动之气，俭者，

收敛之气，有此二字，家运断无不兴之理。余去年在家，未将此二字切实做工夫，至今愧恨，是以谆谆言之。

咸丰八年十一月二十三日

［注释］

①洗心涤虑：指摒除私心杂念，比喻彻底改悔。

［译文］

澄侯、沅甫、季洪老弟左右：

十七日收到澄弟初二日的来信，十八日收到澄弟初五日的来信，获知一切。三河一战失利的消息，到了初五日还没有传到家中，即使在县城里也没有听到一点儿风声，太奇怪了。

九弟于二十二日在湖口发来书信后，至今没有再收到来信，实在是万分挂念。幸好接到希庵的来信，说九弟抵达汉口后再给他来信，并且派专人前往桐城、三河寻找下落，我这才得知沅甫弟已经平安抵达汉口了，但不知因为什么缘故很久不给我写信？难道是因为我近来犯了什么过失，沅弟不以为然吗？起初获知三河凶讯，兄弟身处危难之中，即使我犯了微小的过失，也应该将安徽的详情告诉给我。

今年四月，刘昌储在我家占卜问疑。乩一到，判词说："赋得偃武修文，得闲字。"谜底就是一个"败"字，我非常吃惊，不知"败"字所指的意思是什么，乩判又说："为九江言之也，不可喜也。"我万分惊讶，九江刚刚收复，我军士气高涨，此言真不知因何而起？乩判又道："为天下，即为曾宅言之。"现在看来，三河之败，六弟殉难，正对应上了"不可喜也"这四字，难道人的命运早就被上天注定了吗？

但是，祸福虽然由上天做主，善恶却可以任凭自己做主。由上天做主的，我们没有什么办法改变，只能听从。由人做主的，能得一分算一分，能撑一天算一天。我们兄弟一定要洗心革面，努力挽回家族的命运。

第一，要做到兄弟和睦。去年兄弟不和，以致发生了今年的三河之变，此后兄弟应该以此事为戒。一旦我犯有过失，澄、沅、洪三位弟弟都应该规劝我，我一定努力改正。三位弟弟如果犯有过失，也应该互相规劝并改正。

第二，要尽孝道。由对祖父母的爱戴进而爱戴叔父；由对父母的爱戴进而爱戴温弟的妻妾儿女以及兰、蕙两家。此外，父母的坟墓一定要改葬，这件事由沅弟做主，澄弟不要过于执拗。

第三，要实行勤俭二字。家里妯娌之间不得铺张浪费。后辈儿女要走路，不能坐轿子、骑马。诸位女孩不能过于懒惰，要学会烧茶煮饭。读书、种菜、养鱼、喂猪，是一个家庭的生机，少睡觉多做事是一个人的生机。"勤"是生动之气，"俭"是收敛之气，遵行以上两点，一定可以令家运兴旺。我去年在家中，没有在这两方面下切实的工夫，到如今实在是惭愧万分，所以谆谆告诫。

咸丰八年十一月二十三日

吉凶同域，忧喜并时，殊不可解

［原文］

澄侯、沅甫、季洪老弟左右：

十五日接澄、沅冬月二十九、三十两缄，得悉叔父大人于二十七日患病，有似中风之象。

吾家自道光元年即处顺境，历三十余年均极平安。自咸丰年来，每遇得意之时，即有失意之事相随而至。壬子科，余典试江西，请假归省，即闻先太夫人之讣。甲寅冬，余克武汉田家镇，声名鼎盛，腊月二十五甫奉黄马褂之赐，是夜即大败，衣服、文卷荡然无存。六年之冬、七年之春，兄弟三人督师于外，瑞州合围之时，气象甚好，旋即遭先大夫之丧。今年九弟克复吉安，誉望极隆，十月初七接到知府道衔谕旨，初十即有温弟三河之变。此四事者，皆吉凶同域，忧喜并时，殊不可解。

现在家中尚未妄动，妥慎之至。余在此则不免皇皇①，所寄各处之信，皆言温弟业经殉节，究欠妥慎。幸尚未入奏，将来拟俟湖北奏报后，再行具疏也。家中亦俟奏报到日乃有举动。诸弟老成之见，贤于我矣。

叔父大人之病，不知近况何如？兹专法六归，送鹿茸一架，即沅弟前此送我者，此物补精血远胜他药，或者有济。

迪公、筱石之尸，业经收觅，而六弟无之，尚有一线生理。若其同尽，则六弟遗骸必去迪不远。

沅弟信言家庭不可说利害话，此言精当之至，足抵万金。余生平在家在外，行事尚不十分悖谬②，唯说些利害话，至今悔恨无极！

咸丰八年十二月十六日

［注释］

①皇皇：同“惶惶”，恐惧不安。

②悖谬：荒谬，与常理不符。

［译文］

澄侯、沅甫、季洪老弟左右：

十五日接到澄侯、沅甫两位弟弟写于十二月二十九日、三十日的两封来信，得知叔父大人于二十七日患病，并有中风的症状。

我家自从道光元年以来就一直很顺利，三十年来都平平安安的。从咸丰年开始，每当自满得意的时候，总会有不得意的事情紧随在后。壬子年科考，我在江西担任主考，请假回家探亲，就获知先太夫人的讣告。甲寅年冬天，我收复了武汉田家镇，名声达到顶点，十二月二十五日刚刚被御赐黄马褂，不想当天晚上就遭受大败，连衣服、文卷都一无所存。六年冬、七年春，兄弟三人都征战在外，合围瑞州时，形势一片大好，却在不久之后又遭逢先父的丧事。今年九弟收复吉安，名声鼎盛，十月初七接到加知府道衔谕旨，却在初十得知温弟在三河殉难的消息。这四件事，都是吉凶相随，忧喜并时，实在令人费解。

如今家中还没有妄动，这很妥当。我在这里难免惶恐不安，寄往各地的信都说温弟已经殉难了，这么说，究竟是十分不妥的。幸亏这件事还没来得及上奏皇上，将来等湖北奏报之后再行奏报。家中也要等奏报抵达之后，再有所行动。诸位弟弟的见解老成持重，要比我高明多了！

叔父大人的病情，不知近来如何？如今专门派法六回去，送去一架鹿茸，这正是沅弟上次送给我的，鹿茸有补精益血的功效，远胜过别的药物，或许能有点效果。

已经找到迪公、筱石的尸体，但是仍然没有找到六弟的，或许还存有一线希望。如果同时牺牲，那么六弟的尸体应该在迪公附近。

沅弟信中说，家中不可以谈论有关“利害”的话，这句话十分精辟，足抵万金。我这一生无论是在家中或者在外面办事，行事还称不上十分荒谬，只是喜欢说一些“利害”话，到如今悔恨不已！

咸丰八年十二月十六日

六弟的尸骨仍未寻得

［原文］

澄侯、沅甫、季洪老弟阁下：

十五日接叔父患病之信。十六日专王法六送鹿茸回家限年内赶到。十七早接澄弟两信，沅弟一信，叔父病势已愈，大幸大幸！

温弟之事，日内计已说破，不知叔父与温弟妇能少节哀否？温弟妇治家最好，而赋命[1]最苦，不知天理何以全不可凭？

十八夜接希庵信，知六弁沅弟所派已回，皆未寻得，而迪庵遗

申夫仁弟左右：二十六日接廿五申刻惠書，具悉一切。自十七日石澗埠解圍，賊於十九日即撲廬江，廿日即撲舒城，旋竄上犯湖北，刻下想破羅山，將至英山、蘄水矣。湖北軍心遠不似胡文忠在時，可危可慮。國藩於廿五日批令成軍不必來皖，專心防鄂。廿七日調水師王吉、李朝斌援鄂，并請李希帥留鄂會籌。今日撥調蕭、毛援

批令成军不必来皖专心防鄂札（之一）

骨，于初一日已搬至霍山县，同一殉节，而又有幸有不幸若此。

余又专五人去寻，中有二人，系贼中逃出者，言必可至三河故垒，其三人则杨名声、杨镇南、张涂也。能寻得遗骸，尚是不幸中之一幸，否则吾何面见吾祖考妣及考妣于地下哉?

咸丰八年十二月二十日

[注释]

①赋命：上天赋予人的命运。

[译文]

澄侯、沅甫、季洪老弟阁下：

十五日收到叔父患病的来信。十六日特地派王法六将鹿茸送到家中，规定在年内赶到。十七日早上收到澄弟的两封来信、沅弟的一封信，知道叔父的病已经痊愈了，真是万幸！

温弟的事情近来预料已经公布了，不知道叔父与温弟的妻子能否节哀顺变？温弟的妻子最擅长治家，但是上天赋予她的命运却是最苦的，不知道为什么天理都不可信？

十八日晚上收到希庵的来信，获知沅弟派的六个士兵已经返回，却依然没有找到六弟的尸骨，而迪庵的遗骨已经在初一日搬到霍山县，同是殉难，还有幸运与不幸的不同。

我又专门派出五个人前去寻找，其中有两人是从敌方逃出来的，说一定能够到达三河原来的阵地，另外三人分别是杨名声、杨镇南、张涂。如果能寻到六弟的尸骨，还算是不幸中的大幸，否则我还有什么颜面去见九泉之下的祖父母以及先父母呢？

咸丰八年十二月二十日

沅弟之字，不可抛荒

[原文]

澄侯、沅甫、季洪三弟左右：

玉四等来，得知叔父大人病势稍加，得十三日优恤之旨，不知何如？顷又接十九日来缄，知叔父病已略愈，欣慰欣慰！然温弟灵柩到家之时，我家祖宗有灵，能保得叔父不添病，六弟妇不过激烈，犹为不幸中之一幸耳。

此间兵事，凯章在景镇相持如故，所添调之平江三营，宝勇一

营，均已到防，或可稳扎。浚川在南康之新城墟，打一大胜仗，夺伪印四十三颗、伪旗五百余面，皆解至建昌，甚为快慰！唯石达开尚在南安一带，悍贼亦多，不知究能扫荡否？吉中营以后常不离余左右，沅弟尽可放心。

起屋起祠堂，沅弟言外间訾（zǐ）议[1]，沅自任之。余则谓外间之訾议不足畏，而乱世之兵燹（xiǎn），不可不虑。如江西近岁，凡富贵大屋，无一不焚，可为殷鉴。吾乡僻陋，眼界甚浅，稍有修造，已骇听闻，若太闳（hóng）丽[2]，则传播尤远，苟为一方首屈一指，则乱世恐难幸免。望弟再斟酌于丰俭之间，妥善行之。

改葬先人之事，须将求富求贵之念，消除净尽，但求免水蚁，以安先灵，免凶煞，以安后嗣而已。若存一丝求富求贵之念，必为造物鬼神所忌。以吾所见所闻，凡已发之家，未有续寻得大地者。沅弟主持此事，务望将此意拿得稳，把得定，至要至要！

纪泽姻事，以古礼言之，则大祥后可以成婚。以吾乡旧俗言之，则除灵道场后可以成婚。吾因近日贼势尚旺，时事难测，颇有早办之意。纪泽前两禀，请心壶抄奏折，尽可行之。吾每月送脩（xiū）金[3]二两可耳？应抄之奏，不知家中有底稿否？每抄一篇，可寄目录来一查，注明月日。

纪泽之字，近日大退较之七年二三月间，远不能逮。大约握笔宜高，能握至管顶者为上，握至管顶之下寸许者次之，握至毫以上寸许者，亦尚可习得好字出，若握近毫根，则虽写好字，亦不久必退，且断不能写好字。吾验之于己身，验之于朋友，皆历历可证。纪泽以后宜握管略高，纵低亦须隔毫根寸余，又须用油纸摹帖，较之临帖胜十倍矣。

沅弟之字，不可抛荒，如温弟哀辞墓志，及王考妣、考妣神道碑之类，余作就后，均须沅弟认真书写。《宾兴堂记》首段未惬，待日内改就，亦须沅弟写之。沅弟虽忧危忙乱之中，不可废习字工夫。亲戚中虽有漱六、云仙善书，余因家中碑版，不拟倩外人书也。

咸丰九年二月初三日

［注释］

①訾议：毁谤、非议。

②闳丽：宏大华丽。闳，宏大，宽大。

③脩金：指教学的酬金。

［译文］

澄侯、沅甫、季洪三弟左右：

玉四等人回来，得知叔父大人的病情更加严重，不知道十三日皇上体恤的圣旨下达之后的情形如何？不久前又接到十九日的来信，获知叔父的病情已经有所好转，万分欣喜！然而等温弟的灵柩到家之时，如果祖宗显灵，保佑叔父的病情不会因此而加重，六弟媳妇不要太过悲伤，就是不幸中的大幸。

这里的战况是，凯章在景镇与敌人像过去一样相持，前来增援的平江三营、宝勇一营都已经抵达防地，也安稳地驻扎在那里。浚川在南康的新城墟取得了战争的胜利，缴获敌人的印章四十三颗、旗帜五百多面，全都送到了建昌，真是大快人心。然而石达开还停留在南安一带，强悍的敌军仍然很多，不知可否扫荡干净，吉中营以后经常不离我的左右，沅弟大可放心。

关于修建房屋、建祠堂的事，沅弟说要亲自承担外面的非议。我却觉得外面的非议并不可怕，令人担忧的是那些乱世之兵，近年来，江西富贵人家的大房子没有不被烧毁的，必须以此为戒。我家还在偏僻简陋的山村时，那里的人眼界狭窄，稍微动土修建，就已经是耸人听闻的了，如果修建得太过宏伟华丽了，就会立刻传开，说是一方首屈一指的大户，而这种大户在乱世之中很难幸免。希望弟弟再三思考一下，最好在丰裕和俭朴两者之间谨慎行事。

改葬先人一事，必须打消求富求贵的念头，只是希望能够免遭水淹蚁蛀，以告慰先人之灵；没有凶险、煞气，令后人可以安定。如果有丝毫求富贵的想法，必定会为造物的鬼神所嫉恨。依据我的所见所闻，凡是已经兴旺发达起来的家族，没有哪一家再去寻得好地。沅弟办理这件事情，一定要拿定主意，不能动摇，这一点十分重要啊！

纪泽的婚事，依照古礼，大祥之后可以成亲。依据我们乡里的旧俗，办完祭灵，做完道场，就可以成婚了。我因为近来敌人的势头正旺，难以估计时势，总希望能够趁早办理。纪泽在不久前来的两封信中，请心壶抄录奏折，尽可以去办。我每月寄给他二两辛苦费，可以吗？应该抄写的奏折不知道家中是否留有底稿？每抄完一篇之后，可以将目录寄来让我检查，要注明日期。

纪泽近来的字有很大的退步，远不及他在七年二三月份写的字。大概握笔的位置应该稍高，以握到笔管的顶端为好，握到笔管顶端以下一寸的地方次之，握到笔尖以上一寸的地方也可以写出好字，如果握到笔尖附近，即使能写出好字，不久之后就会退步，并且绝对写不出好字。我亲自尝试过，也观察朋友的经历，都是如此。纪泽以后写字握笔要略高一些，就是低也要离笔尖一寸多，还要用油纸摹帖，比临

帖强十倍。

沅弟的字千万不能荒废，像温弟的哀悼之词、墓志铭，还有祖父母、先父母神道碑之类，等我做好后，都需要让沅弟认真誊写。《宾兴堂记》第一段令人不够满意，等近日改好后，也让沅弟誊写。沅弟虽然处在悲伤、忙乱之中，却不能荒废练字的工夫。亲戚中虽然澈六、云仙的字写得很好，但因为是家中人的碑文版子，我不打算请外面的人书写。

咸丰九年二月初三日

万望贤弟加意保养

［原文］

澄侯四弟左右：

今年以来，贤弟实太劳苦，较之我在军营，其劳殆过十倍，万望加意保养也。祁阳之贼，或可不窜湘乡，万一窜入，亦系数万家各有定数，余已不复悬系。

余自去年六月再出，无不批之禀，无不复之信，往来之嫌隙尤悔，业已消去十分之七八。唯办理军务，仍不能十分尽职，盖精神不足也。贤弟闻我近日在外，尚有错处，不妨写信告我。余派委员伍华瀚在衡州坐探①，每二日送信一次；家中若有军情报营，可由衡城交伍转送也。

咸丰九年五月初六日

［注释］

①坐探：专门呆在某处打听消息，收集情报的人。

［译文］

澄侯四弟左右：

今年以来贤弟委实过于辛苦，或许比我在军营时还要辛苦十倍，希望能够更加注意保养好身体。祁阳的敌人很有可能流窜到湘乡，万一潜入，也是各家各户应有的定数吧，我已经不再去挂念它了。

我自从去年六月再度出山以来，还没有发生不批复禀示的情况，也没有发生不回来信的情况，对以前结下来的嫌隙感到十分后悔，如今已经消除了十之七八。只是在办理军务时还不能十分尽职尽责，主要是因为精神不济。贤弟如果听闻近日我在外面有什么过错，不妨写信来告诉我。我派伍华瀚在衡州担任坐探，每隔两天送信一次，家中如果有军情需要报到营中，可寄往衡州交给伍华瀚转送。

咸丰九年五月初六日

未有主帅晏而将弁能早者

［原文］

澄侯四弟左右：

贺常四初二到营，接弟十九日所发一信。言早起太晏，诚所不免。吾去年住营盘[1]，各营皆畏慎早起。自腊月二十六移寓公馆，至抚州亦住公馆，早间稍晏，各营皆随而渐晏。未有主帅晏而将弁能早者也。犹之一家之中，未能家长晏而子弟能早者也。

沅弟在景镇，办事甚为稳靠，可爱之至！唯据称悍贼甚多，一时恐难克复。官兵有劲旅万余，决可无碍耳。季弟在湖北已来一信，胡咏帅待之甚厚，家中尽可放心。家中读书事，弟亦宜常常留心，如甲五、科三等皆须读书，庶不失大家子弟风范，弟不可太疏忽也。

正封缄间，接奉寄谕，饬令赴蜀剿贼。此时欲去，则景镇之官兵实难遽行抽调；欲不去，则四川亦系要地。尚未定计复奏，兹先将廷寄付回一阅。

咸丰九年六月初四日

［注释］

①营盘：军营。

［译文］

澄侯四弟左右：

贺常四初二抵达军营，收到你十九日寄出的一封信。信中说早上不能早起，这种情况在所难免。我去年住在军营之中，各营兵勇都非常谨慎，每天都早起。自腊月二十六搬到公馆居住，到抚州时住的也是公馆，早上稍微起得晚了，各营也跟随着晚起了。没有主帅晚起而将士兵们早起的道理。如同一家之中，没有家长晚起而子弟早起的情况。

沅弟在景镇，办理事情十分稳妥、可靠，十分令人欣慰！只是听说强悍的敌人太多，一时之间恐怕不能取胜。官兵有强劲之师一万多人，一定能够取得胜利。季弟在湖北，已经寄来一封信。胡咏帅待他十分亲厚，家里可以放心了。家中子弟读

书的事情，弟弟要时刻挂心，如甲五、科三等都要读书，才具备大家子弟的风范，不要过于疏忽了。

我封信时接到圣旨，奉命前往四川剿贼。如果此时前去的话，则很难抽调景镇的官兵；如果不去，四川的地势却又十分重要，我还没有定下计划向朝廷奏报，现将朝廷的公文寄回一阅。

咸丰九年六月初四日

弟与希之矜气，则彼此互规之

［原文］

沅弟左右：

接来缄，知营墙及前后壕皆倒，良深焦灼。然亦恐是挖壕时不甚得法，若容土覆得极远，虽雨大，不至仍倒入壕内，庶稍易整理。至墙子则无倒坍，不仅安庆耳。徽州之贼，窜浙者，十之六七，在府城及休宁者，闻不过数千人，不知确否？

连日雨大泥深，鲍、张不能进剿，深为可惜！季高尚在乐平，余深恐贼窜入江西腹地，商之季高，无遽入皖，季高亦以雨泥不能速进也。

润帅谋皖已大半年，一切均有成竹，而临事复派人救援六安，与吾辈及希庵等之初议，全不符合。枪法忙乱，而弟与希庵皆有骄矜之气，兹为可虑。希庵论事，最为稳妥，如润帅有枪法稍乱之事，弟与希婉陈而切谏之。弟与希之矜气，则彼此互规[1]之，北岸当安如泰山矣。

咸丰十年三月二十一日

［注释］

①互规：互相约束、克制。

［译文］

沅弟左右：

接到来信，获知营墙和前后壕沟都倒塌了，十分焦虑。担心挖壕沟时没有遵守规则，如果挖的土堆距离壕沟远一些，即使下再大的雨，也不至于让雨水冲入壕沟内，或许稍微容易整理一些。至于营墙，没有不坍塌的，不只安庆如此。十之六七的徽州敌人都流窜到了浙江，留守在府城和休宁的敌人听说不过几千人，不知这个消息是真是假？

连日大雨，道路泥泞，导致鲍、张两军不能进攻，十分可惜。季高还在乐平，

我担心敌军潜入江西腹地，与季高商定，不要马上进军安徽，季高也认为雨大泥深无法立刻出发。

润帅对于安徽战局的谋划已经大半年了，对所有情况都成竹在胸，而临事又派人援救六安，与我们和希庵等原本的计划背道而驰。润帅的枪法有忙乱的趋势，而弟弟和希庵都有骄傲自负的表现，这一点值得忧虑。希庵论事最为稳妥，如果润帅有枪法稍乱的趋势，弟弟和希庵应该委婉地规劝他。弟弟与希庵的骄傲自负，应该互相克制一下，果真如此，那么北岸则稳如泰山了。

咸丰十年三月二十一日

体弱学射，最足保养，起早尤千金妙方

[原文]

澄侯、沅甫两弟左右：

知叔父大人，已于三月二日安厝[1]马公塘。两弟于家中两代各位老人养病送死之事，皆备极诚敬，将来必食报于子孙。闻马公塘山势平衍，可决其无水蚁凶灾，尤以为慰。

澄弟服补剂而大愈，甚幸甚幸！吾生平颇讲求惜福二字之义，近来亦补药不断，且菜蔬亦比往年较奢，自愧享用太过，然亦体气太弱，不得不尔。胡润帅、李希庵常服辽参，则其享受更有过于余者。家中后辈子弟，个个体弱学射，最足保养，起早尤千金妙方，长寿金丹也。

咸丰十年三月二十四日

[注释]

①安厝：安葬。

[译文]

澄侯、沅甫两弟左右：

知悉叔父大人已经于三月二日在马公塘安葬。两位弟弟对于家中两代老人养病以及送葬的事宜，办理得十分诚敬，将来一定能够得到后代的回报。听说马公塘山势十分平缓，可见决不会发生水淹蚁蛀的危险，所以深感欣慰。

澄弟吃了补药之后，病情已经大为好转，实在是大幸！我平生十分注重“惜福”二字的意义，最近也是补药不断，食用蔬菜也比过去更加讲究，觉得自己享受得过分了一些，十分惭愧。但是身体气色仍然很差，迫不得已吃得稍好一点。胡润帅、李希庵经常服用辽参，他们的享受远远超过了我。家中后辈子弟中身体

鄂下游無為廬江境内聞已肅清矣還於
廿日在樅陽登舟廿七日自廬江進發足無賊可
打先擬即調之打石埭太平旌德寧國而至東壩
貴軍亦可南渡攻打石太東建聞王鈐峯於十一日
大破黄文金於小路劉克庵古賴劉南及洑來
各股於黟縣婺休歙黟一律肅清惟祁西鄉
零賊其犯江之心未死

批令成军不必来皖专心防鄂札（之二）

孱弱的可以练习射箭，这是养护身体的好方法，早起更是养护身体的千金妙方、长寿金丹啊！

咸丰十年三月二十四日

治家八字诀：书、蔬、鱼、猪、早、扫、考、宝

［原文］

澄侯四弟左右：

二十七日接弟信，欣悉各宅平安。沅弟是日申刻到，又得详问一切，敬知叔父临终，毫无抑郁之情，至为慰念！

余与沅弟论治家之道，一切以星冈公①为法，大约有八个字诀。其四字即上年所称“书、蔬、鱼、猪”也，又四字则曰“早、扫、考、宝”。“早”者，起早也。“扫”者，扫屋也。“考”者，祖先祭祀，敬奉显考②、王考、曾祖考，言考而妣可该也。“宝”者，亲族邻里，时时周旋，贺喜吊丧，问疾济急。

星冈公常曰：“人待人，无价之宝也。”星冈公生平于此数端，最为认真，故余戏述为八字诀曰：书、蔬、鱼、猪、早、扫、考、宝也。此言虽涉谐谑，而拟即写屏上，以祝贤弟夫妇寿辰，使后世子孙，知吾兄弟家教，亦知吾兄弟风趣也，弟以为然否？

咸丰十年闰三月二十九日

［注释］

①星冈公：曾国藩祖父曾玉屏，号星冈。

②显考：古时对高祖的称呼。《礼记·祭法》云：“故立七庙，一坛，一禅，曰考庙、曰王考庙、曰皇考庙、曰显考庙、曰祖考庙，皆月祭之”。孔颖达疏：“曰考庙者，父庙；曰王考庙者，祖庙也；曰皇考庙者，曾祖也；曰显考庙者，高祖也；曰祖考庙者，祖始也。”

［译文］

澄侯四弟左右：

二十七日收到你的来信，知道阖家平安，十分高兴。沅弟在当天申刻抵达，详细地询问了全部情况，得知叔父在临终之时没有一丝一毫压抑忧郁的情绪，深感欣慰。

我和沅弟商讨治家的方略，认为一切应效仿星冈公，大致有八字要诀。八字要诀其中四字就是去年所说的“书、蔬、鱼、猪”，剩下的四个字是“早、扫、考、宝”。“早”字，是早上早起的意思。“扫”字，是打扫庭院的意思。“考”字的意思是：祭祀祖先，供奉显考、王考、曾祖考，当然妣也一样。“宝”，就是指与亲戚邻居之间经常来往，互相贺喜吊丧，问疾济急。

星冈公经常说：“人与人之间能够友好交际，就是无价之宝。”星冈公的整个一生之中对这些治家方略最为认真，所以我将这些治家方略戏称为八字诀：书、蔬、鱼、猪、早、扫、考、宝。这好像有点开玩笑的意思，但也打算写在屏风上，用来祝贺贤弟夫妇的寿辰，让后世子孙都知道我们兄弟的家教，同时知道我们兄弟的风趣，不知老弟是否也这样认为呢？

咸丰十年闰三月二十九日

情意宜厚，用度宜俭

［原文］

澄弟左右：

五月四日接弟二十一日县城一缄，得悉一切。书、蔬、鱼、猪、早、扫、考、宝，横写八字，下用小字注出。此法最好，余必遵办，其次序则改为考、宝、早、扫、书、蔬、鱼、猪。

凤台先生夫妇寿对亦必写寄，目下因拔营南渡，诸务丛集，实有未能。苏州之贼已破嘉兴，淳安之贼已至绩溪，杭州、徽州，十分危急，江西亦可危之至。余于十五日赴江南，先驻徽郡之祁门，内顾江西之饶州，催张凯章速来饶州会合。又札[①]王梅村募三千人进驻抚州，保江西即所以保湖南也。札王人树仍来办营务处，不知七月均可赶到否？若此次能保全江西、两湖，则将来仍可克复苏、常，大局安危，所争只在六、七、八、九数月。

纪泽儿不知已起行来营否？弟为余照料家事，总以俭字为主，情意宜厚，用度宜俭，此居家居乡之要诀也。

咸丰十年五月十四日

［注释］

①札：本指书信。这里指命令。

[译文]

澄弟左右：

五月四日收到弟弟于二十一日县城所寄出的一封信，获知了一切。书、蔬、鱼、猪、早、扫、考、宝，八个字横写，下面用小字加以注解。这个方法很好，我一定遵照办理，但是八个字的顺序应该改为：考、宝、早、扫、书、蔬、鱼、猪。

送给凤台先生夫妇的贺寿对联，应该写信寄去，但如今因为军队开拔南渡，很多事情都聚集在一起，所以未能如愿。苏州的敌军已经攻克了嘉兴，淳安的敌军已经抵达绩溪，杭州、徽州的情势十分危险、紧急，江西也处于危险之中。我在十五日前往江南，先驻扎在安徽的祁门，还要顾念到江西的饶州，催促张凯章极力赶到饶州会合。又命令王梅村招募三千人进驻抚州，保住了江西就是保住了湖南。又命令王人树继续管理营务处，不知道是否可以在七月赶到？如果这次能够保住江西、两湖，那么将来还能够收复苏、常，是否可以顾全大局，关键就在六、七、八、九这几个月了。

不知道纪泽儿是否已经起程赶来军营？弟弟为我料理家中诸事，应该以勤俭为主，情意要厚重，生活要节俭，这是居家居乡的要诀。

咸丰十年五月十四日

述杨光宗不驯

[原文]

沅、季弟左右：

出队以护百姓收获甚好，与吉安散耕牛、籽种用意相似。吾辈不幸生当乱世，又不幸而带兵，日以杀人为事，可为寒心，唯时时存一爱民之念，庶几留心可御之田以饭子孙耳。

杨镇南之哨官杨光宗，头发横而盘，吾早虑其不驯。杨镇南不善看人，又不善断事，弟若看有不妥洽之意，即饬令[1]仍回兄处，另拨一营与弟换可耳。

吾于初十日至历口，十一日拟行六十里，赶至祁门县。十二日先太夫人忌辰，不欲纷纷迎接应酬也。宁国府一军，紧急之至，吾不能拨兵往援，而拟少济之以饷，亦地主之道耳。

咸丰十年六月初十日

[注释]

①饬令：旧时公文中，上级对下级的任令。

[译文]

沅、季弟左右：

出兵保护百姓收到了很好的效果，这与在吉安时发放耕牛、种子的意图一致。我们不幸生活在乱世之中，又不幸领兵打仗，时刻做着杀人的事业，真是令人心寒，只有时刻存有一分爱惜百姓的心思，或许还可以奉献一些心意，消除一些罪孽，使子孙后代有饭吃。

杨镇南的哨官杨光宗将头发横盘着，我早就预料到很难将他驯服。杨镇南看人不准，又不善于决断，弟弟如果看到一些不稳妥的地方，立刻命令他仍旧回到我这里，我另外调派一个营给弟弟。

我在初十日抵达历口，估计在十一日前进六十里，赶到祁门县。十二日是先太夫人忌日，不打算举办迎来送往的应酬事宜。宁国府一军所面临的情势非常紧急，而我却不能派兵去救援，只打算稍微接济他们一些军饷，也算是尽了地主之谊。

咸丰十年六月初十日

要减少官僚习气，办事有条理

[原文]

沅、季弟左右：

探报阅悉，此路并无步拨①，即由东流、建德驿夫送祁。建德令已死，代理者新到，故文递迟延。弟以后要事，须专勇送来，三日可到，或逢三八专人来一次，每月六次。其不要紧者，仍由驿发来，则兄弟之消息常通矣。

文辅卿办理厘金甚好，现在江西厘务，经手者皆不免官气太重。此外则不知谁何之人？如辅卿者，能多得几人，则厘务必有起色。吾批二李详文云：“须冗员少而能事者多，入款多而坐支者少。”又批云：“力除官气，严裁浮费。”弟须嘱辅卿二语，无官气，有条理。守此行之，虽至封疆不可改也。有似辅卿其人者，弟多荐几人更好。甲三起行时，温弟妇甚好，此后来之变态也。

咸丰十年六月二十八日

[注释]

①步拨：指送信的人。

［译文］

沅、季弟左右：

我已经看过探报了，这一路并没有专门送信的人，都是靠东流、建德驿站的驿夫送来祁门。建德县令过世了，接替他的人刚刚抵达，因此延迟了公文传递。弟弟今后如果遇到要事，一定要派专门的人送来，三天就可以抵达，或者在逢三或逢八时派专人来一次，每月来六次。其中不是十分重要的文书，依旧靠驿站送来，这样我们兄弟之间就可以经常互通消息了。

文辅卿办理厘金事务办理得十分漂亮，如今江西办理厘务事宜的人都难免带有严重的官僚作风。除了他以外，不知道还有什么人可以担当？如果像辅卿这样的人能多起用几个，那么厘务一定能大有起色。我在批复关于二李的详文中说："要将多余、无能的官员裁减掉，增加一些能干的官员，保证能挣钱的人多，而支取钱款的人少。"又说："要努力戒除官僚作风，严格削减不必要的开支。"弟弟要叮嘱辅卿两句，要减少官僚作风，做事有条理，一定要遵循这两点，即使当了封疆大吏也不能更改。如果遇到辅卿这样的人才，弟弟应该多多推荐。甲三起程时，温弟媳妇的情况还算好，这是后来心情逐渐平静了的缘故。

咸丰十年六月二十八日

以习劳苦为办事之本

［原文］

沅、季弟左右：

辅卿而外，又荐意卿、柳南二人，甚好！柳南之笃慎，余深知之，意卿谅亦不凡。余告筱辅观人之法，以有操守而无官气，多条理而少大言为主，又嘱其求润帅、左、郭及沅荐人，以后两弟如有所见，随时推荐，将其人长处短处，一一告知阿兄，或告筱荃，尤以习劳苦为办事之本。引用一班能耐劳苦之正人，日久自有大效。

季弟言出色之人，断非有心所能做得，此语确不可易。名位大小，万般由命不由人，特父兄之教家，将帅之训士，不能如此立言耳。季弟天分绝高，见道甚早，可喜可爱！然办理营中小事，教训弁勇，仍宜以勤字作主，不宜以命字谕众。

润帅先几陈奏，以释群疑之说，亦有函来余处矣。昨奉六月二十四日谕旨，实授两江督，兼授钦差大臣，恩眷方渥[1]，尽可不必

申夫仁弟左右接初三椷
惠書具悉一切六安於初二日解圍
據探由廬郡東竄回救蘇城未
知確否如果屬實當檄春霆由
桐舒進巢北檄彭杏南蕭孚
泗由東關進銅城閘檄蕭戍毛由六安

赋解围东窜会令进剿札（之一）

陈明。所虑者，苏、常、淮、扬，无一支劲兵前往。位高非福，恐徒为物议之张本耳。余好出汗，沅弟亦好出汗似不宜过劳。

咸丰十年七月初八日

［注释］

①恩眷方渥：指皇上的恩典优厚。渥，深厚。

［译文］

沅、季弟左右：

除了辅卿，你们还推荐了意卿、柳南两位先生，很好！柳南为人诚实、谨慎，我对他已经十分了解，估计意卿也有不同凡响之处。我告知筱辅察人的方法，以有气节而无官气，办事有条理而不口出狂言为主。又嘱咐他要求润帅、左、郭以及沅弟举荐人才，今后两位弟弟如果发现了这样的人才，应该随时推荐，把这些人的优点和缺点一分不差地告诉给我，或者告诉给筱荃，尤其应该注意将吃苦耐劳作为办事的根本。起用一些能够吃苦耐劳的正人君子，过一段时间后自然就会大有成效。

季弟说真正杰出的人绝不只是有心就能够做到的，这话的确是至理名言。名望、地位的高低，这一切都取决于天命，而不是凭人的力量就能办到的，只不过父兄之于治家，将帅之于治军，不能说这样的话。季弟有很高的天分，很早就洞彻了真理，可喜可贺！但是办理军营中琐事，教训士兵仍然要以勤奋为主，不要只用天命来训谕大家。

润帅几次陈奏，以消除众人的疑虑，也有给我写信。昨天接到六月二十四日的圣旨，任命我为两江总督兼钦差大臣，皇上授予我的恩德是如此深厚，不需我一一言明。我如今所忧虑的是没有一支强劲的部队派往苏、常、淮、扬等地。身居高位不是福气，担忧凭白成为他人议论的话柄。我爱出汗，弟弟也爱出汗，似乎不适合过于劳累。

咸丰十年七月初八日

以一勤字报吾君，以爱民二字报吾亲

［原文］

沅、季弟左右：

兄膺（yīng）此巨任，深以为惧！若如陆、何二公之前辙①，则贻我父母羞辱，即兄弟子侄，亦将为人所侮。祸福倚伏之几，竟不知何者为可喜也？

默观近日之吏治人心，及各省之督抚将帅，天下似无戡定之理。

吾唯以一“勤”字报吾君，以“爱民”二字报吾亲。才识平常，断难立功，但守一勤字，终日劳苦，以分宵旰（gàn）②之忧。行军本扰民之事，但刻刻存爱民之心，不使先人之积累，自我一人耗尽，此兄之所自矢者，不知两弟以为然否？愿我两弟亦常常存此念也。

沅弟“多置好官，遴选将才”二语，极为扼要，然好人实难多得，弟为留心采访，凡有一长一技者，兄断不敢轻视。谢恩折今日拜发，宁国日内无信，闻池州杨七麻子将往攻宁，可危之至！

咸丰十年七月十二日

[注释]

①前辙：比喻过去的错误。

②宵旰：天亮了就穿衣起床，天黑了才休息。此处借指帝王。

[译文]

沅、季弟左右：

兄长我肩负艰巨的责任，深感惶恐！如果再步上陆、何二公的后尘，不仅我的父母会因此受到羞辱，就连兄弟子侄也将被人侮辱。祸与福之间相互转化，真的不明白到底有什么是值得高兴的？

我暗中观察近日的吏治、人心的动向，以及各省督抚将帅的作为，天下似乎没有克定的道理。我只能用一个“勤”字来报效皇上，以“爱民”二字来报效父母。我的才能和见识都很平常，必定难以立功，只有遵守一个“勤”字，终日辛劳，以分担圣主的忧虑。行军打仗原本就是骚扰百姓的事，所以只有时时刻刻存有一颗爱民的心，不让祖先积累的德泽被我一人消耗殆尽，这是我作为兄长的决心，不知两位弟弟觉得如何？希望两位弟弟也时常心存这种想法。

沅弟说的“多置好官，遴选将才”这两句话，十分简明扼要，但是好人难以多得，弟弟们也代为留心查访，但凡有一技之长的，我都不会轻视。今天将谢恩的折子寄了出去，宁国近来没有消息传来，听说池州杨七麻子将会攻打宁国，形势十分危险！

咸丰十年七月十二日

接专丁来信，下游之贼渐渐蠢动

[原文]

沅、季弟左右：

接专丁来信，下游之贼渐渐蠢动，九月当有大仗开。此贼惯技，

好于营盘远远包围，断我粮道。弟处有水师接济，或可无碍。不知多、李二营何如？有米有柴可济十日半月否？

贼虽多，善战者究不甚多，礼、希或可御之。弟既挖长壕，切不可过壕打仗。胜则不能多杀贼，挫则不能收队也。营中柴尚多否？煤已开出否？

红单船下去后，吾拟札陈舫仙办大通厘金，以便弟就近稽查，闻该处每月可二万余串也。魏柳南宜办厘乎？宜作吏乎？弟密告我。潘意卿何时可到？此间需才极急。浙事岌岌[①]，请援之书如麻。次青今日到祁门，其部下十四五可到。季弟所言诸枉，聆悉，当一一错之，不姑息也。

咸丰十年八月初七日

［注释］

①岌岌：形容十分危险，快要倾覆或灭亡。

［译文］

沅、季弟左右：

接到由专人捎来的书信，得知下游的敌军蠢蠢欲动，九月份可能会爆发大战。这些敌人惯于从军营远处展开包围，将粮道截断。弟弟那里有水师接济，或许没有什么大碍。不知多、李二营的情况如何？柴米可否维持十天半月？

敌军数量虽然众多，但是善于作战的人却不算多，礼、希也许能够抵挡住。弟弟既然挖了壕沟，万万不可越出壕沟作战。打了胜仗也不能多杀敌人，万一被打败了，也不能撤退。营中的柴火还足够吗？煤是否已经开采出来了？

红单船下去以后，我打算让陈舫仙去经办大通厘金，方便弟弟就近稽查，听说他那里每月可以得到两万多串。魏柳南适合办理厘金，还是适合担任行政长官？请弟弟悄悄地告诉我。潘意卿什么时候才能抵达呢？这里急需人才。浙江省的局势危急，请求援救的信不可胜数。次青在今天抵达祁门，他的部队在十四日、十五日就能抵达。季弟所说的各种问题我已经得知，我会逐一处理，绝不姑息。

咸丰十年八月初七日

满招损，谦受益

［原文］

沅、季弟左右：

沅弟以我切责之缄，痛自引咎，惧蹈危机而思自进于谨言慎行

之路，能如是，是弟终身载福之道，而吾家之幸也！季弟信亦平和温雅，远胜往年傲岸气象。

吾于道光十九年十一月初二日进京散馆，十月二十八日侍祖父星冈公于阶前，请曰："此次进京，求公教训。"星冈公曰："尔的官是做不尽的，尔的才是好的，但不可傲。满招损，谦受益。尔若不傲，更好全了！"遗训不远，至今尚如耳提面命①。今吾谨述此语告诫两弟，总以除傲字为第一义。唐虞之恶人曰"丹朱傲"，曰"象②傲"，桀纣之无道，曰"强足以拒谏，辩足以饰非"，曰"谓己有天命，谓敬不足行"，皆傲也。

吾自八年六月再出，即力戒惰字以儆无恒之弊，近来又力戒傲字。昨日徽州未败之前，次青心中不免有自是之见，既败之后，余益加猛省。大约军事之败，非傲即惰，二者必居其一。巨室之败，非傲即惰，二者必居其一。

余于初六日所发之折，十月初可奉谕旨。余若奉旨派出，十日即须成行，兄弟远别，未知相见何日？唯愿两弟戒此二字，并戒各后辈当守家规，则余心大慰耳！

咸丰十年九月二十四日

［注释］

①耳提面命：当面并揪着耳朵教导别人，形容教导之恳切。

②象：传说中先古帝王舜的同父异母弟。

［译文］

沅、季弟左右：

沅弟接到我的劝勉信之后，引咎自责，担心陷入危机，因此决定谨言慎行，弟弟如果能够做到，一定会终身受益，这也是家族的幸运。季弟的信平和温雅，跟往年的骄傲之气相比强了很多。

我于道光十九年十一月初二日，来到京师进入翰林院庶常馆，十月二十八日在屋阶前侍奉祖父星冈公，请教说："马上就要进京了，恳求祖父给予我教导和训示。"星冈公说："你的官是做不完的，你的才能是好的，但是不可骄傲自负。满招损，谦受益。你如果不骄傲自得，就更好了！"这个遗训还没有过去多久，到今天还像当初耳提面命一样。我现在郑重地用这段话告诫你们，应该一直将戒除骄傲作为第一要务。唐虞时代有个叫丹朱的恶人，为人傲慢，有个叫象的，也十分傲慢。

桀纣这个昏君无道，说自己已经十分强大，不需要一切忠言，其辩才可以粉饰一切过失，说自己身受天命，不必实行礼敬之道，这都是傲慢的表现。

我自八年六月再次出山，就一直在努力戒除惫懒，以改正没有恒心的缺点，近来又努力戒骄傲。昨天徽州战役没有取胜之前，次青心中难免心怀自以为是的偏见，战败后，我更加认真地反省。大概而论，军事上的失败，不是由于骄傲导致的，就是由于惫懒导致的，两者必居其一。名门望族的失败，不是由于骄傲引起的，就是由于惫懒引起的，两者必居其一。

我在初六所发的奏折，在十月初可以接到圣旨。我如果奉命被派往外地，十天之后就要出发，不知何时再相见？只希望两位弟弟能够戒傲戒惰，并叮嘱后辈子弟遵守家规，那就是我最大的欣慰了。

咸丰十年九月二十四日

教训后辈子弟，以勤苦为体，谦逊为用

[原文]

沅弟、季弟左右：

接信知北岸日内尚未开仗，此间鲍、张于十五日获胜，破万安街贼巢，十六日获胜，破休宁东门外二垒，鲍军亦受伤百余人。正在攻剿得手之际，不料十九日未刻，石埭之贼，破羊栈岭而入，新岭、桐林岭同时被破，张军前后受敌，全局大震，比之徽州之失，更有甚焉。

余于十一日亲登羊栈岭，为大雾所迷，目无所睹。十二日登桐林岭，为大雪所阻。今失事恰在此二岭，岂果有天意哉？

目下张军最可危虑，其次则祁门老营，距贼仅八十里，朝发夕至，毫无遮阻。现请求守垒之法，贼来则坚守以待援师，倘有疏虞①，则志有素定，断不临难苟免。

回首生年五十余，除学问未成，尚有遗憾外，余差可免于大戾。贤弟教训后辈子弟，总当以勤苦为体，谦逊为用，以药骄佚之积习，余无他嘱。

咸丰十年十月二十日

[注释]

①疏虞：粗心大意、失误。

[译文]

沅弟、季弟左右：

接到来信，得知北岸近来还没有开战，在这段时间中，鲍、张在十五日战胜，攻破了万安街的敌巢，十六日再次取胜，攻破了休宁东门外的两座堡垒，鲍军中受伤的士兵也有一百多人。正当进攻取得连连胜利时，没有料到在十九日未刻，石埭的敌人攻破了羊栈岭的防线，新岭、桐林岭接连失利，张军腹背受敌，导致整个战局受到震动，局势比徽州的失败还要严峻。

我于十一日亲自登上羊栈岭，山上大雾弥漫，什么也看不清。十二日又登上桐林岭，又被大雪阻挡。今年恰好在这两座岭上战败了，这难道不是天意吗?

目前张军的形势最为危急，其次是距敌军只有八十里远的祁门老营，早上发兵，晚上可以到达，沿途没有阻碍。现在只能商讨防守的方法，敌人来了只能坚守拒敌，等待援军，如果有所意外，那么反正我早已下定决心，绝对不会临战脱逃。

回忆走过的五十多年，除了在学问上没有取得成就，还有一点遗憾之外，其余都没有值得特别遗憾的地方。贤弟教训后辈子弟，应该一直以勤苦为体，以谦逊为用，用来纠正骄奢淫逸的坏风气，其余就没有什么可嘱咐的了。

咸丰十年十月二十日

望子侄辈戒“骄、奢、佚”

[原文]

澄侯四弟左右：

此间于十九日忽被大股贼匪窜入羊栈岭，去祁门老营仅六十里，人心大震。幸鲍、张两军于二十日二十一日大战获胜，克复黟县，追贼出岭，转危为安。此次之险，倍于八月二十五徽州失守时也。

现贼中伪侍王李世贤、伪忠王李秀成、伪辅王杨辅清，皆在徽境与兄作对①。伪英王陈玉成在安庆境与多、礼、沅、季作对。军事之能否支持，总在十月、十一月内见大分晓。

甲三十月初六至武穴，此时计将抵家。余在外无他虑，总怕子侄习于“骄、奢、佚”三字。家败，离不得个“奢”字；人败，离不得个“佚”字；讨人嫌，离不得个“骄”字。弟切戒之！即问近好。

咸丰十年十月二十四日

[注释]

①作对：这里指做对头，敌对。

［译文］

澄侯四弟左右：

这里在十九日突然有大股敌军涌入羊栈岭，距离祁门老营只有六十里，使人心大为震动。多亏鲍、张两支部队在二十日和二十一日取得胜利，收复了黟县，将敌人赶出岭外，才转危为安。这次的险情与八月二十五日徽州失守相比，要更为严重。

如今敌军中的伪侍王李世贤、伪忠王李秀成、伪辅王杨辅清全都在徽州境内，与我敌对。伪英王陈玉成在安庆境内，与多、礼、沅、季敌对。军事上能否坚持下去，会在十月、十一月内揭晓。

甲三在十月初六抵达武穴，如今大约已经回到家中了。我在外面没有其他顾虑，只是担忧子侄在“骄、奢、佚”这三个字上做得不好。一个家族的败落离不开一个“奢”字，个人的失败离不开一个“佚”字，得罪他人离不开一个“骄”字。弟弟应该引以为戒。即问近好。

咸丰十年十月二十四日

吾家子侄辈，总以谦勤二字为主，戒傲惰

［原文］

澄侯四弟左右：

自十一月来，奇险万状，风波迭起，文报不通者五日，饷道不通者二十余日。自十七日唐桂生克复建德，而皖北沅、季之文报始通。自鲍镇二十八日至景德镇，贼退九十里，而江西饶州之饷道①始通。若左、鲍二公，能将浮梁、鄱阳等处之贼，逐出江西境外，仍从建德窜出，则风波渐平，而祁门可庆安稳矣。

余身体平安，此一月之惊恐危急，实较之八月徽宁失守时险难数倍。余近年在外，问心无愧，死生祸福，不甚介意，唯接到英、法、美各国通商条款，大局已坏。兹付回二本，与弟一阅。时事日非，吾家子侄辈，总以谦勤二字为主，戒傲戒惰，保家之道也。

咸丰十年十二月初四日

［注释］

①饷道：运输军粮的道路。

［译文］

澄侯四弟左右：

自从十一月以来，战争局势都万分危险，风波迭起，书信文报不通已经五天

進援壽穎羅討苗
貴軍則仍須南渡剿東建之敗賊
通祁门之文報續撥之米五百石不必
再運潛山營經解來源千萬此案
肩俟接六安賊竄確信再行奉候
知匪酋果不西犯鄂皖之大幸
也復問
台安　國藩頓
四月初六日

贼解围东窜会令进剿札（之二）

了，粮饷运输不通已经二十多天了。自从十七日唐桂生收复建德后，安徽北部沅、季两位弟弟的文报才能传过来。自从鲍镇二十八日到达景德镇，敌军撤退九十里，这才令江西饶州的粮饷运输通畅起来。如果左、鲍两公能够将浮梁、鄱阳等处的敌军赶出江西境外，令敌军仍旧从建德流窜出去，那么风波会逐渐平息，祁门就可以庆祝获得安稳了。

我身体平安，这一个月中局势危急，令人惊慌恐惧的程度，实在比八月徽宁失守时要严重几倍。我近年在外面奔波，一直都问心无愧，已经不将死生祸福放在心上了。只是在收到英、法、美各国通商条款的消息后，得知大局已坏。眼下寄回两本，让你看一看。形势一天比一天危险，我家的子侄们应该一直以谦勤两个字为主，戒傲戒惰，这才是保家的方法啊！

咸丰十年十二月初四日

保养之法，亦唯在慎饮食，节嗜欲，断不在多服药

［原文］

澄侯四弟左右：

十六日接弟手书，俱悉。弟病日就痊愈，至慰至幸！唯弟服药过多，又坚嘱泽儿请医调治，余颇不以为然。

吾祖星冈公在时，不信医药，不信僧巫，不信地仙，此三者，弟必能一一记忆。今我辈兄弟亦宜略法此意，以绍[1]家风。今年白玉堂做道场一次，大夫第做道场二次，此外祷祀之事，闻亦常有，是不信僧巫一节，已失家风矣。买地至数千金之多，是不信地仙一节，又与家风相背。

至医药则合家大小老幼，几于无人不药，无药不贵，迨（dài）至补药吃出毛病，则又服凉药以攻伐之。阳药吃出毛病，则又服阴药以清润之，辗转差误，不至大病大弱不止。弟今年春间，多服补剂，夏末多服凉剂，冬间又多服清润之剂。余意欲劝弟少停药物，专用饮食调养。泽儿虽体弱，而保养之法，亦唯在慎饮食，节嗜（shì）欲，断不在多服药也。

洪家地契，洪秋浦未到场押字，将来恐仍有口舌。地仙、僧巫二者，弟向来不甚深信，近日亦不免为习俗所移，以后尚祈卓识坚定，

略存祖父家风为要。天下信地信僧之人，曾见有一家不败者乎？北果公屋，余无银可捐。己亥冬，余登山踏勘，觉其渺茫也。

咸丰十年十二月二十四日

［注释］

①绍：接连、继承。

［译文］

澄侯四弟左右：

十六日接到弟弟的亲笔信，获知一切。弟弟的病很快就治愈了，深感欣慰！只是弟弟吃药过多，又嘱咐泽儿为你请医调治，我认为这样做不太好。

祖父星冈公在世时，坚决不迷信医药，不迷信和尚、巫师，不迷信风水先生，弟弟一定要谨记这三点。如今我们弟兄也要谨遵这个训示，以承继家族的风气。今年在白玉堂做了一次道场，在大夫第做了二次道场，此外，还经常听说祈祷、祭祀的事情，看来并没有遵从不信和尚、巫师这一条。已经花了几千两银子购买田地，看来也没有遵从不信风水先生这一条，与家风背道相驰了。

至于说到医药，全家大小几乎都有吃药，而且所吃的药都很昂贵，甚至有因为吃补药吃出了毛病，又吃凉药以攻伐。因为吃阳药吃出了毛病，又吃阴药以清润，如此反反复复，还会不生大病吗？弟弟在今年春天进补了很多补药，又在夏末多吃了凉药，等到冬天还要吃清润的药。我的意思是想规劝弟弟稍微停缓用药，依靠饮食来调养。泽儿的体质虽然孱弱，但是可以用“慎饮食、节嗜欲”这六个字来保养身体，断然不是在于多吃药。

至于洪家的地契，洪秋浦还没有到场签字，唯恐将来有口舌之争。弟弟向来不太相信地仙、僧巫，近来却不免受到乡俗的影响，以后还希望你能够坚持正确的见解，稍微保存一些祖父的家风。你看天下相信地仙、信僧巫的家族，哪一家不因此而衰败？北果公屋，我没有银子可捐。己亥年冬天，我亲自登山勘察，觉得实在太渺茫了。

咸丰十年十二月二十四日

天地间唯谦谨是载福之道

［原文］

澄侯四弟左右：

腊底由九弟处寄到弟信，俱悉一切。弟于世事阅历渐深，而信中不免有一种骄气。天地间唯谦谨是载福之道，骄则满，满则倾矣。凡动口动笔，厌人之俗，嫌人之鄙，议人之短，发人之覆[①]，皆骄也。无论所指未必果当，即使一一切当，已为天道所不许。吾家子弟，满

腔骄傲之气，开口便道人短长，笑人鄙陋，均非好气象。贤弟欲戒子侄之骄，先须将自己好议人短，好发人覆之习气，痛改一番，然后令后辈事事警改。欲去“骄”字，总以不轻笑非人为第一义。欲去“惰”字，总以不晏起为第一义。弟若能谨守星冈公之八字②，三不信③，又谨记愚兄之去骄去惰，则家中子弟日趋于恭谨而不自觉矣。

咸丰十一年正月初四日

[注释]

①发人之覆：训斥他人的失败。

②八字：即“考、宝、早、扫、书、蔬、鱼、猪”八字。

③三不信：不信僧巫，不信医药，不信地仙。

[译文]

澄侯四弟左右：

十二月底从九弟那里收到你的信，得知一切。弟弟对于世事的阅历已经越来越丰富了，所以难免在信中流露出些许骄傲的意气。天地之间，唯有谦虚谨慎才是获得福气的途径，一旦骄傲，就会自满，一旦自满，就会颠覆。凡是说话、做文章，厌恶别人太俗气，嫌弃别人过于鄙薄，议论别人的缺点，指斥别人的失败，这些都是骄傲的表现。不论对别人的指责是否正确，即使正中要害，也是不为天道所容许的。我家的子弟，满身骄傲的风气，张口就指责别人的缺点，嘲笑别人鄙俗粗陋，这都不是好兆头。贤弟要训诫子弟戒掉骄傲的作风，首先应该改正议论他人缺点、嘲笑他人失败的弊病，然后命令子弟们事事心存警惕。要想戒掉“骄”字，首先应该做到的是不轻易非难讥笑别人。要想戒掉“惰”字，首先应该做到的是不晚起。弟弟如果能够谨遵星冈公的八字诀和三不信，再遵循愚兄关于去骄去惰的话，那么家里的子弟自然就会越来越恭谨。

咸丰十一年正月初四日

戒骄字，以不轻非笑人为第一义

[原文]

澄侯四弟左右：

弟言家中子弟，无不谦者，此却未然。凡畏人不敢妄议论者，谨慎者也。凡好讥评人短者，骄傲者也。谚云：“富家子弟多骄，贵家子弟多傲。”非必锦衣玉食，动手打人，而后谓之骄傲也。但使志得意满，毫无畏忌，开口议人短长，即是极骄极傲耳。

余正月初四信中，言戒骄字，以不轻非笑人[1]为第一义。望弟常常猛省，并戒子侄也。

咸丰十一年二月初四日

［注释］

①不轻非笑人：指不轻易议论、讥讽他人。轻，轻易。非，非议。

［译文］

澄侯四弟左右：

弟弟说家中子弟都很谦虚，这倒未必。大凡敬畏别人、不妄加议论别人的，都是谦和、谨慎的人。大凡喜欢嘲笑、指责别人短处的人，都是骄傲的人。谚语说："富家子弟多骄，贵家子弟多傲。"不是指那些锦衣玉食、动手打人的人才称得上骄傲。动辄志得意满，无所畏忌，张口就议论别人的优缺点的人，就算得上是极端骄傲的人。

我在正月初四日信中提到，要戒除"骄"字，应该首先做到不轻易非议、讥笑别人。希望弟弟常常自我反省，并且训诫子侄。

咸丰十一年二月初四日

家中兄弟子侄，当谨记八字家训、三不信与八本之说

［原文］

澄侯四弟左右：

上次送家信者，三十五日即到，此次专人四十日未到，盖因乐平、饶州一带有贼，恐中途绕道也。自十二日克复休宁后，左军分出八营，在于甲路地方小挫，退扎景镇。贼幸未跟踪追犯，左公得以整顿数日，锐气尚未大减。

目下左军进剿乐平、鄱阳之贼，鲍公一军，因抚、建吃紧，本调渠赴江西省，先顾根本，次援抚、建。因近日鄱阳有警，景镇可危，又暂留鲍军，不遽赴省。胡宫保恐狗逆由黄州下犯安庆，沅弟之军，又调鲍军救援北岸，其祁门附近各岭二十三日又被贼破两处。

数月以来，实属应接不暇，危险迭见，而洋鬼又纵横出入于安庆、湖口、湖北、江西等处，并有欲来祁门之说，看此光景，今年殆

万难支持。然余自咸丰三年冬以来，久已以身许国，愿死疆场，不愿死牖（yǒu）①下，本其素志。近年在军办事，尽心竭力，毫无愧怍，死即瞑目，毫无悔憾。

家中兄弟子侄，唯当记祖父之八个字，曰：“考、宝、早、扫、书、蔬、鱼、猪。”又谨记祖父之三不信，曰：“不信地仙，不信医药，不信僧巫。”余日记册中，又有八本之说，曰：“读书以训诂为本，作诗文以声调为本，事亲以得欢心为本，养生以戒恼怒为本，立身以不妄语为本，居家以不晏起为本，做官以不要钱为本，行军以不扰民为本。”此八本者，皆余阅历而确有把握之论，弟亦当教诸子侄谨记之。无论世之治乱，家之贫富，但能守星冈公之八字，与余之八本，总不失为上等人家。余每次写家信，必谆谆嘱咐，盖因军事危急，故预告一切也。

余身体平安，营中虽欠饷四月，而军心不甚涣散，或尚能支持，亦未可知，家中不必悬念。

咸丰十一年二月二十四日

[注释]

①牖：窗。这里指家中。

[译文]

澄侯四弟左右：

上次送来家信只花了三十五天，这一次派专人送信，过了四十天还没有送到，大概是由于乐平、饶州一带有贼军，恐怕在途中绕道而行了。自从十二日收复休宁之后，从左公的军队中分出八营，在甲路一带稍微战败，退往景镇驻扎，幸好敌人没有紧随追击，左公得以休整几天，军队的士气还没有大减。

眼下左军正在攻打乐平、鄱阳的敌军，鲍公的军队因为抚、建两地吃紧，本来想将他调到江西省，先保住根本，然后再支援抚、建两地。由于近来鄱阳有警报，景镇的形势危急，只好暂时将鲍军留下，不急于奔赴省城。胡宫保担心敌军由黄州进犯安庆，攻打沅弟的军队，于是又调鲍军救援北岸。二十三日，祁门附近的各岭又被敌人攻破两处。

这几个月以来，战事实在有点应接不暇，危机四伏，而洋人又在安庆、湖口、湖北、江西等地出入，横冲直撞，而且有往祁门来的消息，看到这种局势，恐怕今年难以支持下去了。然而，我自咸丰三年冬天以来，早就已经以身许国，愿意战死

刘克庵甫请黟渔后来拟回援景镇
因王沐先行不得已留镇黟渔此时景镇群
盗如毛官军多而无统纪必须克庵赴景
行乃可了事 阁下到祁后请单骑与克
庵一会告以鄙意嘱其全部回祁景镇其黟
实要所不备公溪一则无路遁去二则不到黟渔太安景亦不
背字
渔军予 阁下任之但至迟李太守拒防平
俟行也

遣刘典赴景镇札（之一）

沙场，不愿死在家中，这原本就是我的志向。近年来一直在军营办事，尽心竭力，无愧于心，死了也尽可以闭上眼睛，没有丝毫后悔和遗憾。

家中兄弟子侄，应当谨记祖父的八字家训："考、宝、早、扫、书、蔬、鱼、猪。"又要遵循祖父的三不信："不信风水先生的话，不迷信药物，不迷信和尚、巫师"。在我的日记中，还有八本之说："读书应该以训诂为根本，作诗文应该以声调为根本，事亲应该以得欢心为根本，养生应该以戒恼怒为根本，立身应该以不妄语为根本，居家应该以不晚起为根本，做官应该以不敛钱为根本，行军应该以不扰民为根本。"这八点，都是我根据自己的亲身经历总结出来的，是非常有把握的，弟弟也应该教导子侄们谨记在心。无论是乱世还是治世，家庭是富裕还是贫穷，只要能够遵从星冈公的八字家训以及我的八本之说，就能称得上是上等人家。我每次写信都谆谆叮嘱，只是因为战事危急，所以要事先把这一切告诉给你们呢。

我身体安康，营中虽然拖欠四个月的军饷，但军心并没有涣散，或许还可以支持下去，家里不必牵挂。

咸丰十一年二月二十四日

暂缓祭祀望溪

[原文]

沅弟左右：

望溪先生之事，公私均不甚惬，公牍中须有一事实册，将生平履历，某年中举中进士，某年升官降官，某年得罪，某年昭雪，及生平所著书名，与列祖褒赞其学问品行之语，一一胪列，不作影响约略之词，乃合定例。

望溪两次获罪，一为戴名世《南山集》序，入刑部狱，一为其族人方某挂名逆案，将方氏通族，编入旗籍，雍正间始准赦宥，免隶旗籍。望溪文中所云："因臣而宥及合族者也。"今欲请从祀孔庙，须将两案历奉谕旨，一一查出，尤须将国史本传查出，恐有严旨碍眼者，易于驳诘[①]。从前入祀两庑之案，数十年而不一见，近年层见迭出，几于无岁无之。去年大学士九卿等议复陆秀夫从祀之案，声明以后外间不得率请从祀，兹甫及一年，若遽违新例而入奏，必驳无疑。右三者公事之不甚惬者也。

望溪经每有贬词，《皇清经解》中，并未收其一册一句。姬传先

生最推崇方氏，亦不称其经说。其古文号为一代正宗，国藩少年好之，近十余年，亦别有宗尚矣。国藩王于本朝大儒，学问则宗顾亭林、王怀祖两先生，经济则宗陈文恭公。若奏请从祀，须自三公始。李厚庵与望溪，不得不置之后图，右私志之不甚惬者也。

咸丰十一年六月二十九日

[注释]

①驳诘：反驳、诘责。

[译文]

沅弟左右：

望溪先生的事于公于私都非常不满意，应该在公文中附加一本事实册，将他的生平履历，哪一年中举、中进士，哪一年升职、降职，哪一年获罪，哪一年昭雪，他所著的书名以及先人称颂其学问、品行的评语逐一罗列，不要写一些含糊不清的话，这样才符合公文的体例。

望溪先生曾两次获罪，一次是因为替戴名世的《南世集》作序，被关押在刑部监狱，一次是因为他的族人方某挂名旗籍这一逆案，将方氏的所有族人编入旗籍，到了雍正年间才准予赦宥，却被免去了旗籍。望溪先生在文中说："因为我而饶恕全族。"现在恳请将他陈列在孔庙，必须将这两件案子历来所奉的谕旨逐一查找出来，尤其要在国史中找出他的本传，唯恐有严厉的圣旨对望溪先生不利，容易招来反驳和诘责。过去入祀两庑的案子，几十年中难得一见，最近却层出不穷，几乎年年都有发生。去年大学士九卿等人商议恢复陆秀夫从祀案，曾经声明以后外面不允许轻易请求祭祀，到如今已经过去一年，如果立刻违反此例而急于上奏，一定会被驳回。这三点是公事上最令人感到不满意的地方。

望溪先生经常有贬低之词，《皇清经解》并没有收录他的任何一本书、一句话。姬传先生最推崇的人就是方望溪，但却不称赞他的经学。他的古文号称是一代正宗，我从小就喜欢它，近十多年来也有了其他师从。对于本朝的大儒，在学问方面，我师从顾亭林、王怀祖两位先生，在经济方面，师从陈文恭先生。如果奏请跟随祭祀，必须从这三个人开始。不得不将李厚庵与方望溪两人放在后面，这一点让我心中感到十分不满意。

咸丰十一年六月二十九日

慰弟妇之丧

[原文]

季弟左右：

接家书，知季弟妇于二月初七日仙逝，何以一病不起？想系外感

之证。弟向来襟怀不畅，适闻此噩耗，谅必哀伤不能自遣。唯弟体亦不十分强旺，尚当达观节哀，保重身体。应否回籍一行，待沅弟至三山夹与弟熟商，再行定夺。

长江数百里内厘卡太多，若大通再抽船厘，恐商贾裹足①，有碍大局，拟不批准。获港厘局分成为数无多，拟批令改于华阳镇分成，为数较多，弟之所得较厚，又与外江水师无交涉争利之嫌，更为妥善。诸嘱保重，至要至要！

同治元年二月二十一日

［注释］

①裹足：裹足不前，形容有所顾虑而停滞不前。战国李斯《谏逐客书》："使天下之士退而不敢西向，裹足不入秦。"

［译文］

季弟左右：

接到家信，得知弟妹在二月初七日过世，为何一病不起呢？想必是因为外邪入侵的缘故吧。弟弟的胸怀一向不是十分豁达，又听到这种不好的消息，想必不能排遣自己的哀伤。只是弟弟的身体向来也不十分强健，还是应该达观节哀，以保重身体为主。你是否应该回家一趟，等沅弟到达三山夹同弟弟反复商量后，再作出决定。

在长江沿岸几百里内所设的厘金关卡过于繁多，如果大通再收船厘，唯恐商人们会不愿意出来做买卖，对大局十分不利，打算不予批准。获港厘局分成不多，打算批令将此局改在华阳镇分成，则会得到较多分成，弟弟的所得也比较丰厚，也不会有与外江水师争权夺利的嫌疑，这样更加妥当。希望你多加保重，谨记谨记！

同治元年二月二十一日

请钦派大员再抽广东全省厘金

［原文］

沅弟、季弟左右：

复奏朱侍御一疏，定于五日内拜发。请钦派大员再抽广东全省厘金，余奏派委员随同筹办，专济苏、浙、杭、皖四省之饷，大约所得每月在二十万上下，胜于江西厘务也，此外实无可生发。计今年春夏必极穷窘，秋冬当渐优裕。

马队营制余往年所定，今阅之，觉太宽而近于滥，如公夫、长夫之类是也，然业已①久行且姑仍之。弟新立营头，即照此办理，将来裁减，当与华字、顺字两营并裁，另行新章也。

上海派洋船来接少荃一军，带银至十八万两之多，可骇而亦可怜！不能不令少荃全军舟行，以顺舆情，三月之内，陆续拔行。其黄昌岐水军，则俟三四月之交，遇大顺风，直冲下去，弟到运漕，可告昌岐来此一晤也。

同治元年三月初三日

［注释］

①业已：已经。

［译文］

沅弟、季弟左右：

关于复奏朱侍御的疏文，定于五日内发出。请皇上派出官员，再专门抽调广东全省的厘金，我奏请委任专员随同筹办，从此以后，厘金专门供给苏、浙、杭、皖四省的军饷，大致估计，每月可收获厘金二十万左右，超过了江西的厘金，除此之外，实在没有哪个地方能拿出这么多钱来。预计今年春夏一定十分窘迫，到了秋冬会逐渐变得宽裕一些。

马队营的建制，是我过去制定的，如今看起来觉得宽松得几乎泛滥，例如公夫、长夫之类，但是由于已经实行的年数已久，姑且依旧保持不变。弟弟新建的营，也按此办理，等到将来裁减之时，则应当同华字、顺字两营合并裁减，另外制订新的章程。

上海派洋船来迎接少荃一军，花费多达十八万两，既让人感到可怕，又令人心生怜意！不能不让少荃全军坐船离开，以顺从舆论，三月之内，先后开拔。黄昌岐水军，则要等到三、四月之间，遇到大顺风的天气再直冲而下，弟弟到达运漕后，可告诉昌岐来我这里见面。

同治元年三月初三日

唯办事之手，实在不可多得

［原文］

沅弟左右：

接陈东友、蔡东祥、周惠堂禀，知雍家镇于十九日克复。惜日内

雨大，难以进兵，若跟踪继进，则裕溪口亦可得手矣。小泉赴粤，取其不开罪于人[①]，内端方而外圆融。今闻幼丹有出省赴广信之行，小泉万不可赴粤矣。

丁雨生笔下条畅，少荃求之幕府相助，雨生不甚愿去，恐亦不能至弟处，碍难对少荃也。南坡才大之处，人皆乐为之用，唯年岁太大，且粤湘交涉事多，亦须留南翁在湘，通一切消息。拟派鹤汀前往，鹤与劳公素相得。待大江通行后，请南翁来此商办盐务，或更妥洽。

又接弟信，知巢县、含山，于一日之内克复，欣慰之至！米可以多解，子药各解三万，唯办事之手，实在不可多得，容觅得好手，请赴弟处。受山不乐在希帅处，即日当赴左帅大营，亦不便挽留也。

同治元年三月二十四日

［注释］

①开罪于人：得罪别人。

［译文］

沅弟左右：

接到陈东友、蔡东祥、周惠堂的禀告，得知在十九日收复了雍家镇。可惜近日恰逢大雨，难以行军，如果跟随追击的话，就可以收复裕溪口了。本打算将小泉派往广东，因为他从不开罪与人，人品端正，处事老练。今天得知幼丹要出省赶往广信，那么万万不能再将小泉派到广东去了。

丁雨生的文笔十分流畅，少荃邀请他去担任幕僚，他不是十分情愿，恐怕也不能到弟弟那里，否则就难向少荃解释了。南坡颇具才气，很多人都争相聘用他，只是碍于年纪太大，并且广东、湖南需要交涉的事情实在太多，也必须把南翁留在湖南，互通消息。我打算派鹤汀前往，鹤汀一向和劳公交好，等到长江通行之后，请南翁来这里负责盐务，或许要更加妥当一些。

又接到弟弟的来信，得知在一日之内竟然收复了巢县、含山两地，欣慰至极！可以多送去一些米粮，再各送三万子弹、火药，只是办事之人手实在不可多得，希望等我寻到一些得力人手后，再派到弟弟那里。受山不愿意继续留在希帅那里，即日将抵达左帅大营，也不便挽留。

同治元年三月二十四日

设厘卡抽本省之厘税

[原文]

沅弟左右：

接信知弟目下将操练新军，甚善甚善！唯称欲过江斜上四华山扎营，则断不可。四华山上逼芜湖，下逼东梁，若一两月不破此二处，则我军无势①无趣，不得不退回北岸矣。

弟军南渡，总宜在东梁山以下采石、太平一带，如嫌采石下面形势太宽，即在太平以上渡江，总宜夺金柱关，占内河江面为主。余昨言妙处有四：一曰隔断金陵、芜湖之气，二曰水师打通泾县、宁国之粮路，三曰芜贼四面被围，四曰抬船过东坝，可达苏州。犹妙之小者耳，又有最大者。金柱关可设厘卡，每月进款五六万；东坝可设厘卡，每月亦五六万，二处皆系苏皖交界，弟以本省之藩司，抽本省之厘税，尤为名正言顺。弟应从太平关南渡，毫无疑义，余可代作主张，其迟速则仍由弟做主耳。西梁上下两岸，从三山起至采石止，望弟绘一图寄来，至要至要！

同治元年四月初六日

[注释]

①无势：指失去气势。

[译文]

沅弟左右：

接到来信，知悉弟弟眼下正在操练新兵，很好，很好。只是你说到想要过江，前往四华山扎营，这是万万不可的。因为四华山上与芜湖逼近，下与东梁逼近，如果不能再一两月之内攻破这两处，则我军就会失去气势，也失去依靠，不得不退回长江北岸。

弟弟的部队想要渡江，应该选在东梁山以下和采石、太平一带，如果认为采石下面的地方过于宽阔，则应该在太平以上渡江，攻破金柱关，以攻占内河江面为主。我昨天陈述过这样做有四点好处：一是阻断金陵、芜湖的气势；二是让水师打通泾县、宁国的粮道；三是可以令芜湖贼军处于四面被围的境地；四是抬船过东坝就可以抵达苏州。如果认为这些好处还不算大，则还有更大的好处。可以在金柱关设厘卡，每月可以获得五六万银子的进项；在东坝设厘卡，每月也可以获得五六万的进项，这两处都位于江苏、安徽交界之处，弟弟可以凭借本省布政使之职抽取本省的厘税，这样更加名正言顺。弟弟毫无疑问地应该在太平关渡江，这一点我可以替你做主，但是渡江的时间仍由你自己决定。西梁上下两岸，从三山开始到采石截止，希望弟弟能画一幅地图寄过来，这一点十分重要！

同治元年四月初六日

办大事者，以多选替手为第一义

［原文］

沅弟左右：

水师攻打金柱关时，若有陆兵三千在彼，当易得手。

保彭杏南，系为弟处分统一军起见。弟军万八千人，总须另有二人堪为统带者。每人统五六千，弟自统七八千，然后可分可合。杏南而外，尚有何人可以分统？亦须早早提拔。办大事者，以多选替手①为第一义。满意之选不可得，姑节取其次，以待徐徐教育可也。

同治元年四月十二日

［注释］

①替手：接替者。

［译文］

沅弟左右：

水师攻打金柱关时，如果当时那里有三千陆军，理应容易取胜一些。

保举彭杏南，是为弟弟统率军队作打算的。弟弟的军队共有一万八千人，必须找到两个具有统兵能力的将领，每人统领五六千人，弟弟自己统领七八千人，此后便可分可合。除了杏南以外，还有谁适合分统？也应该早早地提拔上来。办大事的人应该以多多选拔可接替的人为第一要务。如果一时得不到满意的人，可以姑且提拔能力欠佳的，慢慢地教育即可。

同治元年四月十二日

以劳谦廉三字自惕

［原文］

沅、季弟左右：

帐篷即日赶办，大约五月可解六营，六月再解六营，使新勇略

一桂生一軍克菴非其分守岩寺左帥切責之桂生自取分守屯溪御素桂部陳良字二營素不輯附霆字一營批准裁撤外僅餘六營似不如專守巖休二城而稍留餘力為劉老漁之用請約桂生至漁亭與閣下面商教處亦印有批示也順問台安

國藩頓首

四月十九日

遣刘典赴景镇札（之二）

得却暑也。抬小枪之药，与大炮之药，此间并无分别，也未制造两种药。以后定每月解药三万斤至弟处，当不致更有缺乏。王可升十四日回省，其老营十六可到，到即派往芜湖，免致南岸中段空虚。

雪琴与沅弟嫌隙已深，难遽期其水乳。沅弟所批雪信稿，有是处，亦有未当处。弟谓雪声色俱厉，凡目能见千里而不能自见其睫；声音笑貌之拒人，每苦于不自见，苦于不自知。雪之厉，雪不自知，沅之声色，恐亦未始不厉，特不自知耳。曾记咸丰七年冬，余咎骆文耆[1]待我之薄，温甫则曰：“兄之面色，每予人以难堪。”又记十一年春，树堂深咎张伴山简傲不敬，余则谓树堂面色亦拒人于千里之外。观此二者，则沅弟面色之厉，得毋似余与树堂之不自觉乎？

余家目下鼎盛之际，余忝窃将相，沅所统近二万人，季所统四五千人，近世似此者，曾有几家？沅弟半年以来，七拜君恩，近世似弟者曾有几人？日中则昃，月盈则亏，吾家亦盈时矣。管子云：“斗斛满则人概之，人满则天概之。”余谓天概之无形，仍假手于人以概之。霍氏[2]盈满，魏相概之，宣帝概之。诸葛恪盈满，孙峻概之，吴主[3]概之。待他人之来概而后悔之，则已晚矣。吾家方丰盈之际，不待天之来概，人之来概，吾与诸弟当设法先自概之。自概之道云何？亦不外清慎勤三字而已。吾近将清字改为廉字，慎字改为谦字，勤字改为劳字，尤为明浅，确有可下手之处。

沅弟昔年于银钱取与之际，不甚斟酌，朋辈之讥议菲薄，其根实在于此。去冬之买犁头嘴、栗子山，余亦大不谓然。以后宜不妄取分毫，不寄银回家，不多赠亲族，此廉字工夫也。谦之存诸中者不可知，其着于外者，约有四端：曰面色，曰言语，曰书函，曰仆从属员。沅弟一次添招六千人，季弟并未禀明，径招三千人，此在他统领所断做不到者，在弟尚能集事，亦算顺手。而弟等每次来信索取帐篷、子药等件，常多讥讽之词，不平之语，在兄处书函如此，则与别处书函更可知矣。沅弟之仆从随员，颇有气焰，面色言语，与人酬接时，吾未及见，而申夫[4]曾述及往年对渠之词气，至今饮憾！以后宜

于此四端，痛加克治，此谦字工夫也。每日临睡之时，默数本日劳心者几件劳力者几件，则知宣勤王事之处无多，更竭诚以图之，此劳字工夫也。

余以名位太隆，常恐祖宗留诒之福，自我一人享尽，故将劳谦廉三字，时时自惕，亦愿两贤弟之用以自惕，且即以自概耳。湖州于初三日失守，可悯可敬！

同治元年五月十五日

［注释］

①骆文耆：清末重臣骆秉章。

②霍氏：汉代大将军霍光一族。

③吴主：三国时吴国君主孙亮。

④申夫：曾国藩的幕僚。

［译文］

沅、季弟左右：

立刻赶制帐篷，大约可以在五月份送到其中六个营，另外六个营在六月份送到，这样新兵可以稍微避暑了。抬小枪的火药和大炮的火药，在这里并没有什么区别，也没有制造这两种火药。以后每月一定给弟弟的军营解送三万斤火药，如此就不会匮乏了。王可升于十四日返回省城，他的老营会在十六日抵达，到达后就立刻将其派往芜湖，防止南岸中段军力空虚。

雪琴和沅弟之间存在很深的矛盾，一时很难使他们的关系变得融洽。沅弟批评雪琴的文稿，有的是正确的，有的却不妥当。弟弟说雪琴声色俱厉，眼睛可以看到千里之外，却不能看清自身；声音笑貌似乎拒人于千里之外，而自己却感觉不到，对这些毫无察觉。雪琴的严厉，在于雪琴自己不清楚，沅弟的声色，恐怕也十分严厉，只是不自知而已。曾经记得咸丰七年冬天，我抱怨骆文耆对我刻薄，温甫说：“哥哥的脸色，经常令人难堪。”又记得十一年春，树堂抱怨张伴山桀骜不敬，我说树堂的脸色严肃，有拒人于千里之外的意思。考察这两件事，沅弟脸色严厉，是否如同我与树堂一样，自己没有意识到呢？

我们家族正处于鼎盛时期，我又处在将相之位，沅弟统率近两万人的军队，季弟统率四五千人的军队，近来像这样的家族有几家呢？沅弟在半年之中，曾经七次拜谢君恩，近来像弟弟这样的人又有几个？太阳在过了正午就要西落，月圆之后就是月缺，我们的家族正处在盈满之时啊！管子曾经说：“斗斛满了，由人来刮平，人自满了，由上天来刮平。”我说上天的刮平是无形的，刮平时依然假手于人。霍氏盈满了，由魏相和宣帝将其刮平。诸葛恪盈满了，由孙峻和吴主将其刮平。等到即将被他人刮平时再后悔，就来不及了！我们家族正处在丰盈的时刻，不等上天来

刮平，也不等人来刮平，我与诸位弟弟应当设法亲自刮平自己。自我刮平的方法是什么呢？也不外乎“清”“慎”“勤”三个字罢了。我近来将“清”字改为“廉”字，将“慎”字改为“谦”字，将“勤”字改为“劳”字，这样显得更加浅显易懂，方便执行。

沅弟过去不能好好处理银钱的收支，朋友们之所以嘲笑、轻视你，其根源就在于此。去年冬天购买犁头嘴、栗子山，我也十分不以为然。从今以后万不可妄取分毫，不再寄钱回家，不多送亲戚、族人，这就是在“廉”字上下工夫。“谦”字植根于内心深处，别人无从知道，但是外在表现大约体现在四个方面：脸色、言语、书信、仆从属员。沅弟一次招募士兵六千人，季弟并未请示就直接招募了三千人，这是其他统领军官绝对无法做到的，弟弟却做到了，而且还算顺利。弟弟每次来信，索要帐篷、火药等物资，经常说许多讥诮的话以及愤愤不平的话，给愚兄写信尚且这样，可以想象写给别人的书信会是什么情形了。沅弟的仆人随员的气焰十分嚣张，我并没有亲眼目睹他们与人应酬接触时的脸色言语，但是申夫曾经说过，往年你的仆从同他说话时的语气，至今都觉得十分遗憾！以后应该在这四个方面痛加改正，这就是在“谦”字上下工夫。

每天临睡之前都应该默数一下还有几件劳心的事，有几件劳力的事，心中就更加明白为国家办成的事情并不多，以后就会更加努力地去做，这就是在“劳”字上下工夫。我因为名位太重，常常担心我会将祖宗积累、遗留给我辈的福泽独自享受殆尽，所以时时刻刻以“劳”“谦”“廉”这三个字来勉励自己，也愿意同两位贤弟一起自勉，并以此约束自己。湖州已于初三日失守，守城将士的勇气令人敬佩！

同治元年五月十五日

刚柔互用，不可偏废

［原文］

沅、季弟左右：

沅于人概、天概之说不甚厝(cuò)意[1]，而言及势利之天下，强凌弱之天下。此岂自今日始哉？盖从古已然矣。

从古帝王将相，无人不由自立自强做出。即为圣贤者亦各有自立自强之道，故能独立不惧，确乎不拔。昔余往年在京，好与诸有大名大位者为仇，亦未始无挺然特立不畏强御之意。近来见得天地之道，刚柔互用，不可偏废。太柔则靡，太刚则折。刚非暴虐之谓也，强矫而已；柔非卑弱之谓也，谦退而已。

趋事赴公，则当强矫；争名逐利，则当谦退。开创家业，则当

强矫；守成安乐，则当谦退。出与人物应接，则当强矫；入与妻孥(nú)享受，则当谦退。若一面建功立业，外享大名，一面求田问舍，内图厚实，二者皆有盈满之象，全无谦退之意，则断不能久。此余所深信，而弟宜默默体验者也。

同治元年五月二十八日

[注释]

①厝意：重视，关心。

[译文]

沅、季弟左右：

沅弟对于人概、天概的说法，不予重视，反而强调势利者的天下，强者欺凌弱者的天下。这种道理难道只是今天才有的吗？实际上自古以来就是如此。

自古帝王将相，没有哪一个不是从自强自立出发并取得成功的。即便是圣人、贤者，也各有其自强自立的方法，因此做到了独立不惧、坚忍不拔。过去我在京城时，喜欢与名声大、地位高的人作对，也并不是没有卓然独立、不畏强暴的想法。近年来，我感悟到天地间的道理，即应该刚柔并济，不偏不废。过于阴柔就容易萎靡不振，过于刚强就容易折断。刚强并不意味着暴虐，而是指强壮勇武罢了；阴柔并不是意味着卑下软弱，而是指谦虚退让罢了。

为公办事时应该刚强；争名夺利时应该谦退。开创家业时应该刚强；守成安乐时应该谦退。外出与别人应酬接触时应该刚强；在家与妻子儿女享受生活时应该谦退。如果既要在外建功立业，求取功勋名声，在内又要买田建屋，享受厚实舒服的生活，那么，无论在外还是在内都有满盈的迹象，完全没有谦退的趋势，这是绝对无法长久的。这一点我深信不疑，也是弟弟们应深切体悟的经验之谈！

同治元年五月二十八日

觉大负次青，悔愧无地

[原文]

沅、季弟左右：

湖南之米，昂贵异常，东征局无米解来，安庆又苦于碾碓(duì)①无多，每日不能舂出三百石，不足以应诸路之求。每月解子药各三万斤，不能再多，望弟量入为出，少操几次，以省火药为嘱。扎营图阅悉，得几场大雨，吟、昆等营必日松矣，处处皆系两层，前层拒城贼，后层

防援贼，当可稳固无虞，少泉代买之洋枪，今日交到一单，待物到即解弟处。洋物机括太灵，多不耐久，宜慎用之。

次青之事，弟所进箴规，极是极是，吾过矣！吾过矣！吾因郑魁士享当世大名，去年袁、翁两处，及京师台谏，尚累疏保郑为名将，以为不妨与李并举，又有郑罪重，李情轻，暨王锐意招之等语，以为比前折略轻，逮拜折之后，通首读来，实使次青难堪，今得弟指出，余益觉大负次青，悔愧无地！余生平于朋友中，负人甚少，唯负次青实甚，两弟为我设法，有可挽回之处，余不惮改过也。

同治元年六月初二日

［注释］

①碾碓：舂米的用具。

［译文］

沅、季弟左右：

湖南的米十分昂贵，东征局还没有送来大米，安庆又苦于没有充足的碾磨，每天舂米不足三百石，不能满足各路官兵所需。每个月送去子弹、火药各三万斤，不能多过这个数了，希望弟弟量入为出，减少操演的次数，以节约火药。驻扎的营图已经全部看过了，下了几场大雨，吟、昆等处的防守一定会越来越松懈，防守都分为两层，前层抵御城里的敌人，后层防御支援的敌人，这样安排应当稳固无忧了。少泉代为购买的洋枪，已于今天收到一个单子，等收到洋枪后，就立即送到弟弟的营中。洋枪机括过于灵活，大多不够耐久，使用时应该注意。

次青的事，弟弟规劝我的话说得十分正确，是我的过失！郑魁士的名望极高，去年袁、翁两处以及京城台谏都多次上疏保举郑魁士为名将，认为应与李次青一同被举荐，再者郑罪重而李情轻，以及皇上锐意招之这些话，认为比上一次的奏折的分量要轻一些，等到拜读完奏折之后，觉得通篇文字确实令次青十分难堪。如今弟弟将此事指出来，我更加觉得有愧于次青，深感无地自容！我生平极少辜负朋友，但是辜负次青的实在太多了。两位弟弟请替我想想办法，只要能够挽回，我必定勇于改过。

同治元年六月初二日

申夫仁弟大人左右：接十一日未刻惠書，知初九日在獅子開館，亮隊初十日在盛公山展旗攻卡，城中皆開礮應之。袁橋一卡既為我有，已派人紮住否？席營初六日自東流赴池，計初十、十一必可趕到。席軍寅到接防，喻軍即發

嘱李榕、喻吉三解青阳围札（之一）

有德者畏疑谤之无因，而抑然自修，则谤亦日息

［原文］

沅弟左右：

此次洋枪合用，前次解去之百支，果合用否？如有不合之处，一一指出。盖前次亦花大价钱买来，若过于吃亏，不能不一一与之申说也。吾因近日办事名望，关系不浅，以鄂中疑季之言相告，弟则谓我不应述及外间指摘。吾家昆弟过恶，吾有所闻，自当一一告弟，明责婉劝，有则改之，无则加勉，岂可秘而不宣？鄂之于季，自系有意与之为难。名望所在，是非于是乎出，赏罚于是乎分，即饷之有无，亦于是乎判。

去冬金眉生被数人参劾后，至抄没其家，妻孥中夜露立，岂果有万分罪恶哉？亦因名望所在，赏罚随之也。众口悠悠，初不知其所自起，亦不知其所由止。有才者忿疑谤之无因，而悍然不顾，则谤且日腾。有德者畏疑谤之无因，而抑然自修，则谤亦日息。吾愿弟等之抑然，不愿弟等之悍然。愿弟等敬听吾言，手足式好①，同御外侮。不愿弟等各逞己见，于门内计较雌雄，反忘外患。

至阿兄忝窃高位，又窃虚名，时时有颠坠之虞。吾通阅古今人物，似此名位权势，能保全善终者极少。深恐吾全盛之时，不克庇荫弟等，吾颠坠之际，或致连累弟等。唯于无事时，常以危词苦语，互相劝诫，庶几免于大戾耳。

同治元年六月二十日

［注释］

①式好：指兄弟骨肉和好。《诗·小雅·斯干》：“兄及弟矣，式相好矣。”

［译文］

沅弟左右：

这一次的洋枪十分合用，上次送去的一百支洋枪是否合用？如果不合用，要逐

一说出来。因为上次的洋枪也是花高价买的，如果吃了大亏，一定会向对方申诉，讨个说法。我由于最近办事名望很高，关系重大，把湖北方面有关怀疑季弟的说法告诉给你，你却认为我不应该谈及外面的指责。外面都在议论我家兄弟的过失，我听了自然详实地告诉给弟弟，明确地责备，委婉地劝告，有则改之，无则加勉，为什么要秘而不宣呢？湖北方面自然有故意为难季弟的意思。名望高了，是非也相继而来，赏罚也相应而来，就连军饷的有无也成为赏罚的理由。

去年冬天金眉生被几个人弹劾之后，落得了没收家产、妻子和儿子深夜露宿街头的结果，难道说真的犯有不可饶恕的罪过吗？也是因为名望过大，赏罚也紧随而至。众口悠悠，不知道是从哪里开始的，也不知道会在哪里结束。有才能的人愤恨这种毫无依据的毁谤，全然不顾，毁谤就会日益严重。有贤德的人，害怕这种毫无依据的毁谤，而埋头继续修养品德，毁谤也就逐渐平息。我希望弟弟们能够压抑自己，不要毫不畏惧，我行我素。弟弟们要认真听从我的意见，兄弟们相亲相爱，共同抵御外患。不希望弟弟们各执己见，在家门之内一争高低，反而将外患忘在脑后。

至于我忝居高位，窃取虚名，时刻都面临身败名裂的危险。纵观古今人物，如我一样拥有权势的人，极少有能够善终的。我担忧在我全盛之时，不能庇护弟弟们，而等到我失势后，却会连累到你们。唯有在平安无事的时候，经常苦口婆心地互相劝诫，或许还可以免于大难吧！

同治元年六月二十日

治心以广大二字为药，治身以不药二字为药

［原文］

沅、季弟左右：

季弟病似疟疾，近已痊愈否？吾不以季病之易发为虑，而以季好轻下药为虑。吾在外日久，阅事日多，每劝人以不服药为上策。吴彤云近病极重，水米不进已十四日矣。十六夜四更已将后事料理，手函托我。余一概应允，而始终劝其不服药。自初十日起，至今不服药十一天，昨日竟大有转机，疟疾减去十之四，呃逆各症减去十之七八，大约保无他变。希庵五月之季[①]病势极重，余缄告之云，治心以广大二字为药，治身以不药二字为药，并言作梅医道不可恃。希乃断药月余，近日病已痊愈，咳嗽亦止。是二人者，皆不服药之明效大验。季弟信药太过，自信亦太深，故余所虑不在于病，而在于服药，兹谆谆以不服药为戒，望季曲从之，沅力劝之，至要至嘱。

季弟信中所商六条，皆可允行。回家之期，不如待金陵克后乃去，庶几一劳永逸。如营中难耐久劳，或来安庆闲散十日八日，待火轮船之便，复还金陵本营，亦无不可。若能耐劳耐烦，则在营久熬更好，与弟之名曰贞、字曰恒者，尤相符合。其余各条皆办得到，弟可放心。

上海四万尚未到，到时当全解沅处。东征局于七月三万之外，又有专解金陵五万，到时亦当全解沅处。东局保案，自可照准，弟保案亦日内赶办。雪琴今日来省，筱泉亦到。

同治元年七月二十日

［注释］

①五月之季：指五月末。

［译文］

沅、季弟左右：

季弟的病症极像疟疾，近来是否已经痊愈了？我反倒不担心季弟容易患病，只是担心季弟喜欢轻率用药。我在外面的时间长了，阅历也丰富了，每次都以不吃药为好劝说别人。吴彤云近来病情变得严重，已经连续十四天不进水米了。十六日晚上四更，他就已经将后事准备好了，写亲信托付给我。我全都答应了，却始终劝说他不要吃药。从初十日起到今天已经有十一天没有吃药了，昨天竟然大有转机，疟疾已经好了十分之四，呃逆等症好了十分之七八，大约已经没有性命之忧了。希庵五月末病得十分严重，我写信告诉他，治心应以“广大”二字为良药，治身以“不药”二字为良药，并指出不能依赖作梅的医术。希庵因此停药一个多月，近日病情已经痊愈了，也不咳嗽了。这两个人，都是不吃药而将病治好的例证。季弟过分相信药物，过分自信，所以我不为你生病担忧，反而担忧你滥用药物。我如今再三叮嘱你不要吃药，希望季弟按照我的话去做，沅弟也要努力规劝，至要至嘱！

季弟在信中提出的六条，我全都准许。回家的日期，不如定在收复金陵之后，或许可以一劳永逸。如果经受不住长期在军营中的劳累，可以来安庆歇息十天八天，等轮船方便时再返回金陵本营，也是可行的。如果经受得住劳苦和烦闷，那么坚持住在军营更好，与弟弟的名“贞”、字“恒”的意义恰好一致。其余各条都可以办到，弟弟大可放心。

上海四万两军饷还没有收到，一旦收到就送到沅弟那里。东征局于七月送来三万两，又特地送了五万两到金陵，到时也全部送到沅弟那里。东局的保案自然可以批准，弟弟的保案也会在近日内办好。雪琴今日来到省城，筱泉也到了。

同治元年七月二十日

唯早起、务农、疏医、远巫四者，尤为切要

［原文］

沅、季弟左右：

久不接来信，不知季病痊愈否？各营平安否？东征局专解沅饷五万，上海许解四万，至今尚未到皖。阅新闻纸，其中一条言：何根云六月初七正法，读之悚惧①惆怅。

余去岁腊尾，买鹿茸一架，银百九十两，嫌其太贵。今年身体较好，未服补药，亦未吃丸药。兹将此茸送至金陵，沅弟配制后，与季弟分食之。中秋凉后，或可渐服。但偶有伤风微恙，则不宜服。

余阅历已久，觉有病时，断不可吃药，无病时，可偶服补剂调理，亦不可多。吴彤云大病二十日，竟以不药而愈。邓寅皆终身多病，未尝服药一次。季弟病时好服药，且好易方。沅弟服补剂，失之太多。故余切戒之，望弟牢记之。弟营起极早，饭后始天明，甚为喜慰！吾辈仰法家训，唯早起、务农、疏医、远巫四者，尤为切要！

同治元年七月二十五日

［注释］

①悚惧：恐惧。

［译文］

沅、季弟左右：

很久没有接到来信了，不知季弟的病是否痊愈了？各营是否平安吗？东征局派专人送来五万两银子作为沅弟的军饷，上海答应送来四万两，却至今没有抵达安徽。报纸上有一条新闻：何根云于六月初七被正法，看了之后令人惊悚恐惧。

我在去年十二月末，花了一百九十两银子买了一架鹿茸，觉得太贵了。今年身体安好，没有服用补药，也没有服用丸药。现把这架鹿茸送往金陵，沅弟将其配制好后，与季弟一同服用吧。中秋过后天气转凉，或许可以慢慢服用。倘若只是偶尔伤风感冒，则不宜服用。

我所经历过的事情很多，认为有病时决不能吃药，没有病时可以偶尔服用一些补药调理身体，但也不能多吃。吴彤云大病二十天，竟然不药而愈。邓寅皆一生多病，却从来没有吃过一次药。季弟一生病就喜欢吃药，并且喜欢更换方子。沅弟服

用了过多的补药。所以我告诫你们，希望弟弟们谨记。弟弟在军营时很早就起床了，吃过早饭天才刚亮，我十分高兴。我们兄弟恪守家训，其中以“早起”、“务农”、“疏医”、“远巫”这四点尤为重要。

同治元年七月二十五日

盛时常作衰时想，上场当念下场时

［原文］

澄弟左右：

沅、霆两军病疫，迄未稍愈。宁国各属军民死亡相继，道殣(jìn)相望。河中积尸生虫，往往缘船而上，河水及井水皆可不食。其有力者，用舟载水于数百里之外。臭秽之气中人，十病八九。诚宇宙之大劫，军行之奇苦也。

洪容海投诚①后，其党黄、朱等目复叛，广德州既得复失。金柱关常有贼窥伺，近闻增至三四万人，深可危虑。余心所悬念者，惟此二处。

余体气平安，唯不能多说话，稍多则气竭神乏。公事积搁，恐不免于贻误。弟体亦不甚旺，总宜好好静养。莫买田产，莫管公事，吾所嘱者，二语而已。盛时常作衰时想，上场当念下场时。富贵人家，不可不牢记此二语也。

同治元年闰八月初四日

［注释］

①投诚：归顺，依附。

［译文］

澄弟左右：

沅、霆两支军队里发生瘟疫，如今疫情仍然在蔓延。宁国各地的军民不断死亡，路上到处可见尸体。河里的尸首长了蛆，经常有蛆爬到船上，河水和井水也都无法饮用了。有能力的人，从几百里远的地方用船运来水饮用。到处弥漫着又臭又脏的秽味，令人掩鼻，十人之中有八九个都生了病。实在是天地间的大劫难，军旅生涯中的奇苦啊！

洪容海归顺之后，他的党羽黄、朱等却又叛变了，广德州得而复失。金柱关经

常受到敌人的窥伺，听说近来敌军的数量多达三四万人，实在令人担忧。我心中一直忧虑的，就是这两个地方。

我身体安康，只是不能过多说话，稍微一多说，就会气短乏力。已经积压了很多公事，担心难免有些贻误。弟弟的身体也不安好，应该好好静养。不要买田地，不要管公事，我要叮嘱你的就只有这两句话了。兴盛时往往应该时常想到衰落，上场时往往应该时常想到下场。富贵人家，应该牢记这两句话。

同治元年闰八月初四日

与官相见，总以谦谨二字为主

[原文]

澄弟左右：

沅弟金陵一军，危险异常。伪忠王率悍贼十余万，昼夜猛扑，洋枪极多，又有西洋之落地开花炮。幸沅弟小心坚守，应可保全无虞。

鲍春霆至芜湖养病，宋国永代统宁国一军，分六营出剿，小挫一次。春霆力疾回营，凯章全军亦赶至宁国守城，虽病者极多，而鲍、张合力，此路或可保全。又闻贼于东坝抬船至宁郡诸湖之内，将图冲出大江，不知杨彭能知之否？若水师安稳，则全局不至决裂耳。

来信言余于沅弟，既爱其才，宜略其小节，甚是甚是。沅弟之才，不特吾族所少，即当世亦不多见。然为兄者，总宜奖其所长，而兼规其短。若明知其错，而一概不说，则非特沅一人之错，而一家之错也。

吾家于本县父母官，不必力赞其贤，不可力诋其非。与之相处，宜在若远若近，不亲不疏之间。渠有庆吊[①]，吾家必到。渠有公事，须绅士助力者，吾家不出头，亦不躲避。渠于前后任之交代，上司衙门之请托，则吾家丝毫不可与闻。弟既如此，并告子侄辈常常如此。子侄若与官相见，总以谦谨二字为主。

同治元年九月初四日

[注释]

①庆吊：指庆贺或吊慰之事。

［译文］

澄弟左右：

沅弟在金陵的军队可谓危机四伏。伪忠王带领十余万人夜以继日地猛扑，洋枪极多，又有西洋的落地开花炮。多亏沅弟谨慎坚守，应该可以保全，没有忧患了。

鲍春霆前往芜湖养病，宋国永代替他统率宁国一军，分成六个营攻打敌军，结果战败。春霆顾不上病体，立刻赶回营中，凯章全军也赶赴宁国进行守卫，虽然很多士兵都患病了，但鲍、张两军联合作战，或许这一路可以保全。又听闻敌人在东坝抬船到宁郡的诸湖之内，打算冲出大江，不知杨彭可否打听到确实的消息？如果水军得以保全，才不至于使全局受到决裂。

你在来信中对我说，对于沅弟，既然爱惜他的才华，就不要再计较他的小节，这话十分有道理！沅弟的才华不仅在我们家族之中是罕见的，即便是在当今世上也是不多见的。但是，作兄长的，总是应该奖励他的优点，劝勉他的缺点。如果明知他犯了错，却闭口不言，那就不是沅弟一个人的过错了，而是我们一个家族的过错了。

我家对于本县父母官，没有必要竭力称赞他们的贤良，却也不可斥责他们的不是。与他们相处，应该若远若近不亲不疏。他有喜事或丧事，我家一定要去。他有公事，必须要求绅士相助的，我家既不要出头，也不要躲避。他们前任后任的变替，上司衙门的请求委托，我家也没有必要参与。不仅要求弟弟这样做，还要告诉子侄们都这样做。子侄们如果与官员相见，一定以“谦谨”二字为主。

同治元年九月初四日

望弟于俭字加一番工夫

［原文］

澄弟左右：

围山觜桥稍嫌用钱太多，南塘竟希公祠宇，亦尽可不起。沅弟有功于国，有功于家，千好万好，但规模太大，手笔大廓[1]，将来难乎为继。吾与弟当随时斟酌，设法裁减。此时竟希公祠宇，业将告竣，成事不说。其星冈公祠及温甫、事恒两弟之祠，皆可不修，且待过十年之后再看，至嘱至嘱！

余往年撰联赠弟，有“俭以养廉，直而能忍”二语。弟之直，人人知之，其能忍，则为阿兄所独知。弟之廉，人人料之，其不俭，则阿兄所不及料也。以后望弟于俭字加一番工夫，用一番苦心，不特家常用度宜俭，即修造公费，周济人情，亦有一俭字意思。总之爱惜物

趙青雁今明日或已自池開行，望
閣下與喻鎮力戰解此圍，或亟賞數千
金，解圍之後每勇賞銀一兩，即在大通
釐卡撥發，亦救急破格事也。請與喻
鎮商酌行之。順問
台安。國藩頓首
八月十二日

七十三

嘱李榕、喻吉三解青阳围札（之二）

力，不失寒士之家风而已，吾弟以为然否？

同治元年十一月十四日

［注释］

①廓：原指空阔、广大，此处指花钱大手大脚。

［译文］

澄弟左右：

围山嘴桥的花费稍微多了一些，南塘竟希公祠宇也可以不修建。沅弟对国家有功，对家族有功，不可尽述，但是修建规模过大，花钱时也大手大脚，将来恐怕难以为继。我与弟弟应该随时商量，想办法节减费用。眼下竟希公祠宇马上就要完工了，就不必再说了。星冈公祠和温甫、事恒两位弟弟的祠堂，也都没有必要修建了，等十年之后再做决定，至嘱至嘱！

我过去曾撰写对联送给老弟，有“俭以养廉，直而能忍”这两句话。弟弟为人耿直，这是人所共知的，你的忍耐，这一点只有为兄一个人知道。弟弟的廉洁，每个人都可以预料得到，但弟弟的浪费，却是我没有预料到的。希望弟弟以后在“俭”字上下一番工夫，花费一番苦心，不但日常生活要俭省，就是建设费用、周济应酬也要俭省。总之应该爱惜物力，不要丢弃寒士的家风而已，弟认为怎么样？

同治元年十一月十四日

将权位二字推让少许，减去几成，则晚节渐渐可以收场

［原文］

沅弟左右：

疏辞两席一节，弟所说甚有道理。然处大位大权而兼享大名，自古曾有几人能善其末路者[①]？总须设法将权位二字推让少许，减去几成，则晚节渐渐可以收场耳。今因弟之所陈，不复专疏奏请，遇便仍附片申请，但能于两席中辞退一席，亦是一妙。

李世忠处，余拟予以一函。一则四坝卡请归余派员经收，其银钱仍归渠用；一则渠派人在西坝封捆淮北之盐，几与抢夺无异，请其迅速停止，看渠如何回复？

本日接两次家信，交来人带寄弟阅。鼎三侄善读书，大慰大慰！其眉宇本轩昂出群，又温弟郁抑过甚，必有稍伸之一日也。弟军士气

甚旺，可喜！然军中消息甚微，见以为旺，即寓骄机。老子云：“两军相对哀者胜矣。”其义最宜体验。

同治二年正月初七日

［注释］

①能善其末路者：能有一个好的结局。

［译文］

沅弟左右：

向皇帝上疏辞去两席的职位，弟弟所说的十分正确。只是拥有大权，身处高位，同时声名显赫的人物，从古至今能有几人得到了好归宿呢？因此应该想办法将“权位”二字推让些许，减少几分，那么后期才会有一个好的收场。如今因为弟弟已经上奏，我便不再专门上疏奏请了，方便时再附上一个折片申请，只要能够在两席中辞去其中一席，也是一件好事。

李世忠那里，我决定写封信去。一是收回四坝卡，我会派专人前去管理，收到的银两依旧归他使用；一是他派人在西坝封捆淮北的盐，几乎与抢夺没有区别，请他立刻停止，看他如何回复？

今日收到两次家信，交给来人转寄给你。鼎三侄子的书读得好，甚感欣慰！他眉宇轩昂，姿容出众，而温弟又过分郁抑了，他定然会有出头的一天。弟弟的军队士气正旺，是一件喜庆的事！但军中消息很少，士气看上去旺盛，就容易滋生骄气。老子说：“两军对抗，哀者胜。”要认真体会这句话的意思。

同治二年正月初七日

吾兄弟报国之道，
总求实浮于名，劳浮于赏，才浮于事

［原文］

沅弟左右：

陈栋之勇，除已至金陵三营外，尚有九营。吾昨令营务点名，共四千六百余人，闻精壮者不甚多，可汰者占三分之一。余拨二营与鲍春霆，拨一营与朱云岩，余六营归弟处。若果认去三分之一，则可挑存四营，其余或令全坐原船遣归，或酌留数百，作为余勇，听弟裁度。

昨奉年终颁赏福字、荷包、食物之类，闻弟有一分，春霆亦有一

分，此系特恩。吾兄弟报国之道，总求实浮[1]于名，劳浮于赏，才浮于事，从此三句切切实实做去，或者免于大戾。

同治二年正月十三日

［注释］

①浮：超过。

［译文］

沅弟左右：

陈栋的士兵，除已经奔赴金陵三营之外，还有九个营。我昨天下令营务处点名，共计四千六百多人，听闻精壮之人并不多，可以淘汰的人大约占三分之一。我已经下令将二营的将士调拨给鲍春霆，将一营的将士调拨给朱云岩，把剩下的六个营调到弟弟那里。如果真要淘汰掉三分之一，那么可以挑选的就只有四个营了，剩下的人或者让他们乘坐原来的船回家，或者酌情留下几百作为剩下的力量，听任弟弟的差遣。

昨天接到圣旨，得到年底福字、荷包、食物等，听说弟弟也得到一份，春霆也得到一份，这是特殊的恩典。我们兄弟报效国家，应该追求实际的功业多过虚浮的名声，勤劳效命多过获得的奖赏，才能超过所办的事情，从这三个方面入手，踏踏实实去做，或许可以免除大祸。

同治二年正月十三日

余最好昔人“花未全开月未圆”

［原文］

沅弟左右：

二日未寄信与弟，十七夜接弟初九日信，知弟左臂疼痛不能伸缩，实深悬系。兹专人送膏药三个与弟，即余去年贴右手背而立愈者，可试贴之，有益无损也。

拂意之事接于耳目，不知果指何事？若与阿兄间有不合，则尽可不必拂郁。弟有大功于家，有大功于国，余岂有不感激不爱护之理？余待希、厚、雪、霆诸君，颇自觉仁让兼至，岂有待弟反薄之理？唯有时与弟意趣不合，弟之志事颇近春夏发舒之气，余之志事颇近秋冬收啬之气。弟意以发舒而生机乃旺，余意以收啬而生机乃厚。平日最好昔人“花未全开月未圆”七字，以为惜福之道、保泰之法，莫精于

此。曾屡次以此七字教诫春霆，不知与弟道及否？星冈公昔年待人，无论贵贱老少，纯是一团和气，独对子孙诸侄则严肃异常，遇佳时令节尤为凛不可犯，盖亦具一种收啬之气，不使家中欢乐过节，流于放肆也。余于弟营保举、银钱、军械等事，每每稍示节制，亦犹本“花未全开月未圆”之义。至危迫之际，则救焚拯溺，不复稍有所吝矣。弟意有不满处，皆在此等关头，故将余之襟怀揭出，俾弟释其疑而豁其郁[①]。此关一破，则余兄弟丝毫皆合矣。

再，余此次应得一品荫生，已于去年八月咨部，以纪瑞侄承荫。因恐弟辞让，故当时仅告澄而未告弟也。将来瑞侄满二十岁时，纪泽已三十矣，同去考荫，同当部曹[②]，若能考取御史，亦不失世家气象。以弟于祖父兄弟宗族之间竭力竭诚，将来后辈必有可观。目下小恙，断不为害，但今年切不宜亲自督队耳。

同治二年正月十八日

[注释]

①释其疑而豁其郁：指尽释疑团，使忧郁的心情豁然开朗。

②部曹：明清时各部司官的称谓。

[译文]

沅弟左右：

连续两天没有给弟弟写信了，十七日晚上接到弟弟初九日的来信，知悉你的手臂疼得不能伸缩，万分牵挂。眼下派专人送去三贴膏药，就是去年我右手臂疼时贴上后就药到病除的那种，可以尝试一下，有益无害。

你说常常听到或看到不满意的事情，不知指的是什么？如果是与兄长有意见不合之处，就没有郁抑的必要了。弟弟对家族建有大功，对国家建有大功，我哪里有不感激、不爱护的道理？我对待希、厚、雪、霆等几位尚且能够做到仁慈、谦让，哪里有反而亏待弟弟的道理？只是有时我的意见、兴趣与弟弟的不合，弟弟的志趣，如同春夏万物的初生之气，而我的志趣，却如同秋冬的收获之气。弟弟认为只有万物生长发育，才能够生机勃勃，我认为只有凡事收敛，生机才厚实。我平日里最喜欢前人所说的“花未全开月未圆”这七个字，认为惜福之道、保泰之法没有比这句话更加恰当的了。我曾经用这七个字来教导春霆，不知他有没有同你说过？过去星冈公与人相处，不论贵贱老少，都一团和气，只是对待子孙侄辈时却尤为严肃，逢年过节，更是不容侵犯尊严，也正因为具备这种收敛之气，家中的欢娱才不至于毫无节制到放肆的程度。我对于弟弟营中保举银钱军械等事务，经常提醒应该稍微节制一些，这与“花未全开月未圆”的道理是一致的。到了最危险的时刻，能够救人于水深火热之中，就不再有什么值得吝啬了。弟弟如果有不满意之处，都出在这些问题上，所以我敞开心扉，使弟弟的疑问得以消除而豁然开朗。这个问题一旦说破，那么我们兄弟之间就没有不合的地方了。

再者，我此次应该可以获得一品荫生，已经在去年八月启奏吏部，让纪瑞侄儿得享庇荫。因为唯恐弟弟辞让，所以当时只告诉给澄侯，并没有告诉给你。将来纪瑞侄儿到二十岁时，纪泽已经三十岁了，可以一同前去凭荫庇考举，也可以同在部曹为官，如果能考取御史，也不失世家气象。弟弟对祖父、兄弟、家族尽心竭力，将来后辈们必然会有大好的前程。如今的这点小病，绝对不会造成祸害，但你今年不再合适亲自督视队伍了。

同治二年正月十八日

弟有功于家庭根本之地，为同气之冠，各族所罕

［原文］

沅弟左右：

臂疼尚未大愈，至为悬念。然治之之法，只宜贴膏药，不宜服水药。余日内当赴金陵看视，正月当成行也。

尝奉寄谕，知少荃为季弟请二品恤典传，予谥建祠，一一允准，但未接阅谕旨耳。陈栋之勇既好，甚慰甚慰！纪梁宜荫一节，予亦思之再四，以其目未痊愈，读书作字，均难加功。弟且有功于家庭根本之地，不特为同气[1]之冠，亦为各族所罕，质诸祖父在天之灵，亦应如此。

九伏洲北渡之贼，果有若干？吾意尚以南岸为重，刘南云、王峰臣两军，弟幸勿速调北渡。盖北岸守定安、合、无、庐、舒五城，此外均可挽救。南岸若失宁国，则不可救矣。

同治二年正月二十七日

［注释］

①同气：本指有血缘关系的亲属，此处指同胞兄弟。

［译文］

沅弟左右：

得知你的手臂尚未痊愈，十分挂念。但是医治的方法，只适合贴膏药，不适合

再頌江西信豐吉於十三日戌刻遽
逝不勝駭愕慟悼世兄久每見仁
厚正大者即苦無才識氣力豐吉
似兼二者而有之深喜得人相助而
又喜[illegible]眉生與
閣下氣類之不孤不意斯人乃止於

悼江西吉安知府范泰亨札（之一）

吃汤药。我近日即将前往金陵视察，正月就会启程。

收到寄来的谕旨，得知少荃替季弟请求了二品恤典，为他写传记，请赐谥号，并修建祠庙，都获得了皇上的批准，只是还没有接到圣旨。陈栋的兵勇既然很好，令我十分欣慰。纪梁应该荫护一事，我也考虑了很久，因为他的眼睛还没有完全康复，难以在读书写字上用功。弟弟对家族立下的功劳，不仅在同辈人之中居于首位，即使是在各个家族中，也是罕见的，哪怕去问祖父的在天之灵，也应该这样。

到底有多少敌军从九伏洲北渡了？我的意思仍然是以南岸为重，弟弟最好不要立刻把刘南云、王峰臣两军调到北岸。北岸只要守住安、合、无、庐、舒五座城池，其他的城池都可以挽救。南岸的宁国如果失守，那就不可挽救了。

同治二年正月二十七日

先有豁达光明之识，而后有恬淡冲融之趣

[原文]

沅弟左右：

弟读邵子[1]诗，领得恬淡冲融之趣，此自是襟怀长进处。自古圣贤豪杰、文人才士，其志事不同，而其豁达光明之胸襟大略相同。以诗言之，必先有豁达光明之识，而后有恬淡冲融之趣。如李白、韩退之、杜牧之则豁达处多；陶渊明、孟浩然、白香山则冲淡处多。杜、苏二公无美不备，而杜之五律最冲淡，苏之七古最豁达。邵尧夫虽非诗之正宗，而豁达、冲淡二者兼全。吾好读《庄子》，以其豁达足益人胸襟也。去年所讲“生而美者，若知之，若不知之，若闻之，若不闻之”一段，最为豁达。推之即舜禹之有天下而不与，亦同此襟怀也。

吾辈现办军务，系处功利场中，宜刻刻勤劳，如农之力穑（sè）[2]，如贾之趋利，如篙工之上滩，早做夜思，以求有济。而治事之外，此中却须有一段豁达冲融气象，二者并进，则勤劳而以恬淡出之，最有意味。余所以令刻“劳谦君子”印章与弟者，此也。

少荃已克复太仓州，若再克昆山，则苏州可图矣。吾但能保沿江最要之城隘，则大局必日振也。

同治二年三月二十四日

［注释］

①邵子：宋代哲学家邵雍。

②穑：收割谷物，通常泛指耕作。

［译文］

沅弟左右：

弟弟读邵子的诗，领悟到恬淡、冲合的趣味，这自然会令心胸宽广。自古以来，圣贤豪杰、文人才俊，他们的志趣虽然有所不同，但是其宽广豁达、光明磊落的胸怀却大致是一样的。以诗来说，一定要先具备豁达光明的见识，然后才能产生恬淡、冲和的趣味。李白、韩愈、杜牧的诗就有很多豁达之处；陶渊明、孟浩然、白居易的诗就有很多冲淡之处。杜、苏二公的诗各方面都十分完美，而杜的五言律诗尤为冲淡，苏的七言古诗则最为豁达。尽管邵尧夫算不上是正宗的诗人，但他的诗兼具了豁达和冲淡这两点。我喜欢读《庄子》，其中的豁达足以令人心胸宽阔。去年我所说的“生而美好的事物，好像知道，也好像不知道，好像听说过，也好像没有听说过”那一段，最为豁达。推及舜和禹虽然拥有天下，却不贪恋天子之位，也是具备了这样的胸怀。

我们如今处理军务，身处于功利场之中，理应时刻勤劳，像农夫一样努力耕种，像商贾一样追求盈利，像船工一样努力把船停靠在岸边，早起劳作，夜晚思考，以求得一个好结果。但是除了工作之外，还需要具备一种豁达、冲和的气象，两者齐头并进，在勤劳之中流露出恬淡之意，这才最具有意义。我之所以令人刻了一颗“劳谦君子”的印章送给弟弟，就是出于这种想法。

少荃已经收复太仓州，如果再攻破昆山，那么收复苏州就有望了。我们只要能够保住沿江最重要的城市和关隘，大局肯定会逐渐好转。

同治二年三月二十四日

弟文笔以后从简当二字上着力

［原文］

沅弟左右：

弟之谢恩折，尚可由安庆代作代写代递，初膺开府重任，心中如有欲说之话，思自献于君父之前者，尽可随时陈奏。奏议①是人臣最要之事，弟须加一番工夫。弟文笔不患不详明，但患不简洁，以后从简当二字上着力。

同治二年四月初一日

[注释]

①奏议：文体名。臣子向君王上奏的各类文字的统称，主要有表、奏、疏、议、上书、封事等。

[译文]

沅弟左右：

弟弟谢恩的折子还是可以由安庆代写。首次担当开府的重任，心中如果有想要说的话，想要对皇上表达的，可以随时陈奏。奏议是作为臣子的首要任务，弟弟必须要下一番苦功。弟弟不要担心文笔不够详细、明白，只担心不够简洁，以后应该在“简约、得当”上下工夫。

同治二年四月初一日

不必再行辞谢

[原文]

沅弟左右：

辞谢一事，本可浑浑言之[1]，不指明武职、京职，但未收回成命，已请筱泉、子密代弟与余各拟一稿矣。昨接弟咨，已换署新衔，则不必再行辞谢。吾辈所最宜畏惧敬慎者，第一则以方寸为严师，其次则左右近习之人，如巡捕、戈什、幕府文案，及部下营哨官之属，又其次乃畏清议[2]。今业已换称新衔，一切公文体制，为之一变，而又具疏辞官，已知其不出于至诚矣。

弟应奏之事，暂不必忙。左季帅奉专衔奏事之旨，厥后三个月始行拜疏。雪琴得巡抚及侍郎后，除疏辞复奏二次后，至今未另奏事。弟非有要紧事件，不必专衔另奏，寻常报仗，仍由余办可也。

同治二年四月十六日

[注释]

①浑浑言之：含糊地说一下。

②清议：指对时政的议论，亦指社会舆论。

[译文]

沅弟左右：

辞谢这件事本应该模糊地说明一下，不应该指明武职、京职，但是还没有收回

成命，我已经让筱泉、子密代弟弟和我各拟了一个折子。昨天收到弟弟的公文，已经署上了新官衔，那就没有必要再去辞谢了。像我们这样的人最应该畏惧、敬慎的，一是以规矩为严师，其次是身边熟悉的人，例如巡捕、戈什、幕府文案以及部下营哨官这一类人，再就是畏惧社会舆论。如今既然已经更换了新的官衔，所有公文体制都应全部随之改变，至于再写奏疏辞官，这会令人怀疑不是出于诚心。

弟弟应该奏请的事暂且不要着急。左季帅奉专衔奏事的旨意，在三个月后才开始执行。雪琴担任巡抚及侍郎之后，除了疏辞以及再次奏请两次后，至今仍然没有另外奏事。弟弟除非自己有紧急的事情，否则不必专门奏请，平常的报告依旧由我办理即可。

同治二年四月十六日

至于担当大事、修身齐家全在明强二字

[原文]

沅弟左右：

来信“乱世功名之际尤为难处”十字，实获我心。本日余有一片，亦请将钦篆、督篆，二者分出一席，另简大员。吾兄弟常存此兢兢业业之心，将来遇有机缘，即便抽身引退，庶几善始善终，免蹈大戾乎？

至于担当大事，全在明强二字。《中庸》学、问、思、辨、行五者，其要归于愚必明，柔必强。弟向来倔强之气，却不可因位高而顿改。凡事非气不举①，非刚不济，即修身齐家，亦须以明强为本。

巢县既克，和、含必可得手，以后进攻二浦，望弟主持一切，函告鲍、萧、彭、刘四公。余相隔太远，不遥制也。

同治二年四月二十七日

[注释]

①不举：不能攻克、取胜。举，这里指攻克、办成。

[译文]

沅弟左右：

你在来信中说的“乱世功名之际尤为难处”这十个字，非常合我的心意。今天我也有一份奏折，也是奏请在钦差大臣和督抚的职位中辞去其中之一，另外挑选官员担任。我们兄弟经常保持兢兢业业的作风，将来时机成熟，就抽身引退，做到善

始善终，以免遭受大的灾祸！

至于担当大事，完全体现在“明强”二字之中。《中庸》所说的“学、问、思、辨、行”五个方面，应该归结为“让愚蠢的人变聪明，让柔弱的人便坚强”。弟弟一向倔强，不可以因为地位高了就立刻改变。凡事没有志气不能成功，没有刚强便不会成功，即使是修身齐家，也应该将“明强”二字作为根本。

既然已经攻克了巢县，和、含也必定可以收复，然后进攻二浦，希望弟弟主持大局，写信给鲍、萧、彭、刘四位将军。你我相距遥远，不方便在遥远的地方指挥你。

同治二年四月二十七日

妯娌及子侄辈，和睦异常，爱敬兼至，此足卜家道之兴

［原文］

沅弟左右：

苦攻无益，又以皖北空虚之故，心急如焚。我弟忧劳如此，何可再因上游之事，添出一番焦灼。上游之事，千妥万妥。两岸之事，皆易收拾。弟积劳太久，用心太苦，不可再虑及他事。

弟以博文约礼奖泽儿，语太重大。然此儿纯是弟奖借而日进。记咸丰六年冬，胡帅寄余信，极赞三庵一琴之观。时温弟在座，告余曰：“沅弟实胜迪、希、厚、雪。”余比尚不深信，近见弟之围攻百数十里，而毫无罅(xià)隙[1]，欠饷数百万而毫无怨言，乃信温弟之誉有所试。然则弟之誉泽儿者，或亦有所试乎？

余于家庭，有一欣慰之端，闻妯娌及子侄辈，和睦异常，有姜被同眠之风，爱敬兼至，此足卜家道之兴。然亦全赖老弟分家时，布置妥善，乃克臻(zhēn)[2]此。余俟江西案办妥，乃赴金陵，弟千万莫过忧灼，至嘱至嘱！

同治二年六月初一日

［注释］

①罅隙：空隙；缺点、劣迹。

②克臻：能达到。

［译文］

沅弟左右：

苦攻没有什么好处，再者由于安徽北部空虚的缘故，心中十分焦急。弟弟这样忧虑担忧受累，怎么可以为了上游的事再增添焦虑呢？上游的事，没有什么值得顾虑。两岸的事，处理起来都比较容易。弟弟积劳已久，又用心太苦，不可以再去忧虑其他事情了。

弟弟夸奖泽儿“博文、约礼”，这个评价实在太高、太重了。泽儿纯粹是在你们的勉励下逐渐进步。记得咸丰六年冬季，胡帅给我寄来一封信，非常称赞三庵一琴的贤良。那时温弟在场，告诉我说：“沅弟是远远胜过迪庵、希庵、厚庵和雪琴的。”那时我还不是十分相信，近来得知弟弟围攻一百多里，却没有一丝一毫漏洞，拖欠了几百万军饷，士兵们却毫无怨言，才知道温弟对沅弟的赞誉得到了验证。那么弟弟夸赞泽儿，或许也有验证的时候吧？

我对于家庭感到欣慰的其中一个原因是，妯娌和子侄相处和睦，有汉朝姜肱兄弟友爱同被而眠的风气，都可以做到“爱敬”二字，就可以预测家族运道的兴旺。但这也完全仰仗了老弟在分家时的妥当布置，才能如此圆满啊！我在处理好江西的案子之后，就会前往金陵。弟弟千万不要忧虑过度，一定要谨记嘱咐啊！

同治二年六月初一日

金陵战事，弟自行具奏亦可，然总以不常奏事为妥

［原文］

沅弟左右：

专丁送信，俱悉一切，所应复者，仍条列如左：

一、折稿皆轩爽条畅，尽可去得。余平日好读东坡《上神宗皇帝书》，亦取其轩爽也。弟可常常取阅，多阅数十遍，自然益我神智。譬如饮食，但得一肴适口充肠，正不必求多品也。金陵战事，弟自行具奏亦可，然弟总以不常奏事为妥。凡督抚以多奏新事、不袭故常为露面。吾兄弟正在鼎盛之际，弟于此等处可略退缩一步。

二、鲍军仍须由大胜关进孝陵卫，决不可由下面绕来，待过中秋后，弟信一到，余即咨鲍由南头进兵。

三、弟骤添多营，本与余平日之规模不相符合。然贼势穷蹙(cù)[1]之

际，力求合围，亦是正办，余亦不敢以弟策为非。恽中丞余曾保过，凡大臣密保人员，终身不宜提及一字，否则近于挟长，近于市恩。此后余与湘中函牍，不敢多索协饷，以避挟长市恩之嫌。弟亦不宜求之过厚，以避尽欢竭忠之嫌。

四、江西厘务，下半年当可略旺。然余统兵已近十万，即半饷亦须三十万，思之胆寒。弟处米除每月三千外，本日又解四千石矣。

同治二年七月二十三日

［注释］

①穷蹙：处境困厄。蹙，窘迫。

［译文］

沅弟左右：

已经收到由专人送来的信，得知一切，所要回复的内容，分条陈述在列于下面：

一、折子都写得显豁明快，条理通畅，完全能够上奏。我平时喜欢读苏轼《上神宗皇帝书》，也是认为它显豁明快。弟弟可以经常看看，阅读十多遍，对自己的思路自然会大有助益。如同吃饭，只要有一样菜肴十分合口味，就不再吃其他菜了。金陵的战事，弟弟可以自行奏报给皇上，但弟弟要以不频繁奏报为宜。大凡总督、巡抚以多多奏报新事、不沿袭常规来显示自己。我们兄弟正处于这一鼎盛时期，弟弟在这些方面可以稍微后退一步。

二、鲍军仍然要从大胜关进攻孝陵卫，千万不可从下面绕过来，等中秋节过后，弟弟的信一到，我立刻让鲍军从南面进兵。

三、弟弟突然增设了几个营，与我平常的规模不相符合。然而当敌人处于困境的时候，进行合围也是合理的，我也不敢反驳弟弟的策略不对。我曾经保举过恽中丞，凡是由大臣秘密保举的人，一辈子都不应该提出要求，否则就如同是在挟功，有挟恩望报之嫌。今后我写到湖南的公文，不敢过多索要军饷，以免有贪图报答的嫌疑。弟弟也不应该要求太过，避免他有极力向你讨好尽忠的嫌疑。

四、江西的厘务，下半年应当可以稍微兴旺一些。但是我统率的部队已将近十万，即便发发半饷也要三十万两之多，一想到这里就不寒而栗。弟弟那里的大米除了每月三千石之外，今天又押送了四千石过去。

同治二年七月二十三日

但在积劳二字上着力，成名二字，则不必问及

[原文]

沅弟左右：

初五夜地道轰陷贼城十余丈，被该逆抢堵，我军伤亡三百余人，此盖意中之事。城内多百战之寇，阅历极多，岂有不能抢堵缺口之理？苏州先复，金陵尚遥遥无期，弟切不必焦急。

古来大战争，大事业，人谋仅占十分之三，天意恒居十分之七。往往积劳之人，非即成名之人；成名之人，非即享福之人。此次军务，如克复武汉、九江、安庆，积劳者即是成名之人，在天意已算十分公道，然而不可恃也。吾兄弟但在积劳二字上着力，成名二字，则不必问及，享福二字，则更不必问矣。

厚庵坚请回籍养亲侍疾，只得允准，已于今日代奏。苗逆于二十六夜擒斩，其党悉行投诚，凡寿州、正阳、颍上、下蔡等城，一律收复，长淮指日肃清，真堪庆幸！弟近日身体健旺否？吾所嘱者二端：一曰天怀淡定，莫求速效。二曰谨防援贼，城贼内外猛扑，稳慎[①]御之。

同治二年十一月十二日

[注释]

①稳慎：稳妥、谨慎。

[译文]

沅弟左右：

得知初五夜晚用地道将敌人十余丈城墙炸毁，后来敌人奋力堵塞，我军共计伤亡三百多人，这是意料之中的事情。城里的敌人大部分都身经百战，有丰富的作战经验，哪里有不能将缺口堵上的道理。已经收复苏州了，收复金陵却遥遥无期，但弟弟千万不可操之过急。

自古以来大战争和大事业，其中人的谋划只占十分之三，天意总能占据十分之七。往往积劳已久之人并不是成名之人；成名之人也往往并不是享福之人。就这次军务而言，如果攻克了武汉、九江、安庆，那么积劳之人就是成名之人，就天意而言，已经是十分公道的了。然而却不能够居功。我们兄弟已经在“积劳”二字上用

是現僅眉生親往弔臨渠家又甚
難脫身只好買舟挈眷同行耳先
生之歿於悒餘俟續布再頌
申安仁弟近好　國藩頓首　十二月九
以閣下之胸襟疏闊言之是不出之意不應至
抵忡忡之症豈第勇之後別有牽抑為家人
所不知者耶　平反若望

循環箋　有容堂

悼江西吉安知府范泰亨札（之二）

心，就不能再问及“成名”二字了，更不用去管“享福”二字。

厚庵坚决要求回家赡养双亲，照顾病中的亲人，我只得同意，已经在今日代他上奏朝廷。苗沛霖已于二十六日晚被擒获处死，他的党羽也全部投降，寿州、正阳、颍上、下蔡诸城都已收复，长淮的残敌也将于近日内被肃清，实在值得庆贺！弟弟近来身体安好吗？我要叮嘱的有两点：一是淡泊宁静，不要追求速效；二是谨防敌人援兵以及防止城内的敌人猛扑，要稳妥慎重地进行防御。

同治二年十一月十二日

欲为先人留遗泽，为后人惜余福

[原文]

澄弟左右：

吾不欲多寄银物至家，总恐老辈失之奢，后辈失之骄，未有钱多而子弟不骄者也。吾兄弟欲为先人留遗泽，为后人惜余福，除去勤俭二字，别无做法。弟与沅弟能勤而不能俭，余微俭而不甚俭，子侄看大眼，吃大口①，后来恐难挽，弟须时时留心。

同治三年正月十四日

[注释]

①看大眼，吃大口：比喻眼界高了之后，所需要的享乐也越丰富。

[译文]

澄弟左右：

我不打算多寄银子、物品到家中，是因为担忧老一辈太过奢侈，后辈太过骄纵，通常钱一多，子弟就骄纵了。我们兄弟想替祖先留存一些福泽，替后人珍惜一点祖先遗留的福气，除了“勤俭”二字，没有其他方法了。弟弟和沅弟都能做到勤勉，却做不到节俭，我些许节俭一点，也不是十分节俭，子侄们眼界高了，花销就大了，唯恐以后难以挽救，弟弟应该时刻留心啊！

同治三年正月十四日

家中诸侄，需勤奋、俭约

[原文]

澄弟左右：

沅弟营中久无战事，金陵之贼，亦无粮，尽确耗。杭州之贼目

陈炳文，闻有投诚之信，克复当在目前。天气阴雨作寒，景象亦不甚佳。吾在兵间日久，实愿早灭此寇，俾斯民[1]稍留孓(jué)遗[2]。而睹此消息，竟未知何日息兵也？

纪泽兄弟及王甥罗婿读书，均属有恒。家中诸侄，近日勤奋否？弟之勤，为诸兄弟之最。俭字工夫，日来稍有长进否？诸侄不知俭约者，常常训责之否？

同治三年三月初四日

［注释］

①斯民：指老百姓。

②孓遗：本文指经过战争之后残存下来的人。

［译文］

澄弟左右：

沅弟营中无战事已经持续很长一段时间了，金陵城中的敌人是否已经没有米粮了，也得不到确实的消息。杭州敌军的头领陈炳文，听闻有投降的信件，应该在不久之后就可以收复。天气阴雨绵绵，春寒料峭，景象也不算很好。我带兵的时日已久，的确想尽早将这些敌人消灭掉，使老百姓得以残存于世。然而听闻了这些消息，竟然不知道究竟等到哪一天才能息兵？

纪泽兄弟及王外甥、罗贤婿在读书上都十分有恒心。家中各位侄儿，最近读书勤奋吗？弟弟的勤奋在各位兄弟中是最有名的。然而在简朴方面近来是否有长进吗？侄儿辈中有不节俭的，弟弟时常训责吗？

同治三年三月初四日

恼怒如蝮蛇，去之不可不勇

［原文］

沅弟左右：

适闻初六常州克复、初八丹阳克复之信，正深欣慰！而弟信中有云“肝病已深，痼疾已成，逢人辄怒，遇事辄忧”等语，读之不胜焦虑。今年以来，苏浙克城甚多，独金陵迟迟尚无把握，又饷项奇绌[1]，不如意之事机，不入耳之言语，纷至迭乘，余尚温郁成疾，况弟之劳苦过甚，百倍阿兄，心血久亏，数倍于阿兄乎？

余自春来，常恐弟发肝病，而弟信每含糊言之，此四句乃露实情，此病非药饵所能为力，必须将万事看空，毋恼毋怒，乃可渐渐减轻。蝮蛇螫手，则壮士断其手，所以全生也。吾兄弟欲全其生，亦当视恼怒如蝮蛇，去之不可不勇，至嘱至嘱！

余年来愧对老弟之事，唯调拨去程学启一名将，有损于阿弟。然有损于家，有益于国，弟不必过郁，兄亦不必过悔。顷见少荃为程学启请恤一疏，立言公允，兹特寄弟一阅。

李世忠事，十二日奏结。又饷绌情形一并抄阅，即为将来兄弟引退之张本。余病假于四月二十五日满期，余意再请续假，幕友皆劝销假，弟意以为如何？

淮北票盐、课厘两项，每岁共得八十万串，拟概供弟一军。此亦巨款，而弟尚嫌其无几。余于咸丰四、五、六、七、八、九等年，从无一年收过八十万者，再筹此等巨款，万不可得矣。

同治三年四月十三日

[注释]

①绌：不足、不够。

[译文]

沅弟左右：

刚刚听说初六那一天收复了常州、初八那一天收复了丹阳的消息，甚感欣慰。而弟弟信中又说“肝病已经十分严重了，形成顽疾，动辄逢人发怒，遇事忧愁”等话，看了之后，我十分焦虑。自今年以来，我军在江苏、浙江一带收复了很多城池，只有金陵久攻不下，又严重拖欠军饷，不合心意的事情和不堪入耳的言论纷纷而来，连我都郁郁成疾了，何况是比我劳苦百倍的弟弟呢，久亏心血也要数倍于我吧？

我自从春天以来，常常担心弟弟的肝病发作，而弟弟每次来信对这一点都含糊其辞，直到看到这封信中的四句话，我才得知实情，然而这种病不是药石可医的，需要在为人处世时能够有广阔的胸怀，遇事不恼不怒，才能够渐渐减轻。蝮蛇咬了手，壮士斩断手臂，才得以保全生命。我们兄弟如果想保全性命，就应该将恼怒当作蝮蛇，勇敢地斩掉它，千万谨记！

我这几年来有愧于老弟的事，唯独将程学启这位将领调走而已。但是，这件事虽然伤了自家兄弟的和气，对国家却是有益的，弟弟没有必要过于抑郁，为兄也因此不至于过分后悔。刚刚看到李少荃替程学启请求抚恤的奏疏，立论十分公道，现

特地寄给你一阅。

至于李世忠的事情，已于十二日奏请结案。再者军饷匮乏的情形也抄录了一份寄给你看，这就替将来你我兄弟二人引退埋下了伏笔。我的病假将于四月二十五日到期，我打算在此续假，同僚都劝说我销假，不知你有什么意见？

淮北票盐、课厘两项，每年可获八十万串，打算全部送给弟弟充当军饷。这也是一笔巨款，但弟弟却嫌少了。我在咸丰四年、五年、六年、七年、八年、九年等年里，从来没有在一年之中收到过八十万串之多的，再想筹集如此巨大的款项，是绝无可能的了。

同治三年四月十三日

心肝两家之病，究以自养自医为主

[原文]

沅弟左右：

厚庵于是夜到皖，坚辞督办一席，渠之赴江西与否，余不能代为主持。至于奏折，则必须渠亲自陈奏，余断不能代辞。厚帅现拟在此办折，拜疏后仍回金陵水营。春霆、昌岐闻亦日内可到。春霆回籍之事，却不能不代为奏恳也。

弟病今日少愈否？肝病余所深知，腹疼则不知何证？屡观《朗山脉案》，以扶脾为主，不求速效，余深以为然。然心肝两家之病，究以自养自医为主，非药物所能为力。今日偶过裱画店，见弟所写对联，光彩焕发，精力似甚完足。若能认真调养，不过焦灼，必可渐渐复元。

同治三年五月初十日

[译文]

沅弟左右：

厚庵在当天夜里就抵达安徽，坚持拒绝接受督办军务一职，他是否打算去江西，我不能代他决定。至于写奏折，也应该由他亲自陈奏，我绝对不能代他辞官。厚庵如今打算在这里写奏折，呈上奏折后仍然返回金陵水营。听说春霆、昌岐也将于近日抵达。春霆回家办理丧事这件事，我却不能不代他上疏奏请。

弟弟的病如今好转一些了吗？你的肝病我很清楚，却不知腹痛是什么病？我多次阅读《朗山脉案》，说应该以扶脾为主，不可追求速效，我十分赞同这种说法。

但是，心、肝两处的疾病，还是应该将自我保养、自我治疗作为根本，不是药物能够完全治愈的。今天偶尔途径裱画店，看到弟弟所写的对联，称得上光彩焕发，精力充沛。如果能够认真调养，不要过分忧虑，一定可以慢慢康复。

同治三年五月初十日

凡郁怒最易伤人

[原文]

沅弟左右：

弟之内疾外症，果愈几分，凡郁怒最易伤人，余有错处，弟尽可一一直说。人之忌我者，唯愿弟做错事，唯愿弟之不恭。人之忌弟者，唯愿兄做错事，唯愿兄之不友。弟看破此等物情，则知世路之艰险，而心愈抑畏①，气反愈平和矣。

同治三年五月二十三日

[注释]

①抑畏：指谦逊、敬畏。

[译文]

沅弟左右：

弟弟的内外病症，果然已经恢复了几分，大凡抑郁、愠怒这样的病症最伤身体。我有什么过错，弟弟大可一一直言。对我有所疑忌的人，大都盼着弟弟做错事情，对我不恭敬。对弟弟有所疑忌的人，则盼着为兄的做错事，对弟弟不友悌。弟弟看清楚了这种世态，就会懂得世道之艰难，那么内心深处就会越发谦卑畏惧，心境也就更加平和了。

同治三年五月二十三日

教儿女辈，以勤俭谦三字为主

[原文]

澄弟左右：

余在金陵二十日起行，二十八日至安庆，内外大小平安。门第太甚，余教儿女辈，唯以勤俭谦三字为主。自安庆以至金陵，沿江六百里，大小城隘，皆沅弟之所攻取。余之幸得大名高爵，皆沅弟之所赠

再湖南近歲保至一二品者過多攜
貲回籍者亦頗不少習俗奢靡隨意
花去仍自貧以爲生又有哥匪誘煽
論者謂吾鄉將不免於兵劫昔亦曾與
閣下論及近來察看究竟何如果
如衆意之所慮否聞唐桂生之兄蒙
謨之病似瘋症係因嶽撫閉餉徐州提訊

请岬唐家及荐二人札（之一）

送也，皆高曾祖父之所留遗也。

余欲上不愧先人，下不愧子弟，唯以力教家中勤俭为主。余于俭字做到六七分，勤字则尚无五分工夫。弟与沅弟于勤字做到六七分，俭字则尚欠工夫。以后勉其所长，各戒其所短。弟每用一钱，均须三思。至嘱！

同治三年八月初四日

[译文]

澄弟左右：

我于二十日从金陵启程，于二十八日抵达安庆，家中大小全都安好。曾家一门有点过分昌盛了，我教导子女一辈，唯有以“勤俭谦”三字为主。至安庆到金陵，沿江六百里的大小城池都是沅弟所攻克的。我侥幸得到的崇高名声、显赫地位，这些都是沅弟赠送的，也是祖先们遗留下来的福泽。

我想要对上无愧于祖宗，对下无愧于子弟，只有以勤俭为主竭力教导家人。我在俭朴这一点上可以做到六七分，在勤勉这一点还做不到五分。你与沅弟在勤勉这一点上做到了六七分，却在俭朴这一点上不够努力。日后应该努力发挥长处，戒除缺点。弟弟每花一文钱，都应该三思而行。千万谨记！

同治三年八月初四日

弟宜趁此家居时，苦学二三年

[原文]

澄、沅弟左右：

腊月初六接沅弟十一月十七日信，知已于十六日平安到家，慰幸无已！少泉于初六日起行，已抵苏州。余于十四日入闱写榜，是夜二更发榜，正榜二百七十三，副榜四十八。闱墨极好，为三十年来所未有。

韫斋先生与副主考亦极得意，士子[1]欢欣传诵。韫师定于二十六日起程，平景孙编修奏请便道回浙。此间公私送程仪约各三千有奇。各营挑浚秦淮河，已浚十分之六，约年内可以竣事。澄弟所劝大臣大儒致身[2]之道，敬悉敬悉，唯目下精神实不如从前耳。

《鸣原堂论文钞》、《东坡万言书》，弟阅之如尚有不能解者，宜写信来问。弟每次问几条，余每次批几条，兄弟论文于三千里外，亦

不减对床风雨③之乐。弟以不能文为此身缺憾，宜趁此家居时，苦学二三年，不可抛荒片刻也。

同治三年十二月十六日

［注释］

①士子：从学的人，读书人。这里指考生。

②致身：本指献身，后指出来做官。《论语·学而》：“事父母能竭其力，事君能致其身，与朋友交言而有信。”

③对床风雨：指亲戚或兄弟久别后重逢，在一起恳切交谈。

［译文］

澄、沅弟左右：

我于腊月初六那一天收到沅弟十一月十七日的来信，得知他已于十六日平安抵达家中，甚感欣慰、庆幸。少泉于初六日动身，现已到达苏州。我在十四日那天进入贡院，写乡试榜，在当天夜里二更发榜，正榜上有二百七十三人，副榜上有四十八人。考卷文笔很好，是三十年以来所没有的。

韫斋先生与副主考都十分满意，考生们也欣喜传诵。韫师决定在二十六日动身，平景孙编修已经奏报请求准许取便返回浙江。这一段时间内官署私人赠送的财物大概各有三千多两银子。各营清除秦淮河河道的工程已经完成了十分之六，大概可以在年内完工。澄弟所规劝大臣大儒应该出仕的道理，已经知道了，只是我如今的精神实在不能同过去相比了。

《鸣原堂论文钞》《东坡万言书》，弟弟看了之后如果有无法理解的地方，就写信问我。弟弟每次询问几条，我就批复几条，兄弟论文虽然远隔三千多里，却不亚于兄弟在一起时的快乐。弟弟因为自己不能为文而产生缺憾之感，应当趁如今身处家中，苦学两三年，不能有片刻荒废。

同治三年十二月十六日

弟此时讲求奏议，尚不为迟

［原文］

沅弟左右：

弟信言寄文每月以六篇为率，余意每月三次，每次未满千字者则二篇，千字以上者则止一篇。选文之法，古人选三之二；本朝入选三之一，不知果当弟意否？

弟此时讲求奏议，尚不为迟，不必过懊恼。天下督抚二十余人，

其奏疏有过弟者，有鲁卫[1]者，有不及者。弟此时用功，不求太猛，但求有恒。以吾弟攻金陵之苦力，用之他事，又何事不可为乎？

同治四年正月二十四日

［注释］

①鲁卫：比喻情况一致，实质相同的状况。这里指水平相当。

［译文］

沅弟左右：

弟弟的来信中说，我每月寄去的文章的篇数以六篇为准，我的意思是每月寄三次，每次的字数如果不满千字，就寄两篇，如果字数在千字以上，则只寄一篇。选择文章的标准是，三分之二是古人的文章，三分之一是本朝人士的文章，不知弟弟认为如何呢？

弟弟如今讲求奏议之法还不算太晚，不必过分懊恼。天下有二十多个督抚，其中有写奏疏比弟弟写得好的，有同弟弟水平相当的，也有不如弟弟的。你眼下不宜用功过猛，只要做到有恒心就足够了。将弟弟攻克金陵的毅力，用在其他的事情上，哪里有不能成功的事情呢？

同治四年正月二十四日

谆嘱瑞侄奋勉加功，为人与为学并进，戒骄奢

［原文］

澄、沅弟左右：

纪瑞侄得取县案首，喜慰无已！吾不望代代得富贵，但愿代代有秀才。秀才者，读书之种子也，世家之招牌也，礼义之旗帜也。谆嘱瑞侄从此奋勉加功，为人与为学并进，切戒骄奢二字，则家中风气日厚，而诸子侄争相濯磨[1]矣。

吾自奉督办山东军务之命，初九、十三日两折，皆已寄弟阅看，兹将两次批谕抄阅。吾于二十五日启行登舟，在河下停泊三日，特遣回之十五营，一概开行，带去之六营，一概拔队，然后解维长行。茂堂不愿久在北路，拟至徐州度暑，九月间准茂堂还湘，勇丁有不愿留徐者，亦听随茂堂归。总使吉中全军，人人荣归，可去可来，无半句

闲话，惹人谈话，沅弟千万放心。

余舌尖蹇涩，不能多说话，诸事不甚耐烦，幸饮食如常耳。沅弟湿毒未减，悬系之至！药物断难奏效，总以能养能睡为妙！

同治四年五月二十六日

[注释]

①濯磨：洗涤磨炼。比喻加强修养，以期有为。此处指学习和磨炼。濯，洗。

[译文]

澄、沅弟左右：

纪瑞侄夺得我县乡试的第一名，欣慰至极！我不指望每一代人都能够得到富贵，只希望每一代都能出秀才。秀才，就是读书的种子、世家的招牌、礼义的旗帜。谆谆教导纪瑞侄儿从今往后应该更加勤奋，将做人与做学问同时做好，极力戒除骄奢二字，那么家中的风气就会日益敦厚，子侄们也会竞相前进。

我自从奉旨督办山东的军务以来，已经将初九、十三日的两个奏折寄给弟弟一阅，如今将两次批示的谕旨也抄给你们一阅。我已于二十五日登船启程，在河下停留三天，特地派遣回来的十五营也都已经出发，带去的六个营都动身拔营，然后开船远行。茂堂不打算在北路久住，想前往徐州避暑，九月间准许他返回湖南，士兵们有不愿意留守徐州的，也准许他们跟随茂堂一同返回。总要让吉中营全军每个人都荣归故里，可去可来，没有半句闲言闲语，惹人议论，沅弟大可放心。

我口干舌燥，不能多说话，做什么事情都没有耐心，多亏饮食如常。沅弟的湿毒还没有好转，非常牵挂！药物难以奏效，总应该以能保养、多睡觉为好。

同治四年五月二十六日

千里寄此毫毛，礼文不可不敬

[原文]

澄、沅弟左右：

余经手专件，只有长江水师，应撤者尚未撤，应改为额兵尚未改，暨报销二者，未了而已，今冬必将水师章程出奏，并在安庆设局，办理报销，诸事清妥，则余兄弟或出或处，或进或退，绰有余裕。

近四年每年寄银少许，与亲属三党，今年仍循此例，唯徐州距家太远，勇丁不能撤带，因写信与南坡，请其在盐局汇兑。余将来在扬

州归款，请两弟照单封好，用红纸签写菲仪[1]等字，年内分送。千里寄此毫毛，礼文不可不敬也。

同治四年十月十六日

[注释]

①菲仪：谦词，微薄的礼物。

[译文]

澄、沅弟左右：

我经手的专件唯独长江水师，应该撤走的却仍然没有撤走，应该改为额兵的却仍然没有改，加上没有办完报销这件事，今年冬天一定要拟好水师的章程，上呈给皇上，并在安庆设局办完报销一事，各项事务都处理稳妥，我们兄弟或出或处，或进或退，都留有余地。

近四年来每年都给亲属寄去些许银子，今年仍然按照惯例处理，只是徐州离家太远，无法让士兵捎带，所以写信给南坡，委托他在盐局汇兑。我将来到扬州后再还款，请两位弟弟按照单据封好，用红纸写上“菲仪”等字，在年内分送过去。千里寄鹅毛，礼物虽轻，礼仪却要很庄重恭敬。

同治四年十月十六日

养生之法，约有五事

[原文]

澄弟左右：

乡间谷价日贱，禾豆畅茂，尤是升平景气，极慰极慰！

此间军事，贼自三月下旬退出曹、郓(yùn)之境，幸保山东运河以东各属，而仍蹂躏于曹、宋、徐、泗、凤、淮诸府。彼剿此窜，倏往忽来，直至五月下旬，张牛各股，始窜至周家口以西，任、赖各股，始窜至太和以西。大约夏秋数月山东、江苏可以高枕无忧，河南、皖、鄂又必手忙脚乱。

余拟于数日内，至宿迁、桃源一带察看堤墙，即由水路上临淮而至周家口。盛暑而坐小船，是一极苦之事，因陆路多被水淹，雇车又甚不易，不得不改由水程。

余老境日逼，勉强支持一年半载，实不能久当大任矣。因思吾兄

弟体气，皆不甚健，后辈子侄尤多虚弱，宜于平日讲求养生之法，不可于临时乱投药剂。

养生之法，约有五事：一曰眠食有恒；二曰惩忿；三曰节欲；四曰每夜临睡洗脚；五曰每日两饭后各行三千步。惩忿，即余篇中所谓“养生以少恼怒为本也”。眠食有恒及洗脚二事，星冈公行之四十年，余亦学行七年矣，饭后三千步近日试行，自矢永不间断。弟从前劳苦太久，年近五十，愿将此五事立志行之，并劝沅弟与诸子侄行之。

余与沅弟同时封爵开府①，门庭可谓极盛，然非可常恃之道。记得己亥正月星冈公训竹亭公曰：“宽一虽点翰林，我家仍靠作田为业，不可靠他吃饭。”此语最有道理，今亦当守此二语为命脉。望吾弟专在作田上用些工夫，而辅之以“书、蔬、鱼、猪、早、扫、考、宝”八字。任凭家中如何贵盛，切莫全改道光初年之规模。凡家道所以可久者，不恃一时之官爵，而恃长远之家规；不恃一、二人之骤发，而恃大众之维持。我若有福罢官回家，当与弟竭力维持。老亲旧眷，贫贱族党，不可怠慢。待贫者亦与富者一般，当盛时预作衰时之想，自有深固之基矣。

同治五年六月初五日

［注释］

①开府：古代指高级官员成立府署，选置僚属。

［译文］

澄弟左右：

乡里的粮食价格越来越低，禾苗长势喜人，一派升平气象，深感快慰！

这里的战况是，敌人自从三月下旬以来就退出曹、郓两县，山东运河以东的各州县侥幸得以保全，但是曹、宋、徐、泗、凤、淮等地依旧遭到了敌军的侵凌。我军在这边进剿，他们往那边逃窜，逃来窜往，直到五月下旬，张、牛各股的敌军最后逃窜到周家口以西一带，任、赖各股敌军最后逃窜到太和以西一带。大致上，夏秋这几个月山东、江苏不足忧虑，河南、安徽、湖北却一定会手忙脚乱。

我打算在近几天赶到宿迁、桃源一带察看堤墙的情况，计划走水路前往临淮，再转到周家口。在盛夏酷暑天气乘坐小船，是一件十分艰苦的差事，因为大部分陆路已经被水淹没，又很难雇到车辆，不得已才改走水路。

我逐渐衰老，勉强可以支撑一年半载，委实不能再担当大任了。我们兄弟的身

体都不强壮，后辈子侄们也十分虚弱，在平日里应该注意养身的方法，不能在有病时胡乱投医。

养身之道大致体现在五个方面：一是睡眠饮食有规律；二是克制愤怒；三是节制欲望；四是每天晚上睡觉前要洗脚；五是每天吃完饭之后各走三千步。克制愤怒就是我过去所说的“养生应以少生气为本”。关于睡眠饮食有规律及洗脚这两点，星冈公坚持了四十年，我也仿照坚持了七年，饭后三千步我最近开始尝试着去做，立志今后不再间断。弟弟过去经历了太多劳苦，年近五十，希望能将这五件事坚持下去，并劝勉沅弟和子侄们实行。

我与沅弟一起封爵开府，门庭称得上盛极一时，但是这并不是能够长久依仗的。记得己亥正月，星冈公教导竹亭公说：“宽一虽然当了翰林，但我家仍然以种田为生，不能仰仗他吃饭。”这话说得很有道理，时至今日也应当把这句话当作命脉所在的教诲。希望弟弟能够在种田上下一番工夫，同时兼顾“书、蔬、鱼、猪、早、扫、考、宝”这八字原则，无论家族变得如何富贵兴盛，千万不能改变道光初年的规模。凡是那些运道能够长久的家族，所依仗的不是一时的官爵，而是长远可行的家规；所依仗的不是一两个人的偶然发迹，而是众人的维持。我如果有罢官回家的福气，一定要与弟弟共同竭力维持家族的兴旺。不怠慢老亲旧戚，以及贫困的族人乡党，像对待富人一样对待穷人，要在兴盛的时刻考虑到衰落，自然就能建立深厚的根基。

同治五年六月初五日

在自修处求强则可，在胜人处求强则不可

[原文]

沅弟左右：

九月初六接弟八月二十七八日信，初十日接初五樊城所发之信，俱悉一切。顺斋一事业已奏出，但望内召[1]不甚着迹，换替者不甚掣(chè)肘，即为至幸。

弟谓命运作主，余素所深信。谓自强者，每胜一筹，则余不甚深信。凡国之强，必须多得贤臣工；家之强，必须多出贤子弟，此亦关乎天命，不尽由于人谋。至一身之强，则不外乎北宫黝(yǒu)、孟施舍、曾子三种。孟子之集义而慊，即曾子之自反而缩也。

唯曾、孟与孔子告仲由之强，略为可久可常，此外斗智斗力之强，则有因强而大兴，亦有因强而大败。古来如李斯、曹操、董卓、

過於驚恐而致聞之不勝惻然其家近狀何如頗有餘資足以自贍否易昀叢南知其詳乞細詢見示儀待部將來為姑息間失之寬自不能莫然言而自信於東雖相卹之念歷久不忘唐家如果太苦尚當設法周濟之朱雲岩而需敝垂則此間有而聞矣又有商姓救友譚培深

请岘唐家及荐二人札（之二）

杨素者，其智力皆横绝一世，而其祸败亦迥异寻常。近世如陆、何、肃、陈亦皆予知自雄，而俱不保其终。故吾辈在自修处求强则可，在胜人处求强则不可。若专在胜人处求强，其能强到底与否，尚未可知。即使终身强横安稳，亦君子所不屑道也。

贼匪此次东窜，东军小胜二次，大胜一次，刘、潘大胜一次，小胜数次，似已大受惩创，不似上半年之猖獗。但求不窜陕洛，即窜鄂境，或可收夹击之效。

余定于明日请续假一月，十月请开各缺，仍留军营，刻一木戳，会办中路剿匪事宜而已。

同治五年九月十二日

［注释］

①内召：被皇帝召见。

［译文］

沅弟左右：

我于九月初六那天收到弟弟八月二十七、二十八日的来信，于初十那天收到初五日在樊城所发的书信，知悉一切。顺斋的事已经奏报，只是希望被皇帝召见时能够不露痕迹，接任者不在旁边干扰，那就值得庆幸了。

弟弟说一切都由命运做主，我是相信这一点的。至于自强者通常棋高一筹，我则不是十分肯定。大凡一个国家想要强盛，一定要有很多贤能的大臣来辅佐；大凡一个家族想要强盛，一定要有很多贤良的子弟来贡献，这也是与天命有关的，不能完全在于人谋。一个人自身的强盛，大致上有北宫黝、孟施舍、曾子这三种类型。孟子一身仁义，却并不满足，相当于曾子的反躬自问。

唯独曾子、孟子和孔子告诉仲由的强，稍微可以称得上是长久的强，除此之外，斗勇斗力的强盛，有的会因此更加兴盛，有的会因此变得衰败。从古至今，诸如李斯、曹操、董卓、杨素，他们的智力都是当世人的所不能比拟的，他们的灾祸与失败也与众人大为不同。近世以来，诸如陆、何、肃、陈都以为自己的智谋超出常人，但是都没有获得善终。所以我们在自我修养上是可以要求超过他人的，但是在与人争夺胜负时却不能要求胜过他人。如果专门在胜过别人的方面追求自己的强盛，那么可否强盛到底，就不可得知了，即使终身凭借强横而获得安稳，也是君子所不屑一顾的。

敌军此次向东逃窜，山东军队打了两次小胜仗，一次大胜仗，刘、潘两军大胜一次，小胜数次，敌军似乎受到了重创，不如上半年那样猖獗了。希望敌军不向陕西、洛阳方向逃窜，就向湖北境内逃窜，这样或许可以收到夹击的效果。

我准备明日再续假一个月，十月请求辞去各项职务，仍然留在军中，刻一块方印，会同处理中路剿匪事宜。

同治五年九月十二日

家中要得兴旺，全靠出贤子弟

［原文］

澄弟左右：

余于十月二十五接入觐之旨，次日写信召纪泽来营，厥后又有三次信止其勿来，不知均接到否？自十一月初六接奉两江督任之旨，十七日已具疏恭辞，二十八日又奉旨令回本任，初三日又具疏恳辞，如再不获命，尚当再四疏辞，但受恩深重，不敢遽求回籍，留营调理而已，余从此不复做官。

同乡京官，今冬炭敬①犹须照常馈送。昨令李翥(zhù)汉回湘送罗家二百金，李家二百金，刘家百金，昔年曾共患难者也。前致弟处千金，为数极少，自有两江总督以来，无待胞弟如此之薄者。然处兹乱也，钱愈多则患愈大，兄家与弟家总不宜多存现银。现钱每年足敷一年之用，便是天下之大富，人间之大福。家中要得兴旺，全靠出贤子弟。若子弟不贤不才，虽多积银、积钱、积谷、积产、积衣、积书，总是枉然！

子弟之贤否，六分本于天生，四分由于家教。吾家代代皆有世德明训，唯星冈公之教尤应谨守牢记。吾近将星冈公之家规编成八句，云："书、蔬、鱼、猪，考、早、扫、宝，常说常行，八者都好；地、命、医理、僧巫、祈祷、留客久住，六者俱恼。"盖星冈公于地、命、医、僧、巫五项人，进门便恼，即亲友远客久住亦恼。此八好六恼者，我家世世守之，永为家训，子孙虽愚，亦必略有范围也。

同治五年十二月初六日

［注释］

①炭敬：旧时外官在冬季赠送给京官的银钱，意为给上级官员敬上一点银两，用于买炭取暖。夏日送礼则雅称为"冰敬"。

[译文]

澄弟左右：

我于十月二十五日收到进觐皇上的圣旨，第二天写信召纪泽来军营，后来又三次写信阻止他前来，不知所有信件是否已经收到？自十一月初六日我奉命担任两江总督，已于十七日写好了奏折恭敬地婉辞，二十八日又奉命回到本任，初三日又上疏诚恳地辞职，如果还不能获得皇上的批准，还打算第四次上疏，只是深感皇恩浩大，不敢立刻请求辞官回乡，只是停留军营调理身体罢了，我从此不再出仕。

同乡京官今年冬天的寒炭费还是根据惯例馈送。昨天命令李翥汉回到湖南，赠送给罗家二百两，李家二百两，刘家一百两，他们以前曾经与我共同经历过患难。之前寄给弟弟一千两，为数很少，历来担任两江总督的人还没有如此薄待自己的弟弟的。但是身处乱世之中，钱财越多，所面临的危险就越大，兄长家和弟弟家不应该保存过多的现钱。如果兄长手中有足够一年花费的现银，就称得上是天下的大富翁，人间的大福星了。要想家业兴旺，所仰仗的只是贤能的子弟。如果子弟没有才能，哪怕积攒了再多的银两、钱财、粮食、田产、书籍、衣服，都是毫无用处的。

子弟是否贤能，六分取决于天性，四分取决于家教。我家世世代代都有明德明训，尤其要谨记星冈公的家训。我最近将星冈公的家规编成八句："书、蔬、鱼、猪，考、早、扫、宝，常说常行，八者都好；地、命、医理、僧巫、祈祷、留客久住，六者俱恼。"星冈公对于地仙、算命先生、郎中、和尚、巫师这五种人，只要他们一进门，就会不高兴，哪怕是亲友远客，住在一起时间长了，也不高兴。这八好六恼，我家世世代代都应该遵守，永为家训，子孙虽然愚笨，也必定能够约束他们。

同治五年十二月初六日

以能立能达为体，以不怨不尤为用

[原文]

沅弟左右：

鄂署五福堂有回禄[1]之灾，幸人口无恙，上房无恙，受惊已不小矣。其屋系板壁纸糊，本易招火。凡遇此等事，只可说打杂人役失火，固不可疑会匪之毒谋，尤不可怪仇家之奸细。若大惊小怪，胡思乱猜，生出多少枝叶，仇家转得传播以为快。唯有处处泰然，行所无事。申甫所谓"好汉打脱牙和血吞"，星冈公所谓"有福之人善退财"，真处逆境者之良法也。

弟求兄随时训示申儆（jǐng）[2]，兄自问近年得力唯有一悔字诀。兄昔年

自负本领甚大，可屈可伸，可行可藏，又每见得人家不是。自从丁巳、戊午大悔大悟之后，乃知自己全无本领，凡事都见得人家有几分是处，故自戊午至今九载，与四十岁以前迥不相同。大约以能立能达为体，以不怨不尤为用。立者，发奋自强，站得住也；达者，办事圆融，行得通也。

吾九年以来，痛戒无恒之弊，看书写字，从未间断，选将练兵，亦常留心，此皆自强能立工夫。奏疏公牍，再三斟酌，无一过当之语自夸之词，此皆圆融能达工夫。至于怨天本有所不敢，尤人则常不能免，亦皆随时强制而克去之。

弟若欲自儆惕，似可学阿兄丁戊二年之悔，然后痛下箴砭，必有大进。立达二字，吾于己未年曾写于弟之手卷中，弟亦刻刻思自立自强，但于能达处尚欠体验，于不怨尤处尚难强制。吾信中言皆随时指点，劝弟强制也。赵广汉本汉之贤臣，因星变而劾魏相，后乃身当其灾，可为殷鉴。默存一悔字，无事不可挽回也。

同治六年正月初二日

[注释]

①回禄：传说中的火神名字，后借指火灾。

②申儆：训戒，戒备。

[译文]

沅弟左右：

湖北衙门的五福堂遭遇火灾，幸亏没有人员伤亡，上房也没有被毁，只是受了很大的惊吓。此处房屋的墙壁是用木板修筑，然后再用纸糊，本来就很容易发生火灾。凡是遇到这样的事情，只能说是打杂的差役们不小心失火，千万不能怀疑是敌匪的毒计，特别是不要怀疑是仇家的奸细干的。如果惊慌错乱，胡乱猜疑，那就会滋生很多事端，反而被仇家传出去当作笑料。我们只有时刻泰然处之，仿若无事发生才好。申甫所说的“好汉打脱牙和血吞”，星冈公所说的“有福之人善退财”，果真是身处逆境之人的好办法。

弟弟要求为兄随时对你进行指导、警示，为兄自认为近年来，得力于一个“悔”字。我过去过于自负，总认为自己本领过人，能屈能伸，既能够外出做官，也能够回乡隐居，又时时盯着别人的过失。自从丁巳年、戊午年大悔大悟以来，才得知自己的才能并不值得自矜，在很多事上都能见到别人做得好的地方，所以自戊午年至

今的九年之中，我同四十岁之前大不相同。大致上是把能立能达作为主体，把不怨不尤作为功用。所谓立，就是指奋发图强，站得住的意思；所谓达，就是指办事周到，行得通的意思。

我在这九年之中，痛下决心戒除没有恒心的缺点，看书写字从不间断，挑选将领、训练士兵也十分用心，这都是在自强自立上下工夫。对于奏疏公文，我都要反复斟酌，没有一句话是不恰当的，没有一句话是自夸，这都是在办事圆融上下工夫。至于说到怨天，我根本就不敢，至于尤人，则很难避免，但也随时逼迫自己尽力克服。

弟弟如果想要自我警惕，似乎可以仿效为兄丁戊二年的悔悟，然后努力地鞭策自己，一定会取得进步。立达二字，我曾经在己未年写在给弟弟的手卷上，弟弟也在时刻追求自立自强，但是在能达上还是欠缺一些经验，在不怨天尤人上也存在很多不足之处。我会在信中随时指点你，劝弟弟时刻自我节制。赵广汉原本是汉朝的贤臣，因星变而弹劾魏相，导致灾祸降临在自己身上，这样的事值得引以为戒。心里暗自存有一个悔字，没有什么事情是不能挽回的。

同治六年正月初二日

艰危之际，当以硬、悔二字为要诀

[原文]

沅弟左右：

接李少帅信，知春霆因弟复奏之片，言省三系与任逆接仗，霆军系与赖逆交锋，大为不平，自奏伤疾举发，请开缺调理。又以书告少帅，谓弟自占地步。弟当此百端拂逆[1]之时，又添此至交龃龉之事，想心绪益觉难堪。然事已如此，亦只有逆来顺受之法，仍不外悔字诀、硬字诀而已。

朱子尝言：悔字如春，万物蕴蓄初发；吉字如夏，万物茂盛已极；吝字如秋，万物始落；凶字如冬，万物枯凋。又尝以元字配春，亨字配夏，利字配秋，贞字配冬。兄意贞字即硬字诀也。弟当此艰危之际，若能以硬字法冬藏之德，以悔字启春生之机，庶几可挽回一二乎？

闻左帅近日亦极谦慎，在汉口气象何如？弟曾闻其略否？申夫阅历极深，若遇危难之际，与之深谈，渠尚能于恶风骇浪之中默识把舵之道，在司道中不可多得也。

同治六年三月初二日

［注释］

①百端拂逆：百事不顺。拂逆，违背，不顺。

［译文］

沅弟左右：

收到李少帅的来信，得知春霆因为你在奏章里说省三与任逆打仗，霆军与赖逆交锋，深感不平，自己上奏称伤疾复发，想要辞职回家调养身体。又写信告诉少帅，说你做事霸道。你在百事不顺之际，又与朋友爆发矛盾，想必你的心情一定更加忧郁。但事情既然已经发展到这一地步，也只能逆来顺受了，依旧离不开悔字诀和硬字诀罢了。

朱熹曾经说：悔字好比春天，万物蕴蓄的生机，开始生发；吉字好比夏天，万物繁盛到极点；吝字好比秋天，万物开始衰落；凶字好比冬天，万物开始凋零。他又经常用元字配春天，亨字配夏天，利字配秋天，贞字配冬天。为兄认为，贞字好比硬字诀。你在这种艰难危险的时刻，如果能以硬字诀来仿效冬天收藏的德行，用悔字来开启春天的生机，或许能够挽回一点失误吧。

近来听说左帅十分谦虚谨慎，在汉口的情况如何？弟弟可否获知大致的情形？申夫有丰富的阅历，如果遇到危险，可以同他深谈，他能够在大风大浪之中，把握住前进的方向，是官场中不可多得的人才。

同治六年三月初二日

饬沅弟迅速进京陛见

［原文］

沅、澄弟左右：

初二接奉寄谕，饬沅弟迅速进京陛见。兹用排单恭禄谕旨，咨至弟处。上年十二月，韫斋先生力言京师上大夫于沅弟毫无间言，余屡知不久必有谕旨片召，特不料有如是之速。余抉于日复奏一次，言弟所患夜不成寐之病，尚未痊愈，赶紧调理，一俟稍痊，即行进京。一面函商臣弟国荃，今将病状详细陈明云云。沅弟奉旨后，望作一折，寄至金陵，附余发折之便更奏。

余意不寐屡醒之症，总由元二年用心太过，肝家亦暗暗受伤，必须在家静养一年或可奏效，明春再行出山，方为妥善。若此再后有谕旨来催，亦须稍能成寐，乃可应诏急出，不审两弟之意，以为何如？

筱荃来抚吾湘，诸事尚不至再有更张①，唯次山以微罪去官，令人怅怅！沅弟前函有长沙之行，想正值移宫换羽②之际，难为情也。

同治六年三月初四日

［注释］

①更张：比喻更改或改革。

②移宫换羽：比喻事情发生变化。官、羽，古代乐曲中的两种音调名。

［译文］

沅、澄弟左右：

初二那天接到圣旨，下令沅弟马上进京面圣。如今用排单恭敬地抄录谕旨，寄给弟弟。去年十二月，韫斋先生屡次说京城的士人并没有责备过沅弟一句坏话，我就预料到不久一定会下达传召的圣旨，但没有料到会来得如此之快。我计划近日复奏一次，说弟弟身患失眠的毛病，还没有完全治愈，正在调理，只要稍有好转，就立刻进京。同时我还写信给弟弟国荃共同商议此事，让他详细地陈述病情。沅弟接到圣旨后，希望上一道奏折，寄到金陵，与我的奏折同时复奏。

我的意思是，夜间失眠的毛病都是因为在元年、二年期间过于累心，肝脏也暗暗受到损伤，必须在家中调养一年，或许还可以有所好转，等到明年再出外为官，才算稳妥。如果再有谕旨前来催促，也要说已经稍微可以安睡了，才可以应诏出仕，不知两位弟弟的看法如何？如果筱荃担任湖南巡抚，诸事还不会发生大的变动，只是次山因小罪而被罢免官职，令人心中惆怅！沅弟上次信中说想要去长沙，我想此时正逢诸事多变之期，恐怕难以求到皇上的恩准！

同治六年三月初四日

以耕读二字为本，乃是长久之计

［原文］

澄弟左右：

吾乡雨水足，甲五、科三、科九三侄妇，皆有梦熊之祥，至为欣慰！吾自五十以后，百无所求，唯望星冈公之后，丁口繁盛，此念刻刻不忘。吾德不及祖父远甚，唯此心则与祖父无殊。弟与沅弟望后辈添丁之念，又与阿兄无殊。或者天从人愿，鉴我三兄弟之诚心，从此丁口日盛，亦未可知。

且即此一念，见我兄弟之同心，无论何房添丁，皆有至乐，和气

致祥，自有可卜昌明[1]之理。沅弟自去冬以来，忧郁无极，家眷拟不再接来署。

吾精力日衰，断不能久作此官。内人率儿妇辈久居乡间，将一切规模立定，以耕读二字为本，乃是长久之计。

同治六年五月初五日

[注释]

①昌明：兴盛发达。

[译文]

澄弟左右：

我们家乡雨水充足，甲五、科三、科九三个侄媳都有生男的喜庆预兆，深感欣慰。我自从年逾五十岁，就一无所求，只盼望星冈公的后人能够人丁兴旺，这个愿望时时刻刻都萦绕在心头。我的德行远远比不上祖父星冈公，唯独这个心愿与祖父没有区别。澄弟、沅弟希望后辈添丁进口的想法，也与我没有区别。或许天从人愿，上天看到我们兄弟诚恳的心意，从此人丁一天天地兴旺起来，也未可知。

通过这一想法，可以看出我们兄弟思想行动完全一致，无论哪一房添了丁，都充满欢快、和气，招来祥瑞，自然有预示家族的兴旺的道理。沅弟自从去年冬天以来，心境过于抑郁，不打算将家眷接到金陵官署了。

我的精力日益衰退，绝对不能长期做官了。我的妻子带着儿子、儿媳长期住在乡下，我制定了大体的家规，把耕读二字作为立家的根本，才是长久之计。

同治六年五月初五日

以为学四事勉儿辈

[原文]

澄、沅两弟左右：

屡接弟信，并阅弟给纪泽等谕帖，俱悉一切。兄以八月十三出省，十月十五日归署，在外匆匆，未得常寄函与弟，深以为歉。小澄生子，岳松入学，是家中近日可庆之事。沅弟夫妇病而速痊，亦属可慰。

吾见家中后辈，体皆虚弱，读书不甚长进，曾以为学四事勉儿辈：一曰看生书宜求速，不多读则太陋；一曰温旧书宜求熟，不背诵则易忘；一曰习字宜有恒，不善写则如身之无衣，山之无木；一曰作文宜苦思，不善作则如人之哑不能言，马之肢不能行。四者缺一不

可，盖阅历一生深知之，深悔之者，今亦望家中诸侄力行之。两弟如以为然，望常以此教诫子侄为要。

兄在外两月有余，应酬极繁，眩晕脑气等症，幸未复发，脚肿亦愈。唯目蒙日甚[1]，小便太多，衰老相逼，时势当然，无足怪也。

同治六年十月二十三日

[注释]

①日甚：一天比一天严重。

[译文]

澄、沅两弟左右：

数次收到你们的来信，并阅读了弟弟给纪泽等的谕帖，得知一切。我于八月十三日出省，十月十五日返回官署。在外面匆匆忙忙的，没有时间经常写信给你们，在此深深地表示歉意。小澄生子，岳松入学，这些都是近日家中值得喜庆的事。沅弟夫妇的病迅速地治愈了，也值得欣慰。

我看到家中的后辈子侄身体虚弱，又不努力读书，曾经以为学四事勉励后辈：一是看新书宜追求快速，书读得不多就会鄙陋；二是温习旧书宜追求娴熟，不背诵则容易忘记；三是练字要有恒心，不会写就如同身上无衣、山上无树；四是写文章要苦思，不会写文章就如同哑巴不能说话、马儿不能行走。这四点缺一不可，这是我阅历一生才懂得，并深深地感到悔恨的道理，今后希望子侄们竭力根据这四点实行。两位弟弟如果认为我所说的是正确的，希望经常用这四点来训导子侄。

我在外的两个多月，忙于应酬，庆幸眩晕脑气等毛病没有复发，脚肿的毛病也痊愈了。只是视力模糊一天比一天严重，小便太多，逐渐衰老，这是人之常情，不值得奇怪。

同治六年十月二十三日

吾辈食重禄

[原文]

澄弟左右：

初十日接恩旨，余蒙封侯爵、太子太保，沅蒙封伯爵，太子少保，均赏双眼花翎。沅部李臣典子爵，萧孚泗男爵，殊恩异数，萃[1]地一门。祖宗积累阴德，吾辈食此重禄。感激之余，弥增歉悚！

沅弟至六月甚辛苦，近日湿毒，十愈其七，初十、十一、十二等

日戏酒宴客，每日百余席。沅应酬周到，不以为苦，谚称人逢喜事精神爽，其信然欤？余拟于七月下旬回皖，九月再来金陵，十一月举行江南乡试。沅弟拟九、十月回籍，各营应撤二万人，遣资尚无着也。

同治七年五月十四日

［注释］

①萃：荟萃、聚集。

［译文］

澄弟左右：

初十那一天接到圣上的旨意，我蒙受皇上的恩宠被敕封侯爵、太子太保，沅弟蒙受皇恩被敕封伯爵、太子少保，都被赐予双眼花翎。沅弟的部下李臣典被敕封子爵，萧孚泗被敕封男爵，这样厚重的恩典都汇集在一门。祖宗积累的福泽让我们获得了如此深厚的福禄，除了万分感激之外，更应该感到愧疚悚惧！

沅弟到六月十分劳累，近来湿毒之症好了十分之七。初十、十一、十二那几天，每天都玩赏、宴客，来访的客人达一百多桌，沅弟应酬客人非常周到，并且不感到辛苦，俗话说“人逢喜事精神爽”，莫非果真是这样的吗？我计划在七月下旬回到安徽，九月再前往金陵，十一月举行江南乡试。沅弟打算在九、十月份回家，各营将要裁减两万人，但是遣送费还没有着落。

同治七年五月十四日

图书在版编目(CIP)数据

图解曾国藩家书/曾国藩著. 崇贤书院释译. —合肥:黄山书社,2015.11

(经典传家系列丛书)

ISBN 978-7-5461-5332-2

Ⅰ.①图… Ⅱ.①曾… ②崇… Ⅲ.①曾国藩(1811—1872)-书信集 Ⅳ.①K827-52

中国版本图书馆CIP数据核字(2015)第286481号

总 策 划　李　克
选题策划　汤吟菲　白剑峰
编辑统筹　刘　春
责任编辑　程　景
装帧设计　未　氓
责任印制　戚　帅
出版发行　时代出版传媒股份有限公司(http://www.press-mart.com)
　　　　　黄山书社(http://www.hspress.cn)
地址邮编　合肥市政务文化新区翡翠路1118号出版传媒广场7层　230071
印　　刷　安徽联众印刷有限公司
版　　次　2016年3月第1版
印　　次　2018年10月第3次印刷
开　　本　700mm×1000mm　1/16
字　　数　370千
印　　张　23.5
书　　号　ISBN 978-7-5461-5332-2
定　　价　29.80元

服务热线　0551-63533706

销售热线　0551-63533761

官方直营书店(http://hsssbook.taobao.com)

版权所有　侵权必究

凡本社图书出现印装质量问题,
请与印制科联系。

联系电话　0551-63533725